U0801862

一口气就能读完的大晋史

覃仕林 著

中国致公出版社

图书在版编目（CIP）数据

一口气就能读完的大晋史 / 覃仕林著. -- 北京：
中国致公出版社, 2020
ISBN 978-7-5145-1688-3

Ⅰ. ①一… Ⅱ. ①覃… Ⅲ. ①中国历史－晋代－通俗
读物 Ⅳ. ①K237.09

中国版本图书馆CIP数据核字(2020)第147295号

一口气就能读完的大晋史 / 覃仕林 著

出　　版	中国致公出版社 （北京市朝阳区八里庄西里 100 号住邦 2000 大厦 1 号楼西区 21 层）
发　　行	中国致公出版社（010-66121708）
责任编辑	颜士永　王福振
策划编辑	仪雪燕
封面设计	仙境
印　　刷	天津旭非印刷有限公司
版　　次	2020 年 10月第 1 版
印　　次	2020 年 10月第 1 次印刷
开　　本	710mm × 1000mm　1/16
印　　张	24
字　　数	381千字
书　　号	ISBN 978-7-5145-1688-3
定　　价	48.00 元

（版权所有，盗版必究，举报电话：010-82259658）
（如发现印装质量问题，请寄本公司调换，电话：010-82259658）

序 言

普及历史，是一件利国利民之事，对提高民族文化素质、培养民众爱国情操有着极为深远的意义。一个忘记了自己历史、没有文化传承的民族是没有前途和希望的。

因此，我们有必要普及历史知识，让更多人了解历史。这对弘扬民族精神、接续中华文脉，是大有裨益的。在中国漫长的历史进程中，有一个朝代是人们不愿或者很少提及的，这就是晋朝。

人们选择性地回避晋朝，除了历史学者长期受儒家传统思想影响，认为司马家族得国不正之外，最主要是有晋一朝，只有开国之君司马炎结束了分裂百年的战乱统一天下，取得了二十余年短暂的安宁，而在接下来的时间里，晋朝无不处于内讧不断、外侮不止、祸乱不已的状况。

本书参考《晋书》《资治通鉴》等正史及其他相关史料，既不虚构情节，又不增添传奇，完全依照史实，用通俗的语言，按照时间线，还原一个真实的晋朝。力争使读者在品读故事的时候，也使历史知识得到普及。

回顾晋朝那段历史，还是很让人热血沸腾的。这是一个英雄与狗熊同时辈出的时代，也是一个风流的时代，充满铁血、阴谋的同时，又有超然和清谈。

君主中，既有聪明神武的晋武帝开创大业，为经济、文化的发展作出贡献的雄主，又有“何不食肉糜”、终日浑浑噩噩，连生活都不能自理的昏君晋惠帝。而活在那个等级分明时代的芸芸众生，为了生存，也有各自的抉择和生活方式：有改变历史进程的枭雄如司马伦、石勒、苻坚，以及他们背后的阴谋家孙秀、张宾、王猛等；有闻鸡起舞、中流击楫的祖逖，有困守孤城、吹奏胡笳感化数万匈奴兵撤军的大文豪刘琨；有耽于享乐、奢靡斗富的石崇、王恺等；更有放浪形骸、醉生梦死、逃避现实的玄学清谈大师“竹林七贤”等。总之那是一个英雄与历史交织的时代，也是庸才拼命作死的时代。

回顾晋朝历史，有许许多多惊心动魄、令人感动的人和事，而更多的是离奇荒诞、让人扼腕痛惜的场景。让我们回看几个历史真实的瞬间：

瞬间一：泰始元年（266 年）冬十二月，曹操之孙、魏元帝曹奂在司马家族及其爪牙的威逼之下，重演了曹丕代汉的“禅让”故事，下诏宣布退位，将政权拱手让给司马炎。司马炎由此称帝立国，国号为晋，史称西晋。

瞬间二：永嘉五年（311 年）四月，“八王之乱”最后一王司马越死后，其统帅的十多万军队遭到中国历史上唯一的奴隶皇帝、羯族人石勒包围，胡兵胡将用弓箭将晋军当猎物一样射杀，十余万王公、贵族和官兵自相践踏，尸体堆积如山，无一人幸免。西晋皇室从此无兵可用，岌岌可危。

瞬间三：建兴四年（316 年）八月，困屯于长安城的晋愍帝司马邺遭匈奴大军刘曜部围攻，在外无援兵、内无粮草的问况下，饥饿穷困的司马邺被迫开城投降，受尽屈辱后被匈奴人活活勒死。西晋灭亡。

瞬间四：建武二年（318 年）三月二十日，“衣冠南渡”逃到江南的司马睿在建康（今南京）登基，延续司马氏的晋王朝，史称东晋。在接受文武百官祝贺时，司马睿拉着琅琊王氏家族代表人物王导之手，让其与自己并排坐在龙椅上一同接受朝贺，共享天下。典故“王与马，共天下”即由此而来。

瞬间五：太元二十一年（396 年）九月二十日，赢得淝水之战、打败了前秦百万大军的晋孝武帝司马曜，却因酒后的一句戏言，被自己的宠妃张贵人用被子活活捂死，成了历史上死得最窝囊的皇帝。

瞬间六：元熙二年（420 年）六月，当年司马炎逼迫曹奂“禅让”的一幕，在他的后人身上重现。其时，宋王刘裕见时机成熟，让人草拟好禅位诏书，逼迫东晋末代皇帝司马德文照着抄写。司马德文抄写诏书时自我安慰说：“桓玄篡位时，晋室已经失去天下了，亏得刘公（刘裕），才延长了将近二十年的国祚。”随后，司马德文将皇位让出，东晋至此退出历史舞台。

一口气就能读完的大晋史

目录

第一章 “腹黑男”司马懿

晋朝，在中国历史长河里如同流星般地划过，被很多人认为是中国历史上 9 个大一统王朝中最没有存在感的朝代。司马氏建立的西晋王朝是我国历史上第一个被外族灭亡的王朝，整个两晋时期，又是中国历史上最乱的时代。在这长达 150 多年的时间里，除了西晋王朝有过 37 年短暂的统一外，中华大地一直处于四分五裂的状态。

要说晋朝的历史，就得从“腹黑男”司马懿说起。司马家族从东汉起就是显赫的世家大族，如果再往前追溯，司马氏像千千万万的华夏子孙一样，能一杠子插到黄帝那里，他们是黄帝的重孙夏官祝融的后裔。周朝时，将官名“夏官”改称“司马”。周宣王时，祝融的后裔程伯休父任司马一职，因征服徐方（今江苏）有功，赐官职为姓。

此后，不管朝代如何更迭，司马家族的嫡长子孙世代为官。司马懿的高祖父司马钧为东汉安帝时的征西将军，父亲司马防出任过首都的市长（京兆尹）一职。司马防有 8 个儿子，因古代的人有名有字，8 个人中都有一个“达”字，司马防教子有方，儿子个个都成了学霸，人们称司马兄弟为“八达”。

司马懿，字仲达，是家中的老二。史书记载司马懿“少有奇节，聪明多大略。”汉献帝建安六年（201 年），曹操在取得了对袁绍之战的胜利后，广招天下人才，对眼皮底下的司马朗、司马懿兄弟自然不会放过，于是派人征辟他们前来任职。

曹操虽然成了集东汉军政大权于一身的人物，可他宦官之后的身份，仍然遭到很多人的鄙视。出身名门的司马懿也在鄙视大军之列，自然不愿意为他服务，可又不敢公开拒绝，便以自己有风痹症、起居不便为由推诿。

曹操不信，派人夜间去查看。司马懿事先得到消息，便一动不动躺在床上，前去考察的人责任心很强，干脆在夜静更深时，潜入司马懿卧室，抡起明晃晃的砍刀向司马懿挥去。眼看砍刀就要落下，司马懿依然直挺挺地躺着，只是睁大眼睛看着对方。司马懿这份定力，让对方确信他真的得了风痹症。曹操听了汇报，只是“呵呵”，不置可否。

建安十三年（208 年），曹操搞复辟，废三公，自任丞相，值急于用人之际，就又想起了司马懿，决定再次强征他。特别交代负责前去通知的人：如果司马懿还装病不来的话，甭跟他废话，直接铐起来扔到大牢里去！

来人传达了曹丞相的指示后，本想故技重演的司马懿当即从床上跃起，一溜烟地前去报到，被安排在曹丕手下做事。

曹操的眼光非常毒辣，第一次见到司马懿时，就发现此人有鹰视狼顾之相，身体不动就可以将头扭转 180°往后看，跟西汉时的王莽一个德性，从此对其起了防范之心。司马懿自然不会辜负上天赐予他的这份天赋，在老曹面前夹紧尾巴做人，兢兢业业做事，同时拼命地讨好曹丕，让他充当保护伞。

上天似乎也在暗中护佑，司马懿的姓多出了一个“司”字，让他躲过了一劫。据说曹操曾做了一个三匹马在同一个槽里吃食的梦，醒来后便疑神疑鬼，“槽”与“曹”谐音，马吃槽而且还是三匹，这不是要把老曹家给吃掉吗？放眼天下，最有实力的“马”不就是割据凉州一方的军阀、前将军马腾吗？我叫你“三马同槽”。曹操于是将马腾及其两个儿子马休、马铁一并诛杀，夷灭三族，长子马超因代替老爹统领部队，远在凉州而幸免于难。

曹操还是感到不踏实，就把太子曹丕叫来，叮嘱他要提防司马懿的野心，说：“司马懿不是个甘做人臣的人，将来必定会干预我们的朝政家事。”

从此，曹操对司马懿更加警惕，不让他更进一步，丞相主簿的职务（主管丞相府文字材料的官员）是一如既往。司马懿也清楚曹操对他有疑虑，装出一副对权势漠不关心的样子，继续埋头苦干，并且毫无怨言，甚至开会都不敢坐前排，以免引起注意。

建安二十年（215年），曹操征讨割据汉中的张鲁，将司马懿带在身边。曹操此举的目的，一方面司马懿确实有才，需要他出谋划策，但更多的应该是不想让他长时间离开自己的视线，带在身边好看着点。

张鲁在撂下一句“宁为曹公作奴，不为刘备上客”后投降了曹操。司马懿适时对曹操进言：“刘备用卑劣的手段俘虏了刘璋，蜀人还未完全归附，他就兴兵去争夺江陵，这可是天赐良机。今若在汉中扬我军威，益州必定惊慌，再趁机进兵威逼，其势必土崩瓦解。圣人不能违逆天时，也不应该丧失时机。”这里需要解释一下，刘备拿下四川后，本该信守诺言，将荆州还给孙权，当然这只是孙权单方面的说法，刘备可不认这个账，于是孙权只好动粗，不惜兵戎相见，刘备也亲率5万兵马出川迎战。

应该说司马懿这个建议是非常正确的，可曹操想都不想就否决了，并以当年刘秀教育岑彭的典故加以揶揄：“人就是苦于不知足，已经得到了陇西，还想得到蜀地！”他留下夏侯渊镇守汉中，就拍屁股走人。曹操这一撤，除了让从江陵匆匆赶回四川的刘备百思不得其解外，更是给世人留下一个千古之谜。

建安二十四年（219年），是整个三国历史中情节最为曲折、勾心斗角最为激烈的一年。先是刘备的盟友孙权向曹操臣服，并怂恿曹操自立为帝。曹操内心受用，表面却装作满不在乎：“这小子是想把我架到炉炭上烤啊！”

司马懿的马屁跟着就上：“汉朝气数将尽，您十分天下而有其九，孙权称臣，代表的是天意民心啊！”还以虞、夏、殷、周朝代更迭来论证，曹操则以“如果上天眷顾，我就做个周文王算了！”来回应。

之前曹操手下很多重臣，如荀彧、崔琰等著名人物都因在曹氏代汉问题上，没能与他保持高度一致而不得善终。司马懿在关键的问题、关键的时间点作出关键的表态，终于使曹操对他由猜忌转为信任。司马懿也随之升任太子中庶子，佐助魏太子曹丕，与陈群、吴质、朱铄并称太子府“四友”，深得曹丕的信任和重用。

同年七月，刘备称汉中王，他的二弟关羽给他献上一份大礼——发动了襄樊战役，曹操当即派遣于禁率兵增援曹仁。关羽采取南围襄阳，北攻樊城的战略。

八月，于禁率军赶到樊城北面时，适逢天降大雨，汉水暴涨，关羽准备充分，而且荆州兵善于水战，有舟船等水战器械。而于禁所率领的“七军”都是旱鸭子，在洪水来临时，全都慌了神，除了淹死的，其余都成了关羽的俘虏，包括主帅于禁。至此，于禁等“七军尽没”，关羽乘势进军围困樊城。当时樊城守将曹仁手中只有数千兵马，整座城池都泡在水中，水面离城楼仅有数尺。

曹魏荆州刺史胡修、南乡太守傅方向关羽投降。一时间，关羽声势“威震华夏”。当时汉献帝在许昌，离樊城不远，曹操开始考虑将都城迁到黄河以北，以避其锋芒。司马懿和曹掾、蒋济及时劝阻说：“于禁等人是被大水所淹，不是战守上的失误，于国家大局没有大的损失，为此而迁都，既是向敌人示弱，又会使淮河、汉水一带人心不稳。刘备、孙权外亲内疏，如今关羽得志，孙权肯定不乐意，只需派人联络孙权，让他从背后攻击、牵制关羽，樊城之围不战自解！”曹操最后采纳了他的意见，孙权果然派吕蒙乘虚袭取公安、江陵，关羽败走到麦城，被吴将潘璋部将马忠擒获受诛。

司马懿这条计策，不仅解除了樊城之围，更重要的是利用孙、刘争夺荆州的矛盾，运用外交谋略除掉了关羽的强大势力，从而瓦解了孙、刘联盟，改变了当时的战略格局，使诸葛亮原定的一路向宛洛、一路出秦川，两面钳击中原的战略构想无法实施。

正当司马懿逐步赢得曹操的信任之时，杀伐一生、玩了一辈子阴谋诡计的曹操，终于在建安二十五年正月（220 年）寿终正寝。司马懿长出了一口气，曹丕一上台就把父亲多年前的叮嘱抛到九霄云外，封司马懿为河津亭侯、丞相长史。曹丕篡汉称帝后，司马懿的职位是一升再升，先是尚书，不久转督军、御史中丞，封安国乡侯；不到一年，又升任侍中、尚书右仆射。

曹丕是很想有一番作为的，最大志向是早日统一山河，为此曾两次讨伐反复无常的孙权。黄初五年（224 年），曹丕又要兴兵伐吴，仍命司马懿镇守许昌，并改封其为向乡侯，转抚军、假节，领兵五千，加给事中、录尚书事。

当然，司马懿还是很谦虚的，一再表示自己的能力、资历、贡献样样都不够，曹丕则无比信赖地对他说："朕日理万机处理国家大事，实在忙不过来。朕册封你，不光是给你荣耀，更是给你压担子，为朕分忧!"

曹丕三次亲征东吴都命司马懿留守许昌，并在诏书中将其比作萧何。后来曹丕总结成一句话："我向东用兵，抚军就统领西边之事；我西征，抚军就统管东边之事。"司马懿接触军事由此开始。

曹丕仅执政七年就去世了，临终前命抚军大将军司马懿与镇军大将军陈群、中军大将军曹真、征东大将军曹休为辅政大臣，并给太子曹叡留下遗言："如果有人离间几位重臣，一定要慎重，不要怀疑他们!"

魏明帝曹叡上台后，并没有把父亲的话当作金科玉律，对其指定的辅政大臣并不信任，除了留下为曹丕制定"九品中正制"和修订《魏律》的陈群外，将其他三人都打发到地方：司马懿镇守南阳、曹真镇守关中、曹休镇守淮南。司马懿终于有了领兵打仗的机会，也有了自己的办事机构。

孙权得知曹丕去世后，认为有机可乘，命令左将军诸葛瑾与将领张霸兵分两路进攻襄阳，他亲自率军进攻江夏郡（今湖北武汉黄陂西南）。司马懿率所部一举击退东吴大军，斩杀张霸，割首级千余。经此一战，司马懿得以晋升骠骑将军。

东边的孙权给了司马懿立功的机会，西边的诸葛亮不甘落后，又来个神助推。孟达原来是刘璋的属下，刘璋引狼入室被刘备收编后，孟达也随之转回到刘备帐下。关羽发动襄樊之战时，荆州遭到袭击，刘备责令驻上庸（今湖北竹山县）的刘封和孟达派兵援助，但刘、孟二人以该地是新区，人心还未安定为由，拒绝出兵，以致关羽兵败被杀。孟达害怕被刘备惩罚，率部投降了曹魏。曹丕上台后，将上庸、房陵、西城合并为新城郡，任命孟达为新城太守。

刘备死后，诸葛亮想把孟达重新拉回蜀汉阵营，不断写信动之以情，晓之以理，双方书信不断，最终孟达被说动了。诸葛亮怕他反复无常，出尔反尔，就故意让人把消息透露给与孟达有矛盾的魏兴太守申仪，以断绝孟达首鼠两端的念头，迫使他早日回归。

申仪原本就是曹魏的上庸太守，在刘封、孟达进攻上庸时投降了蜀汉。孟达降魏后与徐晃共同袭击刘封，刘封兵败逃回了成都（后被赐死），申仪又重回曹魏阵营。申仪经此折腾，自己都觉得不好意思，把账算到了孟达的头上。在得知孟达又要叛变后，第一时间将情况报告了司马懿，司马懿担心孟达狗急跳墙，给他去信加以安抚，说：我最近听到一些风言风语，估计是那些别有用心的人恶意中伤，我相信将军的为人，是不会做出违反国家利益的事的，同时我也已经向皇上加以解释，请你不必理会那些小人，坚守岗位，做好本职工作。

孟达收到信后的反应是：阴谋败露了！在准备起兵的同时又心存侥幸。当时司马懿驻扎在宛城（今河南南阳宛城区），与上庸相隔 1200 里，按正常情况，就算司马懿要兴师问罪，至少需要在路上走一个月，何况宛城和洛阳相距 800 里，他还要等待圣旨，这时间是无法计算的，孟达以为自己有足够的时间来做准备工作。

可司马懿不按套路出牌，来了个先斩后奏，亲自率部以强行军的速度日夜兼程，仅用 8 天时间就兵临城下。孟达顿时慌了手脚，他在给诸葛亮发出的紧急求救信中惊叹：“我想要举事，可司马懿 8 天就兵临城下，真是太神速了！”

司马懿一到，就兵分 8 路围攻上庸，仅 16 天就攻破城池，擒诛孟达，将其首级送回京师洛阳，俘获万余人。

此后，诸葛亮更是不遗余力地给司马懿创造机会，多次出兵伐魏，把曹魏军界一把手、大司马曹真给惹毛了，决定兴师讨伐蜀汉。太和四年（230 年），曹真率主力由长安入子午谷，进攻汉中。

魏明帝提升司马懿为大将军（仅次于大司马），加大都督，假黄钺，命他从宛城出发配合曹真作战。原先只用 8 天时间就赶了 1200 里路程的司马懿，这次却异常小心谨慎，两个月的时间行军不到 500 里路。曹真没有得到他的支援，再加上天降大雨，蜀道难行，伐蜀计划只能半途而废。

曹真空耗巨额钱粮无功而返，颜面尽失，不久就郁愤而终。司马懿又少了一个顶头上司。太和五年（231 年），诸葛亮发起第 4 次北伐，魏明帝掰着手指头数了一遍，猛然发现，整个魏国能跟诸葛亮过招的，竟然只有一个司马懿了！于是，便命令司马懿坐镇西线，对抗诸葛亮北伐。

战役首先从诸葛亮攻击魏国构筑在祁山的防御工事开始。祁山位于甘肃礼县东、西汉水北侧，西起北岈（今平泉大堡子山），东至卤城（今盐官镇），绵延约 50 里，地扼蜀陇咽喉，因而成为蜀魏必争之地。

征西车骑将军张郃多次与蜀军交锋，曾在街亭大败马谡，让诸葛亮损兵折将，挫败了其第一次北伐。曹真死后，在西线没人比他更有发言权的了，对后来居上的司马懿，他或许有点不放心，又或许不愿意给司马懿立功的机会。因此，他提议将部队分为前、后两军，前军迅速增援祁山，后军坐镇雍州为后援。

如此一来，作为主帅的司马懿理所当然应该留在后方，前线指挥权就落到张郃手上（张的地位仅次于司马懿）。司马懿一眼就看穿对方的心思，说："按将军所言，如果前军能抵挡住士气正盛的蜀军，当然没有问题。可万一抵挡不住，又把兵力分散，这就是楚霸王兵力虽多却最终败亡的原因。"除令驻扎在陇右郡的郭淮部增援上邽外，司马懿亲率所有部队迎战蜀军。

诸葛亮得知司马懿亲率大军增援祁山以后，除留部分兵力继续攻打祁山外，亲率主力迅速转向上邽，意在占领上邽作为战略支撑点。郭淮、费曜与蜀军打了一仗后，龟缩城中顽抗，诸葛亮一时没能拿下上邽，就命令士兵把附近的大片小麦给收割了。

对于这次北伐，尽管诸葛亮已经做足了功课，第一次使用木牛流马运送军粮，又联络了鲜卑的柯必能作为助援，可由于司马懿战术运用得当，采用武装监视的手段，也就是保持距离一直尾随着诸葛亮，但又不跟他交战，拖到他师老兵疲，再加上天降连绵雨，道路泥泞，木牛流马也无济于事。诸葛亮再次被老问题困扰——断粮了。

诸葛亮既求战不得，又过于求稳，只好退军。如果双方就此罢手，这次行动就不会造成人员伤亡，充其量就是搞了一次武装旅游。

可张郃很不满司马懿"畏蜀如畏虎"，掘营自守的战法，曾建议乘诸葛亮进退维谷之际，派奇兵绕到诸葛亮的背后，从前后进行夹击。这本来是个好计策，可司马懿却理解成张郃又一次想谋取独立带兵的指挥权而加以拒绝。

当确信诸葛亮撤退后，司马懿开始部署追击了。张郃以兵法上的"归师勿遏"，劝司马懿不要追击。司马懿不但拒绝了张郃的意见，还命令他亲自带兵去追赶蜀军。张郃三次建议均被拒绝，其心情可想而知。

人在愤怒的时候就会失去理智，失去理智也就丧失了判断力。诸葛亮在撤退途中，早已设下埋伏，以阻击追兵。这一点，算无遗策的司马懿不可能不清楚，百战名将张郃也应该预料得到，只是此时的他怒火中烧。结果，魏军追击到木门（今甘肃天水西南）时，居高临下的蜀兵万弩齐发，一代名将张郃中箭身亡，魏兵死伤甚众。

张郃死后，司马懿在军中的地位更加无人能撼动，起码在西线上，他是最有发言权的人。

青龙二年（234 年）二月，诸葛亮经过 3 年准备、筹措粮饷后，又亲率 10 万大军出斜谷，杀奔魏国而来，历史上称之为第 5 次北伐。

上次诸葛亮退兵后，军师杜袭、督军薛悌都预测诸葛亮在第 2 年麦熟时还会再来，司马懿跟他们说，诸葛亮几次因粮食问题无功而返，回去后必然多方筹措，没有 3 年时间，他不会贸然出兵了。

3 年时限已到，又有情报部门的报告，因此司马懿准备故技重演，率军渡过渭水，背水构筑营垒，与诸葛亮耗。大家都不理解，为何不在北岸与诸葛亮隔水相持，而要跑到南岸，并且还背水列阵？司马懿跟他们解释："南岸平原土壤肥沃，是产粮区，老百姓积聚的粮食、财物都在南岸，一旦让诸葛亮全占了，他就取得主动权，所以不能放弃。"

司马懿分析当前的态势说："如果诸葛亮绕开我们，过渭水、上北原，就能断绝陇道，将对我们构成极大威胁，如果他西上五丈原（今陕西眉县西南），那就没事了。"

一生谨慎的诸葛亮最终选择了五丈原。司马懿笑了，你上五丈原，我就上北原。雍州刺史郭淮也判断出诸葛亮一定会争夺北原，主张迅速抢占北原，于是司马懿让郭淮率军上北原，与五丈原的蜀军隔水相望。等诸葛亮一切就绪，再派兵渡河争夺北原的时候，已经失去了先机。两军就此形成对峙。

五丈原东面有司马懿的大营，隔河北面有郭淮的部队，往西则是固若金汤的陈仓要塞，只有南面是通往汉中的斜谷。这局面是司马懿最愿意看到的。

诸葛亮见战事陷入僵局，一面带领士兵在五丈原开荒种地，以囤积军粮，一面派兵到司马懿营前叫阵。可在接下来的 100 多天时间里，无论诸葛亮如何叫阵、辱骂、挑衅，尤其是那个魏延，怎么难听怎么骂，一副欠抽样。司马懿是视而不见，充耳不闻，就抱定一个决心，就不跟你玩，耗死你。

诸葛亮干脆派人给司马懿送来一套花哨的女人时装和头饰，意思很明白：你要是个爷们，就出来痛痛快快干一架，不然就穿上这套时装与大妈们跳广场舞去！这样的羞辱，司马懿居然忍了，可魏军将士却炸锅了，都火冒三丈地向他请战，说大丈夫可杀不可辱，拼上这条老命也要跟蜀军见个高下。

为平息将士们的情绪，司马懿也一副义愤填膺的样子，说诸葛亮欺人太甚了。不过又跟众人解释说，是皇帝让他坚守，不让出战的。他马上向皇帝请示，等命令一到，就率领大家与蜀军拼个你死我活。

魏明帝收到司马懿的所谓请战书，当即明白了他的用意。用诸葛亮的话来就是，这老小子如果有种，早把队伍拉出来过招了，何必千里请战呢？他是做给那些手下看的！

于是魏明帝任卫尉（统领宫廷卫士负责人）辛毗为大将军军师，加使持节，拿着他的手令来到前线，宣称：皇帝有令，只准坚守，不准出战。司马懿见皇帝明白自己的用意，当蜀军再次挑战时，就要点起兵马出战。

辛毗是个工作认真负责，又特别认死理的老头，在司马懿点兵，将士们操刀持枪要冲出营门之际，便一手杖节，一手拿着诏书堵在门口："有违令迈出军门一步者，杀无赦！"司马懿表示很无奈，皇帝有旨，我也没辙！一场众怒就此平息。

诸葛亮是求战不得，后退不甘，闲着也是闲着，就时不时地派人向司马懿约战。司马懿总是以礼相待，有一次他漫不经心地问来人："诸葛公起居饮食如何，一顿能吃多少米？"来人答："三四升。"然后又询问起诸葛亮处理政事的问题，得到的回答是："打二十军棍以上的处罚，都由丞相亲自审批！"经过此番询问，司马懿马上得出自己的判断，对人说："诸葛孔明命不长矣！"

果然，当年八月，事必躬亲的诸葛亮终因积劳成疾，病死于五丈原军中。蜀军将领按他生前的交代，秘不发丧，有序后撤。当地百姓跑来报告，司马懿率军追击，姜维推出雕刻成诸葛亮模样的木雕，并率领大军做出回击的样子。

司马懿以为又中了诸葛亮的奸计——装死引诱魏军出击。赶紧勒转马头，飞马狂奔，边跑边问随从："我的头还在吗？"众随从回答："还在。"直到确信蜀军没有追过来时，才停下脚步。此事后来被当地编排为谚语：

“死诸葛吓走活仲达”。当司马懿得知诸葛亮已死，蜀军在斜谷发丧的确切情报后，自嘲地说道：“我只擅长预测活人，不善于预测死人的事啊！”随后，亲自到蜀军之前的营寨视察，由衷感叹：“诸葛亮真是天下奇才也。”

至此，历时7年的诸葛亮进军中原的北伐之战画上了句号。诸葛亮打着“匡扶汉室，统一中原”的旗号，不顾实际情况，以一州之力强攻综合国力数倍于己的魏国，纵使竭忠尽智，终因实力悬殊而难有作为。而魏国在司马懿等人的指挥下，以优势兵力采取积极防御的战略，跟对方打消耗战，取得了最后的胜利。

对司马懿来说，在对抗诸葛亮的过程中，虽然吃相有点难看，却因此树立了绝对权威，成为魏国军界当之无愧的头号人物。魏明帝也意识到了这个问题，因此，在诸葛亮去世、来自西南方向的压力减轻后，便将其调回朝中，升任太尉一职，实际上是让他脱离军队。

然而没过多久，司马懿又再次领兵出征了。景初元年（237年），由曹魏委任的辽东太守公孙渊公然背叛魏国，自立为燕王，设置百官，定都襄平（今辽宁辽阳）。更可恨的是，公孙渊向孙权称臣，又以辽东王的身份授予鲜卑单于印绶，给边疆少数民族加官许愿，引诱他们侵扰魏国北方领土。

公孙渊是东汉末年盘踞在辽东的军阀公孙度之孙。公孙度被董卓任命为辽东太守，董卓死后，中原地区纷争不已，公孙度仗着山高皇帝远，趁机给自己加官晋爵，自封辽东侯、平州牧。通过一系列征战，东伐高句丽，西击乌桓，南取辽东半岛，越海攻占胶东半岛北部，划拉下一大块地盘。又采取招贤纳士、设馆开学、广招流民等措施，巩固统治稳据一方。显赫起来的公孙度，开始为祖先立庙，俨然以辽东王自居。当曹操以汉帝的名义册封他为永宁侯时，公孙度撇撇嘴，心道：我都是实际上的辽东王了，永宁侯算个啥！

自太和二年（228年）公孙渊掌权起，经过三代人的苦心经营，公孙氏已经成了打遍东北亚无敌手的一股强劲势力。曹魏虽然三分天下占有其二，可架不住东吴、蜀汉东西两面的时常侵扰，特别是诸葛亮一生5次主动挑起战争。因此，为了安抚公孙渊，魏明帝不听既是宠臣又是高参的刘晔劝告，封公孙渊为扬烈将军、辽东太守。

公孙渊得了政治待遇并不满足，又想提高生活待遇。于是多次派人与孙权联络，称可以作为外应，帮助东吴对付曹魏。孙权也像曹叡一样不顾丞相顾雍、大将军张昭的劝阻，于太和七年（233 年）派张弥、许晏等人为使者，带上大批金玉珍宝，采取一步到位的办法，册封公孙渊为燕王。

公孙渊没料到孙权如此给面子，出手那么大方，既垂涎东吴的大礼，又害怕曹魏的讨伐，毕竟东吴远而曹魏近。思考再三，就把张弥、许晏等人给杀了，将他们的首级不远千里送到了洛阳。

公孙渊得了东吴的便宜，又向曹魏卖了乖，魏明帝一高兴，又官升两级，任命他为大司马，再封乐浪公，继续担任辽东太守、统领诸郡。

人的野心除了自我膨胀外，也有部分是被人惯出来的，因此就有了上面提到的公孙渊自我称王及其一系列动作。公孙渊估计是办事不看黄历的人，尤其是称王这样的大事。此时，魏、蜀、吴三家基本相安无事，进入一段难得的和平相处时期，魏明帝终于能腾出手来收拾他了。

从京师洛阳到辽东有数千里之遥（司马懿称之为“四千里征伐”），公孙渊所处又是胡汉杂居之地，胡人擅长骑射，燕军的作战能力丝毫不比中原的部队差，要平定辽东，还真是非司马懿莫属。当魏明帝向司马懿布置任务时，先奉承一句：“本来不该劳你太尉亲自出马的，可此事重大，务求全胜，来不得半点马虎，只好辛苦你了！”然后问他：“爱卿认为那公孙渊会有什么举动？”

司马懿分析说：“他有 3 种选择，弃城而走为上策；凭辽水抗拒我军为中策；坐守襄平那就只有束手就擒的份了。”

曹叡又问：“那你估计他会采取哪种策略？”司马懿回答：“只有聪明人才能正确估量彼此的实力。预先弃城，这不是公孙渊之辈所能做到的。他肯定会认为我们这次孤军远征不能持久，先在辽水抗拒，再退守襄平，这是中策和下策。”

魏明帝再问：“往返需要多少时间？”司马懿胸有成竹：“去 100 天，回 100 天，攻战 100 天，用 60 天休息，一年时间足够了。”

景初二年（238 年）正月，司马懿率部将牛金、胡遵等，统领 4 万大军向 4000 里之外的辽东进发。进军途中，司马懿对手下将领说：“这次远征辽东，不能辜负皇上的重托，要一劳永逸解决这个老问题。所以我不怕公孙渊应战，只怕他逃跑。”

公孙渊得知魏军来攻，急令大将军卑衍、杨祚等人率步骑数万，依辽水围堑20余里，坚壁高垒，阻击魏军。司马懿则采取声东击西的策略，以一部分兵力多树旗帜佯攻南线的围堑，吸引敌军主力，而以主力隐蔽渡过辽水，进逼敌营。正当广大官兵摩拳擦掌的时候，司马懿却放着眼前的敌人不打，命令部队直插公孙渊的老巢——襄平。

很多将领对司马懿的做法不理解，司马懿就向众将解释："敌军坚营高垒，如果我们去进攻，势必会师老兵疲，正中敌军下怀，当年诸葛亮就是这样被我一次次拖垮的。现在敌军的主力都集中在防线上，老巢的兵力必然空虚，当我军去攻击他们的老巢时，他们一定会折返与我军交战，这样我们就能趁机大破敌军，这叫攻其必救。"

果然，当卑衍看到魏军出现在自己后方时，连夜撤出赶往襄平。司马懿看到辽东军惊慌回援，立刻命令魏军发起进攻。魏军三战三捷，大破辽军，卑衍只得率军退守襄平。司马懿命令魏军挖掘堑壕，把公孙渊紧紧地围困在襄平城里。

就在魏军来的路上，公孙渊又厚着脸皮，派人向孙权求救。孙权看到来人就火冒三丈，几年前公孙渊谋财害命，杀了他派去的使者，当时他就要亲自前去教训那反复无常的小人，是众官拼命拦着，这才作罢。只听他一声断喝："把这几个家伙拉出去砍了！"

孙权气昏了头，可他手下的谋士没昏，连忙劝阻说："陛下，您先别动怒，杀这几个人还不像捻死个臭虫似的，可事于无补啊。我们不妨答应公孙渊的请求，出兵为其声援，再视情况而定。如果公孙渊能守得住，我们还能卖个人情；如果他们打得不可开交，我们就站得远远的；如果公孙渊完蛋，我们就趁机捞点东西回来，也算是对他的一种惩罚！"

孙权一想也对，大家玩来玩去不就图点利吗？自己也没少玩弄曹魏，虽然几次上书称臣，可内心又何尝有半点诚意？于是致书公孙渊表示答应他的请求，并在信中提醒他："司马懿用兵所向无敌，真的为贤弟感到担忧啊。"使者不仅死而复生，还得到满意的答复，赶紧连滚带爬回去复命了。

后来的情形则是，公孙渊到死也没见着东吴一兵一卒，是孙权食言了吗？还真不是，是去晚了。当吴军走了几个月海路登陆辽东时，仗已经打完了。他们在掳掠了些人口，抢了些牲畜后，又原路返回了，这是后话。

眼下被围困在襄平的公孙渊已经感到穷途末路，派他的相国王建、御史大夫柳甫五花大绑到司马懿的大营请降。司马懿二话不说就将两人斩了，再发布檄文严责："当年楚、郑是平等的国家，郑伯还肉袒牵羊出来迎接。我可是天子派来的人，你派来的王建、柳甫却让我解围退兵，哪有这样的道理？肯定是这两个老糊涂传错了话，所以我帮你把他们清除了。你如果真有诚意，就再派个年轻点又能拍板的人来！"

公孙渊没办法，又派侍中卫演前来，提出要送个人质过来，以表诚意。司马懿语重心长地对卫演说："打仗这事吧，无非是5种情形，能打就打，不能打就守，守不住就逃，剩下的就是投降或等死了。你家主子既然不肯把自己绑了来见我，是铁了心在等死啊，就不必送什么人质了。"

公孙渊没辙了，就和自己的儿子公孙修率领数百骑拼死突围，最后被魏军斩杀于梁水边上。司马懿率军进城后，开始血洗叛乱势力，把公孙渊设置的官员全部斩杀，杀死将军毕盛等2000多人，屠杀当地15岁以上男丁7000多人，把尸体集中起来，筑造"京观"。京观是古代战争中胜利的一方为了炫耀武功，将敌人的尸体堆积起来，再用土覆盖成的一座土堆。

盘踞辽东多年的公孙氏至此灭亡。司马懿撤军时，生活在当地的汉人愿意返回中原的，各随所愿，对非汉族居民则采取强制手段迁往中原，据说达数万之众。辽东经过这番折腾，人口寥寥。周围的鲜卑、匈奴等胡人趁机涌入，占据了这片肥沃的土地。

司马懿在原定一年的期限内，胜利班师。可魏明帝的身体却出了状况，魏明帝曹叡被民众在背后给了个"流氓皇帝"的称号，原因是他对美色有着狂热的爱好。除了通过官方途径从各地选取美女外，最独特的方式是他亲自乘车出游，凡是见到中意的年轻女子，都要带回宫中，以至于后宫很快聚集了数以千计的美女。用于这支庞大队伍的开支，竟然与国防开支持平。

为了不耽误享乐，曹叡还别出心裁从中挑选出6名识文断字的美人担任秘书，代自己处理文件。由于荒淫过度，曹叡才30多岁就被掏空了身子，而他后宫的众多美人也没有给他生下儿子，只能从宗室中领养了两个儿子曹芳和曹洵。

景初三年（239年）正月，疾病缠身的曹叡自知时日不多，立8岁的曹芳为太子。并准备了一份辅政人员名单，以燕王、大将军曹宇为首辅，领军将军夏侯献、武卫将军曹爽、屯骑校尉曹肇、骁骑将军秦朗等赫然在列，这个 5 人中有 4 人是宗室，不姓夏侯就姓曹；剩下一个，则是曹操的拖油瓶儿子秦朗。

曹宇思想境界高，为人又憨厚老实，就推辞了一番。中书监刘放与中书令孙资因司马懿平定辽东而沾光，二人以参谋之功晋爵，刘放封方城侯，孙资为中都侯。夏侯献与曹肇则对刘、孙长期掌管国家机要而不满。秘书不是官，权力却大得很，得罪的人也多，他们与上司的关系是一荣俱荣、一损俱损。夏侯献、曹肇在组织找他们谈话后，知道自己将担任辅政大权，得意忘形之下当着刘、孙二人的面指着殿前一棵专门给公鸡晚上栖息、早上打鸣的树，互相打趣说："公鸡占这棵树也够久了，看它还能再占几天？"

孙、刘当然明白他们的意思。因此，当曹叡询问他们对曹宇的推辞有什么看法时，刘放回答："人贵有自知之明，燕王知道自己能力有限，怕承担不起这副重担！"

曹叡问："谁可以承担？"当时名单上的 5 个人只有曹爽在场，刘放、孙资没必要得罪他，又不能让皇帝起疑，就顺势推荐了曹爽，并说道："先帝可是很忌讳藩王辅政的，眼下太子年幼，外敌环伺，应当召回太尉参与辅政。"

曹叡望着曹爽问："你行吗？"曹爽紧张得汗流浃背，竟然不知道该怎么回答。刘放暗中踩了他一脚，给他吹耳根毛："快说以死奉社稷。"

刘放随后又说："陛下最好亲自写下诏书。"曹叡说："我太疲乏啦，写不了。"

最后还是刘放爬到床上，握着曹叡的手勉强写下诏书，再由孙资拿到大殿大声宣布："有诏书免去燕王曹宇等人的官职，不得在宫中滞留。"

对于宫中这场惊心动魄的人事安排，远在千里之外的司马懿还一无所知。因为他接到朝廷的命令是不用回京述职，直接到长安去坐镇关中。当他走到半道（《晋书》说他到达白屋，具体位置无从考证）时，就有诏书命他火速回京，并且 3 天之内，连续来了 5 道。魏明帝还写了便条让他以最快的速度到京后，不必通报，直接推门来见自己。

司马懿意识到出大事了。从白屋到洛阳有 400 多里路程，司马懿乘追锋车（《晋书》记载的是"追锋车"，应该是追风车），一个晚上就赶到，也不知道累死了多少马匹。

君臣见面后，魏明帝拉着司马懿的手说："我眼看不行了，把后事托付给你，希望你和曹爽一起辅佐幼主！”并叫曹芳过来让司马懿认清楚，以免被人调包。曹芳很聪明，趁机抱着司马懿的脖子表示亲近。司马懿激动不已，叩首流涕，向曹叡保证：“请陛下放心，当年先帝把陛下托付给臣，臣当年做到的，今后也一定能做到！”

曹叡咽气后，曹芳继位。由司马懿与曹爽二人共同执掌朝廷大权，司马懿的官职为侍中、持节、都督中外诸军、录尚书事；曹爽则为大将军、持节、都督中外诸军事、录尚书事。每人各领精兵三千，轮流在殿中值守。

按照曹叡最后一刻的设想：两位托孤大臣，一个是三朝元老，足智多谋，又有军功，朝中无人能及；一个是皇室子弟，对自己忠心耿耿，胳膊肘不会往外拐，应该是完美组合。可世界很多看似完美的东西，往往都不完美，甚至还隐藏着极大的祸患。

由于曹芳年纪小，就由曹叡的皇后郭氏临朝听政。可这个 3 人团很快就起了内讧，而挑起内讧的人就是曹爽。

曹爽是魏明帝时的辅政大臣之一、大司马曹真的长子，凭着这层关系，曹爽从少年时期就经常出入宫廷，一来二去就混了个脸熟，曹叡即位后让他到身边当陪伴，就是平常陪自己聊天，出游时骑马跟随的闲官。随着年龄的增长，先后出任负责京师城门守卫的城门校尉、散骑常侍等职，再迁为武卫将军。

魏明帝太和五年（公元 231 年），曹真逝世，曹爽承袭其邵陵侯爵位。曹爽比他爹差远了，既无战功，又没能力，唯一的长处就是得到了曹叡认可。曹芳继位后，除了给曹爽加官、增加食邑外，又给了他一项特权：赐剑履上殿，入朝不趋，赞拜不名。

曹爽陡然位极人臣，心里就一个字——爽。美中不足的是，还有一个 50 多岁的老家伙在分享这块蛋糕，如果能把他赶走，自己既能独揽大权，又没有了代沟，自己想干啥就干啥，岂不是更爽？可司马懿老谋深算，深谙用兵之道，连智谋过人的诸葛亮也无可奈何，不好对付。

为此，曹爽广招人才壮大自己的实力，将之前魏明帝认定只知夸夸其谈而毫无用处的一批名士何晏、邓飏、李胜、丁谧、毕轨等招至帐下，引为心腹。

何晏的爷爷是东汉末年的大将军何进，就是那个权倾一时，想杀光太监，最后反被太监弄死的哥们。何晏的父亲死得早，而曹操喜欢寡妇是出了名的，就将他的母亲尹氏纳为妾，何晏就与秦朗一样被曹操收养，并视如己出。秦朗性格谨慎，知道是在别人的屋檐下而有所收敛，何晏自恃长得帅（面容细腻洁白，被人们称为“傅粉何郎”），又有才学而无所顾忌，曹操让他随自己姓曹，他还瞧不上。

人长得帅，就会更在意自己的形象。每天照镜子是何晏必不可少的功课，连走路都喜欢看看自己的影子。在穿衣打扮上，更是不含糊，世子曹丕穿什么他就穿什么，让曹丕非常讨厌，所以从来都不叫他的姓名，称其为“假子”。假子就假子吧，何晏也不在乎，还娶了养父的女儿金乡公主为妻。

曹丕在位时，何晏自然没有出头之日。因此，只能寄情书本，研究起老庄哲学来，一来二去竟成了玄学的创始人。所谓玄学，就是人类不可知、不可思议的，连科学甚至神仙都解释不了的事物，说直白点就是故弄玄虚的一门学科。

期间何晏与夏侯玄、王弼成了知音，在共同研究玄学的同时，每天清谈议论时事，首开清谈之风。夏侯玄是征南大将军、荆州牧、昌陵乡侯夏侯尚的儿子，右将军夏侯霸的侄儿，跟曹爽是姑表兄弟。

夏侯玄他妈是曹真的妹妹德阳乡主，其父年轻的时候与曹丕是铁哥们。本来相亲相爱的一家人，却因为夏侯尚特别宠爱一个小妾，德阳乡主受不了那份冷落，回娘家告状，曹丕不讲友情，只讲亲情，派人将那个小妾勒死。夏侯尚悲痛欲绝，不久就郁郁而终。

夏侯玄也是个学霸型的人物，史书称他不仅“博学多识，才华出众”，而且仪表不凡，当时人们形容他“朗朗如日月之入怀”。不过此人太过清高，和司徒陈矫之子陈本是好友。有一次陈本请他到家里吃饭，因为关系好，陈本的母亲也在场。这时陈本的弟弟陈骞从外面回来，径直进入堂屋。夏侯玄看见陈骞就站起来说：“相同的事可以一齐办，不同的事不能混杂在一起办。”意思是不愿与陈骞一起吃饭。

曹叡第一任皇后毛氏的弟弟毛曾长相有点寒碜，有一次夏侯玄（时任散骑黄门侍郎）去见皇帝，正好毛曾也在，曹叡就让两人并排坐在一起，连曹叡都觉得如同芦苇倚靠着玉树。夏侯玄内心的不屑和厌恶毫不掩饰地写满在脸上，令曹叡极为不满，导致曹叡在执政时期对那些自视清高的清谈派、名士派一概不予录用，在职的也统统被扫地出门。曹爽掌权后，首先提拔何晏为散骑侍郎，经何晏引荐，一帮“臭老九”才终于有了出头之日。

“食君之禄，担君之忧。”一帮人经过一番谋划，于景初三年（239年）二月以小皇帝曹芳的名义颁发诏书，由郭太后签字，晋升司马懿为太傅。太傅是皇帝的老师，虽然位居三公，地位尊崇，但没有实权。这实际只是给司马懿一个虚名，而剥夺了他的实权。为了安抚司马懿，任命他的长子司马师为散骑常侍，其他三个子弟为列侯，四个子弟为骑都尉。司马懿耍了点性子，坚决拒绝了授予子弟们的官职。

接着，曹爽以何晏、邓飏和丁谧为处理朝廷政务的尚书，毕轨为管理京师及其周围地区的司隶校尉，李胜为河南尹，原吏部尚书卢毓迁为尚书仆射。与此同时，他让二弟曹羲代替夏侯献为中领军，三弟曹训替代曹爽原来的职位，为武卫将军，五弟曹彦为散骑常侍，京师禁军完全掌握在亲兄弟手中。表弟夏侯玄则被任命为中护军，负责总统诸将，选拔举用军队武官。如此一来，就触动了包括司马懿在内的很多老臣的利益。

司马懿当然不会无动于衷，他这个太傅，可是百官之首，还录尚书事、持节、都督中外诸军。因此，他也不动声色地在关键位置安插自己人，如在夏侯玄被调往西北顶替他时，让儿子司马师去顶替夏侯玄为中护军，再让老哥们蒋济接替自己的太尉一职。除此之外，还通过各种手段将那些受排挤的老臣、被冷落的年青才俊拉到自己的阵营，或者至少让他们保持中立。

正始二年（241年）四月，孙权趁着魏国新君即位、权力重新洗牌之际，分兵四路进攻魏国：卫将军全琮率军数万出淮南攻芍陂（今安徽寿县南）、威北将军诸葛恪攻六安（今安徽六安东北）、前将军朱然攻樊城（今湖北襄樊）、大将军诸葛瑾攻柤中（今湖北南漳蛮河流域）。

当时曹魏坐镇东南的将领是征东将军王凌和扬州刺史孙礼。朱然是东吴方面硕果仅存的老将，曾随吕蒙擒杀关羽，夷陵之战与陆逊合力大破刘备。黄初四年（223年）曹丕派曹真、夏侯尚、张郃等狠角色合力进攻江陵，连建数个军营围城，曹丕甚至亲自到宛城督战，朱然毫无惧色，率军坚守了6个月，由此“名震敌国”。

东吴此次出动的四路人马，以朱然表现得最为突出，围攻樊城最为猛烈，这可是送上门的机会，司马懿当然不会错过，决定亲自出马，前去救援樊城。

很多朝臣认为，樊城城池坚固，劝他不必救援，“岁月不饶人，太傅劳苦功高，魏国百姓离不开您，您还是坐镇京城为好。”司马懿以充满责任感的语气跟大家解释：“边关受敌而安坐庙堂，让边疆将士失望，民众流离失所，这是很危险的，也是最令我担忧的。”

六月，司马懿不顾南方酷暑潮湿，率军增援樊城。朱然虽然勇猛，可他手下的将士听说司马懿亲自前来，都惊恐不已。朱然清楚，带着这样一群耗子见到猫似的部下去迎敌，那场面用脚指头都能想象得到，于是连夜撤退。在三州口（荆、豫、扬三州接合处），被追击而来的魏军砍杀了一阵，损失一万多人，魏军缴获了一批船只及大量物资。朱然一败，其他几路吴军也相继撤退。

宛城素有中原粮仓之称。吴国派诸葛恪在该地区筑城屯驻，与魏国争夺人口和资源。于是司马懿又把目光瞄准了诸葛恪。

樊城一战，让司马懿出尽了风头，朝廷为其增加食邑万户，十一个子弟封侯。见他又要再立新功，曹爽一派自然加以阻挠，摆上桌面的理由是，诸葛恪占据坚城，粮草充足，劳师远征，吴国必然来救，我方只能空耗钱粮。

司马懿就给他们上了一堂军事课：“吴军所擅长的是水战，冬天水浅，他们的船无法开到城边，援军只能弃船上岸，是弃其所长，我们收拾他们就容易多了。”

正始四年（243 年）九月，秋高气爽，粮足马膘，司马懿又要率军出征了，皇帝亲率百官在洛阳南面的津阳门为他送行，司马懿趁机把声势造得大大的。果然收到奇效，部队才走到舒城（今安徽舒城县），诸葛恪放了一把大火，就逃回长江以南的柴桑（今江西九江）去了。司马懿在淮北巡视一番后，提拔农家子弟邓艾在当地主持屯田。

司马懿两次对东吴用兵都取得大捷，尤其是不战而屈人之兵，用声望逼退大家认为城坚粮足，不可能战胜的强敌。这让曹爽一伙情何以堪？曹爽顶着大将军的头衔，却没上过一次前线，自己都觉得面子上挂不住。他手下那帮文人、谋士就更别提了，风头都被别人的上司盖过了，军队只知有司马懿，而不知道还有大将军。

曹爽心有不甘，再加上手下人的劝说，决定亲自领兵攻打蜀国，以建立功勋，树立威名。他选择蜀国为目标基于以下考虑：一是吴国两次被轻松拿下，他再去的话，赢了人家会认为是挟司马懿的余威，输了就更显得自己无能，会让人笑掉大牙，这种事情不是没有可能，吴国的水军可不是吃素的，当年武帝（曹操）在赤壁就留下过血的教训。二是东南方面的军事力量和指挥官经过司马懿的经营，短时间内很难把他们团结在自己周围。反观西南这边，全是陆路，诸葛亮死后，蜀国的军事力量大打折扣，更重要的是，坐镇西线的最高指挥官是夏侯玄，自己人。

曹爽要打蜀国也是有阻力的，司马懿就第一个反对，很多老臣也极力劝阻，可曹爽是第一辅臣、大将军，又得到曹芳的“批准”，事情就此定了下来。

正始五年（244 年）正月，曹爽亲率 7 万大军出征蜀汉，结果先被蜀国镇北大将军王平打败，魏军被挡在兴势（今陕西洋县北），由于蜀道崎岖，虽然累死了大量牛马，军粮还是供应不上，刘禅派大将军费祎率领的援军也相继赶来。

参军杨伟建议曹爽趁早撤军，不然将有全军覆没的危险。邓飏、李胜不同意，三人当着曹爽的面争执起来，杨伟争不过两个人，气急败坏之下对曹爽说：“邓飏、李胜成事不足，败事有余，该杀!”

不久，夏侯玄转来司马懿的一封信，让他不要再执迷不悟，赶快撤军，否则一切后果自负！曹爽和他那帮谋士终于明白，仗不是谁都能打的，再待下去，除了蜀军不肯放过自己，后方的司马懿也不会放过自己，于是下令撤军。费祎心说蜀地不是你想来就来，想走就走的地方，马上分头截击。魏军经过苦战，才像裸奔一样逃了回来，财产物资损失殆尽，失散、伤亡人数一时难以统计。

本来想通过打一仗捞点功名的曹爽，没想到会弄到这步田地，心情沮丧到了极点，如今的他感到了巨大的压力。压力具体来自哪里，他也一时说不上来。平心而论，曹爽在此之前对司马懿的敬重是发自内心的，虽然他不希望司马懿风头太盛，但在他两次出征东吴的行动上，还是给予大力支持，在处理内政上，有事总会主动与司马懿商量，司马懿也是一副公事公办的样子，大家都以礼相待，表面客客气气的。但曹爽总感觉到有一只无形的手在暗中掣肘，就拿这次出征来说，虽然开始意见不统一，可既然形成了决议，大家就应该全力配合，毕竟是国家大事，失败了对谁都没有好处。可实际情形是，太傅司马懿的态度就不说了，前将军、雍州刺史郭淮的表现让他极为恼火。

原来这次伐蜀，考虑到夏侯玄刚到关中不久，没有对蜀作战的经验，曹爽让郭淮担任前锋，当大军被堵在兴势山时，郭淮一看情况不妙，连招呼都不打，带着他的关中子弟兵先撤了。这可是临阵脱逃啊，要被送上军事法庭的。

在事后检讨会上，曹爽作为败军之将，被驳得无话可说。可那帮老家伙却高度赞扬郭淮“临危不乱，沉着应对，故不大败”，郭淮不但没受到惩罚，还受到表彰，加假节。曹爽终于明白那只无形的手出自那里了，郭淮在曹丕还是五官中郎将的时候，就在曹丕的门下担任贼曹（负责捕捉盗贼），与司马懿同为曹丕下属；郭淮转为丞相兵曹议令史后，又与司马懿一同随着曹操征讨汉中；司马懿出镇关中，郭淮作为雍州刺史，直接归司马懿指挥，在抗击诸葛亮北伐中的表现可圈可点，深得司马懿的器重和赏识，两人关系非同一般。

曹爽从此像变了个人似的，你们不是笑话我无能吗？不是指责我这个顾命大臣不称职，让综合国力倒退吗？那是因为本爷每想干件大事，都会受到你们这些老家伙的羁绊，为此，他吩咐尚书今后有事要先向自己报告，由他权衡轻重后，再有选择性地征询司马懿的意见。

为了显示自己跟皇帝保持着高度一致，曹爽的饮食起居、公务用车、服饰甚至连出行的派头都依照皇帝的规格。各地进贡给朝廷的贡品很多都落到他的手中，以至于家里的珍贵玩物堆积无数。更过分的是，自己妻妾成群还嫌不够，还将原来魏明帝时的美女占为己有。又将皇家专用的太乐乐器及乐师、歌妓、舞者弄到自己的府邸，与一帮心腹近臣日日喝酒作乐。

在享受高质量生活的同时，曹爽时刻不敢忘记今天的幸福生活是怎么得来的，这不，有人已经在提醒他了。郭太后对曹爽的行为就表示了极大的不满，虽然她并不喜欢曹叡的那些美人，但这是两码事。

郭太后是西平（今青海西宁）人，祖上为河西大族。黄初元年（220年），西平郡发生叛乱，魏文帝曹丕派兵镇压，当时还是女童的郭氏被迫以战败者家属的身份入宫为奴。曹叡继位后，郭氏也出落成花容月貌的大姑娘，曹叡垂涎其美色，就封她为夫人。

随着曹叡对郭氏愈加宠爱，她的伯父郭芝被封为虎贲中郎将，叔父郭立被封为骑都尉。有一次，曹叡举办大型游园活动，后宫才人以上的妃嫔都参加饮宴娱乐，唯独不见后宫之主毛皇后。郭夫人问曹叡："应该带皇后一块玩吧？"曹叡非但不同意，还警告随从不得通知毛皇后。

曹叡带着一帮美人玩了一个通宵才散，毛皇后次日见到曹叡时，问他："昨天的游园活动，玩得开心吗？"

曹叡认定是左右侍从向毛皇后泄密，也不知触动了哪根神经，竟然下令杀掉了十几个随从，又将毛皇后赐死。不久曹叡在病重之际，让郭氏火线上位，立为皇后。

曹芳继位后，尊郭氏为皇太后，主持朝政。朝廷的命令、诏书都是由太后签字颁发的，魏国最高决策层早已暗中分成两派：曹芳、曹爽为一派，司马懿与郭太后这对外姓很自然就成了一派，这已是公开的秘密。

虽然曹丕对外戚严加防范，不准他们参政，可此一时，彼一时。曹芳继位年龄太小，郭太后就成了皇室的代言人，为搞平衡，就追谥她的父亲郭满为西都定侯，由郭立的儿子郭建承袭其爵位；封郭太后的母亲杜氏为郃阳君。郭太后的伯父郭芝则调任为散骑常侍、长水校尉，叔父郭立为宣德将军，皆封列侯。郭建与哥哥郭德（被过继给甄氏为子嗣，并继承曹叡女儿的爵位，改名甄德）兄弟二人同为镇护将军，负责京师警卫。

曹爽知道郭老太婆也在背后指责自己后，心里很不爽，于正始六年（245 年）八月下令取消中垒、中坚营的编制，把两营的人马划归中领军曹羲统辖。中垒、中坚营是曹叡设置的，既有安置郭氏兄弟的意思，又为保卫皇室的安全增加一道保险，隶属于中护军，而现任中护军正是司马师。

曹爽这是一石二鸟，最终由司马懿出面，以先帝旧例不可废为由，提出严正抗议，但曹爽是最高军事统帅，军队的事由他说了算，抗议无效。郭太后、司马懿只能选择退让。退让的结果反而助长了曹爽一伙的嚣张气焰，何晏、邓飏、丁谧等人经过密谋后，以曹芳已经成年为由（实际上才 15 岁），将郭太后与曹芳隔离，迁居到永宁宫，派人严加看管，等同于将她关了禁闭。

司马懿孤掌难鸣，发现很多文件都看不到了，自己说的话都成了别人的耳旁风。虽然内心极为不满，但现在实力还不够，只能采取以退为进的策略，给小皇帝曹芳打报告，说自己年老体弱，疾病缠身，请求退职休养。

这本来是很多身居要职的官员试探皇上的一种手段，可曹芳不是曹操。曹爽非常高兴，以最快的速度让曹芳批准了司马懿的请求。司马懿弄巧成拙，一夜回到旧社会，只好卷铺盖回家。

司马懿此举却赢得朝中同样受到排挤的老臣同情，孙礼在探望称病赋闲在家的司马懿时，就发泄了不满："太傅您受苦了，我是受大家的委托来看望您的，您可是先帝的托孤大臣啊，他们怎么能这样对待您呢！"司马懿装作一副很释然的样子："小孙说的哪里话，老朽何德何能，得到先帝垂爱已是诚惶诚恐，如今皇上恩准告老，老夫在家逗狗、遛鸟，不是挺好的吗！"

这个孙礼原先是曹爽阵营的人，曾担任大将军长史，后外授扬州刺史，又转任冀州牧。在任期间清河、平原二郡为地界问题发生纠纷，这是个老问题了，前两任刺史都解决不了。孙礼就从国家档案馆里找出当初曹操分封的地图，发现双方争执的地方应属平原郡，而曹爽却偏向清河郡，便以地图年久不能用为由驳回，孙礼为人刚直，上书据理力争，字里行间还表达出一层意思：如果此事解决不了，我这个冀州牧不当也罢！

曹爽认为孙礼是在威胁自己，一怒之下撤销他的所有职务，并以怨谤重臣罪将其收押，由于很多人为他说情呼吁，才改为回家反省，一直赋闲在家。而在处理清、平二郡纠纷案的问题上，是得到司马懿赞赏和力挺的，由此就彻底倒向了司马懿。

曹爽一伙对司马懿的突然告病也不是没有怀疑，加上他退下来后的一年时间里，朝中的一些元老重臣如中书令孙资、中书监刘放、司徒卫臻、司空徐邈等人也以各种理由打了退休报告，曹爽疑心也是司马懿搞的鬼。因此，他就趁心腹李胜调任荆州刺史之机，派李胜以向老上司辞行为由，前去探察司马懿的虚实。当年曹操曾用刀试探，都被司马懿骗过，何况这点小儿科！

司马懿让两个婢女搀扶着保持着半躺半倚的姿态，在床上接见李胜，婢女侍候他换件会见来宾的衣服，他哆哆嗦嗦半天也穿不上，还把衣服弄到了地上。

李胜表明来意，说自己要到荆州上任，是特地来跟太傅告辞的，司马懿气喘吁吁，口齿不清地说道："你去并州啊，并州靠近胡地，可要提高警惕啊！”到了该吃药的时间，婢女端来汤药，药碗又被他弄翻，汤汁洒得满头满脸都是。

李胜说：“大家都以为太傅只是老毛病复发，没有想到竟如此严重！”司马懿一副使尽力气的样子，一个劲地点头称好，说：“你年富力强，正是建功立业的时候，我是过一天少一天的人了，你这一去，咱们恐怕再也见不着了，以后犬子师儿、昭儿就托你关照了！”

李胜一溜烟地跑回去向曹爽汇报了这次探察的情况，得出的结论是：老家伙就剩下一口气了，医生随时都有可能下达病危通知。

曹爽一下子打倒了两个“反动派”以及他们的走狗，放心了。他的团队也像脱缰的野马，在作死的路上狂奔了。

丁谧把持着尚书省，时常驳斥官员，一言不合就会弹劾官员，对他们草拟的文件是横挑鼻子竖挑眼，当时就有人编排：“台中有三狗，二狗崖柴不可当，一狗凭默作疽囊。”意思是说尚书台有三只狗（指丁谧、何晏和邓飏）要咬人，默是曹爽的小字。其中以丁谧最为凶恶。

何晏的名气远比丁谧大，在咬人方面更是不甘示弱，朝廷上下都得看他的脸色行事。在敛财方面，何晏不但侵占洛阳和野王的数百顷良田和林场作为自己的产业，还大肆窃取官物，又向各地方官员索取好处，官员都敢怒不敢言。

邓飏贪财又好色，在侵吞国家财产的同时，又在官员调动和任免上，唯“财”是举。有个叫臧艾的人，为了追求进步，来手更狠的，竟然将老爸最漂亮的小妾骗出来送给了邓飏。当时就流传一句话：“以官易妇邓玄茂。”以此讥讽邓飏权色交易。

曹爽集团的倒行逆施和胡作非为自然引起了朝中那些老臣们的不满，他们为了自身利益，私下里早已有所行动，司马懿看似在家苟延残喘，其实暗中也与朝中元老太尉蒋济等人谋划准备推翻曹爽集团。

而曹爽身陷险境犹不自知，弟弟曹羲在多次口头劝谏不听后，又连写三篇言辞恳切的文章，加以告诫，惹得曹爽很不高兴，曹羲只有在暗地里哭鼻子抹泪的份。对于曹爽多次带着一帮党羽离京出游的行为，为他出谋划策，号称“智囊”的大司农桓范就很严肃地指出，你们兄弟掌握朝政和禁军，同时离开京城是危险的，一旦有反对派关闭城门，就掌控不住大局！

“不听老人言，吃亏在眼前。”桓范的担忧被不幸言中。嘉平元年（249 年），是魏明帝曹叡逝世 10 周年的日子，曹爽一伙人又找到了公费出游的借口。正月初六（2 月 5 日）新年一过，曹芳在曹爽及其兄弟曹羲、曹训、曹彦等一班志得意满的新贵簇拥下，以前往高平陵祭奠魏明帝为由，浩浩荡荡出城打猎。京师洛阳空虚。

一行人离开洛阳后，在李胜眼里只剩一口气的司马懿，像是秒变一个人，精神百倍地指挥由司马师所统领的部分禁卫军，加上暗中畜养的三千死士，以迅雷不及掩耳之势发起致命一击，命司徒高柔占据曹爽大营，持节行大将军事；命被曹爽排挤，调任太仆的王观为中领军，占据曹羲的军营并接管其军队。

与此同时，他假借郭太后的懿旨下令关闭洛阳各个城门，中护军司马师和叔叔司马孚一身戎装，带领自己的手下占据了司马门（通往皇宫的正门）和武器库，三千名打手已全部武装了起来。整整两年没迈出家门一步的司马懿坐车从家里出发了，经过大将军府的时候，由于交通拥堵，车子只能缓慢行驶。

外面一时间躁动起来，曹爽的夫人刘氏不无担忧地对内务总管严世说：“大将军出城了，城内发生骚乱，如何是好?”严世说了声我去看看，就噌噌噌跑上楼顶，看到司马懿精神百倍地坐在车上，咦！不是说行将就木了吗？他马上意识到情况不对，抄起弓箭就要射杀司马懿，正在值班的偏将孙谦制止说：“情况未明，不要轻举妄动!”严世三次张弓搭箭瞄准司马懿，都被孙谦死死拉住胳膊，在两人争执之时，那些兵丁也弯弓搭箭，对准楼下的司马懿他们，只要一声令下，或者有人先射出第一箭，司马懿必将死于乱箭之下。

司马懿只好通过喊话，花言巧语相劝才得以通过大将军府的防区。来到司马门，看到那些突然冒出来的亡命之徒，心里暗暗称赞司马师：这小子行，是块干大事的料！

司马懿做的第一件事就是先解放了被长期关禁闭的郭太后，这样就可以师出有名。司马懿禀告太后说：“曹爽兄弟败乱国典，擅权营私，请求下诏解除曹爽兄弟的兵权。”

司马懿与郭太后结成统一战线后，亲自率军占据洛水浮桥，切断曹爽的归路。所有工作到位后，才上奏章给魏帝曹芳，列举曹爽的罪行进行弹劾，并让送奏章的人转告曹爽，只要他奉诏交出兵权，便可保留爵位，允许回京居住。

曹爽接到弹劾表后，一时不知所措，扣住奏章，将曹芳车驾留宿于伊水南岸，命随行的卫队砍伐树木构筑防卫工事，由于所带部队不多，只好临时从附近调来数千名屯田士兵担任护卫。

在城门关闭之前趁乱跑出来的桓范，与曹爽会合后，见他一副丧魂落魄的样子，就不断给他打气，劝他效仿曹操挟天子以令不臣，带着皇帝转移到许昌，再以皇帝的名义征调天下兵马进剿司马懿。

见曹爽犹豫不决，桓范又转而劝曹羲说："事到如今，像你们这样的人家，想过贫贱的日子都不可能了，唯有放手一搏，有天子跟我们在一起，号令天下，谁敢不从？"

曹爽兄弟还是拿不定主意，桓范又继续劝说："你们的阙南别营和典农校尉的军队离此不远，可以调来勤王，护卫皇帝向许昌转移，从这里到许昌不过一昼夜的路程。许昌有武器库，可以装备军队。至于粮食，我以大司农的身份向各地征调，大印我随身带着呢！"

尽管桓范说得口干舌燥，可得到的回应始终是沉默。考虑再三，曹爽反而连夜派遣侍中许允、尚书陈泰去见司马懿，想摸摸司马懿的底，到底是几个意思。

司马懿担心对方会狗急跳墙，便向来人历数曹爽犯下的严重错误，申明只有趁早回来认罪服法才是明智的选择。同时派曹爽的铁哥们殿中校尉尹大目去进行诱劝，司马懿当着尹大目的面指着洛河水赌咒发誓，只要交出兵权，即可保证他们的荣华富贵。蒋济又亲自执笔，连夜写信给曹爽说，司马懿只想剥夺他们兄弟的兵权，不会伤害他们。

曹爽思考了一个晚上，终于拿定了主意，只见他把佩刀往地上一扔，说："司马懿无非是要夺我的权，我就遂了他的愿。我能留着爵位安享家中，依然不失为富贵人家！"

主簿杨综还想做最后一次努力："曹公您掌控着天子，手中又握有大权，难道要放弃这些有利条件，而跑到东市去引颈受戮吗？"桓范知道大势已去，失声痛哭："曹子丹（曹真，字子丹）这么有才能的人，怎么生下你们这些像猪一样蠢，像牛一样笨的兄弟啊？！今日我也要受你们的连累而遭灭族之灾了。"

事实证明，曹爽太天真了，他是以君子之腹度小人之心，当初排挤了司马懿，夺了其兵权后，并没有将对方赶尽杀绝，以为对方也会像他一样不会要自己的小命。可当他回到洛阳后，马上就被监控了起来。

不久，司马懿就罗织了一大堆罪状，把曹爽兄弟和何晏、邓飏、丁谧、毕轨、李胜、桓范等全部处死，并夷灭三族。经过这次政变，宗室势力集团遭到清洗，司马懿迅速安插司马家族子弟及心腹掌控各职能部门，将曹魏军政大权控制在手，更不可能还政于魏帝曹芳。

司马懿独掌大权，让原先支持他政变的元老及臣僚感到失望和不满，一些亲曹势力更是极力反对。太尉蒋济因为写信保证曹爽没有性命之忧，在万分内疚中抑郁而死。

首先站出来向司马氏叫板的是新任太尉王凌。王凌是东汉末年，用美女计诱使吕布杀死董卓的那位老哥王允的侄子，王允以匡扶汉室的名义除掉董卓后，也并没有还政还于汉献帝，而是取而代之执掌朝廷大权。王允被董卓的余党李傕、郭汜杀害后，王凌逃回了老家。后被曹操录用，辟为丞相掾属。

嘉平三年（251 年），已官至太尉的王凌虽然已经是快八十岁的人了，可争强好胜的脾气一点不比年轻人逊色，看到同样是七十几岁的司马懿只手遮天，就很不服气。你司马懿不就是仗着手里有个皇帝曹芳吗，我也可以立个皇帝啊！论实力，四大战线中（对蜀作战的西线、对东吴作战的东线和南线、对胡人作战的北线），自己是征东将军，征西将军郭淮是自己的妹夫，征南将军王昶跟自己是发小儿、铁哥们，各地方大员中，兖州刺史令狐愚是自己的外甥，扬州刺史诸葛诞跟自己是儿女亲家，荆州刺史王基是自己一手提拔起来的老部下。

基于以上考虑，王凌派令狐愚联络楚王曹彪，要另立山头，与司马懿抗衡。可王凌忽略了一点，以上那些实力派人物，也与司马懿有着千丝万缕的关系，就连他的儿子、诸葛诞的女婿王广都觉得老爸的思维不靠谱，后来的事实证明，他们都保持中立。唯一靠得住的外甥令狐愚，刚与曹彪搭上线，却突然病死了，兆头不好不说，还先折了一臂。

与之相反的是，司马懿丝毫不敢大意，采取先发制人的手段，不顾年老多病，亲自率军南下。这场博弈，以王凌、曹彪被迫先后自杀草草收场。司马懿又利用这次机会，将与此案件有牵连的人一律诛灭三族。

为了防止有人再另立皇帝，司马懿更是将曹氏宗室尽收网中，禁锢在邺城，命有司严加监视，只准他们规规矩矩，不准他们乱说乱动，更不准他们相互往来，完全失去了反抗能力，而曹芳不过是一个曹魏版的汉献帝。

司马懿熬到古稀之年不死，仿佛就是为了完成这最后一道工序。剿灭王凌不久，司马懿终于真的病死了，终年73岁。司马懿死了，可曹魏的噩梦才刚刚开始，司马师接替他爹的位置后，继续专权。

第二章　旷世枭雄司马师

司马懿一共有9个儿子，司马师、司马昭和平原王司马干为正室夫人张春华所生；最得宠的伏夫人生了汝南文成王司马亮、琅琊武王司马伷、清惠亭侯司马京、扶风武王司马骏；张夫人生梁王司马肜，柏夫人生赵王司马伦。

司马懿去世后，司马氏集团纷纷向曹芳建议，应该子承父业，由长子司马师继承司马懿的辅政大臣地位。曹芳只得任命司马师为抚军大将军，辅政大臣，执掌魏国军政大权。

司马师沉着坚强，雄才大略。高平陵政变是他与父亲一起策划的，行动前的头天晚上，两人才将计划告诉了司马昭。之后，司马懿让人观察两个儿子的表现。得到的回报是，司马昭紧张得翻来覆去睡不着，而司马师却像没有事人一样呼呼大睡。

司马师是司马父子中颇有曹操之风的人，比如他担任中护军时，严格执法，负责选拔武官不徇私情，不拘一格任用人才。如小商贩出身的石苞，才干出众，可为人贪财又好色，司马师只注重其才能而擢升为尚书郎、中护军司马。石苞后来为司马氏立下赫赫战功，成为西晋的开国大将。

嘉平四年（252年）四月，孙权病逝，东吴的军政大权落到诸葛恪手里。诸葛恪是个好战分子，之前没少招惹魏国，眼下又带领大军来到东兴（今安徽巢县东南），重建大坝。司马师就想趁东吴新老交替、政局不稳之机跟诸葛恪过过招，毁掉他的大坝不让东吴的战舰停泊。遂于十二月下令伐吴，并采纳镇东将军诸葛诞的计划，分三路出击，由征南大将军王昶攻击南郡（今湖北江陵）；镇南将军毌丘俭攻击武昌（今湖北鄂州）；诸葛诞与征东将军胡遵为主力，率 7 万人马进攻东兴，并负责搭建浮桥。

东兴之战的结局是，魏军伤亡惨重，辎重物资全部拱手送给对方，跟当年曹爽伐蜀一样。朝廷会议上，大家一致要求追究诸葛诞等参战将领的责任，司马师则把战败的责任揽到自己身上，说："命令是我下的，是我头脑发热，责任应该在我，执行命令的将军有什么罪呢？"

话是这么说，可你是国家顶梁柱，大权在握，谁敢说你半个不是？司马师自然明白，没点表示也说不过去，所以就拿自己的弟弟司马昭来立威，说："司马昭是这次行动的监军，应该对这次失败负责，就削去他的爵位，其他将领则将他们的防区对调，以示惩罚。"

司马师执政期间，更是出台了选拔官吏的规章制度，让百官推荐才人，整顿纲纪，各司其职，朝野肃然。司马师掌权虽然只有四年时间，却作了一件惊天大案——废帝杀后。

曹芳 8 岁上台，20 多岁了还是傀儡，当初司马懿政变铲除曹爽集团时，他是抱着赞赏的心态的。为此不惜给司马氏加官晋爵，任命司马懿为丞相，加九锡。司马师接掌大权后，一改他爹谦虚谨慎的作风，那谱摆得大得要命，每天上朝都有上千士兵前呼后拥，处理起朝政也是独断专行，完全无视他这个皇帝的存在，一如当年曹操在汉献帝面前的派头。

曹芳不是隔壁的刘阿斗，不甘心只做个摆设，就时不时向中书令李丰、太常夏侯玄、光禄大夫张缉等人诉苦，控诉司马师的专制。张缉是张皇后的父亲，当朝国丈，曹芳在这个老丈人面前说到伤心处，更是声泪俱下。夏侯玄由于被派到关中都督雍州、凉州军事，远离斗争漩涡，更是因为司马懿与他爹夏侯尚曾经是亲密战友，司马懿又与夏侯玄谈过人生，对他存有一点好感，让他幸免于难，不过还是被解除兵权，调回京师出任太常一职。李丰也是满肚子学问的人，年轻时就因善于品评人物闻名海内，在那个学而优则仕的时代，很容易就谋到一份不错的差事——尚书仆射。不过，李丰的人品却比不上他的学问，在曹爽和司马懿两个集团之间，采取两面讨好的手法，司马师掌权后，为其所惑，让他出任中书令一职。李丰非常崇拜夏侯玄，两个文人在互相吹捧中成了密友。李丰与张缉则是老乡，他的儿子李韬又娶了曹叡的女儿齐长公主，所以跟张缉又多了一层亲戚关系。

三个人都被曹芳的眼泪所打动，很快就成了一根绳上的蚂蚱，密谋着要干掉司马师，帮曹芳夺回大权，并拟定，事成之后，由夏侯玄代替司马师为大将军，张缉则为骠骑将军。

嘉平六年（254 年）二月，他们准备在祭拜贵人的日子，借君王御驾亲临、各门有卫兵之机，出其不意杀了司马师。李丰威胁黄门监苏铄、永宁署令乐敦、冗从仆射刘贤等人说："你们这些家伙在内廷干了不少违法的勾当，大将军的为人你们是清楚的，早晚要收拾你们，与其坐而待毙，不如先把他弄死。"苏铄等人表示愿意听从他的命令。

司马师可是搞地下工作的行家里手，当年与他爹为发动政变，秘密蓄养 3000 敢死队，而做到神不知鬼不觉，那手段自然是非比寻常，套路门清着呢，别人要想在他眼皮底下搞小动作，怎么可能瞒得过他？

很快，司马师就收到线报，传唤李丰进行讯问，李丰当然是百般抵赖，拒不承认。当人证物证摆到面前，李丰知道事情败露，赖不掉了，干脆做回爷们："你们父子心怀奸邪，在干着倾覆社稷的勾当，可惜我能力不济，不能将你擒杀、灭族！"

这句话令司马师勃然大怒，抡起刀把上的铁环生生把李丰给砸死，把尸体送交廷尉，又派人将李韬和夏侯玄、张缉等人逮捕，一并送交廷尉审理。

廷尉叫钟毓，是曹魏集团年高德望的大臣、太傅钟繇的儿子，与弟弟钟会并称"神童"。这当然得益于他们当太傅的爹，但凡那些政要、名人有点鸡毛蒜皮的事都会成为热点，被人广为传播，这一点古今同理。据说钟毓、钟会小的时候，有天曾趁老爹午睡，兄弟俩偷喝别人送来的美酒。钟繇还没睡踏实，就不动声色地观察这俩小子如何作案。钟毓先行过礼后再喝酒，钟会却只管喝酒。钟繇抓了现行后，问钟毓为什么要行礼，钟毓回答说："酒是用来完成礼仪的，不敢不行礼。"父亲又问钟会为什么不行礼，钟会说："偷窃本来就是无礼的行为，还行什么礼呢。"

这事是钟太傅曝光出来的，有人对此表示存疑，因为钟繇死的时候钟会才五岁，钟毓则比钟会大十多岁。不过另一则故事却与魏文帝曹丕有关，由史官记录了下来，应该不会造假，说是曹丕对两个神童感兴趣，让钟繇带来见他。兄弟俩叩见曹丕时，钟毓紧张得全身冒汗，钟会却像没事人一样。曹丕就问钟毓：“你怎么出那么多汗啊？”钟毓回答：“陛下天威，令我战战兢兢，汗如雨下。”曹丕又问钟会：“那你为什么不出汗呢？”钟会说：“陛下天威，令我战战兢兢，汗不敢出。”

钟毓十四岁时就开始做官，也算是老资格了。正始五年（244 年）曹爽在兴兵伐蜀时，他提出过反对意见，后来大军受阻，曹爽想要继续增兵，钟毓又以书面形式列举诸多理由加以反对。曹爽灰头土脸回来后，将钟毓贬为侍中，外放到魏郡去当太守。高平陵政变后，钟毓被召回京师出任御史中丞、侍中廷尉，从而成司马氏专政的工具。

钟毓审讯张缉时，张缉倒是很痛快，供认他与李丰密谋，并胁迫苏铄、乐敦、刘贤等人共同参与，定于拜贵人那天，各营的兵力都把守在宫门口，伺机诛杀大将军，再保护陛下安全离开。

夏侯玄则责问钟毓以什么资格审问他（意思是代表朝廷，还是司马氏的鹰犬），随后派头十足地对钟毓说：“你想要什么供词，就麻烦你自己写吧！”钟毓知道他作为名士，是很看重名节的，想要他屈服是不可能的，可案子又必须结，只好连夜写了一份供词，装作流泪的样子给夏侯玄过目。夏侯玄草草看了一遍，只是点了点头。

至此，钟毓上奏说：“李丰等人阴谋胁迫君主，诛杀宰辅，大逆不道，请依法论处。”曹芳于是会集公卿百官与廷尉一同合议，结果，大家一致同意钟毓所作出的判决。张缉被赐死狱中，处斩夏侯玄、李韬（李丰弟弟）、乐敦、刘贤等，并夷灭三族，其余从犯及亲属流放乐浪郡（今朝鲜半岛北部）。

司马师当然不会放过张皇后，先是逼迫曹芳废了她，然后再将她绞死，比当年曹操诛杀伏皇后多了一道手续。

司马师的强势和残暴，给曹芳留下极大的心理阴影，再不敢有任何想法，抱着一种破罐子破摔的态度，只管在后宫这一亩三分地里混日子。可就算这样也不能称心，在立王皇后的事情上就遭到郭太后的极力反对，这让他异常恼火，母子关系由此闹僵。郭太后她妈杜老太太去世时，曹芳当什么事也没发生，照样与嫔妃们快活，郭太后盛怒之下，勒死一个张美人和一个叫禺婉的妃子出气。

曹芳在外受司马氏架空，在内受郭太后的管制，这个皇帝当得实在憋屈。难道没有路见不平的人吗？还是有的。

嘉平六年（254 年）秋，诸葛亮的弟子、蜀汉名将姜维又来搞事了，司马师让屯驻在许昌的司马昭领兵西进迎击。按照惯例，司马昭要率部来到京城接受皇帝的检阅，搞一个出师仪式后，才开往前线。

时任中领军的许允就与左右亲信密谋，趁司马昭来请辞的时候将他杀死，再用他所率领的部队去讨伐司马师。他们代曹芳拟好了诏书，到时候只需曹芳一声令下，便开始行动。等到司马昭进来请辞时，曹芳只管吃栗子，身边有个叫云午的优人领着一班戏子唱道："青头鸡，青头鸡！"这是在提醒曹芳发出诛杀令，但曹芳早被李丰案件吓破了胆，愣是不敢吭声。

若要人不知，除非已莫为。此事后来还是被司马师觉察到了，他首先要对付的是许允。许允在高平陵之变时担任侍中，因与尚书陈泰一同去劝说曹爽投降，得到司马氏的认可。话说，许允有个很丑、却很睿智的妻子，新婚之夜许允发现新娘貌丑容陋，连忙跑出新房，从此不肯再进。家人请来他的好朋友桓范帮忙劝说，好不容易让他迈进新房，他一看丑婆娘那尊容又要扭头逃跑，却被新娘阮氏一把拽住。许允边挣扎边说："妇有'四德'（封建礼教要求妇女具备的妇德、妇言、妇容、妇功四种德行），你符合几条？"阮氏说："我所缺的只是容貌。而读书人有'百行'，您又符合几条呢？"许允说："我百行俱备。"阮氏反驳："百行德为首，您却好色不好德，怎能说俱备呢？"许允哑口无言，只好认可了这个丑媳妇。

司马师正要想找个由头除掉许允，恰好镇北将军刘静去世，于是亲自找许允谈话："镇北是你的家乡，条件虽然比不上京城，但是也是一方诸侯，让你成为军政一把手，就好比穿着锦衣在白天行走啊！"许允高兴地回家就跟妻子说："我终于解脱了！"阮氏却说："灾祸就要开始了，怎么说是解脱了呢？"

许允是曹芳为数不多的忠臣，临行前，特意为他安排了一个告别仪式，宴会上，特别招呼许允坐到自己身边。许允一是因受皇帝恩宠而感动，二是想起丑婆娘的话，竟忍不住失声痛哭。就在许允准备动身之时，有官员检举揭发许允擅自发放公款，从中贪污的行为，于是他被传唤，随后移交廷尉处理。

实际上许允是个清官，曾因衣服破旧得到过魏明帝的救济，赏了他一套新衣服。可在那个欲加之罪何患无辞的个人专制统治下，最终还是被做成了铁案，被判处减免死罪、迁徙边疆的处罚。许允在前往流放地乐浪郡的途中，不明不白地死在了半道上。

至此，曹芳连傀儡也做不成了，嘉平六年（公元254年）九月，司马师联合公卿及中朝大臣向郭太后施压，以曹芳年长不亲政、沉迷女色、不求上进、与优人作乐、太后丧母时不尽礼为由，请依霍光事例废黜曹芳，立彭城王曹据为帝。

曹据是著名神童曹冲的胞弟，论起来是魏明帝曹叡的叔叔、即将卸任皇帝曹芳的爷爷辈。郭太后知道司马氏的厉害，他提出废帝已无法挽回，可在新皇帝的人选上，她坚决不同意立曹据，因为曹魏是曹丕所建立，应该由他的后人一脉相承，就算曹芳无后，也不该弄个长辈出来，你叫我这个太后还怎么当？为此，她提出立魏明帝弟弟东海王曹霖之子曹髦为帝。

郭太后与司马家一向合作愉快，等司马师弄清楚太后的心思后，当即做了个顺水人情，迎立年仅14岁的高贵乡公曹髦为帝，曹芳则被责令返回原封地齐国，继续当他的齐王。这中间还有个小插曲，当司马师派人索要玉玺的时候，郭太后说："高贵乡公这孩子，小时候我见过的，等他入宫后我亲手交给他就是了，这点小事就不劳烦百忙之中的大将军了！"女人有时候聪明起来，还是真让人佩服的，她是怕司马师弄个曹五、曹六来顶包。

司马师擅行废立，屠戮政敌，有人看不下去了，你老子司马懿论资历、论战功，我们服，可你司马师算哪根葱？也敢专权！曹髦即位的第二年，也就是正元二年（公元255年），高阳乡侯、镇东将军、时任荆州刺史的毌丘俭联合原曹爽的门客、扬州刺史文钦于寿春（今安徽寿县）举兵，提出司马师十一条罪状，誓师讨伐。

毌丘俭是魏明帝提拔起来的一员猛将，当年司马懿远征辽东的时候，他作为司马懿的得力助手，参与了讨伐燕王公孙渊之战。公孙氏败亡，司马懿率大军班师后，高句丽以为有机可乘，想坐收渔利，东川王频频出动，捡到了一些便宜，就自以为兵强马壮，开始夜郎自大起来。

毌丘俭奉命东征，教训敢于作乱的东川王。毌丘俭仅率万余步骑东出玄菟郡（今朝鲜北部），一路长驱直入，千里追杀东川王，越过沃沮（当时朝鲜半岛北部的部落国家），直至肃慎氏南方地区（大体为今俄罗斯境内的北滨海地区），东川王在逃亡中，因劳累、抑郁而死。

文钦是曹操部将文稷之子，后来得到曹爽赏识，官至前将军、扬州刺史。此人喜欢虚报战俘人数，以博取功名，之前这套很吃得开，可司马氏执政后，没有上当，导致他对司马氏的怨恨日益加深。

毌丘俭是东关战役以后，与诸葛诞对调，负责都督扬州的，他内心深处很感激魏明帝的知遇之恩，对司马氏专权极为不满。只是对司马懿心存忌惮，一直不敢轻举妄动，司马懿死后，他觉得机会来了，于是放下身段，不断给同样对司马氏不满的文钦送钱送物，两人关系迅速升温，在推杯换盏中结为死党。

正元二年（255 年）正月，天空出现彗星。毌丘俭和文钦认为是吉兆，是上天给他们发出指示，于是矫郭太后懿旨，发出檄文，分别给郭淮、诸葛诞、吴主孙亮等写信，争取他们的支持。郭淮恰好在这个节骨眼去世，自然没有回应，诸葛诞则斩杀了来使，公开宣称二人为叛乱，表明了立场。

二月，毌丘俭、文钦留下老弱驻守寿春，率 6 万之众西进。此时司马师因眼睛长了个瘤子，既有碍观瞻，又影响视力，刚刚动完手术，身边的人都劝他不宜远行，请太尉司马孚代替他挂帅，可河南尹王肃、尚书傅嘏、中书侍郎钟会却认为司马师必须亲征。

司马师考虑到这一战关系到司马氏的存亡，最终决定抱病出征。司马师的部署是：命司马昭为中领军坐镇洛阳；派诸葛诞率豫州各路军队从安风津逼近寿春；征东将军胡遵率青州、徐州的军队从谯、宋之间出击，以断绝毌丘俭的退路；司马师率兵驻扎汝阳（今河南商水），由监军王基担任前锋，据守南顿等待毌丘俭的部队。

毌丘俭、文钦统兵到达项地（今河南项城）后，就停下来，构筑工事，毌丘俭负责城内，文钦率领机动部队负责外围。

兖州刺史邓艾是司马懿一手提拔起来的，是个很有战略头脑的将才，往往能料敌先机。他收到毌丘俭、文钦的鸡毛信后，当即斩杀了使者，并日夜兼程，第一时间抢先奔赴乐嘉城（今河南商水境内），建造浮桥，为司马师的顺利到来创造了条件。

司马师命令各路人马坚守阵地，不要正面交战。毌丘俭、文钦进攻不成，退后又怕遭到袭击，无计可施。他们手下的将士，家乡都在淮北，不少人怕连累家属，不是偷偷逃跑，就是磨洋工，只有从淮南当地招募的士兵愿意追随他们对抗朝廷。

司马师瞧准时机，让邓艾率领所部向文钦挑战。文钦好不容易逮到个对手，当即前去迎战，司马师暗中调动部队，向文钦围拢过来。

文钦发现先前都坚守不出的大军纷纷出笼，有点心慌。他 18 岁的儿子文鸯，骁勇善战，勇冠三军。文鸯告诉父亲："趁敌人还未站稳脚跟，迅速袭击，一定可以大败敌军。"于是，父子兵分二路，趁夜夹击魏军，文钦率领主力攻打邓艾，文鸯则率精锐袭扰司马师，文钦得手后，再与文鸯会合。

文钦进兵到邓艾军前，见对方兵强马壮，足足观察了一个晚上也没敢动手。文鸯则率领他的敢死队到达司马师的寨前，击鼓喧闹，大叫司马师的名字，司马师全军震动。司马师本人也被这出其不意的举动吓得不轻，刚做完手术的眼睛，伤口崩裂，眼珠子掉了出来，疼痛难当。为了稳定军心，司马师用被子蒙住头，把被子咬烂了也不吭一声。文鸯折腾了一夜，眼看天色已明，仍不见父亲率主力来会合，只好撤退。

文鸯走后，已经少了一只眼球的司马师忍痛命令各军全速追击，众将领说："文钦父子骁勇，并没有受到挫败，肯定不会善罢甘休。"

司马师说："文鸯鼓噪了一夜，文钦却没有任何动静，说明他们的气势已经受挫，想不走也不行了！"

文钦果然已萌生了退意，与文鸯会合后，准备率军退回寿春，文鸯很不服气，决心要挫一挫魏军士气，便率领十几个敢死队员一同杀入追兵阵中肆虐一番后，才趾高气扬地离去。司马师命左长史司马班率八千精锐骑兵紧追不舍。文鸯单枪匹马返身冲入司马班阵中，转眼间便砍死砍伤一百多人，反复冲击六七次之多，让追兵不敢逼近。

殿中将军尹大目，原来是曹氏的家奴，后得到曹爽的赏识，将其提拔为殿中校尉之职。高平陵事变时，受司马懿赌咒发誓的迷惑，持蒋济的书信去劝说曹爽，虽然后来得以升官晋爵，但对司马氏极为怨恨，见司马师患肿瘤，一只眼珠都掉了，断定他将不久于人世。于是便自告奋勇，说他跟文钦私交不错，愿去劝说文钦父子回头，为司马氏效力。

得到同意后，尹大目独自一人快马加鞭，追上文钦后，当着那么多人，想表明心迹，同时把司马师眼看就要完蛋的消息告诉对方，但又不能太过直白。文钦根本听不进他那些晦涩的言语，大骂他是背主之人。尹大目最后说："您为什么不平心静气体会我的话呢，难道就不能多忍耐些日子吗?"文钦的忍耐已到了极限，厉声骂道："你身为先帝的家人，又得到大将军（指曹爽）提携，却与司马老贼沆瀣一气，谋害主人，今天我就要为大将军报仇!"张弓搭箭要射杀尹大目。尹大目无奈地说了声："既然如此，你就自己多保重吧!"痛哭而回。

坐镇项城的毌丘俭听说文钦败退后，惊恐中与弟弟毌丘秀、毌丘重弃城而逃，也不知他当年打高句丽的勇气都到哪去了，也许只能用外战内行、内战外行解释他的行为了。他这一逃，部队彻底崩溃，都归顺了魏国。

文钦回到项城时，只看到一座空城，又听说寿春已被诸葛诞攻陷，只好逃到吴国，后被吴国任命为都护、假节、镇北大将军、幽州牧，封为谯侯。毌丘俭则在逃亡中被平民张属射杀，枭首送到洛阳后，张属因功封侯，毌丘秀、毌丘重则顺利逃亡到了吴国。

不过，胜利没能挽回司马师的性命。由于病情加重，他只好匆匆返回许昌，留下第一次得到重用的参军贾充督诸军。当时从征的僚属不乏司马氏的亲信死党，如钟会、傅嘏等人，而司马师却在关键时刻选择起用新人，说明他很有眼光，为司马氏培养了一条鹰犬。

正元二年（255 年）正月二十八日，一代枭雄司马师痛死于许昌，终年 48 岁。

第三章 被识破的“司马昭之心”

在京师负责监督皇帝的司马昭，得知哥哥病重的消息后，急匆匆赶到了许昌军中，泪流满面地见到了奄奄一息的司马师。由于司马师没有儿子，过继了司马昭的二儿子为嗣，兄弟俩都心照不宣，接力棒只能传到司马昭手里。只见司马师费劲地指着枕边的大印对弟弟说：“我眼看不行了，你接掌我的大将军印，凡事不可假手他人……”话没说完，头一歪就告别了这个世界。

消息传到洛阳，曹髦内心窃喜。被推上了风口浪尖的曹髦，从小就聪明好学，颇有其祖父曹丕的风范。司马懿粉碎了王凌另立皇帝的企图后，将曹魏宗室王公全部集中到邺城严加控制，少年老成的曹髦对司马家族的专权深有体会，很清楚自己正处于政治凌辱和死亡威胁之下。因此，他上任前夕就展示出一副亲民的形象，当车驾抵达洛阳北郊邙山的玄武馆，百官奏请他住到前殿时，曹髦以不敢越礼为由，执意住到了招待所里。次日，大家奏请以天子之礼迎他入京，又遭到拒绝。

曹髦正式进京之日，文武百官齐集西掖门南拜迎，曹髦到后赶紧下车答拜百官。司礼官告诉他：“按礼仪，您是天子，不必答拜臣下的！”曹髦说了句：“眼下我也是别人的臣子啊！”与群臣一一还礼。到止车门，曹髦要和大家一起下车步行。司礼官又劝阻说："按惯例您可以一直乘车进去!"曹髦很谦虚谨慎地说道："我是应皇太后的征召而来，至于安排我做什么，现在还说不准呢!"他坚持和群臣一起步行走进太极东堂。当时的每个公卿就代表着一方势力，曹髦的举动，用意不言而喻。

司马师一死，曹髦意识到这是个重新收回大权的好机会，于是一面下诏特批司马昭留守许昌，为哥哥尽孝，同时让尚书傅嘏、黄门侍郎钟会"率六军还京师"，一面着手准备大换血，重新分配权力。

不料，曹髦这回看错人了，因为此时明眼人都能看得出，权力的天平已向司马氏倾斜，很多人都因司马氏"权拟人主"而依附于司马氏。钟会就曾私下提醒司马师，说曹髦"才同陈思，武类太祖"，让他加倍小心。傅嘏和钟会两人一合计，马上通报司马昭，三人经过密谋，一面给朝廷写奏折，陈述与司马昭一同率军回京的种种理由，一面不等朝廷批复，迅速启程返回洛阳。

曹髦正苦苦盼望傅嘏的到来，听到通报"启禀皇上，尚书傅嘏入宫求见"时，心中按捺不住一阵狂喜。可当见到傅嘏像个跟班陪着面无表情的司马昭，身后还有个钟会一起走进到来时，心里哀叹："完了，计划落空!"

为避免引起祸乱，更准确地说是为了自身安全，曹髦只好接受既定事实，晋封司马昭为大将军，加侍中，都督中外诸军、录尚书事，辅佐朝政，带剑穿履上殿。一次宝贵的翻身机会，就这样与曹髦失之交臂。从此，司马昭接掌司马师的权力，继续操控魏国大权。

司马昭在接收哥哥权力的同时，也接收了他搭建的班子成员，参大将军（司马师）军事贾充，在司马师返回许昌时，留下处理善后事宜。贾充不负重托，充分发挥其过人的能力，在各路兵马的配合下，最终将叛乱彻底平息，从而一跃成为初立大功的新晋，并得到司马昭的重用，先被擢升为大将军司马，不久又转为右长史，使之成为司马氏日后扫清篡魏障碍的一员悍将。

曾经斩杀毌丘俭、文钦的信使，又与司马师一同平定毌丘俭、文钦之乱，并且第一个攻入寿春的琅琊阳郡（今山东沂南）人诸葛诞，战后论功，被任命为镇东大将军、仪同三司、都督扬州诸军事，又回到了熟悉的地盘。随后，追击由吕据和留赞率领的支援毌丘俭和文钦的东吴军，斩杀留赞，因功再获封高平侯，食邑三千五百户，转任征东大将军。

论起来，诸葛诞和造反派毌丘俭、文钦等人都是魏国的封疆大吏，他也对司马氏擅权越来越不满，看见之前反对司马集团的邓飏、夏侯玄等人先后被诛杀，王凌和毌丘俭又被夷灭三族，兔死狐悲之余，心中十分不安，而且放眼国内，能对司马氏构成一定威胁的人就剩自己了。为求自保，他在当地收买人心，蓄养数千死士，大力加固城防工事，并以东吴有向我进攻的意图为由，向朝廷申请增兵10万，用于沿淮河筑城、抵御东吴。

诸葛诞内心不安，刚刚执掌朝政的司马昭对他更加不安。你诸葛诞手下原本就有10万兵马，再要10万，那就是20万，吴国从立国之日起，就为人口不足、兵源紧缺而头疼，撑死了也凑不出20万兵马进攻淮南，你这是想干嘛?

贾充向司马昭献计："以劳军为名，观察诸将领的动向，试探虚实。"司马昭接受了他的建议，派出四路慰劳团，分别慰劳征东、征南、征西、征北四位将军。贾充自告奋勇到淮南去见诸葛诞。

酒桌上，贾充装作漫不经心的样子对诸葛诞说："京师的有识之士，都希望实行禅让，诸葛兄对此有何看法?"

诸葛诞与诸葛亮、诸葛瑾同宗同族，作为诸葛家族的一分子，被喻为"狗"（诸葛亮为龙、诸葛谨为虎），虽然分属魏、蜀、吴三家，能力也有所差别，但有着相同的基因，都是对上司绝对忠诚的人。一听贾充的话，当即翻脸："你还是贾豫州（贾充父亲贾逵）的儿子吗?你父子深受本朝厚恩，怎么想着把社稷转送他人呢?我把话撂在这里，一旦京师发生变故，我头一个就不答应，愿为国家不惜一死!"贾充被呛得不敢作声。

贾充回洛阳后，向司马昭汇报了此行的收获，并再次提出建议："诸葛诞在扬州已有根基，威信也高，很多人愿为他效死力，看他这架势，迟早会闹出动静来，不如将他调到京师来，解除他的兵权。"

司马昭清楚，大家都不菜，诸葛诞若真要有反心，这调令一下，不是逼着他造反吗!在司马昭踌躇之际，贾充又适时补充一句："早反祸小，迟反祸大!"

这句话太关键了，司马昭立即请曹髦下了一道诏书，拜诸葛诞为司空，召他火速回京师上任。

诸葛诞当然不愿脱离部队自投罗网，可如此一来就是抗旨了，想不反也不行了。司马昭便亲自督军26万人南征。

诸葛诞吸取毌丘俭与文钦的教训，筹足了一年的粮食屯放在坚城寿春，也不发什么檄文，不动声色杀了扬州刺史乐綝，收编了他的5万兵马，再把儿子诸葛靓送入东吴做人质，请求吴国支援。吴国无意中得到十几万人马，还有整个淮南地区，当即派投降过来的活地图文钦率3万大军前来接应，还带来了吴国晋封诸葛诞为左都护、假节、大司徒、骠骑将军、青州牧、寿春侯等一大堆证书和信物。

诸葛诞现在手上有了18万大军，又有吴国的鼎力支持，自认为可以跟司马昭的魏军硬扛了。为了力求稳妥，他决定采取固守坚城寿春，打防守反击的战略。

司马昭这边，很多人说应该立即进剿淮南军，司马昭说："诸葛诞认为毌丘俭举事轻率急速而导致失败，他必然会做足准备，这样一来，叛变的规模是大了，可行动也就迟缓了。我可以与四方将领联合起来，以全胜之策来制服他。"于是，从各地抽调了26万大军，并上表请求皇帝御驾亲征，说："昔日黥布叛逆，汉高祖亲征；隗嚣违抗，光武帝西伐；烈祖明皇帝多次御驾亲征，都是为了振奋士气，耀武扬威。陛下应暂时亲临军旅，使将士得以借助天威。今讨贼诸军约50万，以众击寡，没有不胜的。"

司马昭此举也实属无奈，当初老爸率军出征时，有他大哥留在朝中坐镇；后来到大哥出征时，他留在朝中坐镇。眼下轮到他出征了，他却没有父兄那份自信，让几个弟弟中的任何一个在朝中坐镇。后来一想，光带着皇帝，把太后留下，要是太后想搞事儿，或者有人借她的名义发个诏书什么的，还是麻烦。于是干脆拽上郭太后一起出征。郭太后就成了中国历史上第一个，可能也是唯一"御驾亲征"的皇太后。

司马昭在兵力上占有绝对优势，从三个方向朝寿春压来，吴国派出的3万援军赶在魏军合围之前进入了寿春，后面还有其他的增援部队。司马昭携曹髦、郭太后进至项县（今河南沈丘）后，展开政治攻势，派廷尉何桢持符节出使淮南，劝慰叛军将士，可诸葛诞毕竟两度经营淮南，又刻意收买人心，群众基础扎实，宣传工作一时难以奏效。但司马还是不急于攻城，因为贾充给他支了个招："诸葛诞的军队轻而锐，如果我们深沟高垒威逼贼城，就可以不战而胜。"遂采取围而不打，把重点放在阻击吴国后续援军上面。

吴国的第二拨援军由镇南将军朱异率领，有 3 万人屯居安丰，兖州刺史州泰率军与朱异交战，朱异大败，死伤 2000 多人。吴国宗室、大将军、永宁侯孙綝又亲率 5 万人马作为第三拨援军进屯镬里，再命令朱异率军攻打曹魏。

朱异将辎重留在都陆，轻装到达黎浆。监军石苞、兖州刺史州泰抗拒朱异军。泰山太守胡烈则出奇兵袭击都陆，烧毁了朱异的粮草辎重，石苞、州泰又从正面进击，朱异大败。朱异率残兵靠吃葛叶逃了回来，孙綝不顾朱异军饥饿、疲惫，强令他们再次出击。朱异拒绝执行命令，孙綝一怒之下，以战场抗命斩朱异，改派弟弟孙恩虚张声势前往救援，自己则返回建业。

外围的形势如此严峻，寿春城里的诸葛诞依然气定神闲，面对将寿春围得水泄不通的敌军，甚至哈哈大笑。千万别以为他疯了，因为他选择这个时机造反，又在寿春固守，绝不仅仅是城坚粮足那么简单，淮南地区每年都会下大雨，一下大雨淮河水就要暴涨，每当这个时候，寿春城外就变成一片汪洋。因此，诸葛诞看到城外密密麻麻的营寨，才会发笑："你们就在那待着吧，等老天爷收拾你们的时候，我就站在城头上看好戏。"

经验主义害死人，今年却一反常态，从司马昭大军扎营开始，天空就没下过一滴雨，是少有的大旱天气。寿春城里存储的粮食按 10 万大军计算，是足够吃一年的，可如今城内实际人数有 18 万，超出了 8 万，吴国指望不上，天公又不作美。诸葛诞手下等人可没有他那份淡定，两位干将蒋班、焦彝对他说："吴国虽然发了救兵，可朱异所部进攻乏力，孙綝杀了他，自己跑回了江东，这是想坐观成败啊，不如趁现在还能团结一心，拼死一搏，选定一个方向突围，至少还能保存一部分实力。"可却遭到文钦的反对，他认为诸葛诞那么高级别的人物，又率 10 万之众投诚，东吴不可能放弃，况且东吴还有 3 万子弟兵也被困在寿春，就算孙綝坐视不管，吴主孙亮也不会答应，因此主张固守待援。

双方各执己见，似乎都有道理，诸葛诞指望的天时、地利落空后，在人和方面却没了主意。蒋班、焦彝仗着是地头蛇、老部下，多次劝说诸葛诞。文钦可是个火暴脾气，说话比较冲："你们再叨叨个没完，扰乱军心，别怪我不客气，执行军法了。"诸葛诞顾及友军的面子，决定采纳文钦的建议，固守待援。蒋、焦两人一气之下，投降了司马昭。

文钦与诸葛诞同朝为官时，本来就不对脾气，他伙同毌丘俭起兵时，又被诸葛诞抄了老窝，此时虽然为了一个共同的目标走了一起，可心中的怨气，不是说消就能消的，看到诸葛诞的两个心腹背叛了他，正想说两句风凉话，谁知自己阵营里也出了叛徒。

原来，随他一起被困在寿春的吴国将领全怿是孙权的外孙，那全怿的妈就是吴国的姑奶奶，姑奶奶在吴国摊上了大事，就由侄子全祎、全仪护卫叛逃来到魏国。钟会当即建议以全祎、全仪的名义写信给城中的全怿、全端等全氏族人，让他们出城投降，于是全怿率领全族所辖人马冲出城门投奔了魏军。

随着时间的推移，城中既缺粮，又人心不稳。甘露三年（258 年）正月初七，诸葛诞、文钦曾试图突围，在付出惨重代价后，又被打了回来，导致士气更加低落，逃亡的人越来越多。

对此，文钦向诸葛诞提出一个奇葩的建议：既然投降的都是北方人，不如将北方的士兵统统赶出城去，以节省粮食。

诸葛诞一听脸就沉下来了，你是存心叫我变成光杆司令啊！这些北方兵可是我多年培养的资本，也是我投靠东吴的本钱，连本钱都没有了，叫我怎么混？就知道你小子不安好心。

文钦的爆脾气又来了，我的主意不是挺好的吗，你有什么不高兴的？就算不高兴，大家商量着来嘛，你甩个臭脸给谁看？心里想着，嘴就不由自主地骂骂咧咧起来。诸葛诞再也忍不下去了，一刀就把文钦给结果了。

事情发生得太过突然，正在巡视城防的文鸯、文虎兄弟，得知父亲被杀，立马就要带兵找诸葛诞算账，可文家兄弟喊破了嗓子也没人愿跟他们去玩命，看到没有？手里没点本钱，杀父仇人在跟前你也动不了人家一根汗毛。令人想不明白的是，文家兄弟在这边嚷嚷着报仇，按说也用了不少时间。可诸葛诞竟然没有任何行动，让文家兄弟在悲愤之下跳下城墙投奔了司马昭。

很多人争抢着拍马屁，请求杀了文家兄弟为司马师报仇。司马昭却说：“文钦罪大恶极，他的儿子当然该杀。只是，兄弟二人无路可去，才向我投降。如今城池未破，杀了他们，只会让守军因害怕而死战不肯投降。”于是，不但免了哥俩的死罪，还封他们为关内侯，让二人现身说法，骑马绕着寿春城喊话："都来看，都来瞧了啊，我们兄弟作为文钦的儿子都没事儿，你们还有什么好怕的?!"开始的时候，城里的守军还放箭，不让文鸯兄弟靠近宣传，可渐渐地，就任由他们在城下怎么喊，也没人放箭了，司马昭说："可以攻城了。"

甘露三年（258 年）二月二十日，随着司马昭一声令下，魏军总攻开始，当天就攻克了诸葛诞自认为固若金汤的寿春城，估计他那些手下都饿得没力气打仗了。诸葛诞带着他的死士们在突围中，被追兵砍杀，他的几百名亲信全被活捉，魏军砍一个问一声：投不投降？但始终无一人投降，都表示：为诸葛公而死，死而无憾！

对于投降的吴国将士，司马昭采取优待政策，饥饿的提供饭食，有病的给予治疗，愿意留下的给予安置，不愿留的开路条让他们回国，用司马昭的话说："放他们回去，才显示出大魏的宽宏大度。"

极其诡异的是，诸葛诞刚刚败亡，就突然天降暴雨，寿春城外果然成了一片汪洋，魏军遗弃下的一些营帐很快被大水淹没……

搞定诸葛诞，让司马昭获得了前所未有的声望，曹髦怀着极其复杂的心情，下令将司马昭的指挥部所在地"丘头"命名为"武丘"，以表彰司马昭的军功。班师回朝后，更是下诏封司马昭为晋公，加九锡，进位相国，赐地 700 里，司马昭上书推辞。据说这个无聊的游戏，君臣俩竟然乐此不疲地玩了 9 次，最后双方都觉得太乏味，才不了了之。

这次战争带给司马昭的政治财富是无法估量的，一批忠诚于司马氏的年轻将领脱颖而出，他们对曹魏皇室已经没有一点感情，只希望能与司马家族同呼吸，共命运，司马昭当然不会让他们失望。

甘露四年（259 年）六月，司马昭把荆州一分为二，分置了两个都督，让王基镇守新野，州泰镇守襄阳。任命石苞都督扬州，陈骞都督豫州，钟毓都督徐州，宋均监青州诸军事。

曹髦心想，我正儿八经让你立国，你爱怎么折腾，在你的封国内由着你，可你却一次又一次推辞，得，我再给你次机会。于是，在甘露五年（260 年）四月，曹髦又再度下诏加封司马昭为晋公，加九锡。跟以往一样，司马昭还是不接受。

曹髦快要抓狂了，司马昭啊司马昭，军政大权都抓在你手里，你司马家从司马师起就没上过朝，你就连点面子都不给？走个形式上的程序会死人啊？不知道的以为你是在谦虚，其实你不想承认我这个皇帝，不愿屈尊接受我的封赏！曹髦苦闷又无奈之际，各地谣言四起，有人说在水井里见到了龙，有人还别有用心地向他道贺，说是天降祥瑞。曹髦可是学霸，文化修养相当高，被称为中国历史上第一位画家皇帝，尤其擅长诗文，于是，就写了一首《潜龙诗》以发泄不满，诗的大意是说，我曹髦就是一条龙（皇帝），本该不在天上，就在大海，如今却身困井中，受到泥鳅、黄鳝的欺负。

司马昭对曹髦将自己比作泥鳅与黄鳝，也极为不满，双方的矛盾进一步激化。人的忍耐是有限的，有志于中兴曹魏的曹髦，再也忍受不了司马氏集团的步步紧逼，他要出手了。

甘露五年（260 年）五月初六夜，曹髦亲自带着冗从仆射（宫廷侍卫负责人）李昭、黄门从官（皇帝身边的侍从）焦伯等人在陵云台给宫中宿卫、勤杂人员发放铠甲兵器，将他们武装起，准备亲自率领这帮他唯一能掌控的队伍出宫讨伐司马昭。一场大雨不期而至，有人奏请改期，等雨停再行动。

于是，曹髦叫来侍中王沈、尚书王经、散骑常侍王业，愤愤不平地对他们说："司马昭的野心，连路上的行人都知道。我不能坐等被废黜的耻辱，我要亲自与你们一起出宫讨伐他！"王经劝阻曹髦说："古代鲁昭公因不能忍受季氏的专权，讨伐失败而出走，丢掉了国家，被天下人所耻笑。如今司马昭掌权也不是一天两天了，朝廷内外都愿为他效命而不顾逆顺之理。况且宫中宿卫形同虚设，弱小到不堪一击，此事必须慎重，从长计议。"

曹髦从怀中掏出用黄绢写好的诏书扔在地上说："是可忍，孰不可忍！此事就这么定了，即便死又有什么可怕的，何况不一定会死呢！"说完就进内宫通报郭太后。王沈、王业趁机跑出去向司马昭告密，他们本想拉着王经一起去的，但被王经拒绝了。

曹髦从内宫返回后，知道那俩人已经出卖了自己，箭在弦上，不得不发。五月初七，曹髦拔出剑登上辇车，率领宫中由宿卫、奴仆等勤杂人员组成的乌合之众，鼓噪着从永宁宫出发，准备杀奔司马昭的府邸。

有人说曹髦太过鲁莽，不自量力。其实这也是无奈之举，为阻止司马氏迈出篡位自立的最后一步，曹髦只能玩命了，把矛盾公开化。当然，如果能击杀司马昭那最好不过，要知道他的身份就是最好的挡箭牌，在他之前，历朝历代还没有人敢在光天化日之下跟皇帝动刀子的。这不，曹髦一行在东止车门就遇到了奉司马昭之命前来阻拦的屯骑校尉司马伷及其部众，曹髦左右的人只是大声呵斥几句，司马伷及他士兵就被吓得屁滚尿流地逃走了。

关键时刻，不讲道义、完全丧失了伦理道德的人出现了。此人就是贾充，只见他指挥自己的部众将曹髦堵在南宫门，企图将他们堵回宫里去。

曹髦也是豁出去了，从车内跳出，亲自拔剑搏杀，厉声喝道："你们反了吗?"

这一嗓子令众将士心头震骇，知道跟皇帝动手绝没有好果子吃，都准备开溜。眼看部队要溃散，跟随贾充的太子舍人成济情急之下，问贾充："事情紧急，该怎么办?"

贾充脱口说道："司马公养你们这些人，就是为了今天！这还用问吗?"成济再问："是杀了还是捆了?"贾充恶狠狠地嘣出一个字："杀!"

曹髦知道遇到敢动真格的狠角色了，大声喝令双方放下武器，打算息兵，再作计议。二百五成济则趁机手挺长戈，上前一戈刺穿了曹髦的身体，曹髦当场死在车下。

司马昭上场了，跪倒在地上，挤出几滴鄂鱼泪说道："天下人该怎么议论我啊!"闻讯奔跑过来的太傅司马孚，悲痛欲绝地把曹髦的头枕在自己的腿上，哭喊着说："陛下被杀，是我的罪过啊!"一同号哭的还有匆匆赶到现场的尚书左仆射陈泰。

事后，司马昭召集群臣商讨善后事宜。陈泰不来，司马昭让陈泰的舅舅尚书荀顗带领陈泰子弟们，软硬兼施逼着陈泰含泪入宫。司马昭将他拉到卫生间里，问："你对我是个什么态度，怎样才能将此事的影响降到最低?"陈泰说："只有公开处斩贾充，才能向天下人略表歉意。"司马昭说："你再想想退一步的办法。"陈泰说："我只有更进一步的办法，没有退一步的办法。"

司马昭当然舍不得杀贾充，他司马昭作为大魏的臣子，野心再大，也没大到敢明枪明刀去砍皇帝脑袋的地步，君臣之间就算拼个你死我活，遮羞布总还是要的，曹髦不按套路出牌，恰好又遇到胆大包天的贾充替他解决了天底下最大的麻烦。可事到如今，又必须给民众一个交代，于是他们推出成济兄弟当替罪羊。成济的哥哥成倅是司马昭手下一员偏将，在平定诸葛诞叛乱时，曾率领数万兵丁去引诱东吴援军，为石苞、州泰打败朱异立下过头功。南宫门围堵曹髦一行时，他是在场的，由于兄弟成济不计后果，弑皇帝而受株连。兄弟俩听说要拿他们顶罪时，很不服气，光着膀子跑到屋顶上破口大骂，被前来实施抓捕的士兵射杀。

随后，司马昭向太后上奏，声称当知道圣上厌恶自己后，本想听候裁决的，但考虑到曹髦曾有谋杀太后的倾向，所以才调动兵马，不过明确命令将士不得伤害任何人，尤其严令他们不得迫近天子的辇车；是成济违令擅自闯入兵阵，才导致悲剧的发生，现已将成济军法从事，还应逮捕其家属，交付廷尉治罪。王经不能有效阻止曹髦的不理智行为，论理当诛。

之后就有了一份奇怪的诏书，大意是说：当初立曹髦是看中他“好书疏文章，冀可成济”，可没承想他“情性暴戾，日月滋甚”，本宫屡次批评教育都没有效果，也曾与大将军司马昭商量要废黜他，是大将军认为他年幼无知，加以教育，以观后效。没想到他得寸进尺，还拿弓箭射本宫的宫殿，箭头就落在本宫的脚下。本宫才不得已让大将军行废立之事，曹髦听闻风声后，甚至还买通本宫的奴婢准备下毒。因事情败露，而要领兵杀本宫。多亏大将军及时出兵，而曹髦混杂在士兵之中，才导致被杀。这小儿“悖逆不道，而又自陷大祸”，应当“罪废为庶人，此儿亦宜以民礼葬之”。

可见，郭太后处境之艰难，如果王经的罪名成立，那她郭太后就应该被视为同谋，此事曹髦跟她通报过，不管是她没有劝住血气方刚的少年，还是默许了对方的行为。面对已经疯狂了的司马集团，她只能违心地胡说八道，因为对方既然敢在光天化日之下杀皇帝，谁敢保证他们不会在深宫大院里再杀个太后？

安葬了曹髦后，司马昭经与大臣们商议后，最终立燕王曹宇之子常道乡公曹璜为天子，改元景元。司马昭在这次弑君、立君中的表现，充分证明了他在曹魏政权中的强大权势，足以翻掌为云、覆掌为雨了，可悠悠众口是堵不住的，舆论压力也是不能忽视的，为了转移国内视线，他决定发起一场伐蜀之战。

第四章　司马昭灭蜀封王

蜀建兴十二年（234 年），诸葛亮死后，后主刘禅依照他的遗嘱，先后任用蒋琬、费祎担任丞相。这两个由诸葛亮悉心提拔和培养的“忠志之士”，都能秉承内修政治、外御曹魏的方略，使蜀汉成为三国中最稳定的一个政权。

蜀延熙十六年（253 年）费祎在新年酒会上多喝了几杯，被魏国间谍郭循刺杀后，鹰派人物姜维掌握兵权，继续秉持诸葛亮的作风，采取以攻代守的策略，大举攻魏。

姜维最后一次伐魏是景耀五年（262 年）。十月，姜维率军进攻曹魏洮阳（今甘肃临潭），被曹魏征西将军邓艾在侯和（今甘肃卓尼县东北）击败。

姜维与诸葛亮伐魏的不同之处在于他对老师的做法矫枉过正，一味追求出奇制胜，显得冒失。让蜀国本来就捉襟见肘的国防力量遭到重大损失，国内怨声载道。当时蜀汉内部得益于司马氏在曹魏弄权，过了一段安闲的日子，也不可避免地走上了腐化变质的道路，刘禅为人宽厚，似乎对朝政不怎么感兴趣，对自己信任的重臣能放手任用，对一心伐魏的姜维听之任之，对正在弄权的宦官黄皓也是宠信有加。

右大将军阎宇就趁势勾结把持朝政的黄皓，让后者上奏刘禅，准备取代姜维，执掌兵权。刘禅于是下诏，让姜维返回成都。此前，姜维因对黄皓极为不满而劝刘禅趁早杀了他，刘禅却劝他说黄皓不过是一小人物，你何必在意他呢？所以姜维接到诏书就猜测，肯定是那阉人搞的鬼，就不敢回成都，自请到沓中（今甘肃舟曲西北）屯田。至此，蜀汉内外已经出现裂痕，根基自然就不再像从前那么稳固。

司马昭统揽全局，认为灭蜀时机已经成熟，遂于景元四年（263 年）夏，召集众人商量说："自平定诸葛诞叛乱以来，官兵已经六年没经历战事，之前我们一直要对付吴蜀二虏，如今我想一劳永逸地解除他们。东吴地广人稀，气候潮湿，容易发生疾疫。所以应该先取蜀地，然后借助巴蜀顺流而下，水陆并进，就能一举而拿下东吴。估计蜀地的兵员也就 9 万、不到 10 万，除去驻守成都及守备后方各地的 4 万地方部队，机动部队不会超过 5 万。让邓艾把姜维拖在沓中，我大军直指骆谷，乘虚袭击汉中。蜀军如果各自据城守险，必然兵力分散，我们可以集中兵力各个攻破其城池，我大军在外攻城略地，其内部必然震惊，以刘禅这样的庸才，他的灭亡是可以预见的！"

对司马昭的提议，绝大多数人都认为不可能，主持西线军务的邓艾更是极力反对，唯有钟会表示赞同。邓艾有两大特点，一是会打仗，二是口吃，说起话来老是"艾艾艾"个不停。常常遭人嘲笑，连司马昭也曾戏弄他："你老是'艾艾'，到底有几个'艾'啊？"邓艾回答："凤兮凤兮，唯有一凤。"为了争取邓艾的支持，司马昭派主簿师纂做说服工作，直到邓艾表示坚决服从大将军的命令，灭蜀计划才最终定了下来。

魏国在做伐蜀准备，频繁调动和集结部队时，为了迷惑对方，扬言要攻打吴国。姜维并没有被迷惑，连忙将情况上报给刘禅，建议派兵把守阳安关口（即阳平关，今陕西宁强西北）和阴平（今甘肃文县西北）桥头，作好防备。刘禅对黄皓已经到了言听计从的地步，收到姜维的紧急军情后，就问计于黄皓。黄皓却为他找来一个号称西川土神的巫婆，那巫婆在刘禅面前跳了一番大神后，说魏国的疆土都要归刘禅，魏军不会进攻蜀国，把刘禅哄得昏乎乎的，于是将姜维的建议置之脑后，并封锁消息，不让群臣知道。

景元四年（263 年）八月，魏国集结了 18 万大军在洛阳誓师，准备出征。在这个节骨眼上，居然还有人提出反对意见，一个叫邓敦的将领从队列跑出来说："姜维屡犯中原，给我方造成不少伤亡，如今防守尚且感到吃力，却反倒深入山川危险之地，这不是自取灭亡吗?"司马昭大怒，正好拿他祭旗。

魏军浩浩荡荡分三路南下：西路军由邓艾率所部3万多人，出狄道向甘松、沓中直接进攻姜维；中路军由诸葛绪率3万多人马，自祁山向武都（今甘肃成县西北）、阴平桥头切断姜维后路；东路军由钟会率主力10余万人，再分成三路分别从斜谷、骆谷、子午谷进军汉中。

刘禅听说魏军真的来了，连忙命廖化增援姜维，派张翼和董厥到阳平关防守钟会的东路军。九月，魏军正式发起进攻，刘禅慌了神，还没等他派出的援军赶到，就命令汉中各个关口的小股部队都撤出战斗，将兵力集中在汉城（今陕西勉县）和乐城（今陕西城固县），使得魏国东路军一路没遇到阻击，得以长驱直入。

钟会轻松进至汉中平原后，派李辅、荀恺包围乐城和汉城，自己率领主力绕过两座城池，直扑汉中进入蜀地的第一个门户——阳平关。

阳平关由傅佥与副将蒋舒共同守卫，蒋舒曾随姜维北伐，功劳多多，姜维屯田避祸后，他被降为副将协助傅佥守护阳平关。傅佥见魏军远道而来，想以逸待劳先挫一挫对方的威风，领3000士兵出城杀敌，蒋舒却在后面打出白旗，向魏军投降，右将军、担任前锋的胡烈不费吹灰之力就进了关城。傅佥进退无路，往来冲杀，战至力竭而死。钟会大军得到囤积在该处的大量粮草物资。阳平关一失，乐城与汉城就成了危城，东路军继续长驱直入，直逼剑阁。

西路军这边，邓艾命天水太守王颀、陇西太守牵弘、金城太守杨趋分别从东、西、北三面合围沓中的姜维。姜维已经获悉魏军进入汉中的消息，担心阳平关失守，剑阁孤危，便放弃沓中想尽快赶往阳平关、剑阁援助。败退途中，姜维又得知曹魏中路军诸葛绪已从祁山进达阴平桥头，堵死了他的退路。

姜维吃惊之余，干脆率军北上，从孔函谷绕到诸葛绪后方，扬言要前后大夹击，吃掉诸葛绪的3万人马。诸葛绪并不知道姜维是被自己的西路军撵得无路可逃的，怕自己被蜀军反包围，慌忙后撤30里，将已经占领的阴平桥头拱手让出。姜维趁机迅速掉头越过了桥头。

当诸葛绪察觉上当、再过回头追击时，姜维已经走远，追之不及了。姜维回到阴平整顿了一下部队，准备赶赴阳平关口，只要守住那个险峻的隘口，钟会的10万大军只能顿兵于险关之下而无所作为。

姜维正想之时，突然接到阳平关口已经失守的噩耗，惊恐之余他只好继续南撤，途中遇到正在北上的廖化、张翼、董厥等援军，于是合兵一处，退守通向成都的最后一道险关——剑阁。

钟会的东路军一路高歌猛进，很快进抵剑阁关下。剑阁在今四川剑阁县，西有相连的小剑山和大剑山，关口居于大剑山中断处，两旁断崖峭壁直入云霄，峰峦倚天似剑，地形险峻，道小谷深，易守难攻。姜维利用此有利于防守的地形，凭险固守，将魏军牢牢地挡在了关前。

钟会前有剑阁雄关，前进不得，后有黄金、乐城、汉城三处要隘还没有拿下。再拖下去，形势就会如姜维所预计："攻关不克，野无散谷，千里悬粮，自然疲乏。"到时退兵，蜀军各城趁机一齐出动，前后夹击，那结局将比当年的曹爽更惨。钟会于是动起了笔杆子，给姜维写信："公侯以文武之德，怀迈世之略，功济巴、汉，声畅华夏，远近莫不归名。每惟畴昔，尝同大化，吴札、郑乔，能喻斯好。"

钟会虽能妙笔生花，但姜维不吃他这一套。面对天险，他还得依靠枪杆子解决，便硬着头皮强攻剑阁。可魏军强攻黄金、乐城、汉城已经两个月尚且不下，剑阁险关又岂能轻易攻克？部队屡攻不下，加上运粮路途遥远，后勤供应已跟不上，钟会便开始考虑退兵。

关键时刻，邓艾提出了一条奇策，建议从阴平绕小道，经汉德阳亭（今四川剑阁西北）进攻涪城（今四川绵阳东），涪城距剑阁西有百余里，距成都三百余里。这样，姜维必定从剑阁分兵增援涪城，剑阁兵力薄弱，容易攻破，姜维如果不救涪城，涪城一破，既切断了姜维后路，又可以直指成都。

原来当钟会受阻于川东北之时，邓艾率所部一路追击姜维，已与中路军诸葛绪会师，进入川西北地区，驻扎在阴平。邓艾的计策被批准后，想与诸葛绪携手完成这次创举：经江油避开剑阁，直取成都。

诸葛绪一是不愿意去冒险，二是瞧不起泥腿子出身的邓艾，以自己只是受命攻击姜维，不可自作主张为由，拒绝了邓艾的好意，率领本部东去与钟会大军会合。钟会是个人精，这次伐蜀独自率领10万大军，尝到了大权在握的甜头，就想再吞并诸葛绪的 3 万人马，于是秘密向司马昭打小报告，说诸葛绪在堵截姜维一战中，畏懦不前，导致姜维逃到剑阁，挡住了我大军前进的道路。结果司马昭派人用囚车把诸葛绪押回洛阳治罪，钟会如愿以偿地接管了他的部众。

从阴平到涪城，高山险阻，人迹罕至，十分艰难，也正因为如此，蜀汉方面才没有在这一带设防。邓艾率领挑选出的 1 万多精兵从阴平沿景谷道东向南转进，一路逢山开路，遇水架桥，越过 700 余里无人烟的险地。邓艾面对的是“山高谷深，至为艰险。又粮运将匮，濒于危殆。”的困境，可他身先士卒。在翻越海拔 3000 米的摩天岭时，邓艾“以毡自裹”由士兵“推转而下”，这时的邓老将军已经是 66 岁的老人了。

江油位于今四川省平武县南坝镇，面临湍急的涪水，三面是悬崖，是刘备入川后为防备曹操势力攀越摩天岭南下而建立的军事要塞。当魏军克服了难以想象的困难，出其不意地直抵江油之时，江油关守将马邈见魏军神兵天降，大惊失色之下献城投降。马夫人李氏在痛斥了一番丈夫不忠不义的行为后，便找根绳子成仁了。

邓艾让将士吃饱喝足后，乘胜进攻涪城。自从邓艾从阴平进入景谷旁道后，成都方面已经获悉这个消息，命行都护卫将军诸葛瞻（诸葛亮之子）带领尚书张遵（张飞之孙）、尚书郎黄崇（黄权之子）、羽林右部督李球率军前往拒敌，邓艾的奇袭战略至此仍有破产的可能。可诸葛瞻的表现实在令人失望，如果他爹泉下有知，估计得从棺材里爬出来狠狠地扇他一顿。诸葛瞻带着一帮官二代到达涪城后，畏缩不前。黄崇多次劝他迅速抢占险要地势，不让敌人进入平原，诸葛瞻犹豫不决，没有采纳他的意见，黄崇因为诸葛瞻的失策而痛哭。邓艾则长驱直入，蜀军前锋抵挡一阵后，诸葛瞻下令退守绵竹。邓艾派人送信诱降诸葛瞻：“你如果愿意投降，我一定上表封你为琅琊王！”

诸葛瞻打仗不行，可忠君爱国之心还是有的，邓艾的劝降反倒激发了他的斗志，说：“我于内不能除去黄皓，于外不能制衡姜维，眼下又不能守护国土，我有三罪啊，还有何面目回去呢?!”当即斩杀了来使，决心与魏军战斗到底。至此，汉魏最后一战——绵竹之战爆发。

诸葛瞻在绵竹摆好阵势等待邓艾，邓艾派儿子邓忠攻打诸葛瞻的右翼，又派师纂攻击其左翼。结果两人双双败下阵来，报告说：“敌人坚守牢固，难以击破!”邓艾大怒说:“生死存亡,在此一举,说什么难与不难的!”说着就要拔刀亲手处决二人。两人没办法,只得拨转马头,率军再战,邓艾也亲临督战,诸葛瞻、张遵等人力战而死。诸葛瞻之子诸葛尚在蜀军败亡之际,叹息道:“我们父子受了国家那么多的恩惠,而没有提早斩除黄皓,以致惨败,还有什么面目活下去呢?!”也冲入阵中壮烈殉国。

绵竹失守,标志着蜀军的防线全线崩溃。邓艾乘胜进击,一鼓作气攻陷雒县(今四川广汉北),直逼成都。成都城里的刘禅先前听说魏军攻入涪城后,找黄皓询问,黄皓说那是谣言,再宣那“土神”老巫婆时,早已没了踪影。

刘禅直到此时才如梦初醒,急忙召集群臣开会,会上有人提议跑到吴国去,也有人说要逃到南郡去,他的五儿子北地王刘谌则提出要背城一战。当刘禅正拿不定主意时,光禄大夫谯周说话了:“自古就没有跑到别的国家还能当皇帝的,因此我们到了吴国就得给人家当臣子。魏国比吴国强大,将来要吞并的话,也是魏国吞并吴国。至于我们的南郡本来是蛮夷之地,是靠诸葛丞相的镇压和安抚双管齐下才让他们臣服的,即便到了南郡,我们的吃穿用度都要从他们手里去夺,估计不会有什么好果子吃!”

谯周的意思很明白,干脆投降魏国算了,既然打不过人家,到哪都是当孙子,何必跑来跑去的,将来魏国再征服那些地方,终究还得再投降,不如一步到位。

刘禅最终采纳谯周的建议,派侍中张绍拿着玉玺户册向邓艾投降,蜀汉从此退出历史舞台,三国鼎立时代结束,变成了两国对峙。

司马昭收捷报后大喜过望,当即让魏元帝曹奂下诏,褒奖邓艾的功绩,诏书称:“邓艾张扬武力,振奋国威,深入敌人腹地,斩将拔旗,消灭敌首,使得伪称帝王的人引颈自杀,通缉多年的罪人,一朝得以平定。册封邓艾为太尉,增加封邑2万户。封其两个儿子为亭侯,各得封邑千户。”统帅钟会也被晋封司徒、封县侯、增邑万户,他的两个儿子也封为亭侯,封邑各千户。

曹奂是魏文帝曹丕的侄子,他父亲曹宇是曹冲的同母弟弟,正是由于司马氏对曹冲的兄弟情有独钟(司马师立曹据未果),才选择他来当傀儡皇帝。与5年前不同,此时的郭太后已经衰弱到不敢对司马氏发声了。她明确告诉曹璜,你是以魏明帝后嗣的名义继承大统的,必须跟过去的直系亲属划清界限。为此她特意下诏将曹璜改名为曹奂。

残酷的现实，让曹奂心里很清楚，自己之所以还能坐在君王的位子上，是曹髦用生命换来的。再加上郭太后的谆谆教导，让他知道想坐稳这把椅子，就得拼命哄司马氏开心，所以上任伊始就下诏请求拜司马昭为相国，加九锡，封晋公，司马昭还是老一套，极力推辞。

直到景元四年（263 年）十月，司马昭发动灭蜀之战，魏国三路大军从东西两面进入汉中，报捷传来，司马氏的鹰犬又在鼓噪之时。曹奂再次封司马昭为晋公，晋位相国，加九锡，并在地图上画了一个圈，将春秋时晋国的故地，共 10 个郡，方圆 700 里土地悉数奉上。

这才是实实在在的好处，司马昭觉得即便不能一鼓作气灭了蜀国，可收复汉中大片土地也是大功一件，因此就问心无愧地笑纳了这份好意。

蜀国一灭，司马昭为马仔请功，曹奂知道不能少了他本人的一份，又晋升他为晋王，保持其他职位和待遇。

司马昭终于实现了裂土分茅的梦想，离代魏自立只有一步之遥了，可这些年的宫斗和征战也几乎耗尽了他的毕生精力，到能松口气的时候，却预感到自己没几天蹦跶头了，确立接班人的问题已经迫在眉睫。他的意思是想把位子传给司马攸，那是大哥司马师名义上的子嗣，又是自己的二儿子，既报了兄长的大恩，又是自己一脉相承，可谓一举两得。

很多人以废长立幼容易引发祸端为由，劝他不要违背礼制，贾充说："司马炎为人宽厚，有人君之德，宜奉社稷。"何曾也发表意见，认为司马炎"发委地，手过膝，此非人臣之相也!"再私下问名士、"竹林七贤"之一的山涛时，得到的回答是："废长立少，违背礼制，是不祥之兆。"长子司马炎才有惊无险地坐上太子之位。咸熙二年（265 年）八月初九，司马昭中风不治病逝，抱着满腹遗憾离开了人世。

第五章 司马炎荣登帝位

司马昭临死之前，拉着司马炎的手，给他讲魏文帝曹丕与陈思王曹植的故事，希望他善待自己的叔伯兄弟，尤其不要为难司马攸，并语重心长地对他说：“你自己也许不知道，这个世界上最了解你的人可是贾公闾（贾充字公闾）啊，你应该引为心腹！”

司马炎继任相国、晋王之位时，经过司马氏三代人的精心运作，曹魏政权已经被彻底架空，司马代曹，已是势在必行的事。早在司马昭去世前的咸熙二年五月，曹奂也许预感到司马昭时日不多，又给晋王司马昭更加隆重的礼遇，准许他依照皇帝的规格行事，包括皇帝使用的旗帜、车马、歌舞、音乐、皇冠、龙袍，只要他愿意，都可以按照皇帝的排场来。因此，当司马氏的爪牙为以什么规格安葬司马昭而拿不定主意时，千里奔丧的石苞直来直去：“有如此基业，难道还用臣子的礼仪送终吗？”一句话就把葬礼的规格定了。

司马昭的葬礼按皇帝的规格操办，没有一个人敢公开反对，石苞、陈骞等人见时机已经成熟，称曹魏气数已尽，力劝司马炎仿效曹丕代汉的故事，进位为帝。司马炎也有点迫不及待了，不顾儒家三年服丧的礼制，甚至都等不及过年，就脱下丧服，为登基做准备。于是，在一帮人紧锣密鼓的配合下，就有了见诸史料的曹奂的诏书：“晋王，你家世代辅佐皇帝，功勋高过上天，四海蒙受司马家族的恩泽，上天要我把皇位让给你，请顺应天命，不要推辞！”

必要的文章还是要做的，司马炎多次“谦让”。太尉何曾、卫将军贾充等人则带领满朝文武官员不厌其烦进行劝谏：“晋王你英明神武，万众归心，可不要寒了天下人的心啊！”等戏码做足后，司马炎才接受魏帝曹奂的禅让。

咸熙二年十二月十六日（266 年），司马炎在众人的拥簇下登上帝位，史称晋武帝。定国号为晋，改元泰始，曹魏至此宣告灭亡。曹奂离开宫城时，太傅司马孚与他辞别，拉着他的手泪流满面地说道：“我到死都是大魏的忠臣！”令曹奂五味杂陈，你们司马家的人咋差别就那么大呢？

司马炎心里十分清楚，自己能荣登九五，说好听点是司马家两代三人的努力换来的，但其实质是建立在对曹魏皇室及其附属势力的残酷杀戮之上得来的，司马政权既不值得夸耀，又不是很得人心。因此，他要做的第一件事就是安抚和收买人心，治理好内政，首先在对待魏蜀亡国之君的问题上，封曹奂为陈留王，食邑万户，宫室安排在邺城，保留天子仪仗，行魏国正朔，郊祀天地礼乐制度都仿效魏国初期的制度，上书不称臣，受诏不拜。曹魏宗室、亲王都降封为县侯，并解除对他们的禁锢。封刘禅为安乐公，加封一名子弟为驸马都尉。解除对汉室、也就是山阳公刘协的后裔的禁锢。

司马炎登基之日大赦天下，将府库里积蓄拿出来分给王公大臣，全天下的人都能受益：免收租赋一年，所欠官府的债务，不管是税银还贷款都一笔勾销。对于孤寡老人、失去父母而无人抚养的儿童，由当地政府每人分给粮食五斗。

随后，追尊祖父司马懿为宣皇帝，伯父司马师为景皇帝，父亲司马昭为文皇帝；尊称祖母张春华为宣穆皇后、母亲王元姬为皇太后。封叔祖父司马孚为安平王，拜为太宰，都督中外诸军事；叔父司马干（司马懿第五子）为平原王、司马亮（司马懿第四子）为扶风王（3 年后改封汝南王）、司马伷（司马懿第三子）为东莞王（后改封琅琊王）、司马骏（司马昭异母弟）为汝阴王、司马肜（司马昭异母弟）为梁王、司马伦（司马昭异母弟、司马懿最小的儿子）为琅琊王（后改封赵王），封二弟司马攸为齐王、六弟司马鉴为乐安王、七弟司马机为燕王。此外，又将堂伯父司马望的儿子、孙子共17人都封为王。第一批就封了27人为王，之后，又按需要陆续加封，前后共计封了57个诸侯王，为今后家族内部互相残杀储备了足够多的“人才”。

任命开国功臣石苞为大司马、乐陵公，郑冲为太傅、寿光公，王祥（卧冰求鲤的主人公）为太保、睢陵公，何曾为太尉、朗陵公，陈骞为大将军、高平公，贾充为车骑将军、鲁公，王沈为骠骑将军、博陵公，裴秀为巨鹿公，荀勖为济北公，荀顗为临淮公，卫瓘为缁阳公。其余的文武官员提级晋爵各有差别。其中太宰、太傅、太保、太尉、司徒、司空、大司马、大将军被称为“八公”，而司马炎所封过的公侯达500多个，创下历朝之最。

司马炎采取一系列措施争取人心的同时，因为不敢强调忠君爱国思想，就拼命在孝道上做文章。按照封建礼法，父母去世，子女服丧3年。司马炎由于要忙着篡位登基，脱掉了丧服，但仍然戴着白帽子，坚持吃素食。群臣于是奏请司马炎，为了天下苍生着想，应该换上正常的龙袍、恢复正常的膳食。

如果是一般的皇帝，既然有大臣们劝谏，正好顺水推舟给自己找到开吃的理由。可司马炎竟然拒绝了，说：“每当感念先灵，朕就悲痛不已，更不要说吃稻米、穿锦绣了!”开始大家还以为他是在作秀，这可是有前科的。可司马炎自觉自律，硬是坚持了下来，素食、素服度过了两年多，紧接着，他的母亲皇太后王元姬又于泰始四年（268年）去世，司马炎再接再厉又坚持吃了两年多的素，前后差不多5年。司马炎此举无疑向天下人证明，自己没有作秀的意思。

平心而论，此时的司马炎是很想有一番作为，很想把国家治理好。他在推行和平国策的同时，也很注意休养生息，明确指出要用无为之法统领全国，为此命贾充、羊祜、杜预等人参考汉律、魏律，制定《泰始律》，推行仁政，减轻刑罚。下诏在全国释放奴婢，并组织起来代替士兵军屯，同时又给郡国下了5道诏书，要求他们端正自身，勤于农事，抓好农业生产，为此，司马炎自己搞了一块示范田，亲自耕种。当然，他能不能种出粮食那得另说，主要是起个模范带头作用，鼓励生产。

在提倡节俭方面，司马炎以身作则，在位期间，没有增修过宫殿，还多次下令严格禁止奢靡。一次，他生病住院时，朝中官员纷纷献殷勤，携带各种礼物探视，他一律拒收，其中太医司马程据送了一件用野鸡头上的毛织成的名贵“雉裘”，司马炎命人拿到朝堂上，当着群臣烧毁，命令从今以后一律不得献奢侈品。

在政事上，司马炎也很清明公正。许奇是魏太常丞许允的儿子，就是在流放途中，不明不白地死在半道上那个许允，后经司马昭承认是司马师派人所为。司马炎称帝后见他确实才德兼备，就提拔为祠部郎，并不惜溢美之词时常称赞其才华出众。一次，晋武帝与右将军皇甫陶讨论国事时产生争执，散骑常侍郑徽为了讨好皇帝，上表请求治皇甫陶犯上之罪，结果，皇甫陶没事，郑徽却被免官。

司马炎的举措很得人心，西晋帝国的经济开始迅速复苏，综合国力稳步提升。面对如此景象，司马炎有了早日统一天下，建立不世之功的梦想。然而，老天似乎是要考验他的执政能力，泰始四年（268 年），东边的青、徐、兖、豫四州发生特大洪灾，而西边的河西、陇右地区却遭遇大旱。司马炎下令打开粮仓赈济灾民。

东边的灾情好救，洪水过后很快就恢复了生产。西边却连续干旱，直到泰始五年（269 年）底也没有缓和的迹象，数十万灾民嗷嗷待救。

秦州灾区胡汉混杂，尤以河西鲜卑人数最多。为了防止灾民生出事端，司马炎任命悍将胡烈为秦州刺史，前往镇守。事实证明，司马炎这次轻率的任命属于用人不当，正因为胡烈是员悍将，所以一到任就采取高压手段处理问题，先屯兵于高平川（今宁夏固原清水河流域），后又派兵进占麦田一带（今甘肃、宁夏两省区靖远、中卫两县交界地区）的河西鲜卑聚居地。结果，不仅激化了民族矛盾，而且加剧了灾区难民的痛苦。

在胡烈的暴政之后，秃发树机能于泰始六年（270 年）联合当地的氐、羌、匈奴等部落发起反抗。胡烈在镇压秃发树机能的叛乱中战死，秃发树机能军队士气大振，一举攻占了高平。司马炎又先后派尚书石鉴、凉州刺史牵弘、顶替牵弘凉州刺史的苏愉前去镇压，但都无一例外被叛军击败，牵弘、苏愉也像胡烈一样战死，秃发树机能的动静是越闹越大。

在司马炎寝食难安之时，侍中任恺适时提出建议：让一个有威望、有智谋的重臣去镇抚边民，而此人非贾充莫属。此议得到中书令庾纯的大力支持，于是司马炎任命贾充为都督秦、凉二州诸军事，镇守关中。

贾充拿着委任书两眼发直，胡烈、牵弘、苏愉都有去无回，自己此去无非三种结果：一是让叛军给剐了，这辈子算是到头了；二是虽然保住了小命，可是一败再败，让叛军肆虐侵占秦、凉诸州，被政敌抓到把柄，找个罪名给杀了；三是顶住了叛军，并做出一定成绩，可这样一来就别想再回朝廷工作了，你那么有能力，不坐镇关中谁坐啊!? 贾充当然清楚是谁那么“关照”自己，可诏书是皇帝下的，就算想骂人也只能在心里暗暗地诅咒，命令还得执行。

朋党是任何朝代都存在着的，皇帝的重臣、宠臣那么多，由于性格、为人、看待和处理问题的角度和方式等不同，就自然而然地分成不同派别。贾充像极了一条顺毛狗，在司马炎面前从来没有不同意见，加上他弑杀高贵乡公的历史污点，很多正直人士像任恺、庾纯等人非常讨厌他。贾充知道任恺鄙视自己，就不想让他天天跟皇帝在一起，于是就专门找个时间在司马炎面前夸赞任恺“忠诚坚贞，气度纯正，实在是个适合辅佐太子的良臣”。司马炎当即表示赞同。第二天就升任恺为太子太傅，但仍保持其侍中一职，贾充的阴谋不但没能得逞，反倒让任恺在皇帝和太子之间两边套近乎，也更加憎恨他，这才有了推荐贾充出镇关中的提议，以达到把他排斥挤出朝廷的目的。

贾充千万遍诅咒过任恺后，十二万分不情愿地准备赴任，可贾充混了那么久，还是有几个同党的。这不，中书监荀勖和太尉荀凯就共同策划：只要和太子结为姻亲，就可以留在京城。因为当时朝廷有规定，外戚不能离开京城。

此计虽好，可就自己那俩女儿，当太子妃？皇上能看得上吗？贾充不禁皱起了眉头。原来，别看贾充是朝廷命官，威风八面的，提起家庭生活也是一肚子苦水。他年轻时娶曹魏中书令李丰之女李婉为妻。李婉可是个才女，著有《典式》八篇、《典戒》一篇，史书记载她“淑美有才行”，为贾充生了两个女儿贾褒和贾濬，后因李丰密谋诛杀司马师未遂而受株连，被流放到乐浪郡。司马炎称帝大赦天下时，李婉得以重新回到京城。

可贾充已经续了郭槐为继室，郭槐也是大有来头，父亲是曹魏城阳郡太守郭配，伯父就是征西将军郭淮。郭槐和贾充生有两个女儿贾南风和贾午，还生过两个儿子，长子贾黎民，次子没来得及起名就夭折了。说起此事，贾充是心酸不已，郭槐是个悍妇兼醋坛子，两个儿子都因为她的极端忌妒而死。像郭槐这样的贵妇人是不会亲自哺乳孩子的，都由奶妈代劳。贾黎民三岁时，某天，贾充下班回家，正在奶妈怀里的小黎民活蹦乱跳的，贾充就走过去逗可爱的儿子玩，这一幕恰好被郭槐在里屋瞧见，以为贾充与奶妈有私情，一怒之下将奶妈乱棍打死，小黎民因惊吓、思念奶妈而死。后来郭槐又生下一个儿子，刚满一岁时，贾充没有吸取教训，低头亲了奶妈怀里的小儿子一下，这更不得了了，又一个奶妈死于棍下，更不幸的是小儿子因不肯吃别人的奶，在不停的啼哭中饿死。两次事件中，贾充始终不敢有半句怨言，默默忍受着失子之痛和无端猜疑。

看到老爸被欺负成狗，趁老妈遇赦回来时，已经嫁给齐王司马攸的贾褒撺掇着老爸休了郭槐，迎回母亲，贾充母亲柳氏也让贾充迎回儿媳李婉，司马炎则和稀泥，准许贾充设左右夫人，享受齐人之福。

皇帝的话就是圣旨，郭槐不敢吭气，可贾充怕郭槐怕到骨子里，愣是不敢把李婉接回家，只在永年巷里另外修建了一处院邸给李婉居住，也不敢去看望，无论贾褒姐妹如何哀求都无济于事。郭槐倒是想去一睹丈夫前任的风采，却屡屡被贾充拦阻。直到后来郭槐仗着女儿贾南风嫁给皇太子司马衷为正妃，才盛装去看李婉，刚见到出来迎接的李才女就被对方的气质所震慑，竟不由自主地屈膝行礼。从此，每当贾充出门，郭槐必派人跟踪监视，生怕他去与李婉相会。贾母柳氏临终时，贾充问她有什么遗言时，柳氏极为不满地说了句："我叫你迎回儿媳都不肯，还有什么好说的？"就带着满腹遗憾离世，这是后话。眼前的问题是，郭槐所生的两个女儿实在对不起观众，用一句话概括就是：奇丑无比。这样的容貌能拿得出手吗？可荀勖自告奋勇，拍着胸脯说："放心吧老贾，这事包在哥儿个身上，一准把这门婚事给办成喽。"贾充心里还是没底，为了增加保险系数，回家关起门把事情跟郭槐汇报了一遍，让她走夫人路线，直接找杨皇后，来个双管齐下。郭槐觉得此事大有赚头，也拍着高高的胸脯表示一定不辱使命。

郭槐要找的杨皇后叫杨艳，出身于弘农华阴（今陕西华阴市）世家，祖先在汉代为官，四世三公，名满天下。父亲杨文宗为曹魏通事郎（相当于中书监、中书令的助理），世袭蓩亭侯。只是杨文宗去世早，杨艳尚在襁褓中时，就失去了双亲，寄养在舅舅赵俊家，由舅妈抚养，也许就像歌里唱的舅舅家"什么都有，就是口袋里没有半毛钱"让她打小就渴望着口袋里有花不完的钱，如今虽然贵为国母，可依然不改初心。

郭槐正是看中了杨皇后这点嗜好，所以才敢信心满满地拿着大把的现钞和珠宝首饰找她。杨皇后看在钱的分上，很爽快地认可了郭槐这个亲家母。

杨皇后颇得司马炎宠幸，生下 3 子 3 女，长子司马轨两岁就夭折了，次子司马衷自动升格为嫡长子，按照立长立嫡的原则，司马衷在 9 岁那年，也就是司马炎当上皇帝不足 3 年，就被立为皇太子。这个司马衷智力有点问题，是个痴呆儿。自古知子莫若父，司马炎对自己的儿子是了解的，可他对封建礼制也是非常看重的，不然也不会坚持吃了几年素。另外，他本人就是以嫡长子的身份击败司马攸而嗣位。如果因为司马衷愚钝而剥夺他的继承人资格，那就等于否定自己，他的智力和能力也比不上司马攸。

司马衷虽然傻，可凭着从娘胎里出来的时间早，稳稳地坐上了太子的位置，他的一切都不用自己操心。这天，荀勖、荀凯拉上一帮死党关心起司马衷的终身大事，他们向司马炎推荐贾充的女儿，而且不怕雷劈，昧着良心说贾女“才色绝世”将其纳太子妃，必定能够辅佐东宫，尽《关雎》所说的后妃之德。

其实司马炎对太子妃的人选已经有了打算，对大臣们的适龄女儿已过一遍脑，并初步将目标锁定为征北大将军、幽州刺史、菑阳公卫瓘的女儿，如今半路杀出程咬金，让荀勖等人抢先一步这么一搅和，一时也不好驳了大家的面，就回后宫跟杨艳商量，毕竟孩子是两个人的，其婚姻大事也得当妈的拿主意。

司马炎先摆明自己的意见，认为“卫家女有五可，贾家女有五不可。卫家种贤而多子，卫妇美丽长白。贾家种妒而少子，贾女丑而短黑。”杨艳则盛赞贾家女“有淑德，姿色并茂”，办事能力强，正好与衷儿互补，是一桩完美的婚姻。弄得司马炎直犯糊涂，难道是信息有误，还是自己之前听错了？好，好，好！这事就由你这当妈的定吧，我也少操一份心，军国大事我还忙不过来呢。

上天似乎对贾充特别眷顾，他在等待荀勖、郭槐运作期间，洛阳下起了罕见的大雪，积雪达两尺多厚，导致道路阻断，让他有足够的时间滞留、打拖延战术。当得知女儿终于得如所愿即将成为太子妃后，贾充长长舒了口气，不仅官复原职留在京城，而且今后的前程将不可估量。

泰始八年（272 年）二月，大晋帝国太子、年仅 13 岁的司马衷大婚了。按理说他虽然痴愚，但以他储君的尊贵身份，他的老婆应该是国色天香的绝世美女，最起码也是明眸皓齿楚楚动人吧，但是这位太子妃彻底颠覆了人们的认知和固有观念，因为这个贾南风是历史上人们拿着放大镜也找不到一丝优点的女人。

贾充原先是想把长相稍强的小女儿贾午嫁给司马衷的，无奈贾午才 12 岁，还没有发育，身形小得连结婚礼服都套不稳，只好把 15 岁的贾南风推了出来。

司马衷虽然智商不高，但绝对没有傻到分不出美丑的地步，除了埋怨杨皇后到底是不是自己亲妈外，唯一能做的就是不让贾南风靠近自己。贾南风虽然成了太子妃，却收获了不幸的婚姻，在接下来相当长的时间里，在美女如云的后宫里的生活，让她的心灵逐渐扭曲，才有了她后来一系列祸国殃民的举动。司马炎发觉自己受蒙蔽后，暗暗庆幸：幸亏新郎不是我。杨艳则是哑巴吃黄连，明知上当受骗，可收了人家的好处，作声不得。贾充自己也觉得不好意思，显得相当低调。只有郭槐最开心，还咋咋呼呼去见了李婉，不料反被对方的优雅气质所折服。

第六章　西晋战战兢兢，东吴浑浑噩噩

在贾充忙着将丑女儿塞进皇宫，逃避去西北为国效力的时候，秃发树机能越闹越凶，周边的胡人见晋军连连战败，纷纷依附鲜卑人，背叛晋朝，局势更加恶化。司马炎猛然想起自己手里还有一员猛将，他就是诸葛诞造反时从寿春投降过来的文鸯。

文鸯临危受命，率凉、秦、雍州三州兵马对秃发树机能实施自卫反击，重创叛军，使得胡人部落有 20 万人重新归附，河西鲜卑实力大损。

稍稍松了口气的司马炎将目光投向东线，征南大将军羊祜是能力出众又值得信任的人，当初派他坐镇襄阳，经营东南方向的事务也是经过深思熟虑作出的决定。

羊祜出身于汉魏名门士族，泰山南城人，从他起上溯九世，羊氏各代皆有人出仕两千石以上的官职，并且都以清廉有德著称于世。其祖父羊续曾在汉末任南阳太守，父亲羊衜则为曹魏时期的上党太守，母亲是汉代名儒、左中郎将蔡邕的女儿，姐姐羊徽瑜就是司马师的第三夫人（被司马炎尊奉为景皇后，因居弘训宫，故称弘训太后）。

羊祜，博学多才，擅长写文章，尤以能言善辩而名满天下，又兼身材修长，须眉秀美，风流倜傥。同郡人夏侯威觉得这个小伙子是个不可多得的人才，便作主将哥哥夏侯霸的女儿嫁给了他。

夏侯霸是曹魏政权里的实权人物，羊祜由此踏上仕途，被荐举为曹魏政府的上计吏。不过羊祜并不看好曹魏政权，州官四次征召他做从事、秀才，朝中五府也征召他做官，他都拒绝就职。郭淮的侄子、雍州刺史郭奕因此称赞羊祜："羊叔子（羊祜字）真是当代的颜回啊！"

高平陵政变，曹爽被杀，夏侯霸逃往蜀国。夏侯霸的亲朋故友纷纷与夏侯氏一家划清界限，只有羊祜若无其事，安抚夏侯霸的家属，以礼相待，关怀备至。

司马昭执掌大权后，征辟羊祜，羊祜一开始也拒绝了。论起来，羊祜和司马氏也是姻亲，在司马昭的一再要求下，他终于出任中书侍郎，不久又升迁为给事中、黄门郎。曹奂即位后，羊祜被封为关内侯，任职秘书监，掌管国家机密大事，宫中卫队归他统领，处理宫中事务，掌握军事大权，统管内外大事。为后来司马炎顺利受禅即位，提供了极大的便利。

司马炎称帝，因羊祜有拥立之功，被进号为中军将军，加散骑常侍，晋爵为郡公，食邑三千户。羊祜担心会引起贾充等权臣的妒忌，死活不肯接受封公，只接受侯爵。

司马炎是躺在父兄的功劳簿上才当上皇帝的，他亟须建功立业证明自己，而统一天下无疑是千古奇功。为此，他于泰始五年（269 年）任命羊祜为荆州诸军都督、假节，为灭吴做前期准备。这里要插句题外话，我们读史时，假节、持节、使持节、假节钺这些字眼频繁在汉、魏、晋直至南北朝时期的史书中，那么它代表什么，又有多大的权力呢？

皇帝身为一国之主，不可能事必躬亲，很多事情要派人代劳，可空口无凭，就以节为凭证，持有节的使臣，就代表皇帝亲临，可行使皇帝赋予的权力。汉朝使节没有区分层级，到了晋朝，使节才开始区分层级。假，是借的意思，是皇帝将节借给执行临时任务的臣子使用，用以威慑一方，当这个臣子完成使命后，这个节就会交还给皇帝。假节，主要体现在战时，有权斩杀违反军令的人，持节，平时可杀没有官位的不法人员，战时可斩杀两千石以下官员；使持节，无论平时、战时都有权斩杀两千石以下的官员；假节钺，则可斩杀节将（假节、持节、使持节），为最高级别。

当时，西晋和东吴各设有一个荆州，南北对峙。西晋的荆州包括今陕西、河南的一小部分和湖北北部地区；东吴的荆州则有今湖北和湖南的大部分地区。晋、吴两国的边界线以荆州为最长，这里成了两国争雄的关键地区。

羊祜到了任上，发现荆州的形势不容乐观。这里的百姓人心惶惶，生活在一种恐怖氛围中。

这也难怪，身处两个不安分国家的边境，战争随时会爆发，谁都不会抱有安居乐业的心理。而且，荆州边防部队的军粮也严重不足。于是，羊祜首先把精力放在开发荆州经济上，大力屯田垦荒，兴办学校，安抚百姓，改变对吴国人的政策，凡是投降之人，即视为晋国人，并可以自由决定去留。

羊祜这些看似与军事无关的举措，使荆州的社会秩序迅速安定，赢得了江汉百姓的爱戴。更主要的是让军队的粮草有了保障，仅用3年时间就将初来时不足百日的军粮，积蓄到可供10年之用的备战粮。有了粮食保障，部队的战斗热情空前高涨，羊祜就这样不动声色地做着伐吴的准备工作。

看到西晋在荆州经营得有声有色，孙吴方面也于泰始六年（270年）换上了名将陆抗都督荆州。陆抗就是火烧刘备800里连营，把刘备活活气死在白帝城（今四川奉节东）的上大将军（比大将军高一级）陆逊的儿子。此时东吴的掌权者已经换成了孙皓（孙权的孙子），这哥们在上任之初还做过几件好事，如下令抚恤民众、让财政拨款扶贫、裁减宫女和放生宫内多余的珍禽异兽等，得到老百姓的交口称赞，一时被誉为令主（意为贤德的君主）。然而百姓们的叫好之声未停，孙皓就像是秒变一个人似的，变得残暴骄盈，贪酒又好色。据说拥立孙皓登基的濮阳兴和张布后悔自己看走了眼，所立非人，而孙皓毫不犹豫地把他们杀了。

孙皓非常宠爱张布的女儿，杀掉张布后，他故意问张美人：“你父亲到哪里去了?”张美人气愤地说道：“被奸贼杀死了!”被孙皓命人用木棒活活锤死。过后，孙皓又思念起张美人的容貌，命人用木头刻制了她的雕像，白天放在身旁，晚上搂着睡觉。过了一段时间，才想起问左右：“张布还有女儿吗?”得到的回答是：“有，但已经嫁人了。”孙皓马上命人将张女抢进宫来，对其大加宠爱，昼夜厮混，不理朝政。

孙皓最大的爱好是叫工匠用金子打造数以千计的各种首饰，然后让宫女们戴上首饰互相摔跤，以此为乐。那些首饰往往是宫女们上阵前还是崭新的，一跤摔下来就面目全非了，于是又重新制作。工匠们知道这是个没谱的主，也趁机盗窃，把金子装进自己口袋，吴国的国库就此被慢慢掏空了。

孙皓对美色的追求是多多益善，尽管后宫佳丽数千，还要宦官不停地搜寻。并且规定，两千石以上官员的女儿，每年都要登记，凡是年满 15 岁以上的，都要经过他挑选后才准出嫁。

孙皓的另一大爱好是举办宴会，让大臣们陪他宴饮，被点参加酒宴的大臣饮酒不得少于七升，等那些公卿大臣喝到烂醉如泥后，再让侍臣嘲弄他们。为此，他还专门设立黄门侍郎数十人进行监督，如果哪个大臣醉后胡言乱语，或者说了不中听的话，都必须如实向他禀报，致使不少官员因酒后失态而获罪。

孙皓还喜欢杀人，并且很多时候不用别人代劳，自己亲自动手，方式也很变态，有剥人面皮、挖人眼睛、割人鼻子、断人四肢、用烧红的刀片割人头颅，听起来让人毛骨悚然。为方便处理尸体，他还别出心裁地命人开凿人工河，将水流引入宫中，被他残杀的人可随时扔进水中冲走。孙皓的残酷加上荒淫，让他已经成了众叛亲离的孤家寡人。

陆抗正是此背景下被调到荆州的，他一上任就密切关注晋军的动向，归纳了 17 条备战建议上报给孙皓，并提醒他不要盲目迷信长江天堑，请求按照自己的建议贯彻落实。

泰始八年（272 年）八月，孙皓突然解除西陵（今湖北宜昌）军政一把手步阐的职务，让他回建业担任绕帐督（吴国特有的官名，负责宫廷宿卫的侍从）。鉴于孙皓的不良表现，步阐以为是有人在孙皓面前诬陷自己，或者孙皓对自己的某个部位产生了兴趣，竟不寒而栗。于是他举西陵城向晋国投降，司马炎随即任命步阐为都督西陵诸军事、卫将军、开府仪同三司、侍中，兼遥领交州牧，封宜都侯。

陆抗派手下将军左奕、吾彦、蔡贡等部进围西陵。司马炎令荆州刺史杨肇到西陵接应步阐，羊祜率步兵 5 万进攻江陵（今属湖北），再令巴东监军徐胤率水师进攻建平（郡治秭归，今属湖北）。

面对晋军的三路出击，陆抗以主力围困西陵，命孙遵沿长江南岸抵抗羊祜，水军督留虑抵御徐胤，自己对付杨肇。当时又有吴国将军朱乔、左营都督俞赞投降杨肇，陆抗判断杨肇必定会依据俞赞提供的情报，攻击已方最弱的夷族兵防区，就连夜改派精兵与夷兵换防，等到杨肇率军前来时，再用箭矢、石块招呼了一顿，杨肇的部众死伤惨重。

杨肇接应不成，反被打得死伤过半，连忙撤走。陆抗想要追击，又怕城里的步阐趁机出击，就把战鼓擂得震天响，杨肇手下的将士以为吴军大举扑来，更加惊慌失措，把妨碍行动的盔甲和武器都抛掉，只恨爹娘少生了两条腿。陆抗仅用五千轻装部队追击。羊祜、徐胤见杨肇被打得惨败，只好撤退。

失去外援的西陵城，很快被陆抗攻陷，步阐被夷灭三族，参与同谋的将领数十人被杀，其余被裹胁反叛人等，被陆抗请旨赦免。

通过这次交手，羊祜认识到东吴的国势虽已衰退，但其军事实力仍不容小觑，而荆州又有陆抗这样的狠角色在主持，平吴战争不宜操之过急。陆抗得胜返回大本营乐乡城，脸上依然凝重，没有半点愉悦之情。

孙皓被西陵之战的胜利冲昏了头脑，以为自己得到了上天的保佑，特地让术士尚广为他占了一卦，看自己能否统一天下。尚广知道孙皓想听什么话，摆弄了一番后，表情夸张地说道："恭喜陛下，上上大吉。庚子年(280年)，青色的车盖会进入洛阳!"孙皓大喜，认为是自己的血腥手段威服了天下，更加不知收敛，一心做着兼并晋国的春秋大梦。

司马炎与孙皓都想吞并对方，都有点急不可耐。身处一线的羊祜和陆抗却保持着清醒的头脑，都知道对方不是等闲之辈，难免惺惺相惜。可双方各为其主，不比划几下也不好交差，特别是羊祜，除了对吴军采取一贯的怀柔政策外，每次要开战，都会预先与对方约定交战的时间和地点，从不搞偷鸡摸狗的行为。据说羊祜的部队曾收割了吴国人的稻谷，羊祜知道后按收割的数量，用布匹加以偿还。羊祜喜欢打猎，如果遇到有先被吴国人打伤进入晋国领土的野兽，羊祜会命令士兵擒获后，再送还给吴国人，让晋吴两国和睦相处，一时竟相安无事。吴国人谈论羊祜，都不说他的名字，而是称呼其"羊公"。

对于羊祜的这些做法，陆抗在佩服之余，告诫自己的将士说："羊祜专以德感人，如果我们只用暴力侵夺，那就会不战而自服。我们保住边界算了，不要为小利而争夺侵扰。"因而边境上对峙的双方，使者来往不断，陆抗送给羊祜美酒，羊祜打开坛子就喝，没有丝毫怀疑。一次陆抗生了病，就问羊祜有什么好药，羊祜马上派人把药送过来，并说："这是我自己新配制的，还没来得及服用，听说您病了，就先送给您用！”

陆抗的手下怕其中有诈，劝陆抗不要服用，陆抗说了句：“羊祜岂是下毒的小人？”就仰头吞服。

孙皓对于陆抗在边境的做法，很不理解，如果不是碍于陆家的名望和吴国再无良将，恐怕他真的要对陆抗的某个部位或者器官感兴趣了，于是就派人严加斥责。陆抗趁机给来人讲讲课：“一乡一镇，都不能不讲信义，何况一个大国？如果我不讲信义，正好成了反面教材，是在宣扬羊祜的德威，而又不能带给他任何伤害。”孙皓无言以对。

在帝国的东西两线相对稳定之时，晋武帝司马炎饱暖思淫欲，也干了一件与孙皓相同的事。泰始九年（273 年），他下诏采选公卿之家以下大臣的女儿进宫，有隐藏不参加遴选的，以不敬之罪论处。在采选结束前，全国禁止嫁娶。

开始的时候，司马炎还装作羞答答的样子，让皇后主持这项工作，杨艳有一颗嫉妒的心，只选取那些皮肤白净、身材修长的女子，那些容貌美丽、端庄秀丽的女子全被淘汰。过了几天，司马炎没能按捺住躁动的心，亲自上阵，看见大臣卞藩的女儿长得十分美艳，用扇子掩着嘴跟杨艳说：“这个女子不错，我喜欢！”杨艳很机智：“卞氏是魏室姻亲，一门出了三代皇后（曹操、曹髦、曹奂），他们的女儿怎么能屈尊当小老婆呢？”

司马炎只好作罢，接下来上场的是镇东将军胡奋的女儿胡芳，长得也是国色天香，与卞氏女相比又是另一种风情，司马炎喜不自胜，谁知杨艳大笔一挥打了个叉——淘汰。司马炎再也无法忍耐了：“到底是我选妃，还是你选妃？”当场就让杨艳靠边站，自己亲自挑选，凡是看上的美女，就用红色的丝巾系在手臂上。帝后之间的感情出现了裂痕，双方都落下了心病。

被司马炎第一个选中的胡芳是将门之后，为人率直，她爷爷胡遵是司马懿的老部下，跟随司马懿远征辽东，西抵蜀汉。父亲胡奋在平定诸葛诞叛乱中，率领手下斩杀了诸葛诞，匈奴中部首领刘猛叛乱，胡奋率部进剿，迫使其部下斩杀刘猛来降。胡芳被司马炎选中后，不是欢天喜地，而是在后台号哭，那些宦官、奴婢前来制止：“让陛下听到哭声，可不是闹着玩的。”胡芳说：“死都不怕，还怕陛下吗！”胡奋只生有一男一女，儿子死得早，听说女儿成了贵人（司马炎明文规定，公卿家的女儿均封为贵人以上嫔妃，此次一同入选的司徒李胤、廷尉诸葛冲、太仆臧权、侍中冯荪、秘书郎左思以及世族的女子都在三夫人九嫔之列），也哭了："老奴该死不死，惟有一双儿女，儿子进入九泉之下，女儿登上九天之上。"

在这些女子中，还有个人值得一提，她就是左思的妹妹左棻。左思是当时红极一时的文学家，他的一部《三都赋》受到热捧，人们竞相传抄，一时"洛阳纸贵"。不过左思本人说话却结结巴巴的，长相更是不敢恭维，身材矮小，相貌丑陋。左棻的情况跟哥哥差不多，只是少了结巴，她著有《啄木诗》《离思赋》《感离诗》等作品，为中国历史上较早的女诗人之一，她是以"诗人"的身份入选的。司马炎早闻其名，想着才女必定是佳人。及至一见，真是大倒胃口，容貌丑陋就算了，还一副病恹恹的样子。但出于沽名钓誉、附庸风雅的需要，还是封其为一等夫人，让她住到集体宿舍里，根本得不到宠幸。

司马炎心有不甘，心想第一次没经验，被老婆做了手脚，很多真正的美女被漏掉了，决定再搞一次选美，差点没把杨艳气死。为了安抚她的情绪，司马炎于次年，也就是泰始十年（274 年）正月下诏："近代以来，时常由受宠姬妾荣升后妃之事，乱了尊卑的次序，从今以后，不得以侍妾的身份升任后妃。"

到三月份，司马炎又下诏，召集良家百姓及普通官员、中下级军官的女儿 5000 人进宫供其挑选，皇帝的嫔妃已经多到照顾不过来了，被选进宫的女人就等于守活寡，所以当时母女号陶，哭声响彻云霄，悲伤之声一直传到了宫外。

泰始十年（274 年）七月初六，曾经深受司马炎宠幸，如今却备受冷落的杨艳皇后，在抑郁中走完了她贪婪的一生。此前，司马炎曾寄希望于随着年龄增大、又有名师教导会变聪明点的太子司马衷，却与同龄人的智商越拉越大，很多人都暗地里称他傻子了，有些正直的大臣则提醒他改立太子。司马炎也担心傻儿子没能力执政，会丢掉祖宗开创的基业。不过考虑到杨氏家族的势力，他还是先征询杨艳的意见，杨艳说："立太子是以嫡长而不以才德，怎么可以改换呢？"

在帝后不合的日子里，司马炎把精力放到别的嫔妃身上，贵嫔胡芳一跃成为新宠。自感身体一日不如一日的杨艳贪婪本性不改，担心以后胡贵嫔会取代自己，威胁到司马衷的太子地位。临终前，她头枕晋武帝膝，流着眼泪说：“叔父杨骏的女儿杨芷才貌兼备，愿陛下选她入宫。”司马炎也报以同样的热泪答应了她。

杨皇后这边才安葬停当，在荆州前线，与羊祜对峙的吴国名将陆抗也寿终正寝了。孙皓不顾实际情况，机械地照搬汉武帝的“推恩令”，将陆抗生前所统领的部队一分为五，由陆抗的5个儿子陆晏、陆景、陆玄、陆机、陆云分别统领。

羊祜觉得机会来了，于是给司马炎上书，请命伐吴，说：“现在江淮之险不如剑阁，孙皓之暴过于刘禅，吴人之困甚于巴蜀，而大晋兵力，盛于往时。”他进而指出，灭吴要比灭蜀容易，东吴靠的是据江而守，但长江东西数千里，晋兵几路挺进，只要突破一处，便可大功告成。他要求朝廷在益州（今四川地区）修造船只，大治水军，准备顺流东下灭吴。

司马炎对羊祜的建议十分赞同，却遭到了贾充、荀勖和冯纨等保守派的反对，他们认为：“吴有长江天险，且善水战。西北的战火还没有平息，此时对吴作战，并非其时。”而中书令张华、度支尚书杜预等人却站出来支持羊祜，他们的意见是：吴主孙皓已经腐化透顶，不但对广大百姓残酷剥削、镇压，而且在统治集团内部也排除异己，用刑残酷。吴国现在是“上下离心”，如果这个时候出兵，“可不战而胜”。如果错过时机，让吴国人清醒过来，更换一位“令主”，奋发图强，再想去灭吴就会增加难度，付出更大的代价。

当时何曾、贾充及新皇后的父亲杨骏等人属于主流派，在朝中一呼百应，司马炎只得将伐吴之事暂时搁置。消息传到荆州，羊祜仰天长叹：“天下不如意事十常七八，天与不取，岂不令人抱憾！”由此闷闷不乐。

咸宁四年（278年）八月，羊祜感到身体不适，请求入朝。羊祜才回到洛阳，亲姐姐景献皇后羊徽瑜就去世了，姐弟情深，羊祜十分悲痛，病情更加严重。司马炎只在乎自己的千秋伟业，毫不顾及羊祜的病体，命羊祜抱病来见他，羊祜趁机再一次当面向司马炎陈述了伐吴的主张。

在羊祜病重期间，司马炎还不厌其烦地派人前来打扰，美其名曰：咨询方略。期间，羊祜对张华谈道：“吴主暴政已到极点，此时伐吴可不战而胜。统一天下而兴办文教，则晋主可比尧舜，这是百代难逢的盛事。如果放过这个机会，某天孙皓突然暴毙，或者吴国人另立明主，那时纵有百万大军，也难以逾越过长江天险，这不是留下后患吗？”并无限信赖地对张华说：“能实现我这个愿望的人就是你啊！”

司马炎居然还想让病得不轻的羊祜躺在担架上指挥对吴作战，仅剩半条命的羊祜叹息道：“伐吴我就不去了，但平吴之后，还要陛下操心去治理啊！关于功名的事，臣不敢自居。只希望将未竟事业托付他人时，能众望所归。”

同年十一月，羊祜病情恶化，临终前举荐了杜预代替自己。噩耗传到荆州时，正逢集市，市民们自动罢市，哀悼自己的好上司，痛哭之声连绵不断，街巷相闻，吴国边防将士也为之落泪。

第七章　晋武帝的抉择

羊祜的去世，使司马炎吞并东吴的野心变得更加迫切，他有些后悔自己意志不够坚定，浪费了几年工夫，让一个死心塌地为自己达成统一心愿的将军带着满腹遗憾离世。在明天和死亡不知哪个先到的情况下，他也怕自己会留下遗憾，因此很快就按照羊祜的遗愿，任命杜预为镇南大将军，即刻赶赴襄阳（今湖北襄阳），为灭吴战争做好准备。

杜预出身于曹魏政府的高级官僚家庭。祖父杜畿是三国时期曹魏名臣，担任河东太守 16 年。曹丕即魏王位，封杜畿为关内侯，调回朝中担任尚书。曹丕代汉称帝后，又进封杜畿为亭侯。父亲杜恕在曹叡一朝担任散骑常侍等职，因为人忠直，与朝廷中的权臣搞不到一块，大多数时间都在地方上任职，后来因弹劾大将军曹真的弟弟曹璠而被免官。曹叡去世，曹爽、司马懿成了辅政大臣，杜恕因与司马懿有姻亲关系，出任河东太守一职。曹爽却记恨着杜恕与叔叔之间的恩怨，利用他经常向上级提意见的喜好，以大不敬的罪名，准备治其死罪，恰好司马懿发动高平陵政变，杜恕才免于一死。

杜预虽然生长在官宦人家，但没有半点纨绔子弟的陋习，从小就好好学习，天天向上，对各学科、领域均有研究。被人们冠以“杜武库”，意思是他博学多才，像一个储存武器的仓库，十八般兵器样样齐全。司马懿看他是个好青年，就将二女儿许配给他。

有了这层关系，杜预想不做官都难了，很快就成为司马氏集团中最杰出的成员之一。司马炎代魏称帝后，杜预受命参与法律的制定，贾充名义上是《晋律》的主持编修官，实际上杜预才是担负最繁重工作的人，《晋律》的所有注解都是由他完成的。

杜预文的方面出类拔萃，武的方面却不值一提，连马都骑不稳，射箭几乎没中过靶子。但他的脑子好使，对敌我双方是知彼知己，常常一语中的，因此每有军事活动，朝廷都要召他参谋规划。泰始六年（270 年），秃发树机能起兵反抗朝廷，秦州刺史胡烈兵败被杀。杜预因为得罪了司隶校尉石鉴，被派往秦州任刺史，领东羌校尉、轻车将军。

司马炎不知出于什么心态，又派石鉴以安西将军之职都督陇右诸军事。让石鉴有了官报私仇的机会，命令只有 300 名士兵、100 匹战马的杜预出击。杜预一眼就穿了对方的阴谋，不肯去送死。他顶撞石鉴说："草盛马肥的六月根本不适合同鲜卑人作战，而政府军队的兵源给养问题也必须集中力量预先解决，所以交战的时间只宜在第二年的春天。"

杜预拒绝出兵，就是明目张胆抗命，石鉴将杜预扣起来装进囚车押回京城，交给廷尉治罪。因杜预与皇室有姻亲关系，他本人就是当今皇帝的姑父，在"八议"的赦免范围，遂以撤销侯爵保住了性命。石鉴后来被秃发树机能打得惨败，证明杜预的预测是正确的。

泰始七年（271 年）正月，匈奴中部首领刘猛叛逃出塞，到十一月，刘猛纠集了一帮乌合之众攻打并州，因杜预善于谋划，朝廷重新将他召回，任命为度支尚书，掌管政府的经济财政事宜，这一干就是 7 年，说明他在抓经济建设方面，成绩是斐然的。羊祜之所以举荐从未出任过军事主官的杜预接替自己，是基于两方面考虑：在朝廷内部的争论中，杜预始终站在羊祜一边，积极支持灭吴战争；二是杜预确实具有运筹帷幄的卓越才能。他上任后的第一仗就瞄准了吴国的西陵。

西陵位于湖北省西南部、长江上中游分界处，是东吴西部的军事重镇，战略位置十分重要。只要晋军能突破西陵，益州的水师就可以顺流而下，驰骋荆州。东吴上大将陆逊强调过，西陵是吴国的西大门，西陵若失则整个荆州不保。因此，从陆逊到他的儿子陆抗，从没有放松过对西陵的控制。

但自陆抗死后，孙皓逐渐减少了这里的兵力。

如今驻守西陵的指挥官是孙吴名将张政，杜预要利用孙皓生性多疑的特点，唱一出借刀杀人的好戏。于是他派出一支精干的队伍，突然偷袭西陵。

张政对杜预的到来还是有所警惕的，可他万万没有料到，这家伙一到任就敢来偷袭，因此吃了大亏。他怕受到孙皓的惩罚，没有如实禀报战场情况。杜预故意把俘获的东吴士兵和缴获的战利品一块送到建邺。孙皓果然大怒，立即将张政调离军中，用武昌监刘宪接替。临阵易帅历来是兵家大忌，何况西晋准备发动的是一场灭国大战！杜预遂于咸宁五年（279 年）八月，上书司马炎请求向东吴开战。

司马炎收到杜预请战书的同时，也收到驻守扬州前线的安东将军王浑送来的最新防务报告，报告称有情报显示，东吴准备以举国之兵攻打晋国。让何曾、贾充等人又找到了反对的理由，我说什么来着！好不容易得来的安定局面，却非要天天想着打吴国，如今把人家惹毛了，先想想怎么应付再说吧！司马炎一时也踌躇起来，最后采取折中的办法，将灭吴计划推迟到下一年，再查，再报！

司马炎这种态度，让杜预非常着急，就再次上书，直陈自己的意见。他说，东吴的兵力严重不足，只能集中力量保夏口以东，根本无力增援西线。并婉转地批评司马炎不该听信谣言，给敌人喘息的机会。最后他指出，灭吴战争胜券稳操，即使没能成功，也不会有什么损失。司马炎还是下不了决心，回复说，对杜预的报告还得“研究研究”。

杜预着急，有一个人比他更急，此人名叫王濬，弘农湖县（今河南灵宝西南）人，出身于世代为二千石的官吏之家，属于世袭权贵子弟。和羊祜一样，王濬长得英俊潇洒，姿容修美，又博通典籍，能言善辩，写得一手好文章。只是他的年纪整整比羊祜大了 15 岁，属于羊祜的前辈级人物，不过发现他这匹千里马的，却是羊祜。

按理说王濬出身于官宦世家，本人要颜值有颜值，要才华要才华，仕途应该一片坦途的。可王濬的性格有点叛逆，青少年时对做官没什么兴趣，整天和一群不良少年游手好闲，大把花钱。王濬修建自己别墅时，在门前修了一条六车道的大马路，家人和朋友问他这是要干嘛，王濬说：“这是日后我当了大官，给仪仗、护卫队预留的。”引来一片讥笑，于是王濬一本正经地说道："陈胜有言，燕雀安知鸿鹄之志!"

王濬从此改变原来的性格，变成一个追求上进的青年。20 岁那年，被朝廷征辟为河东从事（刺史助理，主管文书、察举工作），因他为人严正清峻，那些自知不够廉洁的官吏，纷纷辞职或跳槽。他的顶头上司河东刺史徐邈是个能臣，很讲工作效率，有大把时间喝酒，被人冠以"酒鬼"的称号。徐刺史膝下有个宝贝女儿，相貌出众，也像他爹一样有个性，一直没找到中意的男朋友。徐邈就举办了一场相亲大会，召集了一批青年才俊到自己的客厅，让女儿在内室观察。女儿一眼就相中了王濬，并指给老娘看，王濬得以抱得美女归。

"水至清无鱼，人至察无徒"，以王濬的性格和为人，是很难融入当时的官场的，幸运的是遇到了羊祜，而此时的王濬已经年近花甲。羊祜看他谈吐不俗，便招至帐下，先是参军，后是从事中郎。

羊祜的侄子羊暨也不待见王濬，说："王濬为人志大才疏，奢侈无度，好夸夸其谈，难当大任，应该有保留地使用。"羊祜却坚持自己的看法，说："王濬有雄才大略，如果给他机会，是能堪大用的。"

在羊祜的栽培下，王濬扶摇直上，先升为巴郡太守，不久转任广汉太守、益州刺史，因政绩突出，被拜为右卫将军、大司农，封关内侯。

羊祜筹划灭吴大计时，听到吴国的一首童谣"阿童复阿童，衔刀浮渡江，不畏岸上兽，但畏水中龙"时，不禁眼前一亮：这不是从水路进攻才奏效吗!？刚好王濬的乳名就叫"阿童"，于是打报告让原本要调回京城的王濬继续留在益州，命其在巴蜀大量建造战船，训练水军，共同完成伐吴大业。

司马炎为了应谶，特加封王濬为龙骧将军。可当时王濬的手中只有不足千人的屯田兵，为了加快造船进度，司马炎从各地抽调了 1 万多精兵强将归王濬指挥，协助工匠打造战船。王濬也不负重托，仅一年时间就完成了造船任务，其所建造的大型战船，长 120 步，可装载 2000 多人，大船周边以木栅为城，修城楼望台，有四道门出入，船上可以来往驰马。又在船头画上鸟首怪兽，以恐吓江神。

接着就是训练水军，东吴之前不是仗着有一支强大的水军偏安一隅，与北方对抗，连拥有 80 万大军的曹操都望江兴叹吗？眼下晋军的战舰，规模之大、数量之多，水军的战斗素养之高，已达到亘古未有的水平。不过，司马炎由于受权臣们的掣肘，伐吴行动迟迟未能实施，让王濬望眼欲穿地等待了7年，水军官兵们也在风吹日晒中操练了七年。

到了咸宁五年（279年）下半年，王濬的忍耐已到了极限，直接越级上书司马炎："臣经过深入调查研究，以目前形势看，应从速伐吴……臣打造的战船已经7年了，正日渐磨损，再不用就到报废期了，况且臣已年逾七十，是过一天少一天的人了，诚请陛下不要坐失良机，也是给老臣一个机会！"面对一个老臣的拳拳之心，司马炎的内心不起点波澜，是说不过去的。

可平心而论，把司马炎迟迟不发动伐吴之战的责任全部推到贾充等人身上，也有失公允。司马炎作为最高统帅，作任何重大决策之前，都要反复地通盘考虑，这才是一个合格的掌舵人。而作为臣属，他们往往是从本部门、说难听点是从自身的利益出发，看到对自己有利的事情就拼命给上司施压，按自己的意志行事。历史上，因为一招不慎满盘皆输的情况不胜枚举。就在朝中大臣对伐吴极力议论谏阻的时候，一个令司马炎更加讨厌的人也来凑热闹，西北的秃发树机能被文鸯修理一顿后，才安分了不到一年，又出来搞事了，这次被杀的是凉州刺史杨欣，盘点下来，他是被鲜卑人斩杀的第四个封疆大吏了。

这未免让司马炎感到担忧，当年驰骋西北的名将及数万精兵已经损失殆尽，如果不能平复西北的局面，不仅无法专心致志地对东吴用兵，还会有腹背受敌之虞。为此，在一次御前会议上，司马炎提出："谁能为我平凉州之乱？"

全场沉寂了好一阵后，一个司马炎之前从没注意过的小人物站了出来："陛下若信得过，臣愿前往！"虽然叫不上他的名字，可有人自告奋勇，他当然高兴，说："冲你这份勇气就值得信任！"

自告奋勇的人叫马隆，东平平陆（今山东济宁汶上）人，出身寒门，在那个非常讲究门第的时代，马隆以其机智勇敢，加上读过几天书，在兖州当了一名武官。嘉平三年（251年）王凌阴谋另立山头失败后，同党令狐愚被司马懿下令开棺曝尸，整个兖州人人避之唯恐不及，马隆却自称是令狐愚的门客，领回令狐愚的遗骸，自掏腰包予以殓葬，还为其服丧三年。

实际上马隆跟令狐愚是八竿子打不着，身为兖州一把手的令狐愚生前甚至不知道这个世界上有个叫马隆的人。马隆的行为在当地一时成为美谈，西晋建立后，朝廷要求各州郡举荐一些强壮勇猛、有出色才智和气力的优秀人才到京城，以备差遣。马隆就毫无争议地被兖州官员举荐到了京城，迁任为司马督。

站在朝堂下的马隆见皇帝答应自己，开始提要求了："陛下既信得过臣，就恳请陛下放权，让臣按自己的方案行动！"

司马炎问："你打算怎么行动呢？"马隆说："臣自己招募勇士3000人，朝廷不必过问他们的来历，我将率领他们西进，展示陛下的威德，何愁叛军不灭？"

马隆的要求并不过分，司马炎一口就答应了，当场任命他为讨虏护军，武威太守。可捣乱的人来了，有人提出："我朝兵马众多，任由你用，干嘛要另招？这口子一开，还不得乱套!？马隆不过一员小将，他的话不能采纳!"

司马炎心想，好不容易有人自告奋勇为我分忧，你们这些只知摇头叹息的家伙，倒来劲了。于是坚持己见让马隆按自己的计划，放手去干。

马隆走马上任的第一步是着手招募勇士，他贴出告示后，找块场地立了个靶子进行测试，只有靠腰部力量拉开36钧强弩的人才能入选。一天工夫就招募了3500人。人手招募上来后，马隆带人到武器库挑选兵器时，遇到掌管武器装备的武库令阻挠，双方起了激烈争执，就差没动手了。负责监察工作的御史中丞趁机弹劾马隆。

司马炎将马隆招来询问，马隆争辩说："臣已抱着必死之心效命疆场，以不辱陛下的使命，武库令却给些陈旧的装备充数，这肯定与陛下让臣灭贼的旨意不符吧?!"于是晋武帝又给了马隆一项特权：武器库里的兵器任由他挑选！同时拨给了他三年的军资。

当马隆率领他的3500名勇士踏上西去的征程时，很多人都不抱希望。司马炎也抱着一种赌博的心态，他当然希望马隆能马到成功，如果不能如愿，他下的赌注也不大，就当个典型加以宣传吧，至少能更激励更多的人像他这样具有牺牲精神。

果然，马隆这一去就没有了音讯，好多人都在猜测，马隆这3000多号人是肉包子打狗——有去无回了。直到有一天，突然喜从天降，司马炎接到马隆从千里之外派回报捷的信使，远征军大获全胜，斩杀胡酋秃发树机能，平定了凉州。

司马炎大喜过望，第二天一上朝就对群臣说：“当初要是听在座各位的，就没有凉州，没有河西之地了。”于是下诏：“隆以偏师寡众，奋不顾难，冒险能济，乃假节宣威将军。”

马隆他们此次传奇般的胜利，既在所有人的意料之外，又在情理之中，在那个很讲究出身的年代，马隆清楚，要想出人头地，就得付出比别人多十倍的努力。他把所有时间都打发在书本上，内容无所不包，有天文、地理、神话、八卦新闻，尤其喜欢研究排兵布阵，根据自己的学习心得，曾写出过阵法宝典《八阵总述》，可以说他是一名由科学头脑武装起来的军人，此次出征就是凭借着先进的作战理念，以区区3000来号人，获得了前所未有的大捷。他将战车改装成一种叫偏箱车的步兵车，这种战车在行军作战的时候，遇到开阔地带就以车结营，遇到狭窄山路时则以木屋置于车上稳步推进，而且是“且战且前，弓矢所及，应弦而倒”，既可以躲避对方的箭矢保护自己，又能最大限度地杀伤敌人，与现代坦克攻坚战如出一辙。

尤其是马隆将自然科学原理运用于战场，更是令人拍案叫绝。战争初期，马隆率领他那3000多名士兵进入一条峡谷时，与1万多敌人相遇，敌众我寡，如果硬碰硬的话，这3000多人估计一个回合就玩完了，马隆很明智地选择“退而结寨”。

经过多方侦察和询问当地百姓，得知附近有一个磁性很强的地带，那时人们对吸铁石能吸铁器类的兵器和盔甲知之甚少。马隆如获至宝，一边留少量兵力坚守营寨，一边派大队人马开采“吸铁石”，无论对方如何叫阵，晋军都高挂免战牌。

等到士兵们把一块块沉重的“吸铁石”搬运到一个险要的道口，在两旁筑起又厚又长的石墙，一切准备就绪后。马隆命令全体将士脱掉铁铠甲，换上牛皮衣甲，摘掉免战牌出阵迎敌。晋军与鲜卑、羌兵交战后，佯装不敌败逃，将敌人引向了道口，穿戴着铁铠甲的敌军穷追不舍的进入谷道后，个个像着了魔似的，不能控制自己，不是向石墙撞击，就是相互粘连，刀枪更是不听使唤，而晋军则进退自如，令敌人大惊失色，以为晋军个个都是神兵天将，晋军大获全胜。马隆就这样凭借着先进的装备、超前的理念，“转战千余里，杀伤甚众”，最终平定了让司马炎头疼了10年的西北胡人之乱。

司马炎是一个围棋高手，从《忘忧清乐集》保留下来的《晋武帝诏王武子弈棋局》中，他与女婿王济（字武子）所对弈的83手棋中就能看出，他已经达到了九段水平。据说他常常邀请高手与自己对弈，自然是赢多输少，原因大家都懂，谁敢跟皇帝较真啊！你别说还真有，有一次司马炎和新宠胡芳玩一种名叫摴蒱的棋类游戏（类似于现代飞行棋），司马炎掷了一次骰子后反悔，在争夺骰子中，胡芳用力抠他攥紧的手，把手指都抠破了。司马炎就说她："果然是行武世家的孩子！"讽刺胡芳行为粗鲁，胡芳大言不惭地回应："我家前辈北伐公孙渊，西抗诸葛亮，我不是行武世家的孩子，还能是什么孩子？"胡芳这番话说得司马炎脸上红一阵白一阵，我爷爷和父亲的确是北伐公孙渊，西抗诸葛亮，可那是在你爷爷司马懿的带领之下的，你司马家不就是靠这些才成功上位的吗？

围棋高手司马炎这天心情不错，与张华摆下棋盘对弈起来，在荆州等得又急又气的杜预，终于忍无可忍，冒死第三次给司马炎上书，言词很是激动，愤怒指责那些反对伐吴的人，是既不顾国家利益，又怕别人立功的阴暗心理和可耻行径。并且向司马炎指出，由于一再拖延和耽误，我们要进攻东孙吴的消息已经泄露，对方可能会采取对策，估计已经给我们将要发动的灭吴战争带来新的、意想不到的困难，如果还不当机立断的话，不确定的因素会更多。司马炎看过信后，递给对面的张华。张华一看之下，把棋盘一推，起身拱手，朗声说道："陛下圣明神武，政治清明深得人心，国家富有，兵力强大，号令一出莫不敢从。而吴主孙皓荒淫无度，滥杀贤能之才。两相对比，灭吴根本不需要费多大力啊！"力劝司马炎不要再优柔寡断。司马炎终于下定决心，当场拍板："兵发东吴，完成统一大业！"

第八章　吞并东吴，短暂大一统

东吴神凤元年（252 年），一代雄主孙权病逝，由年仅 9 岁的孙亮继位。吴国也不可避免地由此卷入权臣与宗室争夺辅政大权的血腥斗争。

建兴二年（253 年），托孤大臣之首诸葛恪为了立威，不顾朝野上下的反对，发兵 20 万北伐魏国。出师不利，结果惨败，灰溜溜地滚了回来后，不但不反省自己，反而埋怨朝廷不支持自己，招致满朝文武的怨恨被杀，大权落到宗室孙峻手里。

孙峻也不是什么好鸟，其品行还比不上诸葛恪。他生活淫乱，道德败坏，不仅奸淫宫女，还与全公主私通，并且滥用刑罚、残害忠良，对待宗亲更是心狠手辣，废太子孙和、孙权之女孙鲁育、宣太子孙登之子孙英先后被杀。已经激起众愤的孙峻，还没等到众人的讨伐就病死了，他的堂弟孙綝承袭职位，继续专权。

逐渐长大的孙亮，见去了诸葛恪，来了个孙峻，孙峻死了又蹦出个孙綝。自己还是无权，就准备联合卫将军全尚干掉孙綝。全尚虽然是孙亮的岳父，可为人懦弱无能，不但不敢答应女婿，反而把事情告诉了自己的老婆，而他的老婆大人正是孙綝的堂姐姐。孙綝没有半点犹豫，突然发难，孙亮被废，贬为会稽王。孙亮不堪忍受屈辱，在被押赴封地途中自杀身亡。

孙权的第六子孙休就成了吴国的第三位皇帝。孙休深知孙𬘭权倾朝野，自己随时都有被替换下场的可能，上台不久就与名将左将军张布合谋，再拉上名将丁奉，将专擅朝政多年的孙𬘭集团一举铲除，但因后期过分信任丞相濮阳兴和左将军张布，导致二人权倾朝野。

永安七年（264 年）七月，孙休在内忧外患中暴病而亡，年仅 30 岁。值此国内外形势极其严峻之际，吴国上下都希望有一位年长的君主出来主持大局，共渡难关，濮阳兴和张布违背了孙休的意愿，没有拥立 10 岁的太子孙𩅦，而是迎立其侄子孙皓为帝。他们怎么也不会想到自己竟然拥立了一个恶魔，不但招致满门抄斩，还把吴国拖入万劫不复的深渊。

孙皓瞎胡闹的结果是，政治上混乱、经济上衰退、军事上无能，早在陆抗主持长江中上游防务时，他就曾经上书孙皓，请求增调 3 万精兵巩固吴国西大门西陵的防卫，孙皓却回复一直处于“研究研究”之中。当西晋的益州刺史王濬在长江上游修造战船，大规模训练水军时，建平（今湖北秭归县南）太守吾彦就觉察到对方即将进攻东吴的动向，遂请求朝廷增加兵力防备建平，但同样被孙皓束之高阁。吾彦只能不等不靠地制造铁锁链，横锁长江断绝水路，以阻止西晋的战船东进。

西晋咸宁五年（279 年）十一月，经过晋国君臣长达 10 年的充分准备和反复论证，晋武帝司马炎集结起 20 万大军，准备水陆并进一举剿灭东吴。令人意想不到的是司马炎竟然任命此前对伐吴行动反对最为激烈的贾充为本次最高军事统帅，使持节、假黄、大都督。皇帝的心思实在让人琢磨不透。

而贾充的观点也是一贯的，荣华富贵的日子过得好好的，吃饱了撑的打吴国，万一输了，这日子还过不过了？基于这样的认识，他可不想去冒险，并且还极其顽固地阻止出兵，被司马炎用杜预的话痛批一顿后，他干脆装病，说自己体弱多病，不能胜任大都督一职。司马炎火了：“你去不去？你不去，老子亲自去!”贾充才硬着头皮接受任命，领着一班随从前往襄阳设立指挥部。

长江作为东吴政权划江立国的天然屏障，它作为一道天险的同时，也给对方带来了便利，天险就成为双方所共享，看似几乎“不可跨越”的千里防线上，随处都有可能是对方的攻击点，不管你有多少兵力，分布到长江防线上都显得捉襟见肘。而对方只要选准一个登陆点，再派出几路兵马实施牵制，自己就首尾不能相顾，一旦被突破，整条防线势必迅速崩溃。

司马炎就是按照羊祜生前拟制的作战计划，兵分六路从益州到建业的千里长江防线上同时发起进攻，战略部署为：一、镇军将军、琅琊王司马伷从淮河下游的下邳（今江苏邳州南）向涂中（今安徽滁河流域）进军；二、安东将军王浑从淮河中游的寿春向江西（指今安徽和县方向）进军；三、建威将军王戎从中原地区的豫州（今河南许昌东南）向武昌（今湖北鄂州）进军；四、平南将军胡奋从荆州向夏口（今武汉市武昌区）进军；五、镇南大将军杜预从襄阳向江陵进军；六、龙骧将军王濬与广武将军、巴东监军唐彬率水军自巴蜀顺江东下，直捣建业。

指挥及后勤方面，以太尉贾充为大都督，冠军将军杨济为都督进驻襄阳，节度诸军；中书令张华为度支尚书，总筹粮运。总的作战意图为：以下游的司马伷、王浑两军直逼建业，牵制吴军主力，使之不能溯江而上向西增援；以中游的王戎、胡奋、杜预三路大军夺取武昌、夏口、江陵等各战略要点，以策应王濬所率的7万水军顺江而下；尔后由王濬联合司马伷、王浑挥师东进南下，合力夺取吴都建业。

一切准备就绪后，咸宁六年（280年）正月，随着司马炎的一声令下，晋军发起了全线攻击，最东边的司马伷率部迅速进至涂中后，令琅琊相刘弘率兵进抵长江，与建业隔江对峙，以牵制吴军；同时派长史王恒所部渡过长江，直逼建业。王恒军进展顺利，连破东吴江防守军，歼敌5万余，俘获吴军将领蔡机等人。

王浑部先是派部下攻克安徽和县地区，迫使东吴厉武将军陈代、平虏将军朱明投降。孙皓得知王浑大军南下，即命令丞相张悌统率丹阳（今江苏南京）太守沈莹、护军孙震、副军师诸葛靓共计3万人马，前去迎敌，任务是阻止晋军渡江。张悌军行至牛渚（今安徽当涂北采石）时，沈莹向他分析了晋军来犯的态势："晋国在蜀地训练水军很久了，如今倾国出动，在千里防线上同时进攻，肯定是配合益州之兵顺江而下。而我上流各守军，均无戒备，只怕江边各要塞都抵挡不住西晋水军。"因此建议，应该集中兵力于采石，等待晋军前来决战，如果能打败晋军，既可阻止晋军渡江，还可以溯江而夺回失地。如果渡过江去与对方的陆军决战，一旦不能取胜，则后果不堪设想。

按照司马炎的指示，王濬水军到江陵时要接受杜预的节制，到秣陵后则受王浑调度。早在水军出动之时，杜预明确表态：“如果王濬能拿下建平，就可以顺流长驱东下，不应受我的制约。如果他不能顺利攻下建平，我就责无旁贷地去调度他了。”王濬到西陵后，杜预就给他去信说：“足下既然能摧毁吴国西边的屏障，就当直取秣陵，讨伐数世为患的逃寇，解救吴民于涂炭之中。再自江入淮，渡过泗水汴水，溯黄河而上，整军还都，这是旷世未有的盛事啊！”王濬大喜，向司马炎上表并附上杜预的书信。

王濬除了接受杜预部调拨 1.7 万人补充舰队外，没有过多耽搁，继续扬帆起航。中部的胡奋部已攻克江安（今湖北公安地区）；王戎部在胡奋配合下，协助王濬进攻武昌（今湖北鄂州市）、夏口（今武昌），吴将杨雍、孙述及江夏太守刘朗各自率众向王戎投降，王戎大军推进到长江边，并调拨了 1.3 万人补充舰队。

攻克武昌、夏口后，王濬水军继续挥师顺流东下，于三月十四日到达采石矶（今安徽马鞍山市采石镇）。当进舰队行驶到距建业西南五十里处时，孙皓才派遣游击将军张象率一万水军前往迎敌。但此时的吴军早已成了惊弓之鸟，张象的部队一望见王濬水军“声势浩大，楼船填江、旌旗蔽日”，直接就举手投降了。舰队继续乘风破浪，向前推进。

原先被派往交趾（今越南北部）征讨郭马叛军的将军陶濬，得知晋国大举进攻的消息后，便于中途返回了建业。孙皓当即升迁陶濬为镇南大将军、荆州牧，假节钺，让他率军 2 万去迎击晋军。陶濬安慰孙皓说：“晋船没什么可怕的，净是些小船。现在我手中有 2 万兵众，乘坐我吴国百战大船，定能破敌。”结果等他第二天准备集合队伍时，发现 2 万人马竟然趁夜逃得一个不剩。

此时，王浑和司马伷两路大军已陈兵于建邺的长江北岸。王濬将要抵达建邺附近的秣陵时，王浑派人命令舰队暂停，让王濬到自己军中召开军事会议，商讨作战计划，王濬不愿意错失一鼓作气的良机，让来人回报王浑说：“风大、顺流，无法停船。”扯起风帆，独自挥师直扑建邺。

建邺城内早已乱成一团，司徒何值、建威将军孙宴拿上自己的印信符节，渡江向王浑投降。孙皓见晋军三路兵马逼近，内又众叛亲离，知道大势已去。就听从光禄勋薛莹、中书令胡冲的意见，同时派遣三路使节，把投降书分别送达王濬、司马伷、王浑三位将领处，试图挑拨离间、分化他们。

咸宁六年三月十五日（280 年 5 月 1 日），王濬率先进入石头城（今江苏南京北郊），孙皓仿效刘禅的做法，驾着素车白马，袒露肢体，双手反绑，衔璧牵羊，大夫穿着丧服，士人抬着棺材，率领太子孙瑾、鲁王孙虔等 21 人来到王濬军营投降。至此，建国 57 年、占据长江天险的东吴政权宣告灭亡，中国自东汉末年开始，长达 90 年的战乱和三国鼎立纷争的局面也随之结束，中国又重新统一在一个封建王朝的治理之下。

胜利的消息传回洛阳，司马炎举杯喜极而泣："这都是羊太傅的功劳啊，可惜他未能看见！"而此时离当初司马昭提出的"先定巴蜀，三年之后，因顺流之势，水陆并进"再并东吴，统一全国的方略，已经过去了 17 年。对司马炎来说，能完成数百年难得一遇的千古伟业，已经在历史留下了英名，人们只记住了他的成果，而淡化了他所耗费的时间和精力。

不过在这场摧枯拉朽的胜利背后，也暴露了司马炎在用人和组织能力上存在很大问题，作为战役总指挥的贾充，非但没起到应有的作用，还差点坏事。当东吴内部忙着向前线部队投降之时，贾充才被逼着将指挥部移驻项城，并且再次上表要求罢兵，认为东吴不可能一举平定，而战事一旦延续到夏季，天气酷热，定会有疫情在军中流行的危机。在朝廷里的荀勖等人也遥相呼应，把晋军的节节胜利说成是身临险境，并把矛头指向始终坚信此战必胜的张华，说要腰斩张华向天下人谢罪。

在这紧要关头，司马炎只是软弱无能地解释说："伐吴是朕的主意，张华只是与朕的意见相同罢了。"极具讽刺意味的是，当贾充不厌其烦地派联络官回朝请求退兵之时，孙皓投降的消息已经传到洛阳。贾充因为开战前就反对出兵，直到最后一刻还在强调困难，要求退兵。眼看伐吴大功告成，心里未免感到害怕，打算向皇帝请罪，司马炎不但没有怪罪，反而加以安抚。

安东将军王浑当初消灭了张悌率领的 3 万东吴主力后，按兵不敢前进，坐等王濬到来。而王濬不理他的茬，抢先接受了孙皓投降，这让他感到很丢脸，一怒之下，向司马炎告御状，说王濬违背诏命，不接受自己节制，擅自进入建业。朝中王浑的同党也趁机劝司马炎将王濬用囚车押回京师，司马炎还算厚道，没有卸磨杀驴，否则，王濬就是第二个邓艾、钟会了。只是下诏指责王濬说："伐吴是件大事，应有统一军令，既然让你受王浑节制，为何径直前行，不听王浑命令？你这是违背命令，不成体统。你的功勋，朕心里有数，可你却自恃有功就肆意妄为，要都像你这样，朕还怎么号令天下?!”王濬接诏后，赶紧上书解释。

王浑一计不成，又向司马炎上书，称王濬军率先进入建业，得了无数财物，为了掩盖罪行，把孙皓的宫殿给烧了，连同被烧的还有东吴 135 艘战船。王濬又赶紧上书辩解，司马炎向众人表示：“王濬有征伐灭吴的功劳，一点小错不足以掩盖他的大功。”最后一锤定音：“不要追究!”才算将事情压了下来。

第九章　有一点智商的司马衷

280年6月，为了庆祝灭吴成功，全国重归统一。司马炎于4月29日发布诏书，大赦天下，改咸宁六年为“太康元年”，全国放假5天，派慰问团奔赴荆州、扬州等原前线地区进行慰问，原吴国各州郡官员，除一把手外，全部保留，同时废除吴国时代的规章制度。

五月初一，孙皓终于实现了占卜大师尚广为他定制的卦言：坐着青色的车盖进入洛阳。只不过，他不是以胜利者的身份进入洛阳，而是以亡国之君带着太子一行用泥巴涂抹脸部，反绑双手，前来接受司马炎处置的。从孙皓主动投降那一刻起，司马炎就下诏封他为归命侯。

初四，司马炎终于抽出时间，在满朝文武、各地少数民族代表、国家最高学府（国子监）师生的见证下，正式接见孙皓及投降的吴国官员。孙皓登上大殿向司马炎叩头后，司马炎指着边上的一把椅子让他坐下。等孙皓坐下后，司马炎对他说道：“朕安排这个座位等你已经很久了。”孙皓是煮熟的鸭子嘴还硬：“我在南方，也安排了一个座位以等待陛下。”

贾充见孙皓居然还敢顶嘴，立马就跳了出来：“听说阁下在南方，挖人的眼睛，剥人的脸皮，这是哪门子的刑法？”孙皓的反应出奇地快：“有为人臣子却弑杀他的君王以及奸险、邪恶不忠之人，就适用这种刑法！”

把贾充讽刺得无地自容，脸色在青、红、白之间不断变换，而孙皓则脸不变色心不跳。

实际上，司马炎才是弑杀高贵乡公曹髦的最大元凶，见孙皓此说事，把贾充驳得理屈词穷，就在随后的宴会上问孙皓：“听说吴国人喜欢作《尔汝歌》，你能作一首吗？”孙皓明白这是有意羞辱自己，趁着几分酒气向司马炎说：“诗歌粗鄙，希望陛下不要怪罪。”没等对方答应，举起酒杯张口就来：“昔与汝为邻，今与汝为臣。上汝一杯酒，令汝寿万春！”

孙皓所吟诵的《尔汝歌》是东吴流行于市井之间的歌曲，如果对某人唱此歌，就带有蔑视对方的含义。司马炎见他用“汝”这种不敬之词称呼自己，自然恼怒异常，可当着那么来宾的面又不好发作，只能怪自己羞辱孙皓心切，没有考虑到歌曲的实际用途。

司马炎灭吴统一了天下，结束了将近百年的战乱，对全天下来说都是值得高兴的。当然，最高兴的当属司马炎本人，在大赏有功人员（连反对伐吴的贾充、荀勖等也在赏赐之列）的时候，也没有亏待自己。下令从孙皓的1万多宫女中挑选5000人充实到自己的后宫，因为他早就听说江南的女子比北方美女更加销魂。这么一来，司马炎后宫的女人就达到了1万多，从此开始把大量的时间和精力花费在游乐、喝酒和宠幸妃嫔上，相应地对政务的处理也就松懈了。

由于美女太多挑不过来，司马炎就创造性地每天坐着羊拉的车，在宫中转悠，羊车停在哪里，他就在哪里宴饮，然后再拉上几个美女到车里宠幸。后宫美人众多，而能提供服务的男人只一个，那些嗷嗷待宠的嫔妃们就动起了心思，于是有人在自己的门前插上竹枝诱使羊儿来吃；有人在自己的门前撒上盐巴，让喜欢盐水味道的羊停在自己的宫门口。不久宫里的美人都知道了这些歪门邪道，纷纷效仿，甚至是竹叶盐巴齐上阵，可那羊吃得多了也就无所谓了，反正相同的快餐每个门口都有，想在哪吃就在哪吃。

除此之外，司马炎在衣食住行上也苛求奢华，甚至超过了他之前的所有皇帝。上有所好，下必甚焉。有皇帝带头，朝中权臣、皇亲贵戚奢侈起来也是不甘人后，竟至互相攀比起来。太尉何曾、尚书任恺等就以奢侈闻名，他们的锦衣华服堪比王侯。

何曾是曹魏太仆何夔之子，何夔原来是袁术的下属，见曹操得势就投奔了过来。有其父必有其子，何曾在魏明帝执政时，被擢为散骑侍郎，后迁典农中郎将，曾提出过很多正确的建议，如主张“为政之本在于得人”、请求整顿地方官吏等，深得大家的好评。高平陵政变之后，何曾就毫不犹豫地抛弃曹魏而投靠了司马氏集团。由于帮助司马炎继晋太子位有功，司马炎当上晋王后，何曾就成为晋国丞相兼侍中，并积极策划司马炎代魏建晋行动。晋朝建立后，被拜为太尉兼司徒，封朗陵县公。

何曾身居高位，可在晋朝却鲜有建树，很多人都评价他的政绩和道德品质跟他的禄位不相称。不过在奢侈腐化、追求饮食方面无人能望其项背，有“何曾一食费万钱”的典故，说的是何曾每天仅用于饮食的开支就超过万钱。他还根据多年的心得，著有《食疏》一部，为后世达官显贵所推崇。南齐时豫章王萧嶷和黄门郎虞悰都是有名的“美食控”，一次萧嶷盛宴招待宾客，席间问虞悰：“今天的肴馐如何，天上飞的、水里游的、地上跑的，还差哪一样？”虞悰就说：“可惜没有《食疏》里面记载的黄颔啊！”

据《晋书》记载，何曾家里所制作的馔肴，胜过王侯帝戚之家。全国统一后，司马炎也喜欢上了举办宫廷盛宴，而每次何曾都不吃宫廷厨师烹制的菜肴，认为那些菜还不如自己家的味美，无法下咽。司马炎也不计较，特许他带上自家厨师烹制的菜肴参加宴会。

由于对馔肴的味道讲究到了无以复加的地步，何曾不惜花巨额金钱和大量精力，孜孜以求美食，以至每天用于饮食的钱财超过万金，还依然感到不合口味，抱怨无从下筷子。他的儿子何劭更是青出于蓝而胜于蓝，每日用于吃饭的开销达两万钱。

何曾生活奢侈，也没什么政绩，但并不代表他没有政治水平。在经常陪司马炎花天酒地的过程中，已经看出了端倪。有一次回来后，他跟几个儿子说：“陛下所创建的基业，终归是要传给子孙后代的。可我每次参加宴会，却从来没听到他谈论过治理国家的规划，甚至没有一句深谋远虑的话，总是说一些鸡毛蒜皮的事，这样下去，他的后代恐怕就危险了，太平基业，也就仅到他个人一身而已，真为他的子孙担忧呀！你们还可以安然无事。”随即又指着旁边几个孙儿说：“你们这一辈人恐怕就要遭殃了！”司马光就曾评论说，何曾身为宰相，明知君主有过失，不是旗帜鲜明地加以指正，却私自回家跟儿子乱说，这哪是一个忠臣所为？

何曾还有一个让人诟病的地方，他的年纪和资历都比贾充要老，反而卑躬屈膝，依附贾充。任恺则是怎么看贾充都不顺眼，不知不觉就成了死对头。

任恺是曹魏太常卿任昊之子，少年时就表现出过人的天赋和胆识，深得魏明帝曹叡的喜欢，就把女儿齐长公主下嫁给他。司马炎篡魏称帝后，看他办事机敏干练，是个人才，非常器重，许多重要的政务都要先征询他的意见，然后才决定可否施行，因而招致贾充的嫉恨。两人便互相吹捧，先是贾充想把他吹捧得离开皇帝的身边，他则想将贾充吹捧得离开朝廷，没承想却把贾充逼成了皇帝的亲家，更加得势。

等贾充缓过劲，又莫名其妙捡了个现成，成为灭吴战争的功臣后，再次祭出吹捧的手段，多次在司马炎面前夸赞任恺有识人之才，推荐任恺出任吏部尚书一职。司马炎以为贾充是从工作考虑，完全是出于公心，也就同意了。任恺做了吏部尚书，看似更有实权了，但从此少了跟皇帝接触和参议大政的机会。贾充就开始指使荀勖等同党时不时在司马炎面前说任恺的坏话，其中有一条是私藏御用器具。司马炎派人一查，果真搜出不少皇家专用的器物，也不找任恺问话，就直接罢免了他的官职。

任恺家有御用器物不假，可都是当初魏明帝赏赐给齐长公主的，但任恺被撤消所有职务后，也无法面见皇帝辩白了，以书信方式更是连想都不用想，扣压群众来信的事他也经常干。愤慨之下，就索性纵酒行乐，自暴自弃起来。何曾是每天的伙食 1 万钱，而他每一顿饭都要花掉 1 万钱，还嫌不够精致。

驸马王济是司徒王浑的二儿子，聪明帅气，文武双全，儒雅中又多了几分阳刚之美，娶司马昭的女儿常山公主为妻。在人们的印象中，公主是金枝玉叶，应该是貌美如花的，可常山公主从小就双目失明，而且为人刻薄妒忌。但那毕竟也是个公主，给王济又增添了一层光环——皇亲国戚，司马炎成了他的小舅子，于是他被任命为骁骑将军，再迁任侍中。

王浑见儿子长得一表人才，心里美滋滋的。有一天跟老婆钟氏正在闲聊时，王济从外面回来，王浑就说："我们生出这么个儿子，这辈子该知足了。"钟氏撇撇嘴："切，我要是能跟你弟弟结婚，生的儿子肯定要比他强！"钟氏这话就算是搁在今天，估计也没几个女人人敢说出口，魏晋的开放之风由此可见一斑。

王济有这么一位可爱的母亲，基因里就少不了诙谐豪爽、放荡不羁。

王济的亲姐夫和峤特别抠门，大家都说他有“钱癖”。和峤家有一棵优良的李树，结出来的李子形态美艳，吃起来清爽可口。连皇帝司马炎向他讨要，也只是抠抠搜搜地贡上数十颗。王济见姐夫如此吝啬，干脆趁他入宫值班时，叫上一群少年，闯进园子把果子吃了个精光还不算，更是把宝贝李树给砍了。摊上这么个小舅子，和峤也是无可奈何。

当时人称和峤有“钱癖”，杜预有“春秋癖”，王济有“马癖”。特别喜欢马的王济在寸土寸金的洛阳买下一块很大的地皮作为纵马驰骋及射箭的场所，并且用钱来铺地，被时人称为“金沟”。

司马炎的舅舅王恺有一头神牛，奔跑的速度与马不分上下，起名叫“八百里驳”。王恺非常爱惜，常常亲自动手，把牛蹄、牛角磨得晶莹发亮。某天王济心血来潮，拿出1000万钱跟王恺打赌，以射箭定输赢：如果他赢了，那头牛就归他；如果他输了，1000万钱就是王恺的。

王济一上来表现得很谦虚：“射箭的功夫我可比不上你，找点乐趣而已！”王恺原本射箭技术就很出色，听了王济的话，就很大度地让王济先射。王济张弓搭箭，一箭正中靶心，只见他意气洋洋地往马扎上一坐，大声吆喝随从：“取牛心来！”任凭王恺怎么求情都无法挽救他那头宝贝千里牛。烤牛心送到面前，王济吃了一口就扬长而去，留下不差钱的王恺在原地懊悔。

王济在外一掷千万金，在家里也是丽服玉食，挥金如土。一次他邀请司马炎到家里做客，司马炎走进王府，发现豪华程度比自己的皇宫要高出不知多少倍，侍宴的上百名婢女都穿着锦衣绸裙，馔肴都用琉璃器皿盛装。当时的琉璃器皿是通过丝绸之路从西域传进来的，价格比黄金还要昂贵，这种排场，连身为皇帝的司马炎都自叹不如。一道蒸乳猪上桌，司马炎一尝之下，味道好极了，跟自己之前吃过的蒸乳猪完全不一样，肥而不腻，鲜美异常。大快朵颐之后，除了夸赞一番厨师的手艺，还讨教个中秘诀。王济告诉皇帝，说这道菜之所以味美，与厨师的关系不大，他家用来做菜的小猪是用人奶喂养，又用人乳蒸炖的，中间不能掺杂任何杂物。司马炎终于忍无可忍，饭未吃完就撂下筷子拂袖而去。

另一个驸马王敦（娶司马炎之女襄城公主）因与公主成亲不久，在公主府里上厕所时，看到旁边的高档漆箱里装着很多香枣。他以为是厕所里摆设的果品，就顺手拿起来吃了几颗，可他不知道这些香枣是用来塞鼻孔，防止臭味的。王敦从卫生间出来后，又有婢女端来金澡盘、琉璃碗，里面分别盛着清水和澡豆，让他洗手。他又以为是让自己保持收支平衡的，就将澡豆倒进水里喝了。婢女们见状都掩口而笑，就有了一个成语“澡豆为饭”，用以形容一个没见过世面的人的窘态。

除了朝臣皇室竞比奢华，整个洛阳城都以炫富为荣。当时京城里有两大富豪，一个就是前面提到过的王恺，另一个叫石崇。二人为了斗富，做了许多令世人瞠目结舌的事。

王恺是汉末至三国再到曹魏时期重臣、经学大师王朗之孙，小说《三国演义》中，罗贯中安排王朗在第93回被诸葛亮骂得狗血淋头，一口气没缓过来坠马而死。其实根本不是那么回事，王朗是很有道德修养的人，一生关心民众疾苦，恭俭节约，对那些为了名声弄虚作假，却不是真正体恤弱势群体的人，常常嗤之以鼻，所以他经常用自己的财物解困救急，周济他人，得到人们的交口称赞。他在抗击孙策中被俘，却坚决不肯为孙策效命，他屈服于曹操是认为曹操还尊崇汉室。

王朗的长子王肃师从大儒宋忠，唐代时唐太宗诏令选历代先贤先儒22人配享孔子庙，王肃就位列其中。王朗去世，王肃就顺理成章世袭其兰陵侯爵位，先后出任过广平太守、侍中、河南尹等职。曹芳被废时，他迎接曹髦继位，又帮助司马师平定毌丘俭之乱，再迁中领军，加散骑常侍。

王肃共有两女四子，大女儿就是当朝皇帝司马炎的母亲文明皇后王元姬，四个儿子个个封侯拜将，其中最富、最能折腾的当属小儿子王恺。王恺仗着官僚兼皇亲的身份对百姓巧取豪夺，大肆搜刮民财，成了西晋豪富，极端奢靡腐化。曾经吃饱了撑的拿一个大活人寻开心，扒光衣服，将其关在深宫内院里，不给吃的，不让人给他引路。那人转悠好几天后，在冻饿交加中被弄得精神恍惚，直至崩溃。后来才在一个朋友的帮助下，走了出来，捡回半条命。

石崇是西晋开国功臣石苞的小儿子，石苞步入仕途之前是贩卖铁器的商人，奸商的所有劣迹和恶行全部都遗传到了石崇的身上。石崇背靠老爸这棵大树，很早就当上修武县令，之后一路升迁城阳太守、散骑侍郎、黄门郎等职。东吴灭亡后，又获封安阳乡侯，荆州刺史、南蛮校尉、鹰扬将军等职。泰始九年（273年），石苞在临终前分家产的时候，就不给石崇。石夫人替小儿子请求，石苞说：“这孩子尽管年纪小，以后他得到的财富比任何人都多。”

知子莫若父。石崇虽然身为朝廷命官，却是个黑白通吃，为了钱不择手段的家伙。他在任上拿着朝廷的俸禄，又做起生意。如果说王恺采取巧取豪夺的手段还蒙上一层遮羞布的话，石崇做的所谓“生意”比土匪还要残忍，他从来不让对方有讨价还价的机会，作为地方一把手，凡是到他的地盘经商的客商，只要看中了对方的钱和货，就一杀了之，将财货据为己有，无本万利，能不富吗？

石崇富到什么程度？据说光他家的卫生间就修建得华美绝伦，配备了各种高档香水、香膏供客人洗手、抹脸。24 小时安排有 10 多个穿着锦绣、打扮得艳丽夺目的少女，像五星级酒店的迎宾员一样，列队侍候客人上洗手间。客人方便过后，这些迎宾员要帮助客人把身上原来穿的衣服脱下，再侍候他们换上新衣才让他们走出卫生间。凡是上过洗手间所穿的衣服都不能再穿了，搞得客人大多不好意思上厕所。

散骑常侍、尚书刘寔出身寒门，少年时靠走村串户卖牛衣（给牛御寒的披盖物）为生，每到一处歇息，从不劳累主人，砍柴挑水都亲自动手，在维持生计奔忙的过程中也从不放弃学习，边拿着牛衣叫卖，边背诵课文，竟至于满腹经纶，博古通今。后来官当大了，仍保持着勤俭朴素的作风。有一次，推脱不了石崇的盛情邀请，便上石府做客，一通上等好茶享受下来，就得找卫生间了，明明说好是卫生间的，可刘寔进去一看，地上铺着波斯地毯，墙上挂着锦绣蚊帐，空气中飘荡着迷人的熏香，还有美女捧着香袋在恭候，顿时尿意全无，赶紧掉头出来，一脸歉意地对石崇说：“不好意思，误入了你的卧室。”石崇说：“那是茅房！”当场就把刘寔雷得目瞪口呆，实话实说：“我享受不了这么高档的茅房！”转身出门另找地方应急。

一个卫生间尚且如此，其他方面可想而知。有句俗语叫“有钱人朋友多”，石崇的府上每天都高朋满座。每次与客人喝酒，都会让美若天仙的侍女斟酒劝客。如果所斟的酒客人不喝，他就让打手把美女杀掉。一次，名士、尚书郎王导与堂兄王敦一道应邀到石崇府上赴宴。王导的酒量不行，可又不愿让美女丢掉性命，只好舍命陪君子，拼命地喝。王敦倒是能喝，却偏偏不买账，任凭娇滴滴的小姐姐怎么劝，就是无动于衷。结果，石崇连斩了三个美女，王导就责怪王敦心肠太狠，王敦说：“他杀自己家里的人，跟你我有什么关系?”

对于石崇的首富地位曾经有人表示不服。此人就是王恺，他决心要跟石崇比拼一下，到底谁才是全国首富。为此，王恺首先高调宣布他家的锅从此用糖水来洗刷了！糖水在今天人们的眼里不算什么，可在当时，供贵族食用的饴糖是用优质小麦的麦芽熬制而成的糖浆，牺牲大量的粮食，才换来为数不多的产量，是难得的奢侈品。

石崇当即接招，让下人用蜡烛当柴火煮饭。蜡烛是东汉末年才出现的稀罕物，不是普通人家能用得起的，一根蜡烛的价值就差不多等同于相同重量的黄金。一锅饭下来，烧掉的金钱可想而知。

当时的贵族出门都要用帘子遮挡马车的两侧，称为步障，一般用竹子制作，可不一般的人家就另当别论了，像王恺、石崇之类的，就用鲜艳华丽的锦缎来装饰车辆。王恺第一回合落败后，在自家门口的道路两旁用紫丝做成花团锦簇的步障，连绵 40 里，轰动洛阳；石崇手笔更大，用锦缎做了 50 里，材质和长度均胜一筹。

王恺再用名贵药材赤石脂来涂墙壁，石崇则用更加难得的花椒粉刷。这些东西都是通过丝绸之路从外国进口的。王恺无奈之下，暗中向皇帝外甥求助。司马炎心想普通玩意很难奏效了，干脆打开国库让舅舅在里面挑选几件世间罕见的宝贝。

王恺本来就富可敌国，只相中了一株堪称极品的珊瑚树，该树宛如碧玉妆成，树颈繁茂，高两尺有余，巍峨华丽，世所罕见。珊瑚树是海洋产品，中原内陆地区有钱也买不到，这是海外进贡的，心想你石崇不可能有了吧！

王恺于是就在府上举办一场别开生面的博览会，邀请高官好友、各地名流富商前来参观，免费食宿，还提供差旅费。石崇自然在贵宾的名单当中。

石崇心照不宣地应邀而至。王恺一脸得意地全程陪同，只等着石崇见到珊瑚树目瞪口呆的样子，见证他甘拜下风的历史时刻。熟料，等石崇见到珊瑚树时，目瞪口呆的人却是王恺。那石崇只看了珊瑚树一眼，就抄起旁边的一把铁如意朝这次展览会的“镇馆之宝”——珊瑚树猛砸，瞬间砸得七零八碎。王恺心疼呀！只得抓住石崇的衣袖说了实情：“这是国库的稀世之宝啊！这下叫我拿什么还给皇帝呀！”

石崇轻描淡写地笑了笑："别心疼了，像这样的珊瑚树，我那里有的是，你可以随便去挑选几株还给你那皇帝外甥就是了！"

王恺到石崇家一看，石崇还真不是吹，和打碎的那株珊瑚树不相上下的多得是，有六七株高度更达三四尺，条干绝俗，光耀如日，比国库里借来的那株不知强了多少倍，王恺算是彻底服了。

相比于王恺和石崇的挥霍、炫富，西晋的王公大臣里面也有吝啬得要命的，要不怎么说是奇葩的朝代呢。"竹林七贤"之一的王戎身居高位，兼任数职，却无比贪吝，晋书记载他"性好利"，已经聚敛了巨额财富，成为富甲京城的人物。可他每天都要与夫人手执象牙筹计算财产，日夜不辍。

他家也有一棵良种李树，结的果实自己舍不得吃，要拿去换钱，又怕别人得到种子，就事先把李子的果核钻破。女婿裴頠曾向他借了一笔钱，迟迟不见归还。女儿回娘家时，王戎满脸不高兴，很不待见她，直到把钱还清后才神色和悦地跟女儿说话。还有更绝的，王戎的侄子结婚时，他送了一件单衣当结婚礼物，婚事过后又去要了回来。被时人讥讽他有"膏肓之疾"。被认为有"钱癖"的和峤，家中财富不输于司马家族中任何一位王爷，却一生吝啬异常，爱钱如命。

以上种种，说明整个西晋社会已经腐败透顶。身为皇帝的司马炎要供养1万多名妃嫔，也面临着极大的经济压力，为了来钱，他也和汉灵帝一样，明码标价地卖官鬻爵。晋朝的机构本来就臃肿，如此一来，更是人浮于事，为此，尚书右丞傅咸上书司马炎，指出："我朝建立已经有十五个年头了，'军国未丰，百姓不赡'，一年没有收成就吃不上饭。原因之一就是冗官太多，而干实事的人太少。我朝的户口只有汉朝的十分之一，而所置的郡县却比汉朝多得多。"他建议，当务之急是精简机构，裁减冗官，让更多的人回到田间从事生产。

这可是要断皇帝的财路啊，司马炎虽然没拿他怎么着，可也不理他的茬。太康三年（282年）正月初，司马炎率领群臣到京城南郊祭祀。完了就问身边的司隶校尉刘毅："卿以为朕能和汉代哪个皇帝相比？"满以为刘毅会说出汉高帝、文帝、景帝之类的人物，谁知刘毅回答说："可与桓帝、灵帝相比。"

司马炎大为不满，辩解说："我虽然没有尧、舜之德，好歹也能克己为政，又平定东吴，统一了天下，比作桓、灵，是不是太过分了？”

刘毅也毫不客气：“桓、灵二帝卖官的钱，归入国库，陛下卖官的钱，却入了自己的腰包，如此说来，您还不如桓、灵呢！”司马炎很生气，他必须为自己找回颜面。

第十章　君无远略，祸所伏也

司马炎被刘毅怼得脸色青一块紫一块的，为了找回颜面，强忍着怒火，干笑两声说："桓、灵二帝怎么能与我相比，我至少有你这样敢于当面说真话的诤臣。"

散骑常侍邹湛的马屁适时奉上："世人都把陛下比作汉文帝，我看未必，当年冯唐回答文帝时，说文帝不能用廉颇、李牧之类的大将，文帝当场发怒，如今刘毅直言冒犯，陛下不怒而欢愉，以此相比，陛下的圣德要超过文帝啊！"

司马炎挣足了面子，又假装嗔怪说道："我平定天下而不封禅，焚烧雉头裘，行布衣之礼，当时不见你发声，今天就为这点小事，你却长篇大论加以褒扬，这是什么道理？"

邹湛说："猛兽出现在田野，凡人都敢去击杀，身上突然被蜂蝎蜇一下，再牛的人也会感到惊骇，这是因为发生得太意外的缘故。刘毅开始说的那些话，臣等莫不惊骇变色，待陛下发出举世罕有、又出人意料之言后，臣才欣喜赞扬，这就是臣与他人不同之处！"看这马屁拍的，既让皇帝高兴，又不忘抬高自己。

司马炎搞创收、沉湎于音乐和女色，对朝政之事疏于管理，他最信任的贾充、荀勖、冯统等人一时权势熏天。当年坚信伐吴必胜，力促司马炎下定伐吴决心的张华，事成之后被晋封为广武县侯，增加食邑1万户，封他的一个儿子为亭侯，食邑1500户，还赐绢1万匹，一下子声名显赫。

张华的过人之处是记忆力超强，加上学识渊博，对古今天下的事都了如指掌。撰订晋史、修改礼仪规章的事情都由他包办，皇帝的诏书诰文也都出自他的手笔，为众人所推崇和信服。人们都议论说以他的能力和威望，应该位列三公。而荀勖等人因为张华不是自己一伙的，又妒忌他的才能和功劳，早就想找机会将他踢出朝廷了。恰好有天司马炎问张华："谁是让朕可以托付后事的人?"张华回答说："德才兼备，又与陛下是至亲的人，莫过齐王司马攸。"这话就触到司马炎那根敏感的神经了，荀勖趁机进行诽谤。张华被一纸调令贬到幽州管理军事。张华到了幽州安抚百姓，接纳归附的胡人，把地方治理得井井有条，各族百姓都感念他的恩德，一些远离幽州、历来都不曾归附的部落，都派使者到洛阳朝贡。张华名扬海外，声望更高了。

司马炎想召张华回京任宰相之职，并拟进号仪同三司，却又遇到了冯统的阻挠。冯统借与司马炎闲谈时，把话题扯到钟会反叛的事情上，说："臣以为钟会谋反，其实是太祖（司马昭）造成的。"

司马炎当场就变脸："你这是什么话!"冯统连忙脱帽谢罪说："臣愚钝瞎说，罪该万死！但是请容臣解释。"司马炎："朕倒要听你能说出什么道道来!"

冯统说："臣认为善于驾车的人必然懂得掌握缰绳的力度，善于为政的人必然懂得对官吏的掌控要适度，所以子路因好胜被孔子抑制，冉求因退让而被推助。汉高祖所封的五个异姓王（韩信、彭越、英布、陈豨、臧荼）都因过于宠信被夷灭，汉光武帝因抑制手下诸将，而使他们得以善终。这并不是为君的有仁有暴，也不是为臣的有智有愚，而是抬高与压低，给予与夺取的不同造成的。钟会的才能和见识有限，而太祖对他的赞赏没有止境，授以大权，又委以重兵，使钟会以为自己很了不起，又自认功勋卓著而飞扬跋扈，于是促成他谋反。如果太祖善于利用他的能力，又对他加以约束，抑制他的权势，那么，他的野心就不会膨胀，叛乱之事也就不会发生。"

由于涉及父亲，司马炎都听呆了。趁他还没反应过来，冯统又叩头说："陛下既然认同臣的观点，就应该防微杜渐，不要给像钟会之类的人机会，再造成灾祸。"司马炎问："难道朕的身边，也有像钟会那样的人吗?"

冯统的目光往两旁一扫，司马炎当即让闲杂人等全部退下，说："你尽管说吧!"冯统说："为陛下谋划的人，有大功于天下，在海内外均有极高的声望，统领军马镇守一方的人，都应该在陛下思虑的名单上。"司马炎由此又联想起那件往事，某次司马炎与张华对弈的时候，忽然问道："后事可以付托给谁?"对于这没头没脑的一问，反应迟钝的人真不知道该如何应对，张华的反应倒是快了，可是没过脑子就脱口而："明德至亲，莫如齐王。"经冯统这么一说，司马炎从此不再提起张华。

在整个西晋民众都尽情享受这段短暂而又难得的安稳时光之时，曾经为司马家族作出过巨大贡献的贾充却交出印绶回家等死，因为他预感自己大限将至了。期间，司马炎曾派侍臣问候，又派最好的太医诊治，傻女婿司马衷以及宗室皇亲都奉皇帝之命过来探望贾充。

最终贾充的年龄定格在66岁上。人之将死，其言也善。贾充知道自己的名声很臭，为千夫所指，这点从他母亲在世时，老是拿成济当反面教材，时不时地骂上几句，推人及己，就能得出结论：别人在背后也是这样骂自己的！原来，柳老太太是个明事理、重节操的老人，并不知道成济弑曹髦之事是自己儿子指使的，时常追忆痛骂成济不忠不义，听到的人，有掩嘴偷笑的，也有为老太太感到悲哀的，这么深明大义的母亲，生了个不忠不孝的儿子还浑然不知。因此，贾充担心自己死后，人们会按照《谥法》，给自己定一个很坏的谥号，侄子贾模开导他说："是非功过自有评论，是掩饰不了的。"

果然，贾充的死给司马炎带来两个难题，头一个就是贾充的子嗣问题。贾充选择郭槐做第二任妻子绝对是个灾难，连多看一眼别的女人都被管得死死的，导致的结果是绝嗣了。按照古代的礼法，大宗绝嗣，通常会从亲近的小宗里选择继承人，可郭槐在自己不能生育后，比较喜欢聪明伶俐的外甥、二女儿贾午的儿子韩谧，一直将其作为亲孙子抚养。

韩谧的父亲叫韩寿，史书称这位哥们"美姿貌，善容止"。用今天的话说，就是一个超级小鲜肉。他给后人留下一个成语叫"韩寿偷香"，说的是他和自己顶头上司的女儿偷情的故事。

贾充比较偏爱小女儿贾午，当初考虑太子妃人选时，她是第一人选，由于种种原因没能达成。女儿虽说丑了点，但贾充有权有势，不怕没人巴结。因此，贾充一直想为女儿钓一个金龟婿。没想到女儿耐不住寂寞，居然暗地里抢先一步，跟自己手下的一名办事员（司空掾）搞到了一块。

原来按当时的官场习俗，贾充也经常宴请宾客幕僚，每当客人们吃得心满意足，高谈阔论的时候，贾午就会趴在窗外看热闹，一来二去就看上了玉树临风、忙前跑后的韩寿，竟至患上了单相思。手下有个聪明的丫鬟就挺身而出，找到韩寿说出了自己小姐的心意，并且昧着良心把自家小姐说成是一个艳丽过人、端庄无比的女子。

这样的诱惑，估计没有哪个男孩不动心。韩寿让丫鬟传话给贾午，自己愿为她奉献青春、热血乃至一切。贾午在给韩寿赠送丰厚礼物的同时，表示愿以身相许，让他晚上到她的闺房幽会。世界上没有任何东西能阻挡痴情男女对美好爱情的向往。韩寿的潜能被激发到了极致，看似文质彬彬的他竟能翻越高墙与情人幽会，天不亮又翻墙逃跑。

正所谓若要人不知，除非己莫为。贾充可是个人精，早就觉察到小女儿不对劲，又从韩寿的身上闻到一股熟悉而独特的香味。原来当时有胡人从遥远的西域给大晋皇帝进贡了一种奇香，这种香料的独特之处就在于使用过的人，香味会经久不散，连司马炎都把它当成宝贝，只赐给了贾充和大司马陈骞各一份，贾充那一份回家就送给老婆和女儿使用。

贾充当即就断定韩寿这家伙得手了。为了查明韩寿是从哪里溜进来的，以防止更多不怀好意的不速之客闯进家里，贾充在某天夜里突然惊叫起来，说是有小偷进院，让家丁沿着围墙仔细查看。下人们查看后报告说："没发现什么异样，只是围城的东北角有一处像是有狐狸爬过的痕迹。"

贾充没有声张，将贾午身边的婢女秘密拷问，马上真相大白。这在封建时代，可是了不得的特大丑闻，好在韩谧的门第还说得过去，他是西汉初年诸侯王韩王信之后，曾祖父韩暨曾担任过曹魏的司徒。于是贾充打算秘密处理，抢在狗仔队爆料之前，迅速把女儿嫁给了韩寿。

韩寿跟贾午偷情都是在晚上，所谓灯下看美玉，月下看美人，那感觉还相当良好，及至在大白天一看，哎呀我的个娘哎，差别也太大了吧！可木已成舟，后悔药没地儿买去，再说自己这个老丈人连皇帝都敢杀，一旦赖账，自己就算有十个八个脑袋都不够他砍的。

虽说老婆丑了点，可韩寿从此平步青云，从贾充手下的司空掾一直做到散骑常侍、河南尹的高位，他们的长子交给外婆抚养。郭槐就像全天下的外婆一样，对这个外孙爱到了骨髓里。贾充一死，她就以死者生前遗愿为由，要将韩谧过继为贾黎民的儿子，为贾家延续香火。尚书郎韩咸、中尉曹轸上书反对，理由是按照礼法，没有立外姓人为后嗣的。司马炎权衡再三，还是偏向亲家母，在诏书中作了长篇大论的铺垫，说贾充功高盖世，从本质上说外孙也是骨肉至亲，虽说是外姓，但也可以特事特办，此事仅此一次，下不为例。意思是批准了郭槐的请求，立韩谧为孙子，除了贾充外，其他人一概不行。韩谧于是正式改名贾谧，继承了贾充的家业。

另一个难题是用什么谥号给贾充盖棺定论？朝臣们在讨论时，博士秦秀就主张给他一个“荒公”的谥号。秦秀就是曹操养子秦朗的儿子，为人疾恶如仇，他给人恶谥也不是第一次了，太傅何曾死的时候，他认为应该谥号为“缪丑”，以警示其他尸位素餐的王公大臣，只是遭到司马炎的拒绝。

秦秀一向极其鄙视杀害曹髦、又在朝中兴朋党之争的贾充。司马炎在发动灭吴战争、任命贾充为大都督时，秦秀就对知己的人说：“贾充一个只有小才干的文官竟然肩负如此重任，看来我要哭着送大军出征了。”有人就劝他说：“当年蹇叔知道秦军出兵必定会失败，所以才哭着送他的儿子出征。如今东吴君主孙皓无道，东吴已经呈现崩溃的势头，我大军压境，东吴势必迅速溃亡，你可千万别干傻事！”到王濬等人进攻建业的最后关头，贾充还固执地为东吴不能一战而亡，上表力劝司马炎班师。当孙皓的降表和贾充的奏折几乎同时传到洛阳时，朝野上下都耻笑贾充作为六军统帅，眼光和智谋竟然如此之低，都佩服秦秀的眼光。如今朝廷又令他参与议定贾充的谥号，他就认为贾充不传嗣给贾氏宗族（贾充有三名侄儿尚未封爵），却由外姓入继后嗣，是“悖礼溺情，以乱大伦”，应该谥号为“荒公”。司马炎不同意，而是听从另一位博士段畅的意见，谥为“武公”。

贾充死了，朝廷的争斗并没有因此而停止，反而因为他的死让晋国上层不得不重新组合。司马炎此前因沉溺于“羊车巡幸”而冷落了皇后杨芷。作为补偿，超常提拔杨芷的父亲杨骏、二叔杨珧、三叔杨济，委以重任，人们称之为“三杨”。杨骏升迁为车骑将军，封临晋侯。当时就有人议论说："分封诸侯，是让他们作为屏障来拱卫王室；后妃则是弘扬宫中教化，料理祭祀的。封国丈为'临晋'，岂不是要临于晋室之上？这是大乱的征兆啊！"尚书褚䂮、郭奕以书面形式提出，说杨骏心胸狭隘，不可托付重任，司马炎不为所动。

而心胸狭隘的杨骏上台后，首先要扳倒的人是尚书令卫瓘。卫瓘出生于官宦世家，父亲是曹魏尚书卫觊。卫瓘少年时就以"性负静有名理，明识清允"而闻名，年仅 20 岁就做了曹魏的尚书郎。景元四年（263 年），卫瓘在伐蜀时以监军的身份，持符节监督邓艾、钟会的军事行动，当时他的手中只有 1000 人。蜀国灭亡后，邓艾自恃功高而独断专行，钟会与卫瓘密奏司马昭，说邓艾有"不轨"的苗头。司马昭密令将邓艾收监，押送京师。真正图谋不轨的钟会准备来个一箭双雕，让只有区区 1000 兵马的卫瓘先到成都收擒邓艾，等邓艾将其杀死后，把邓艾谋反之罪坐实了，他再来做那个黄雀。

卫瓘虽然清楚钟会的险恶用心，但又不能拒绝，就硬着头皮去了成都。卫瓘到达成都后，向邓艾手下的将士发出通告，声称："只奉诏收捕邓艾一人，其余的人一概不予追究。如果主动向朝廷靠拢，之前的地位、待遇不变；如果胆敢抗命，将夷灭三族。"成功将邓艾父子捉拿。

当钟会抵达成都决意谋反时，他以祭奠郭太后逝世十周年为由，将胡烈等将领、官员骗到蜀国朝堂，胁迫他们举兵叛乱。当时所有将士只想着早日班师，回家与亲人团聚，不想再生事端。钟会想把卫瓘拉到自己的阵营里，就将写有"欲杀胡烈等"的木片递给卫瓘看，卫瓘摇摇头表示反对后，借上厕所的机会，将消息告诉了胡烈的亲兵丘建，让他尽快把消息传到军中。

估计城外得到消息的军队已经准备就绪后，卫瓘借慰军之机脱身，先是故意跟钟会说："您是各军的统帅，应该去慰劳他们。"钟会则说："你是监军，应该你先去，我随后就到。"卫瓘于是迅速离开。

卫瓘随后传檄各军，宣告钟会谋反，已经行动起来的部队，在他的号召下一起讨伐钟会，成功平息了叛乱。

西晋建立后，卫瓘历任青州、幽州刺史、征东大将军等职，成功化解北方边境威胁，因功晋爵菑阳公，后入朝为尚书令。司马炎对卫瓘是很有好感的，想封他的女儿为太子妃的愿望落空后，就将自己的女儿繁昌公主下嫁给他的四儿子卫宣，还是与他做了儿女亲家。而卫瓘对司马衷的能力充满了担忧。有一次，借着陪司马炎喝酒的机会，他假装喝醉跪在司马炎的面前说："臣有事想说。"司马炎问他："你想说什么呢?"卫瓘欲言又止的样子指着司马炎的座椅说："这个座位可惜了!"司马炎当时就明白他的意思，就以"爱卿真的喝醉了"加以搪塞。

卫宣受当时社会风气的影响，也沾上很多歪风邪气，而最令繁昌公主头疼的是他贪杯好色。杨骏就抓住此事，认为如果能让公主与卫宣离婚，以卫瓘的为人，肯定会引咎辞职。一番运作下来，果然让司马炎下诏令两人离婚，卫瓘也果然惭愧地请求辞职。杨骏又上奏要收捕卫宣交给廷尉治罪，并且撤销卫瓘所有的职务和封号。等到繁昌公主回来后，司马炎才知道是有人故意夸大事实构陷卫宣，人家夫妻感情还好着呢，卫宣身上那点天下男人所共有的毛病，根本不值一提。于是，又想要让公主与卫宣复合，而此时卫宣经过一番惊吓和折腾，竟然一命呜呼了。

其实整个西晋，沉湎于酒色的人应该首推皇帝司马炎，随着时间的推移，他已经不再关心政务。杨骏兄弟得势后，请托贿赂之风开始盛行，人们想当官、想晋升，就得走这三兄弟的后门，很多人都觉得他们是一支冉冉上升的绩优股，值得投资。

可杨骏兄弟很有自知之明，自己出身一般，素无名望，要想保持业绩，还得找人合作。而随着齐王司马攸的德行和名望不断攀升，加上主心骨贾充的离世，荀勖、冯紞等就有了一种危机感，一旦齐王得势，他们这些靠投机钻营过日子的人恐怕就混不下去了。于是，杨家这股新生力量与朝中以荀勖为首的旧势力就很自然地走到了一起。

史书记载司马攸"生性温和聪慧"，才能和威望都超过哥哥司马炎，深得爷爷司马懿的器重。因长子司马师无子，就让司马攸给司马师当继子。司马师病逝时，司马攸才十岁，在葬礼上非常悲伤，感动了很多人，备受称赞。之后又殷勤侍奉羊徽瑜，赢得一片好评。到司马昭逝世，司马攸更是因为悲伤过度，好几天水米未进，谁劝都没有效果。最后是王元姬亲自出马，又是劝慰，又是强逼他吃喝，这才捡回一条命。

司马炎称帝后，对曹魏轻易丧失政权做了一番总结，得出的结论是：曹魏对诸侯王太过苛刻，诸侯王的实力太弱，致使皇权受到威胁的时候孤立无援。于是，大肆分封诸侯王，其中司马攸受封为齐王，总统军事，安抚国内外。当时朝廷准许诸王可以自行任命封国的官员，司马攸曾三度上书反对，虽然未获批准，但司马攸封国内有官员遗缺时，仍坚持要由朝廷任命，不自作安排。还有一条，宗室的一切开销都由朝廷负责，但司马攸上表称靠封国的租赋已足以生活，不需要朝廷的财政支援；而司马攸虽然一直留在洛阳，没有到封国去，但封国的士卒官员都会以所收租赋来给予他们酬金，遇到有疾病和死葬时，司马攸也会赐钱抚恤；而每当有灾情，生产歉收时，司马攸也会减轻租赋，并对封国内的百姓加以赈济和赊贷。一系列举措为司马攸赢得很好的口碑，如今他已接替贾充担任司空，并仍然保留其侍中、太子太傅之职。

由于司马炎纵欲过度，明眼人都看得出，他的身体是一天不如一天，而太子是什么货色，大家也心知肚明，所以朝中出现由司马攸继位的呼声也就不足为奇了。这样一来，就引起某些人的恐慌，他们借故以正太子之名位为由，请求将齐王调回封国。

这天，冯纨对司马炎说："陛下命令诸侯王回封国就藩就应当从最亲近的人开始执行。而与您最亲近的人莫过于齐王，如今却只有他还留在京城，这成何体统？"荀勖接着浇油："朝廷内外的官员都从内心归附齐王，陛下万年之后，臣为太子感到担忧啊！陛下不妨下诏让齐王回封国试试，必定招来一片反对之声，那就证明为臣所言绝非危言耸听。"

当年司马攸被任命骠骑将军时，按照规定是不能带领营兵的，可司马攸原先带领的数千士兵哭喊着不愿离开司马攸，司马炎无奈之下只好特许他们留下，这事给司马炎留下很深刻的印象。经二人这么一说，司马炎毫不犹豫地下诏，任命司马攸为大司马、假节、都督青州诸军事，并回到齐国就藩。

诏书一下，果然引起一片哗然。征东大将军王浑一向与司马攸的意见不合，比如在对待南匈奴单左贤王刘豹之子刘渊的问题上，司马攸就主张将他除掉，以绝后患。王浑则反对说："大晋正要以信义来安抚异族，怎么能因为人家长相不够友善，就无端猜疑，继而杀了人家入侍皇帝的儿子呢?"两人争得脸红脖子粗，最终由司马炎明确支持王浑才算结束。如今见司马攸被赶出京城，王浑感到不对劲，连忙上书反对，说司马攸是皇室至亲，又德高望重，堪比周公，应当让他辅佐朝政。而陛下让他离开朝廷去封国，恐怕与文明太后的遗愿不符吧，如果陛下担心对同姓王恩宠过深而引发像西汉吴、楚七国之乱那样的灾难，那为什么就看不到吕后、霍光、王莽之流呢？并建议由司马攸与汝南王司马亮、杨珧共同处理朝政。

这时，扶风王司马骏、光禄大夫李憙、中护军羊琇、侍中王济、甄德等人都纷纷为司马攸求情，王济和甄德同为侍中、驸马，分别娶司马昭的女儿常山公主和长广公主为妻（均为王元姬所生），他们不但自己求情，还派老婆到司马炎面前哭诉，请留下胞弟司马攸。司马炎见荀勖的话得到验证，简直愤怒到了极点："最亲莫过于亲兄弟，如今派齐王回封地，自然是朕家里的事。而王济、甄德却接连打发妇人来活活哭死人，这是什么意思？"他把王济革职，甄德则外放为大鸿胪，不久，甄德就郁闷而死。

羊琇是景献皇后羊徽瑜的堂弟，从礼法上来说，司马攸就是他的堂外甥。羊琇为人本来就傲慢轻狂，当得知杨珧参与构陷齐王出镇时，心想：你杨家人仗着是当今皇后的亲戚就要骑在我外甥头上拉屎？不给点颜色，你还以为老虎是吃素的！于是拉上北军中候成粲，两人一块持刀去找杨珧，嚷嚷着要干掉对方。目的无非是吓唬吓唬对方，杀杀他们的气焰，跟会叫的狗不咬人一个道理。杨珧关紧门窗，让人报警。司马炎因此收回二人的兵权，羊琇降为太仆，成粲转任太常，都是没有实权的闲差，结果羊琇在怒恨交加中，一病而亡。在这次事件中被气死的还有司马骏、李憙和河南尹向雄，真不明白，那时候的人怎么动不动就给气死，肝火得有多大！

向雄可是个奇人，原先在河内太守王经手下做事。王经因曹髦讨伐司马昭而没有报信被处死后，向雄哭得很伤心，并为王经收尸。后来继任河内太守刘毅无故鞭笞了向雄一顿，接下来的一任太守吴奋，又把他关进了监狱，当时的司隶钟会又把他从监狱里捞出来给自己当差。后来钟会因谋反被杀，没人敢收殓下葬，向雄冒着生命危险处理后事。司马昭召见向雄，责备他说："王经去世你为他痛哭收尸就算了，钟会可是叛逆啊，你还敢为他收殓安葬，我要是再容忍你这种行为，那王法有何用？"向雄说："古代仁君掩埋刑人的尸体，仁德润泽朽骨。我为道义所感化而收葬有恩之人，从道义上说没有过错。法令在上面制定，道义教化在下面发扬，殿下如果因为连枯骨都怨恨，任由其弃之荒野而有损您的威望，岂不是太可惜了？"一席话让司马昭转怒为喜，还留他吃完饭再走。

向雄得到司马昭赏识后，一路升至黄门侍郎。当时刘毅、吴奋都是侍中，同在一个衙门里，向雄不愿跟他们说话。司马炎知道原委后，就做向雄的思想工作，让他与刘、吴搞好团结。向雄便来到刘毅的家里，跟他说："我是接受了诏命，前来与你绝交的，你我从此恩断义绝！"然后转身离去。

司马炎生气地责问向雄："我让你去搞好团结，你怎么去绝交呢？"向雄说："古代的君子用礼义引荐人，屏退人的时候也用礼义，不像现在，引荐人的时候恨不得把他放在膝盖上，屏退人的时候，又恨不得把人踩在脚下。刘毅与我不成为敌人，已经是很万幸的了，怎么能团结一致呢？"

一向同情弱者又容易冲动的向雄，听说皇帝要让司马攸回到封国后，自然挺身而出，而且话说得更加直白："陛下虽然子弟不少（司马炎有25个儿子），可是有名望的却不多（还没说有傻瓜儿子呢）。让齐王守在京城，好处实在很多，陛下可要深思啊！"劝谏的人越多，就越发招致司马炎反感，最终向雄成了又一个被气死的人。

第十一章　晋武帝逝世，朝廷多暗涌

司马炎之所以一反常态驳了那么多官员的面子，铁了心要把齐王司马攸赶出京城，也是有苦衷的。司马攸是不是周公他不知道，他却很清楚自己的儿子司马衷智商不怎么样，自己百年之后肯定玩不过司马攸。当初他担心儿子太傻不懂房事，把自己宠幸过的才人谢玖让给司马衷，让她言传身教地进行辅导，生下皇孙司马遹。

贾南风成为东宫女主人后，谢玖一看这个太子妃不是善茬，就带着司马遹回到司马炎身边生活。司马遹跟他爹完全不同，自幼聪慧，据说5岁时，有一次夜里宫中发生火灾，司马炎想亲临现场指挥灭火，司马遹拉住他的衣角说："爷爷，您贵为天子，怎么能去那些危险的地方呢？"司马炎惊奇于孙子小小年纪能说出这番道理。

还有一次，司马炎带着儿子和孙子到猪圈看猪，让孩子们对家畜有个感性认识。司马遹指着那些肥头大耳的猪对司马炎说："这些猪养这么肥，为什么不杀了犒劳将士，还留着浪费粮食呢？"司马炎非常高兴，对身边的大臣说："这小儿将来定会兴旺我司马家呀！"

后来，司马炎又当着群臣说司马遹有些像自己的爷爷（司马懿），目的是为小孙子造势。马上就有人跟上，有占卜大师说广陵那个地方有天子气，于是司马遹被封为广陵王，食邑 5 万户。司马炎更是从孙子的身上看到希望，认为司马衷只是智商不高，并不是傻，把皇位传给他后，将来还是由聪明的孙子来接手司马家江山。

在大臣们为齐王的去留闹得不可开交时，作为当事人，司马攸在干什么呢？当然是很不高兴。看这架势，皇帝哥哥是铁了心要把自己赶远远的了，于是便表示自己愿意辞去一切官职，去为母亲文明皇后守陵。被司马炎粗暴拒绝后，虽然没有当场气死，却气出了一场大病。

司马炎当然有理由怀疑司马攸是在装病，就派太医以诊治为由，查看虚实，那些太医违背了一个医生最起码的良知，回来汇报说齐王没病。以致在司马攸病情不断加重的情况下，仍然被催促尽快起程。

司马攸只好抱病向皇帝哥哥辞行，他又是很讲体面的人，虽然病得不轻，依然穿戴整洁，保持一贯的风貌，让司马炎更加以为他身体无碍，但司马攸在路才走了两天，就撑不住了，心情忧愤加病情的折磨，最终吐血而死。

太康八年（287 年），先前与贾充同穿一条裤子、深为司马炎所倚重的老臣荀勖，在担任了 20 余年掌管国家机密的中书监后，被调任为代理尚书令。荀勖一生善于逢迎，当时就有人评价他是倾覆国家、搅乱时局的贰臣。不过他有个常人难以企及的优点，就是严守机密，他参与的所有大政方针，就算已经宣布，他也不犯自由主义跟别人乱说，更不想让别人知道他参与其中。他的堂弟荀良就曾劝他：“您被别人误解，失去大家信赖的时候就应该辩解，给别人做了好事更应该说出来，那样不但会减少人们对您的怨恨，还会让很多人对您感恩戴德。”他的女婿武统也劝说道：“是应该为自己的事谋划谋划，以便有人归附、拥戴您。”荀勖都报以沉默。回家却告诫儿子们说：“为人臣子不能保守秘密，就会有失自己的身份，搞小团体，办起事来就会违背原则，是应该深为警戒的，你们也会官路亨通，应当懂得我的用意。”

由此可见，荀勖是一个非常热爱本职工作的官员，对于突然失去自己所热爱的工作，荀勖的心中充满惆怅和愤懑。当有人祝贺他由中书监升为尚书令时，荀勖满脸不高兴地对他们说：“夺了我的凤凰池（中书省在禁苑办公，禁苑里有座凤凰池，因此中书省又称凤凰池），有什么可祝贺的，诸位莫非说的是反话？”仅过了一年多，荀勖在闷闷不乐中离开了人世。

荀勖被司马炎逐出政治核心，标志着司马炎把倚重的对象从旧臣转移到新培植起来的两股势力上，他们分别是代表宗室势力的汝南王司马亮和代表外戚的国丈杨骏一党。司马亮是司马懿的第四子，司马昭的异母弟弟，正儿八经的皇叔，论能力不怎么样，可人家的辈分高，年岁大，熬到如今，资历总算是熬出来了。被征召入朝任侍中、抚军大将军、太尉、录尚书事，兼任太子太傅。杨骏是司马衷的外公，平庸无能又素无名望，更重要的是他没有子嗣，即便产生非分之想，既没那个能力，也没多大意思。因此，按司马炎的意思，是让宗室和外戚两股力量精诚团结，共同协助自己治理大晋江山的，可这两个人的思想境界还远没达到他所期望的程度，司马亮的水平不行，杨骏的私心又太重。

私心太重的杨骏非常嫉妒声望比他高的司马亮。为了把司马亮挤出朝廷，杨骏开始煞费苦心了。恰好由于司马炎长期沉湎于酒色得了一场重病，太子中庶子、刚迁任侍中的关内侯华峤，旁征博引地劝谏皇帝要爱惜自己的龙体，说女人的怀抱虽然温暖，但躺多了身体也会吃不消。华峤是个“博闻多识”的学者，记载东汉历史被范晔《后汉书》当做蓝本的《后汉书》就出自他的手笔。他的话当然没这么直白，但意思就一个，皇帝您该从温柔乡里醒醒了。

司马炎被说得有点不好意思，又不肯承认，强撑着对一同前来看望的众臣说：“你们就别操心了，我自己的身体自己有数，我已经很注意了。”杨骏马上抓住机遇，寸步不离地守候在司马炎身边，以为陛下的龙体着想为由，把所有女性都赶走，只有自己的皇后女儿杨芷能出现在司马炎的面前，以增加她在皇帝心中的分量。

太康十年（289年）十一月，已经病得不轻的司马炎在杨骏的蛊惑下，又进行了一次封王活动：任命司马亮为侍中、大司马、假黄钺、大都督、都督豫州诸军事，大本营设在许昌；改任司马衷的同母弟南阳王司马柬为秦王，负责关中所有军事；改任第五子始平王司马玮为楚王，负责荆州所有军事；改任第十子濮阳王司马允为淮南王，负责扬、江二州所有军事；封第六子司马乂为长沙王、第十一子司马演为代王、第十六子司马颖为成都王、第二十三子司马晏为吴王、第二十五子司马炽为豫章王；皇孙司马遹为广陵王、司马允的儿子司马迪为汉王、司马玮的儿子司马仪为毗陵王；又改封已故的司马骏之子扶风王司马畅为顺阳王。

司马炎的这次封王，用意是增加亲儿子们的势力，达到巩固皇权的目的。当司马亮还在家里打点行装，准备到许昌赴任的时候，司马炎这边却病得不省人事了。杨骏认为时机已到，在封锁消息的同时，大肆撤换公卿，提拔自己的心腹。反正玉玺在自己女儿手上，想用谁就用谁，看不顺眼的就让他滚蛋！所有的王公大臣，不经他的同意，不能探视皇帝。

杨骏刚把换血工作完成，司马炎在地狱转了一圈又醒了过来。等睁开眼睛一看，发现身边全是陌生面孔，就非常生气地对老丈人说："你怎么能这样呢！"司马炎至此明白，这个貌似憨厚的老丈人根本靠不住。自己只是看他的能力不行，却忽略了一个致命的问题：越是能力不行的庸人，越是不自量力，所谓志大才疏、小人得志，说的就是这类人。于是趁着还有一口气，给中书省下诏，命汝南王司马亮与杨骏共同辅助王室，并召司马亮火速入朝觐见。

负责起草诏书的是刚刚上任的中书监华廙，这也是个官场老手了。华廙的爷爷华歆官至曹魏太尉，华廙本人因"气量宏大，思维敏捷"于泰始初年（265 年），被授予冗从仆射，历任黄门侍郎、散骑常侍、侍中、南中郎将、都督河北诸军事等要职。后因为父服丧，不接受复任诏书，中书监荀勖由于之前曾求聘华廙之女为儿媳被拒，就趁机诬蔑他受贿，两罪并罚，被免官、削爵，一直在家闲居，如今是应杨骏之召重新出来工作的。因此，华廙写好诏书让司马炎盖印后，很自然地交给了杨骏过目。

杨骏拿到诏书后，即刻锁进了自己的抽屉里，任谁都不给。过了两天，司马炎眼看不行了，还傻傻地问司马亮来了没有？杨骏不敢吱声，杨芷就按老爸的授意骗他说，汝南王要性子迟迟不肯入宫，并乘机奏请让杨骏辅政，司马炎的神智估计已经模糊了，只见他的头稍稍动了动，杨芷马上当他是点头了。于是由皇后口授，中书监华廙、中书令何劭（日食 2 万钱那位哥们）作记录，"遗诏"就此出笼："……侍中、车骑将军、行太子太保、领前将军杨骏，德厚而智高，见识明远，辅翼皇上与太子，以忠贞严肃著称于世，应做朝廷宰辅，可比商代伊尹。现以杨骏为太尉、太子太傅、假节、都督中外诸军事，侍中、录尚书、领前将军如故。"

"遗诏"被炮制完毕，意味着司马炎的利用价值宣告完毕，他在杨氏父女的企盼下，带着无限的遗憾咽下最后一口气，终年 55 岁。杨骏由此成为集军政大权于一身的重臣，入住太极殿，司马亮没能见到司马炎一眼，被勒令即刻离开京城，限时到许昌就任。

太熙元年（290 年）四月二十日，就在司马炎去世的当天，32 岁的司马衷继位，史称晋惠帝，因为他有点智障，一切事务皆由太傅杨骏裁决。第一件事是宣布大赦天下，改年号为永熙。尊继母皇后杨芷为皇太后，立妃贾南风为皇后。

按照礼制，新皇帝继位是要等到第二年才改元的，可杨骏一朝权在手，已经迫不及待了，执意当年就改用新年号。接下来的一件事，更让杨骏的不轨之心暴露无遗。当时司马炎的遗体停放在太极殿，将要入殡盖棺的时候，司马炎后宫里的上万名小老婆排着队出来，举行告别仪式，杨骏作为臣子，不但不按规矩下殿回避，还安排了 100 名武士保卫着自己，虎视眈眈地盯视那些嫔妃们。

被勒令离开京城的司马亮还来不及启程，就听到皇帝驾崩的消息，因害怕杨骏而不敢进宫，只好在大司马府门外遥哭尽礼，随后就在城外安营，并上表恳请等安葬了大行皇帝再到许昌上任。杨骏的地位毕竟来得不是那么光明正大，内心十分恐惧，连忙找太后女儿商议，父女俩商议的结果是：必须动用武力驱赶，耍嘴皮子已经不起作用了。

于是，杨芷就以司马衷的名义下诏，让司空、太子太傅石鉴和中护军张劭率领修建陵墓的士兵去讨伐司马亮。张劭是杨骏的外甥，执行起命令当然不会打折扣，当即集合起队伍，并催促石鉴迅速行动，石鉴却异常沉着冷静，认为事情还没到那一步，说司马亮此举只是想尽一个臣子的本分，他敢打包票保证司马亮不会起兵，因此按兵不动。司马亮听说后，向廷尉何勖问计，何勖趁机煽动说："如今朝野都归心于公，哪有公不讨人，而害怕人家讨伐的道理！"挑唆司马亮进攻杨骏，夺回大权。可司马亮胆小，不但不敢发兵，还连夜奔往许昌，这才避免了一场灾难。

杨骏的弟弟杨济以及时任河南尹的外甥李斌都劝杨骏留下司马亮，杨骏不但不听，反而疏远了他们两个。杨济对尚书左丞傅咸说："家兄如果让汝南王入朝辅政，自己隐退，我们杨家的门户也许还能保住，不然就有灭族之灾了。"傅咸安慰说："皇亲和外戚只有相互依赖才能安定。人臣不可专权，外戚也不例外，如今皇室内部关系疏远，要靠外戚之亲得以幸宁。如果外戚受到威胁，也要靠皇室的力量求得解脱，这就是人们常说的'唇齿相依'，也是最好的办法，只要征召汝南王回京，共同辅佐朝政，也就不需要隐退躲避了!”

杨济非常认可傅咸的话，又跑去问侍中石崇说：“现在的民意怎么样?”石崇回答：“不瞒太傅您说，贤兄执政，排斥皇家宗亲，大家是有看法的，应该与满朝文武搞好关系才行啊!”杨济听后越发感到害怕，就托石崇帮自己规劝杨骏：“请您见到我兄长后，把您刚才的话讲给他听。”已经被胜利冲昏了头脑的杨骏，任谁的规劝也听不进去了，可有一点他心里很清楚：自己的名声不好，资历、威望更是无从谈起。石崇的话倒给了他一个启发，于是他为了笼络人心，达到“与满朝文武搞好关系”的目的，效法魏明帝曹叡即位时的先例，大开封赏，所有官员都晋升一级，参加司马炎葬礼的，另有优待，升两级。两千石以上的官员一律封为关中侯，免除一年的赋税。

杨骏满以为大家会感恩戴德，没想到却适得其反，人们更加瞧不起他，都嘲笑他没文化。左军将军傅祗上书抨击：自古没听说过帝王刚死，就给大臣论功行赏的怪事。散骑常侍石崇、何攀上折说：“皇帝被立为太子有20多年，现在继承了大业，封赏比泰始之初（指司马炎上台）以及平吴统一天下还要丰厚，这种奖赏与实际功劳委实不相称。大晋国运世代无穷，很多制度是要传承下去的，要都像杨太傅这样，用不了多久，全天下都是公侯了!”

杨骏郁闷啊，本想做件好事，却招来骂声一片。大臣们不高兴，全部人都加官晋爵了，那还不等于没加吗?可杨骏也有苦衷，人人有份你们都不高兴了，要是只赏赐一部分人的话，那些没得到升迁的人还不得把他骂死?

杨骏由此认定，自己的权威还不够，又操纵皇帝下诏，改任他为太傅、大都督、假黄钺，统摄朝政，总领百官。并把自己的外甥段广、张劭安插在司马衷身边做近侍，段广为散骑常侍，掌管机密要事；张劭为中护军，统领皇帝的亲兵。一是防止有人向皇帝打自己的小报告，二是随时掌握宫里的动静。所有诏书均出自杨骏之手，由傻皇帝看过后，再呈送杨太后审核，然后才施行。

杨骏牢记着一句古训：勤能补拙。为此，他将铺盖搬到了曹爽的故宅，以国为家，事无巨细都要亲自过问，已经到了严苛又琐碎的地步。杨骏如此专横又刚愎自用，自然招致很多人的忌恨，第一个也是最忌恨他的人就是皇后贾南风。

贾南风虽然长相丑陋，可人家出身高贵，脑子也没毛病，集父亲的权谋与母亲的悍妒于一身，这样的女人注定是不甘寂寞的。贾南风当上太子妃本来就是一场闹剧，她走进后宫就如同丑小鸭生活在天鹅群里，自尊心受到伤害那是肯定的。而她的老公司马衷从小智商低下，也是人尽皆知的，很多大臣都提出过异议，说他不宜做储君。司马炎为了堵住悠悠众口，特意举办了一场酒会，召集东宫所有官员参加，同时将尚书省的一些疑难政事写下来，命人送给司马衷作答，以证明自己的儿子不傻。

聪明的儿媳妇贾南风明白公爹的意思，知道司马衷答不上来，于是花高价从宫外找枪手代答，那些枪手都是文思泉涌、下笔千言的专业户，自然一挥而就。贾南风非常满意，可小宦官张泓提醒说："大家都知道太子不爱读书，这答题却引经据典，容易穿帮，倒不如就事论事，把意思写明白就行了。"

贾南风一拍脑门，差点弄妙成拙，得，干脆你来当枪手吧，日后不会亏待你。于是让张泓把试题答完后，再让司马衷歪歪扭扭照抄一遍给司马炎送去。司马炎一看，思路清晰、有条有理，非常高兴，特地将答卷递给曾经说三道四的卫瓘："好好瞧瞧！"

贾南风自己长得丑，司马衷不待见她，母亲遗传的基因就起作用了。使用的手段无非是撒泼、无理取闹，一来二去就把傻老公治得服服帖帖，其他妃嫔轻易不敢接受他的宠幸。为此，她不惜犯下命案，成了杀人凶手。有一次，她发觉一个宫女竟然怀了身孕，这还了得，老娘还没怀上呢，你居然敢挺着个大肚子！妒火中烧之下，随手抄起一支画戟就往宫女的腹部猛刺，一尸两命，跟她妈当年杖杀奶妈何其相似。

司马炎勃然大怒，这样一个心肠歹毒的恶妇，留她何用？就要下旨将贾南风废黜，将她囚禁在刚刚竣工的金镛城，另选贤淑女子为太子妃。当时，贾充已不在人世，但贾氏的党羽还在，当初的大媒人荀勖就联合一伙人奔走呼号，力保贾南风太子妃的地位，皇后杨芷、大臣杨珧和杨艳的表妹赵充华也从内部给司马炎施压，杨珧说："陛下难道把贾公闾忘了？"杨芷和赵充华则劝司马炎说："贾妃年少不知轻重，因妒生恨是女人的本性，应该给她机会，随着年龄的增大自然会变好。况且贾充有功于社稷，尸骨未寒就要废黜他的女儿，这也说不过去吧！"事情最终不了了之。从此，其他女人再也不敢跟司马衷亲热，除非她活腻了。司马衷在饥渴难耐之下，终于让贾南风独享甘露的霸道行径得逞了。

贾南风对老公也是相当厌恶的，关于司马衷的傻，如果不是他整天混混沌沌，经常提一些莫名其妙的问题，根本就看不出他傻，因为在吃喝玩乐方面他一点都不傻。据说，有一次在御花园玩耍时，听见有东西在“呱呱呱”地叫，就问身边的侍从：“是什么东西在叫？”侍从回答说：“是蛤蟆在叫。”

“蛤蟆在叫？叫得这么好听，它们是在为官家叫，还是为私家叫？”司马衷自以为聪明，找到了个有趣的话题。那些侍从都是油嘴滑舌之辈，应对主子各种刁钻古怪的问题是他们的职责之一，就答道：“蛤蟆在官家的地里时，就是为官家叫，在百姓的地里便是为私家叫。”

司马衷对这个答案表示满意，当场奖赏了这名侍从。还有一次，司马炎在朝堂上听取群臣关于如何赈灾的汇报。司马衷在旁听说民间发生饥荒，很多人被饿死后，就问：“怎么会饿死人呢？百姓没有饭吃，为什么不吃肉粥啊？”此言一出，朝野哗然，司马炎当场下不了台，让人赶紧把他带出去玩。

这本来是很多人用来调侃的玩笑话，可司马衷不分时间和场合这么一说，性质就严重了，他也因此就被贴上了“傻子”“白痴”的标签，这对一个正在成长的孩子来说是个致命的打击。司马衷也从此破罐子破摔，书也不念了，每天乐得逍遥自在地疯玩，由你们说去吧！因此尽管关于他的太子之位争议不断，他却是充耳不闻。有一次，司马衷奉诏入朝时，看见几个小皇子在殿上玩耍，就拉着各位皇子的手一起玩。司马炎过来指着一个胖乎乎又聪明伶俐的孩子对他说：“喏，这是你的儿子，叫司马遹！”司马衷看着四五岁的儿子，心里乐开了花，一个劲地傻笑。对喜从天降的好事，很多一时适应不过来的人都会傻笑，但对司马衷来说，这又成了他傻的一个证据。

杨骏在百忙之中也不敢对早已名声在外的贾皇后掉以轻心，为了让这个女人本分一些，他决定立皇储。因为他清楚，司马炎之所以放心传位给司马衷，主要是看中皇孙司马遹，你贾南风与司马衷一样，只是过渡性的人物。于是他在太熙元年（290 年）八月二十六日立司马遹为太子，封谢玖为淑媛。

贾南风可不那么想，第一反应就是，你杨骏也太狠毒了吧，自古母以子贵，你让一个庶长子把太子的位子占了，把我这个皇后置于何地，将来我生下嫡子怎么办？贾南风虽然恼怒，可此时的她还奈何不了杨骏，但却奈何得了出身贫贱的谢玖（谢玖的父亲是宰羊卖肉的摊贩），以后宫之主的身份，不准谢玖与12岁的太子共同生活在东宫，将她安排在另外的宫室居住，令母子不能相见。

在贾南风与杨骏明争暗斗时，殿中中郎（宫殿保安处长）孟观、李肇，因倍受杨骏的歧视，早就想暗中除掉杨骏这个暴发户了。司马衷的贴身太监黄门侍郎董猛也看杨骏不顺眼，主动加入贾皇后的阵营。贾南风就以这些对杨氏不满的人为心腹，授意董猛、孟观和李肇谋划除掉杨骏、废黜杨太后的办法。

第十二章　贾皇后打开潘多拉之盒

曾几何时，贾、杨两家是何其亲密，杨家两任皇后对贾南风有再造之恩，如果不是杨艳的坚持，贾南风进不了后宫，如果没有杨芷的求情，贾南风也没有今天的地位。对于正儿八经的婆婆杨艳，贾南风倒还能尽一个儿媳的礼数，而对比自己还小两岁的杨芷，则是从不认可到怨恨，因为杨芷遵照堂姐临终前要她关照太子与太子妃的托付，出于好意，每当贾南风有过失时，就加以劝告。在贾南风残杀宫女，司马炎要废黜她的危急时刻，杨芷在背后为她辩护的同时，也当面向她提出了严厉警告，让她认真悔改。可贾南风却认定是杨芷说了自己的坏话，导致司马炎要废她的，这可真是狗咬吕洞宾了。

在权力争斗面前，从来只有鲜血和杀戮，没有永久的朋友，只有永久的利益。如今杨骏已经触动了贾南风的利益，以她胆大妄为的性格，当然不会无动于衷。很快，她就想到了汝南王司马亮，他是宗室的一面旗帜，很有号召力，和杨骏又有着很深的利益冲突，只要和他联手，他从外面起兵，自己在里面策应，除掉杨骏这样的三脚猫不成问题。于是由李肇到许昌去联络司马亮，让他在许昌发兵讨伐杨骏，可惜司马亮天生性怯弱，比个娘们还不如，没敢答应贾南风的提议，说：“杨骏凶暴，让他自取灭亡算了，不必理会他。”

李肇没能完成使命，担心回去会被狠毒的贾皇后为保密而杀人灭口，便南下去找都督荆州诸军事的楚王司马玮。司马玮是司马炎第五子，年方21岁，正是容易冲动的年龄，对贾南风的计划很感兴趣，就向朝廷提出要回洛阳。

杨骏原本就忌惮司马玮的强悍，早就想讨好他，让他回洛阳任职，又怕对方不给面子，或怀疑自己别有用心，见他主动请求回来，当即便同意了。司马玮又联络了都督扬州诸军事的淮南王司马允（司马炎第十子），两人双双获准入朝。他们遂于永平元年（291年）二月二十日带领各自的人马浩浩荡荡来到了洛阳。

贾南风在幕后操作，谋划好每个细节后，终于在三月初八付诸行动了。这天夜里，大晋帝国皇帝司马衷正做着一个美梦，却突然被皇后贾南风拉了起来，一句“还让不让人好好睡觉了？”还没说完，一份关于杨骏谋反，要撤销其一切职务的报告就摆到了面前，事情紧急，夜里宫中又没有外朝大臣，司马衷也懒得去召集，只想继续他的春秋大梦，当即拿过枕头边的玺印盖了下去，管你人头打出狗脑的，闹腾去吧！

皇帝的大印一盖，就成了诏书了，法律效力可是大得无边。杨骏安置在皇帝身边的外甥段广在司马衷将要盖章之时，慌忙跪下哀求：“杨骏是先帝托孤大臣，尽心竭力辅佐朝政，而且没有儿子，怎么可能谋反篡位呢？请圣上三思啊！”司马衷睡意正浓，根本不理他的茬，盖完章又回到被窝里去了。

诏书一到手，贾南风就命令早已准备好的禁卫军将领调集内廷部队。由楚王司马玮带领部队驻守司马门，负责保护皇帝的安全；东安公司马繇率领400禁军负责包围杨骏府第；司马允的丞相刘颂则驻守殿中负责保卫皇宫。

宫中这边变故一起，杨骏在府里就收到消息，赶紧召集亲信商讨对策。属官朱振说：“宫廷内变，一定是内廷的阉人给毒妇贾后献计，要加害于您。眼下之计，应一把火烧了云龙门以制造混乱，然后打开万春门，趁乱杀进宫去控制住局面，再派兵保护皇太子入宫，责令他们交出罪魁祸首。如此一来，城外的人也必定因恐惧而斩杀叛乱头子的脑袋给您送来，不然的话，咱们就等着玩完！”

杨骏有奸雄之心而无奸雄之胆，跟司马亮一样脓包，六神无主地看着大家，半天才冒出一句娘娘腔：“云龙门是魏明帝时所建，耗资巨大，就这么烧了，未免太可惜了吧?!”大伙一听，知道自己跟错人了，在他身边多待一秒钟就多一分危险，于是纷纷找借口开溜，曾劝说杨骏要与宗室合作，又抨击其为取悦人心滥封功臣的傅祗，以入宫察看情形为由，作揖而走，看见关系较好的尚书武茂还傻坐着，又说道：“让武尚书随我一同去吧，好有个照应!”武茂赶紧跟着傅祗逃离了杨府，其他人也随之脚底抹油，丢下杨骏一个人在等死。

其实，杨骏这个时候还是有机会的，当时京师有前、后、左、右四军。左军将军刘豫是杨骏的党羽，而且他所统领的左军就驻扎在万春门外。可此人脑子不太好使，事发时竟然不知道杨骏在哪，见到右军将军裴頠时，还向对方打听杨骏的去向。裴頠的脑子比刘豫好使多了，已经判断出这外戚之争，杨骏必败，这可是立功受奖的绝好机会啊。于是就骗刘豫说：“刚才在西掖门遇到太傅来着，他坐车带着两名随从往西边去了。”刘豫问他：“那我该到哪里去找他?”裴頠说：“应该到廷尉那里。”刘豫很听话，把部队丢给裴頠就走了。贾南风当即命令裴頠统领左、右两军，负责守卫万春门（宫城的正门）。而此时司马繇所率领的殿中兵还没有开出宫城，可见杨骏如果当机立断，第一时间就用上这支兵马，还是有可能打进宫里，取得主动权的。

皇太后杨芷闻知有变，万分焦急之下，写下帛书：“救太傅者有赏”，然后用弓箭射到宫外。杨芷此举非但没能挽救老爸，反而让贾南风抓到了把柄。贾南风收到下面呈上来的帛书后，马上公之于众，宣称太后与杨骏共同谋反。

负责围攻杨府的司马繇一上来就让士兵纵火焚烧杨骏的府邸，又命弓箭手从高处向府中乱射。杨骏的卫兵被堵在里面，除了躲避箭矢，毫无还手之力。原本经由司马衷盖印的诏书只说要罢免杨骏的所有官职，并没有涉及他的性命。可当随后赶来的司马玮与司马繇合兵一处攻破杨府大门后，随禁军一起行动的孟观传达了贾皇后的最新指示：夷灭杨骏及其同党的三族！于是一场大屠杀在风高月黑之夜开始了。

杨骏逃到马厩里想骑马逃跑，被兵士乱刀砍死。接着是他的弟弟杨珧、杨济以及段广、刘豫等亲戚、同党，甚至还有同党的同党，这些人不但陪上自己的性命，还搭上三族，当天晚上，一共杀死了几千人。

血洗了杨骏的府邸后，贾南风还命令李肇把府中的所有藏书、信件等全部烧毁。这就不得不佩服贾南风心思缜密了，她是担心天亮后会搜出对自己不利的诏书什么的，给自己造成政治上的被动，毕竟杨家父女也掌管过皇帝的大印，随便写点什么盖个印，就成了具有法律效力的诏书。

一夜的屠杀结束了，整座京城都弥漫着一股浓浓的血腥味。天亮后，贾南风矫诏，命后军将军荀悝收捕皇太后杨芷，将她与其母亲庞氏一道幽禁在永宁宫。随后就有臣属上书司马衷，说："皇太后企图颠覆社稷，飞箭传书，邀集将士，与杨骏同恶相济，应召集王公大臣共同讨论如何处置。"

杨芷毕竟是自己名义上的妈，司马衷还分得清亲疏，就下诏说："事关重大，等查清楚再说。"

贾南风毫不松劲，又唆使有司上奏："杨骏凭借外戚资历，身居要职，趁先帝居丧期间，大权独揽，安插党羽，以致图谋篡逆。太后与杨骏唇齿相依，协同叛逆，阴谋败露以后，又射帛书邀集将士，奖励凶党，以抗拒诏命，应该废为庶人。"

司马衷顶不住压力，只好召集群臣讨论。中书监张华等人提出："太后并没有得罪先帝，应按汉成帝赵皇后的例子，称为武帝皇后，安置在离宫，使亲眷之恩保持始终。"

下邳王司马晃等人则反驳："我们是大晋，杨氏父女阴谋危害社稷，不配与先帝相提并论。应废除皇太后的尊号，幽居金墉城。"

最后，大臣们达成一致：废太后为平民，但待遇从优。司马衷不同意（还认为他是白痴吗），可在贾南风和大臣们遥相呼应和软磨硬泡下，司马衷只能采取模棱两可的办法，既不点头，也不摇头。贾南风是谁啊，当即把其当成默认了。于是有司们又得寸进尺了："杨骏作乱，家属应当处死，陛下先前赦免杨骏的老婆庞氏，是为了宽慰太后。如今太后被废为平民，也就没必及顾及她了，请将庞氏交付廷尉行刑。"

司马衷依然没有同意，说："庞氏不过就一个老太婆，让她与被废太后一同生活好了。"可有司们只看贾南风的脸色行事，当司马衷的话符合贾南风的意旨时，自然就是圣旨，否则只能根据贾南风的需要对皇帝的话进行解读后，按她的指示办事。因为大家早已认定当今皇上有点智障，爱犯糊涂，有些话不能当真。

可怜庞氏母女，注定逃不脱贾南风的毒手。当刽子手把庞氏从杨芷身边拖出去行刑时，曾经尊贵无比的杨太后紧紧地抱着自己的妈妈大哭号叫，全然没有了昔日的高雅仪态，为了保全母亲的性命，她割断秀发，对着皇宫的方向以额触地，上表向名义上的儿媳称妾，苦苦哀求，令人为之动容，可铁石心肠的贾南风不为所动。

杨芷放弃尊严不但没能挽救母亲，连自身性命也难保。蛇蝎心肠的贾南风把金墉城内所有的内侍和宫人撤走，采取断水断绝食物的手段，让连续8天没有进食的杨芷活活饿死。时间是元康二年（292年）二月初一，杨芷死时才34岁。

贾南风并没有就此罢休。做了亏心事的她，害怕杨芷到了另一个世界后，向死去的公爹告鬼状，于是按照巫师的指点，将杨芷脸朝下入殓，并在她的身上压上镇邪的符书、药物，又在棺材上贴上符咒，让她做鬼也翻不了身。

290年、291年，堪称中国历史上年号最奇葩的年份，先是司马炎在290年改元“太熙”，才“太熙”了4个月，他就驾崩了，杨骏一看司马炎死了，就急冲冲改年号为“永熙”。大臣们纷纷反对，说不合礼仪，于是又改了回来，终于熬过了290年。291年一到，杨骏就改年号为“永平”，才到3月，杨骏就身首异处，满打满算，他也就专权了10个月。

杨骏的死，标志着令人痛心疾首的“八王之乱”由此拉开了序幕。贾南风吸取杨骏操之过急的教训，没有一下子蹿到前台，也没让贾家人即刻出任最高的官职，而是以皇帝的名义发布命令，征召汝南王司马亮入朝为太宰，与太保卫瓘共录尚书事，一同辅政。

这次政变，有一个人异军突起，他就是东安公司马繇。司马繇是司马懿的孙子、琅琊武王司马伷的三儿子，曹魏征东大将军诸葛诞的外孙。史载这司马繇有一部漂亮的胡须，有着刚毅的性格，博学多才，很有威望，除了脸不红之外，就是活脱脱的关云长。贾南风发动政变之前，司马繇是皇帝身边的散骑常侍，深得贾皇后的信任。因此，政变的当天被任命为部队的总指挥，统领诸军。刀把子在握的司马繇就成了这次行动最狠的角色，想杀谁就杀谁，说要赏谁就赏谁。他本人也由东安公变成了东安王，官拜典军大将军，兼任右卫将军，加侍中。另几位重要人物都得到了封赏，司马玮被任为卫将军，兼领北军中候，加授侍中、代理太子少傅；司马晃为尚书令、司空；董猛晋封为武安侯，任黄门令，孟观，封上谷郡公、升黄门侍郎；李肇也被封为郡公、积弩将军。这些人与贾皇后的族兄车骑司马贾模、堂房舅父右卫将军郭彰、假侄子贾谧等一道进入委员会名单，参与国政。

贾南风推出司马亮和卫瓘，可谓高明，这两人都是杨氏排挤的对象，又是硕果仅存的重臣，一个代表宗室，一个代表庶姓大臣，分别代表不同的利益，让他们出面，既有利于稳定人心，又便于掌控。

原先被杨骏吓得瑟瑟发抖的司马亮，接到朝廷诏书马上换了另一种方式抖起来，像条大尾巴狼一样返回了朝廷。此前对司马繇的赏赐感到愤愤不平的人，纷纷找他诉苦。司马亮的水平也没比杨骏高明到哪儿去，他解决问题的办法不是进行重新评定，而是为了收买人心，提高自己的威望，在司马繇滥封的基础上，大肆封赏，凡是参与诛杀杨氏集团的中下级军官都成了侯爵、将军，人数多达1081人。

大家一看，这跟杨骏有什么分别？御史中丞傅咸就上书司马亮说：杨骏的下场，殿下您是看见了的。讨伐杨骏，令出天子，孟观、李肇等人只是奉旨参与罢了。至于评论功劳，应当是皇上的事，而您目前的做法是从古至今没有过的，大面积的封赏、丰厚的回报，所导致的结果就是人人都盼望国家发生祸乱，因为祸乱一起又有立功的机会。人们就会以祸乱为乐，国家就会永无宁日！东安公的做法本来就是错误的，殿下就任后，把它纠正就是了，您却反而加大封赏的范围和力度。再说了，大家声讨杨骏的时候，您老不在朝廷吧，现在却来论功行赏，大家都感到失望，我这个人比较愚钝，不仅是失望，还私下里感到忧虑！

其他大失所望的大臣不像傅咸那么正直，有意见当面提，而是跑到皇后贾南风那里告司马亮的刁状。司马亮对此麻木不仁，或者说他没有过多的精力去对付满朝的文武大臣，因为他要集中精力对付自己的同族。

新晋东安王司马繇的二哥司马澹（娶贾南风的表妹为妻）生性嫉妒，人品很差，加上他老婆郭氏跟贾南风一个德性，为人凶悍又不孝敬老人，所以老爸司马伷和老妈诸葛太妃都厌恶司马澹而喜欢司马繇。司马澹不从自身找原因，却归罪到弟弟的头上，视司马繇如同仇人。看到司马繇出尽风头，一跃封王，自己这当哥的还只是公爵，司马澹那颗卑鄙的心就更加难受，于是，就屡屡在司马亮跟前挑拨，说司马繇专权，恣意赏罚。

司马亮身为长辈，却没有一个长辈的样，不是带领宗室子弟们搞好团结，而是对他们感到不满，更见不得他们的好，他与司马繇就曾闹过矛盾，这次受到朝野的攻击也是因司马繇而起。便以“谋废皇后”“专行诛赏，欲擅朝政”奏请废黜司马繇的王爵，免除其职务，贾南风一看，才两天工夫就翘尾巴，敢对老娘不敬！当即准奏，将其流放带方郡（今属朝鲜黄海北道），司马繇的东安王只做半个多月，人们叫“王爷”还没叫顺口呢。

成功逐走了司马繇后，司马亮又将矛头指了年轻气盛的司马玮。司马玮在铲除杨氏集团中功不可没，一跃成为右卫将军，手握重兵后，更加飞扬跋扈，朝廷上下都敬畏三分。司马亮和卫瓘都觉得此人太过嚣张，两人就商议着要将他逐出朝廷，赶回封国去。于是，司马亮召集众臣在皇帝司马衷面前召开御前会议，议题只有一个：让所有的诸侯王归国。司马亮发言后，卫瓘当即表示赞同，并建议诸侯王归国后，北军中候一职由临海侯裴楷担任。

司马玮一听，差点没把肺给气炸了：好你这个缩头乌龟，要是没有我，哪有你今天的出头之日？想过河拆桥，没门！

裴楷也是老油条了，少年时就才华横溢，善谈《老子》《易经》，曾参与制定《晋律》。由于仪表出众、风采神韵，曾有见过他的人感叹：“见裴叔则（裴楷字叔则）如近玉山，映照人也！”得了玉人的美称。裴楷虽与杨骏结亲（儿子裴瓒娶杨骏之女），但裴楷并不看好杨骏，因此在杨骏执政时，以闲职避祸。杨骏被杀后，裴楷被牵连收押，经侍中傅祗救援保护才得以幸免。

司马亮和卫瓘掌权后，就以裴楷坚贞不阿、不附权臣为由，封其为临海侯，食邑二千户。原因很简单，裴楷的长子裴舆先娶了司马亮的女儿为妻，可裴舆死得早，裴楷把儿媳认作女儿，再嫁给了卫瓘的儿子，三人就成了儿女亲家。所以手无寸功、还差点被杀的裴楷才有如此好运。可裴楷保持着清醒的头脑，死活不敢接受不说，还趁机请求外出任职，尽快远离斗争漩涡。

司马玮恨透了那两个老家伙，既然你们不仁，就休怪本王爷不义了。于是采纳长史公孙宏、舍人岐盛的建议，通过积弩将军李肇向贾后告密状，说司马亮和卫瓘图谋行废立之事。这可戳中贾南风内心最敏感的地方了。

平心而论，贾南风从当上太子妃的那一天起，就为自己和老公的地位担惊受怕，此时的她不由自主想到了当初卫瓘佯装醉酒所说的话以及司马亮这几十天来的所作所为，看来老娘不出手，你们真把俺当病猫了。于是拟好诏书让司马衷盖印，命淮南王司马允、长沙王司马乂、成都王司马颖把守各个宫门，废除司马亮和卫瓘的太宰、太保等一切职务。等到天黑才派侍从把诏书交给司马玮。年轻人容易冲动，司马玮拿到诏书并没有仔细研读，便连夜集结部队，命公孙宏、李肇率军包围司马亮王府，命自己的弟弟侍中、抚军将军、清河王司马遐去抓捕卫瓘。

司马亮见司马玮的人马攀墙呼叫，惊恐地说道："我对朝廷没有二心，怎么会落到这个地步？如果有诏书，就请出示!"

公孙宏不予理睬，督促士兵继续进攻。长史刘准对司马亮说："他们不肯出示诏书，必定是奸谋，我们府中也有兵将，不如跟他们拼了。"司马亮不同意，被冲进来的李肇等人捉住，司马亮叹息道："我的忠心可以剖开来遍示天下，你们为什么要枉杀无罪之人呢?"当时还没有人敢杀司马亮，因为大家都不是文盲，诏书上只说"免官"，没有"逮捕"，更没有"处死"等字样。可打蛇不死绕棍上的道理司马玮懂，便下令说："斩杀司马亮者，赏布千匹。"司马亮当即被一拥而上的乱兵所杀，那颗头颅顺着斜坡咕噜噜地滚到北门的墙下，头发、耳朵、鼻子无一完整。世子司马矩也同时被砍杀。司马亮就成了"八王之乱"中第一位倒下、也是唯一没有起兵作乱的王爷。

卫瓘的情形跟司马亮差不多，不过死的人更多。当司马遐带人包围卫府时，他的手下也怀疑诏书有假，也主张抵抗，并让他核实清楚再认罪不迟。卫瓘同样不肯听从建议。他有个旧部荣晦，因行为不端受到斥责，这次也参与抓捕卫瓘的行动。在荣晦的指认下卫瓘与子孙 9 人悉数被杀，时年 72 岁。只有孙子卫璪、卫玠因患病住院不在家，才幸免于难。

这一夜又让司马玮杀了个痛快，他的心腹岐盛就劝主子，干脆一不做，二不休，趁士兵们杀了红眼，一举杀进宫去，将贾后等人一并除掉。司马玮对此没有一点思想准备，况且两次和贾南风合作都取到了预期成果，还真下不了斩杀贾南风的决心，不禁犹豫起来。他这一犹豫，就让自己陷入了绝境，小命说没就没了。

第十三章　宗室各怀鬼胎，太子孤立无援

司马玮为了稳妥起见，在接到诏书时，同时召集了内外诸军，按理说成功逮捕了司马亮和卫瓘后（不但逮捕，还诛杀了），就应该解散部队，向皇帝（其实是皇后）复命了。可他没有这样做，而是让部队滞留在洛阳城内，又受了想把事情搞大的岐盛蛊惑，不知进退，就这样一直拖着，让洛阳城里的官员人人自危，连贾南风都感受到了威胁，对付那两个老家伙，有城内的禁军就够了，你司马玮把城外驻军也弄来，意欲何为？就算是为了壮胆，事情办妥后也该解散了啊！

就在贾南风脊背冒汗之时，亲信宦官董猛转来时任太子少傅闲职的张华的建议，说："楚王矫诏擅自杀害二公，那是将士在仓促之间，以为是皇帝的旨意，所以才听司马玮的。现在可以派特使持幡让外军解散，事件就可平息了。"于是，令殿中将军王宫手举驺虞幡（绣着驺虞的长条状旗帜、皇帝的符节之一，驺虞则是传说中一种虎身狮头不吃活物的仁兽），来到司马玮的部队前宣布："楚王假传圣旨，大家不要受他欺骗。"将士们看到"驺虞幡"出动，都放下武器，自动解散。刚才还人声鼎沸的洛阳城，转眼就安静了下来。

此时，司马玮身边只剩一名年仅 14 岁的家奴，窘迫中想投奔哥哥秦王

司马柬处，才走到半路就被逮捕。朝廷以司马玮伪造诏书杀死司马亮以及卫瓘父子，又想诛杀朝廷大臣，图谋不轨，要将他斩首。

六月十三日，司马玮被绑出去砍头。临刑时，司马玮掏出藏在怀里的青纸诏书，哭着展开给监斩官刘颂看，说："我是奉诏命行事，完全是为了国家啊，怎么会遭如此下场？我也是先帝的亲生骨肉，如今蒙受如此大的冤枉，只希望有一天能够洗雪。"刘颂哽咽抽噎着背过身去，不忍看他。他的亲信公孙宏、岐盛也一并被夷灭三族，背主卖荣的荣晦也得到了应有的下场。

贾南风运气好得出奇，躲在幕后动动嘴皮子就成功除掉杨骏、司马繇、司马亮、卫瓘、司马玮这些重量级人物。不知不觉地，朝中大权就落到了贾、郭一党手里，西晋王朝到此暂时步入了一段稳定的时期。这不得不佩服贾南风的智慧，因为她深知，皇权在民众的心目中还占据着绝对的统治地位，这一点从"驺虞幡"一出，数十万如狼似虎的军队乖乖放下武器回营就是明证。对贾南风来说，当前最重要的是稳定。因此，在司马玮的事情上没有搞扩大化，但必要的惩戒还是要做的。当天参与行动的司马乂由于看到"驺虞幡"就扔掉弓箭，还痛心疾首地说："楚王说是接受诏令行事，我才听从他的，怎么会想到诏书是假的？"被免于追究，由长沙王贬为常山王（由大国降为小国），前往封国。秦王司马柬则在弟弟司马玮被杀两个月后，在万分惊恐中离开了人世。

在用人方面，贾南风任命哥哥贾模为散骑常侍，加侍中。又听从贾模的建议，让立了大功的张华出任侍中、中书监，因为他姓张不姓司马，没有威胁君主的嫌疑，而且名声大，威望高，为众望所归。裴頠也被擢升为侍中。朝中政事，就主要由贾模、张华、裴頠三人负责，当然他们的上头还有一个"总理"贾南风。

张华的才能毋庸置疑，受到重用后，尽忠国事，辅佐朝政，弥补缺漏，尽管在皇帝昏弱、皇后残暴的情形下，仍然还能维持天下安定。期间，张华担心贾氏亲族势力强盛酿成灾祸，还作了《女史箴》来加以讽劝。贾南风尽管凶暴嫉妒，却对张华敬重有加，史载"数年之间，虽暗主在上，而朝野安静，华等之功也"。

在贾南风专权时期，她的亲属中有两个人格外引人注目，一个是散骑常侍、后将军贾谧，一个则是散骑常侍、卫将军郭彰，由于有贾皇后撑腰，人们称之为“贾郭”，两家经常是门庭若市，巴结他们的人络绎不绝。尤其是贾谧，这哥们完全继承了老子韩寿的基因，不但人长得帅，还是个文学青年，史书记载其“好学，有才思”，“器物珍丽，歌僮美女，选极一时”，曾经一气之下把黄门侍郎绑起来打了一顿。

有人为了巴结贾谧，称赞他的文章可与汉代大才子贾谊比肩，这一拍正中下怀，自以为文章盖世的贾谧马上建立了一个“僚友文人”群，很快，那些出生背景相似，人生态度一致的公子哥纷纷入群，他们入群的目的很明确：攀附贾谧，追求政治上的发达。这个在当时声名显赫的文学小圈子，一共有 24 人，号称“文章二十四友”，其中不仅有赫赫有名的美男子潘安，还有中国文学史上的好几位名人——陆机、陆云、左思、刘琨以及那位因富而留名后世的石崇等人。这些人为了讨贾谧的欢心，称颂贾谧还嫌不够，还将死去多时的贾充也拉出来狠狠地歌功颂德。其中要数潘安和石崇做得最绝，这俩人抓住一切机会谄媚贾谧，就连贾谧的外婆兼奶奶郭槐乘车出行，他们都不忘对着车轮扬起的尘土叩首膜拜。为求得政治上的发达，卑躬屈膝到如此地步，可见在权贵面前什么都是浮云，哪怕你才高八斗，富可敌国。

在一片歌舞升平的表象下，大权在握的贾皇后也开始享受起高质量的生活。贾南风除了长得黑、矮、丑陋点之外，其他部件都很正常，思想甚至比常人还要活跃，与低能的司马衷结合，除让她享受到权力的快感外，在生活上应该是很不满意的。为此，她先是借看病为名，与太医令程华搞到了一块，此例一开，欲壑难填。

掌握大权的人一旦肆无忌惮起来，民众就得遭殃。贾南风从偷情中找到乐趣，但时间一长又觉得不过瘾了，为了寻求更大的刺激，她要偷人了。闹得一段时间以来，洛阳城天天都有英俊小伙失踪，而且是生不见人死不见尸，尽管官府衙门加大力度，增派警力也无济于事。

话说洛阳城南有个管治安的小吏，人长得英俊又威武，平时因工资微薄，一年四季都是工作服随身，却忽然时来运转，不但全身上下穿起了名牌，而且脖子上挂着硕大的黄项链、腰间还佩戴珠玉，之前走路上下班，现在却驾起了马车，要知道当时由于战马奇缺，很多达官贵人都只能坐牛车。

这哥们的变化让周围的同事觉得可疑，再联想到近期不断发生的失踪案，于是，小吏被带到衙门问话。帅小吏为了证明自己的财富来路正当，辩白称："几天前，我在路上遇见一个老婆子，说她家里有人得了重病，巫师交代她要找一位家住城南的年轻人去驱邪消灾，有重金酬谢。我经不起诱惑，就跟着她去了。我上车后，被藏在一个大箱子里，中途换车，估摸着又走了十几里，感觉过了六七道门，等我从箱子里出来一看，好家伙！只见那楼台殿阁富丽堂皇，十分气派。我问老婆子：'这是哪儿？'她说是天上。我也不敢再问了。接下来就有人过来伺候我沐浴熏香，又端来美味佳肴。等吃饱喝足之后，又有人给我换上华丽的服装，带入了一间豪华的卧室。里面有一位贵妇人，看上去大概三十五六岁的年纪，身材矮小，皮肤青黑，眼眉上还有一颗痣，样子有点吓人。我正要转身逃跑，那妇人说只要伺候好她，必有重谢，于是我便留下陪了她几个晚上。我说的句句属实，所拥有的一切都是矮胖黑妇人所赠。"

在场的人听完小吏那传奇般的经历，终于解开了小鲜肉们的失踪之谜，这家伙运气好，成了漏网之鱼。虽然当时还不像今天截图、视频满天飞，但很多官员对当今皇后的尊容多少还是知道一点的，负责问话的官员当即对小史说："没事了，你回家吧，此事不要再跟任何人提起，否则，将要追究刑事责任。"

在贾南风日日淫虐于宫中，声名狼藉之时，天下形势令人担忧。连续出现的洪灾、地震、瘟疫、旱灾、蝗灾等自然灾害，老百姓穷苦困绝，只好扶老携幼四下逃亡。那些为躲避战乱而流入了中原的少数民族部落则乘乱造反，冲州撞府，沿路打劫抢掠。当年曹操把降附的匈奴人分为左、右、南、北、中五部，以单于呼厨泉为部帅，在当时的兹氏县（今山西汾阳）和祁县、新兴（忻县）等地居住，渐渐与汉人混居杂处，许多人从事农业生产。但匈奴各族的刘姓贵族仍带有旧时声威，又有现成的五部军事组织，往往一呼百应。此外，散居上党的还有匈奴别种羯族等很多人，他们也常常遭受当地汉族地主的歧视与欺压，加上居于并州附近虎视眈眈的鲜卑族、扶风的氐族，以及自东汉以来散居关中诸郡的羌族，数股势力都蠢蠢欲动，只要有机可乘，随时都会像火山一样爆发。

很多有识之士都对现状表现出了莫名的恐惧。关内侯敦煌索靖就指着洛阳宫门的铜驼长叹道："别看你这会儿威风凛凛，很快，你就会被人丢弃在荆棘草丛之中了。"太子洗马江统更是直接上《徙戎论》警示朝廷，文中提到“关中之800余万口，率其少多，戎狄居半”，主张摒除胡人，理由是“非我族类，其心必异，戎狄志态，不与华同”，对那些蛮夷可以“申谕发遣，还其本域”，如此才能“慰彼羁旅怀土之思，释我华夏纤介之忧”。这些意见自然无法引起正自我感觉良好的贾南风的注意。

赵王司马伦是司马懿的小儿子，司马衷上台之初，任命司马伦为征东将军，都督徐州、兖州诸军事。秦王司马柬死后，朝廷把驻守关中的梁王司马肜召回，改任司马伦为征西大将军，派往关中。司马伦到了关中之后，这里接二连三地发生自然灾害。元康二年（292年），全国发生了大范围的传染病疫情；元康三年（293年），关中弘农郡出现了严重的雪灾；元康四年（294年），又闹起了全国性的大饥荒。连续的天灾导致大量牲畜死亡，这对以畜牧为主的少数民族来说是致命的。

司马伦手下有个极善于谄媚的心腹孙秀，多年来跟随司马伦鞍前马后，颇为得宠。司马伦主持关右地区工作期间，由于刑赏不公，引起边民反叛。先是元康四年（294年）五月，匈奴人郝散聚众叛乱，进攻上党郡（今山西黎城西南），杀了当地官员。3个月后，郝散率部主动向政府投降，可冯翊郡（今陕西省大荔县）都尉却将主动来降的郝散给杀了。此举自然招致各少数民族兄弟的怨恨，郝散的弟弟郝度元回去重新组织力量，联合冯翊、北地（今陕西耀州区东南）羌人，于元康六年（296年）五月，再次举兵反晋，杀了北地郡太守张损，打败了冯翊太守欧阳建，兵锋直指长安。

司马伦作为关中地区最高军事统帅，不是考虑如何保境安民，而想着如何推卸责任。雍州刺史解系与兄弟解结、解育属于出淤泥而不染的官员部，为人正直，很看不起司马伦、孙秀之流，于是，司马伦听从孙秀的建议，就把锅甩给解系。解系当然不干，导致双方都上书朝廷控告对方，朝廷认为再让司马伦待在关右地区（泛指潼关以西地区），只能制造混乱，就以梁王司马肜替代赵王司马伦，调司马伦回洛阳，任车骑将军、太子太傅。

解系的弟弟解结当时任御史中丞一职，就向已升任司空的张华反映孙秀扰乱关右，导致胡人叛乱的罪行，请求杀孙秀向氐、羌人赔礼谢罪。张华交代梁王司马肜，让他到任后诛杀孙秀。

官场上的事就那么奇妙，司马肜还没动身，孙秀就得到了消息，惊惧之余，派铁哥们辛冉带着大批珍宝到梁王处求情，说：“氐、羌自己起来造反，实在不关孙秀的事，他何罪之有?”司马肜跟司马伦、孙秀本来就没什么过节，收到一大笔好处费，自然不了了之。

司马伦回到洛阳后，依照孙秀的谋划，大搞金钱外交，竭力拉拢贾氏亲族，讨得贾南风的欢心后，司马伦请求给自己加担子，担任尚书令，参与主持朝廷日常工作（录尚书事），廷议时，张华与裴頠表示坚决反对，由此，司马伦与孙秀恨上了张、裴二人。

对于朝廷内外汹涌澎湃的暗流，有人欢喜有人忧，贾南风的外甥兼侄子贾谧有权有势，又自诩才学盖世，目空一切。他在东宫侍讲时（陪太子读书），态度异常傲慢，与太子司马遹下围棋时，更是骂骂咧咧，曾经为了一枚棋子和当朝储君争得脸红耳赤，丝毫没有一点人臣应有的谦卑态度。当时，司马遹的十六叔成都王司马颖在场，便叱责贾谧。贾谧心怀怨恨，很快入宫向贾南风告了司马颖一状。于是，贾南风下诏司马颖除为平北将军，镇守邺城（今河北临漳西南），将其逐出京城。

贾南风族兄贾模则担心一旦出事，自己也会跟着遭殃，为此他多次劝族妹皇后要收敛，力陈利害，非但没有成效，反而引起贾南风的反感，认为他胳膊肘往外拐，便开始排斥、疏远贾模，以致贾模想见她一面都难。表兄裴頠对局势也十分担忧，为此，甚至找贾模、张华商议，要采取非常手段，废黜贾南风，立太子的生母谢淑妃为皇后。此言一出，张、贾二人都很惊惧，他们认为皇帝本人都没有废后的意思，如果我们擅自行动，皇帝又不同意，岂不是自取灭亡?况且宗室诸王各拥重兵，朝中朋党林立，如果他们参与，就会引发祸端，自己性命不保，还把国家带入危险的境地。

裴頠承认他们说的不无道理，但他认为如果任由贾南风这样胡作非为，只怕随时会出乱子。张华毕竟是老臣，不想生事，便劝贾、裴二人说：“两位和中宫（指皇后）都是亲戚，颇见信任，不妨多在左右劝告，只要不出什么大事，天下未必会生出什么大乱。如此，我们这些人也许还能善终。”

裴頠斗胆提出的建议遭到张华、贾模的反对，自感孤掌难鸣。无可奈何之下，只能找皇后的母亲、自己的亲姨广城君郭槐，让老太太出面做贾南风的思想工作。一生妒悍的郭槐临老却明白起事理来了，她常常规劝皇后女儿对皇太子好一些，并不时切责怒骂恃贵而骄、对太子傲慢无礼的外孙贾谧。为了确保太子继位后，贾家还能立于不败之地，她还打算来个亲上加亲，让外孙女、贾谧的妹妹去当太子妃，司马遹自己也想通过娶贾谧的妹妹来巩固自己的地位。可贾南风、贾谧以及贾午都不同意。郭槐对太子的关心和敬重都是出自内心的，见一计不成，便退而求其次，为司马遹聘娶王衍的小女儿王惠风，因为王惠风的妈妈也姓郭，如此一来，太子与贾家、郭家都成了亲戚，这本来是好事。可司马遹早就听说王衍的大女儿是个大美人，更想要王家大姐，可却被贾谧捷足先登给抢了去，心中甚为不平。

郭槐临终前，贾皇后出宫回家亲自照顾老妈，太子司马遹也怀着一颗感恩的心一同前往，这世界上除了亲妈，只有郭老太太对他的爱是真挚的。司马遹一到就拉着老太太的手嘘寒问暖，还向医生仔细询问病情。真是“人之将死，其言也善”，郭槐在咽下最后一口气之前，还谆谆叮嘱皇后女儿要善待太子，不可听信贾午、贾谧的话，还提醒她千万不要再听任赵粲与贾午入宫，她们二人只会坏你家的事。可惜母亲用几十年经历总结出的金玉良言，却被风头正劲的贾南风当成临终前的胡言乱语。

那么，让郭槐念念不忘的太子司马遹如今表现得怎么样了呢？说出来会让人大跌眼镜。小时候被司马炎寄予厚望的司马遹，随着年纪增长，却开始不好学了，整天只知道和身边的侍从嬉戏胡闹，也不知道尊敬老师。有人说是皇后贾南风的刻意“栽培”，阴险恶毒的贾南风一向很忌讳这位素有令名、又非自己亲生的太子，就秘密地交代东宫的宦官教唆太子“应该趁着年轻力壮好好玩乐，何必自我约束呢?”见到太子发火，就叹息：“身为太子不用威刑，天下人怎么会怕你呢?”

青春期正是一个人确立人生观的关键时期，司马遹在无人管束之下，更加放肆，喜欢让人骑马奔驰，又常常割断马鞍束带，看见侍从纷纷坠马，就哈哈大笑，以此为乐；他自己私下定了很多禁忌，有人稍不留意，也不劳旁人，亲自上去拳打脚踢。他喜欢住低矮的房子，并在那里开设市集，以摆摊切肉卖酒为乐。据说一块肉割下来，经他的手一掂，能分毫不差地报出分量，也许跟他的屠户外公的“遗传”不无关系吧；他还将园子里下人种的蔬菜、麦子以及自用的米、面、鸡、蛋等弄到集市上出售，可还是觉得钱不够用，朝廷每月供东宫 50 万钱，他总是寅吃卯粮，超支达两个月。写出《徙戎论》的江统，当时正担任太子洗马，痛心疾首地上书太子，提出包括孝道、尊师、勤俭、戒商、去除忌讳等 5 件事，对太子进行劝谏，司马遹把这些当耳旁风。太子舍人杜锡看问题透彻，苦口婆心地谏劝太子注意言行，千万不要得罪贾氏，结果惹得司马遹心烦，让人把大头针藏在杜锡的坐垫里，把老先生的屁股刺得鲜血淋漓。过后，司马遹还“关心”老先生的屁股：“你的屁股咋样了？”

司马遹虽然在东宫里横，但他知道贾皇后比他还横，经常欺负自己的亲妈，不让他们母子见面。可贾皇后在名义上是自己的母后，奈何不了人家，于是便迁怒于她的侄子贾谧。由于司马遹与贾谧年纪相仿，都是20来岁的青年人，又都是有来头的主，注定他们是互不相容的。贾谧由贾南风做主娶了美貌的王家大姐，司马遹却娶了稍为逊色的王家小妹，心中更是愤愤不平，常常口出怨言。每当贾谧到东宫参见的时候，司马遹总是故意把贾谧晾在一边，自己回园里玩耍。贾谧也不是吃素的，被成都王司马颖当面呵斥过、再加上外婆生前的训诫，他也讲究起斗争策略，就入宫向贾南风告状，说：“太子购置了大量的田产，积攒财富以收买中下级军官，目的是想扳倒贾家。我听说太子曾私下跟人透露：‘皇后死后，我一定要鱼肉贾氏族人’，不但如此，他还说等皇上千秋以后，依照咱们诛杀杨骏的先例，把您废黜到金墉城呐！不如趁早改立一个温顺太子。”贾南风本来就忌惮太子，听了贾谧的话，顿时怪眼圆睁，杀心大起。

贾南风接下来做了两件事，一是突然对外高调宣布自己已经有小皇子了，只是当时正在先帝服丧期间，因而没有对外宣布；二是将太子的种种不良行为公之于众。为此，姐妹俩让贾午的儿子韩慰祖冒充贾南风的亲生儿子，准备让他取代太子之位，进而取代晋王朝的天下。这也是贾南风的无奈之举，因为她已经是42岁的人了，虽然这些年她一直在努力，可也只生下四个丫头，子嗣看来是没有希望了，如今经贾谧一撩拨，只能出此下策。皇后的儿子，就是嫡出，大臣们纷纷进表称贺，可大家都心知肚明，只是为了保住自己的地位而已。

太子府里的人不想坐以待毙，有人主张先下手为强。中护军赵浚直闯东宫，一脸诚恳地对司马遹说：“先下手为强，起兵废黜贾皇后！”当时东宫拥有左右前后四个卫率，兵力达上万人，如果与中护军里应外合，成功的机会还是很大的。出人意料的是，司马遹沉思了片刻，竟然摇了摇头。赵浚只好悻悻而去，司马遹则看着他的背影，露出了辛酸的冷笑。这又是为什么呢？

原来这个赵浚是太后杨艳的舅舅，晋武帝的充华赵粲的叔父，可是沾了杨氏大光的人，可在杨氏遭殃的时候，赵浚却落井下石，充当贾氏的打手“大义灭亲”，而赵粲则一直在贾皇后面前说太子的坏话，他怎么可能相信赵氏的为人呢?

其实司马遹当太子期间，胡闹归胡闹，也并非无所作为，他也在暗中发展自己的势力。他的策略跟当年的贾南风有点类似，拉拢握有实际兵权的低级禁军将领，贾谧说他“积攒财富收买人心，目的是想扳倒贾家”，并非全是谗言。从后来这部分将领积极参与诛杀贾氏的兵变看，是确有其事。

司马遹如今缺的是像当年司马玮、司马允那样的外部力量。说起来令人悲哀，在太子身处险境，极其需要宗室诸王援助的时候，司马家族的诸侯王们却在相互观望，各怀鬼胎。

危难之中有人站出来了，东宫左卫率（左翼卫队长）刘卞就直接去找张华，说：“贾后将对太子不利，你知道吗?”张华只想保住自己的既得利益，推说：“不曾听说。”

刘卞说：“我本是一个寒门小吏，得到您的提拔才有今天。我感激您的知遇之恩，所以才对您毫无隐讳，难道您怀疑我?”

张华这才反问他：“假如真有这回事，你打算怎么办?”

刘卞说：“东宫不乏像我这样的忠义之士，四率共统精兵万人。您身居要职，只要您肯主持大局，以东宫的兵力拥太子进宫，则乾坤定矣！至于废贾后，把她囚至金墉城，只需两个宦官就够了。”

张华说，“眼下天子正当壮年，太子不过是人家的儿子，我又不受辅政之命，要是忽然鼓动太子做此大事，岂不是违背君王，又违背了父亲，而背上不忠不孝的骂名? 就算侥幸功成，罪名也是洗刷不掉的，何况宗戚权贵满朝，威望和权柄，我一样都没有，怎么可能安生呢?”

刘卞见张华这种态度，当即愤然离去。他与太子只考虑到张华位高权重，却忽略了张华也处于贾氏的监视之中。贾南风很快就知道了刘卞夜闯司空府之事，随即将刘卞调离京城，到关中任雍州刺史。刘卞意识到事情已经败露，料想贾南风不会放过他，为了不连累太子，选择了服毒自尽。

第十四章　各方勾心斗角酝酿新一轮风暴

元康九年（299 年），洛阳街头传唱着一首童谣：“南风烈烈吹黄沙，遥望鲁国郁嵯峨，前至三月灭汝家。”内容非常直白，只要不是聋哑人士都能听懂个大概：南风自然是指当今皇后，沙门是太子司马遹的小名，鲁国公就是贾谧（承袭贾充的爵位），喻示西晋政坛已面临山雨欲来的时刻。

十二月，贾南风三次宣太子入宫朝觐，司马遹以长子司马虨病重，要祭神祈福为由，始终不肯离开东宫，不但如此，他还上表请求皇帝老子司马衷给长孙封个爵位，以试探宫里的动静，可始终没有音讯。

古代的人都极其迷信，司马遹看政变之路走不通，恰逢爱子生病，绝望之中出了一个昏招：就打着祈福的幌子，召了一批神公、神婆在东宫行巫蛊之术，诅咒皇帝、皇后早日升天。司马遹这一招倒提醒了贾南风，她决定将计就计。

二十八日傍晚，有黄门郎来到东宫宣诏，说皇帝身患急症，想见太子。司马遹心中暗喜，以为巫蛊灵验了，当即领旨，要入宫朝觐。次日一早，司马遹连早饭也顾不上吃，就兴冲冲地入宫。他没能见到父皇，却被领到后宫的外间。一个名叫陈舞的侍女告诉太子，说陛下和娘娘都感到身体不适，请太子稍坐片刻，并称奉皇上谕旨给太子送来美酒三升、大枣一盘，吩咐司马遹："务必全部吃完。"

司马遹说自己不胜酒力，请她转呈皇上，酒就不喝了。陈舞说："太子你这就不对了，陛下怕你无聊，赐给你好酒，你竟敢抗旨，莫非怕这酒里有毒不成?"

这时，里间的贾南风隔着门帘发话了，说："平常见太子在圣上面前饮酒甚欢，今天怎么不喝了?"

司马遹说："以前父皇在宴会时赐酒，不敢推辞。况且三升酒也太多了，平时一天也没喝过这么多的酒，一会儿还要面圣呢，喝得醉醺醺的不成体统。"

贾南风拿出撒手锏："这也是圣上所赐的酒啊，你多少总得喝点吧，就当是替道文（司马虨字道文）喝的!"言外之意，你喝了这酒，兴许你老爹一高兴，会给你儿子一个爵位。

司马遹还在极力推辞，贾南风隔空命陈舞回禀皇帝："就说太子不孝，连圣上所赐的酒都疑心有毒，不敢喝。"两位毒妇人软硬兼施，让司马遹招架不住了，为了证明自己没有怀疑父皇，又是吃枣，又是喝酒的。吃到一半时，司马遹表示实在吃不下了，要打包带回去。两位毒妇不同意，说是有违圣意，司马遹不得已，只好继续往胃里塞，直至酩酊大醉。

此前贾南风已命黄门侍郎、历史上赫赫有名的美男子潘岳模仿太子平常的口气，拟了一份草稿，这时陈舞就拿着这份稿子过来，说是皇上让他抄写这份文书。醉眼迷离的司马遹强打精神，见面前摆着一篇稿子和一张白纸，一个叫承福的婢女把笔塞到他的手中，陈舞则在旁边一个劲催促："快点，陛下还等着呢!"

司马遹便在神志不清之下写下了大逆不道的反动言论："陛下宜自了，不自了，吾当入了之。中宫又宜速自了，不自了，吾当了之。并与谢妃共要，克期而发，勿疑犹豫，以致后患。茹毛饮血于三辰之下，皇天许当扫除患害，立道文为王，蒋氏为内主。愿成，当以三牲祀北君。"

大才子潘岳在好友贾谧的期望和贾皇后的逼视下所写的这篇祈祷神灵的文稿，远非这寥寥数语，只是烂醉如泥的司马遹歪歪斜斜写不到一半就写不下去了。不过已经足够了。

罪证在手，贾南风也顾不上过年了。大年三十早上，晋惠帝司马衷急召王公大臣入朝，朝会的主题只有一个：裁定太子的罪行。贾南风不是后来的武则天，还不敢堂而皇之地登上朝堂，她令中常侍董猛拿着太子的亲笔反书遍示群臣。转达圣意说，太子大逆不道，拟赐死！

满朝文武都知道这一天早晚会来，却没想到是以这样的方式，来得如此急速，连个年都不让人过。大家都低头欣赏自己过年才穿上的新鞋，集体失语，对于他们来说，保住自己的地位和财产是第一位的，太子——甚至皇帝——由谁来当都无所谓！

张华作为群臣之首，别人能吃瓜，他却不能。因此就提出要对比笔迹，裴頠马上附和，说要查明真伪，避免造成冤假错案。司马衷像没听见一样，没有任何反应。一个内侍适时拿出一沓太子以前的奏折，这显然在贾南风的算计之中，她料到会有这个环节，是有备而来。

大家几经比对，都黯然无言。裴頠不信邪，提出要追查第一个拿到这张纸的人，张华也要求让太子出面对质。两人的意思很明白，太子是在什么时间、什么地点、出于什么目的写下如此明目张胆的字句的？而如此私密的东西，旁人又是如何轻易拿到的？

此言一出，大家议论纷纷。这显然超出了贾南风的意料，她恼羞成怒地让董猛传话说："事不宜迟，必须马上定夺，有不服从诏令者，以军法处置。"张华驳斥道："国家大事，应由皇上主持，你是什么东西？敢乱传圣旨，混淆圣听！"董猛只是个传声筒，张华是借驳斥他，敲打一下贾南风，因此，紧接着对司马衷说道："这可不是好兆头啊，自汉武帝以来，每次罢黜正嫡，都会引发变乱。何况我朝立国时间还不长，请陛下三思！"

贾南风虽然气晕了头说出要"军法处置"的狠话，但对朝堂带头反对她的张华和裴頠却动不得，杀了他们，谁来替她打理政事？况且张华还借古讽今，咬定眼下就是"罢黜正嫡"，暗示司马遹才是皇帝的骨肉，你那突然冒出来的儿子，大家都心知肚明，只是不愿点破罢了。

贾南风毕竟底气不足，眼看一天就要过去，还没有个定论。再相持下去，年夜饭就要泡汤了，年后又有长假，谁知道会有什么变数？于是便做出让步，让人起草表奏，将太子贬为庶人。

这应该是各方都能接受的方案了，就由司马衷拍板定案，由尚书和郁与御史中丞解结到东宫宣读废黜太子的诏书，其他人则回家过年。贾南风不放心，派前将军、东武公司马澹带兵连夜将废太子司马遹连同太子妃王惠风、三个儿子（司马虨、司马臧、司马尚）一起送进了金墉城。与此同时，贾南风迫不及待地派人赶在新年到来之前，将太子的生母谢玖、宠妃蒋俊（皇长孙司马虨的母亲）一同处死。

老狐狸王衍年也顾上不过了，连忙上书请求与司马遹划清界限，让女儿跟司马遹离婚，得到了司马衷的允许。

元康十年大年初一，司马衷按照贾南风的意思，颁布诏书大赦天下，改元“永康”。春节长假一过，朝廷又发布重大消息：英明无比的大晋天子司马衷高瞻远瞩，一举粉碎了原太子司马遹妄图弑帝杀后的阴谋，现已将其废黜！

这条重磅消息迅速传遍神州大地，人们在关注的同时，纷纷猜测，上了年纪的人还记得当年那个被先帝司马炎大力褒奖其“聪慧、仁爱”的神童皇孙，长大后何以会沦为叛臣逆子？很多有识之士意识到，这是个惊天大阴谋。

时任西戎校尉司马的阎缵“位卑未敢忘忧国”。这位饱读圣贤书的小官吏先前曾是太傅杨骏的舍人，后提拔为安复县（所属无从考证）令。杨骏被杀后没人敢收殓，阎缵抛官弃职跑回洛阳，动员杨骏原先的主簿潘岳、掾吏崔基等人共同料理杨骏的后事。大家都怕惹祸上身，只愿出钱，不愿出面。杨骏的从弟杨模被吓得赶紧向东武公司马澹举报，大伙更是一哄而散，只剩下阎缵以一己之力安葬了杨骏。司马澹上表要诛杀阎缵，没有获准，阎缵由此得到时人的赞誉。国子祭酒邹湛钦佩之余推荐他出任秘书郎一职，却遭到秘书监华峤的反对，说：“这个职位工作轻松、工资高、待遇好，很多王公贵族的子弟都争抢不过来呢，哪轮得到阎缵这种人？”

河间王司马颙也看好阎缵的为人和能力，遂招聘其为西戎校尉司马。阎缵也确实有才干，不久就在关右任上建功立业，封平乐乡侯。阎缵的祖父阎圃原为张鲁旧部，因劝张鲁降魏有功，被曹操封为平乐乡侯，由父亲阎璞世袭，几经变迁，阎缵又成了西晋的平乐乡侯，不禁令人感叹。

更加令人感叹的是阎缵接下来的一个惊人之举。听说太子被废后，阎缵再次放弃官职跑回洛阳，并且还带着一口棺材来到皇宫前，上书替太子鸣冤叫屈。阎缵的奏折很长，大致意思是：太子虽然有过失，但罪不至此。汉朝戾太子刘据起兵抗命，“子弄父兵”与父皇兵戎相见，仍然得到了武帝的原谅；商代的太甲因为作恶，被流放了三年，后来彻底悔悟重新做人，成了一代贤君；前朝明帝曹叡，曾被废为平原侯，后来也成了一代明君。

如今太子的行为远轻于刘据，而且认罪态度诚恳，可见确有悔改之心。当今天下多虞，四夷未宁，那些异族都虎视眈眈，盼着我们发生内乱。为天下苍生计，恳请陛下再给太子一个改过自新的机会，参照平原侯的案例，为其选择得力的老师严加教诲，如果实在不行，再放弃也为时不晚。

最后，阎缵不忘撇清自己，说我就一个寒门弟子，与东宫素无瓜葛，与太子更谈不上交情，此次冒死上书，完全是出于一片赤诚之心，是为国家大计着想。老母亲在我写这份奏折之时，替我算了一卦，卦曰“书御即死”。就是说，我的奏折一到御前，我生命也就终结了，我的妻儿都哭着阻止，不让我上书。但是我身为大晋臣子，承蒙天恩，不敢忘记自己的一份责任，唯有坦诚上书，以死献忠了。阎缵千里迢迢带着棺材，抱着不成功便成仁的勇气上书，本以为会引起重视，最起码能闹出点动静。没想到奏折呈上去之后，却石沉大海，阎缵既不成功也不成仁，反而让贾氏更加忌恨司马遹，于是又让一个宦官出来“自首”，说自己受司马遹的蒙蔽，曾打算参与谋反，现在终于认清他的嘴脸，经过批评教育，主动认罪来了。贾氏一伙马上将整理好的“供词”让群臣过目，再派司马澹率兵押送司马遹前往许昌宫囚禁，让治书御史刘振持节严密看守。

有人已经预感到西晋政坛必将出现重大动荡，张华的小儿子张韪在“天文台”工作，是专门为朝廷研究星象的，就以天相“太白昼见，中台星坼”劝父亲急流勇退。张华与裴頠二人在挽救太子失败后，虽然都有点心灰意冷，但考虑到自己殚精竭虑尚且难撑危局，要是换上一个不作为的人，天下岂不是乱得更快？况且今天的地位来之不易，又岂能轻言放弃？于是便安慰儿子说：“天道玄奥莫测，只能修养德行来应对天变了。”

太子司马遹被囚禁了，可是太子的党羽还在，这些人不知道贾皇后会不会搞扩大化清洗他们，为了报答太子的知遇之恩，更准确地说是为了自己的前途和命运，不得不行动起来。

禁军将领司马雅、许超都曾在东宫侍奉过太子，司马遹待他们不薄，后来两人被调到禁军，司马雅担任左卫司马督，许超为常从督。二人为太子打抱不平，就与殿中中郎士猗等密谋，寻求让太子复位的途径。朝中那帮老家伙是指望不上了，得寻找新的力量，最好求助于宗室，放眼看去，当时留在洛阳的皇室宗亲还真不少，仅先帝司马炎的儿子就有四个：淮南王司马允、清河王司马遐、吴王司马晏和豫章王司马炽。

这四个人中唯一有能力站出来的，无疑是骠骑将军、领中护军的司马允。司马允是当年司马炎寄予厚望的三个儿子（另两人为秦王司马柬、楚王司马玮）之一，秦王、楚王早已不在人世，因此无论从哪方面看，司马允都是司马家除了皇帝司马衷之外的第二号人物。况且司马允的年龄正当其时（29 岁），所以，才有了朝中要立他为皇太弟的动议。此时他恐怕是除了贾南风之外，最热切望盼着太子早点消失的人，怎么可能指望他来救太子？

清河王司马遐虽然还顶着抚军将军、加任侍中的头衔，但为人懦弱，当年负责逮捕卫瓘时连属下都约束不住，司马玮被杀后，他更是吓得一病不起，至今还躺在床上靠药物维持生命。

吴王司马晏是司马炎所有儿子当中最为愚钝的，连司马衷都不如。据说他很小的时候就因受风疾，导致嘴歪眼斜，后来加重至半身不遂。这样一个连路都不能走的人，竟然担任射声校尉，授后军将军衔，让人无语。

豫章王司马炽是司马炎最小的儿子，也就是后来的西晋第三任皇帝，史称晋怀帝。此时的司马炽刚满 17 岁，本该是充满理想和激情的年龄。可司马炽胆小如鼠，为了避祸，他关起门来钻研史籍，终日与书为伴，对世事不闻不问，更不与人交往，何况他只是一个无足轻重的散骑常侍，自然也指望不上。

除了太子的四个叔叔之外，还有两个手握兵权的宗亲。一个是时任中护军的东武公司马澹，另一个是司马攸的儿子、时任翊军校尉的齐王司马冏。司马澹已经沦为贾氏的走狗，在废黜、关押太子的行动中，一直充当急先锋的角色，又是杀害太子母亲谢玖的刽子手；司马冏由于历史原因一直受到压制，到贾南风掌握实权时，才授予实权。这两个人都不可能成为拯救太子的盟友。

既然如此，就只能在皇帝的祖父辈中寻找同盟军了，司马懿九个儿子中，还存活在世的有三人，分别是老五平原王司马干、老八梁王司马肜和老九赵王司马伦。

司马干与司马师、司马昭为同母兄弟，都是嫡出，但跟两位文韬武略的嫡兄完全相反，他是一名间歇性精神病患者，常干出些令人瞠目结舌的事情来，比如他的爱妾死了，不让下葬，而是把棺材停放在一间空房子里，隔天就打开看一次，并爬进棺材里奸淫尸体，直到尸体腐烂后才让人抬出去埋了。

司马肜在元康六年接替赵王司马伦镇守关中时，因公报私仇害死了跟自己有矛盾的建威将军周处，大失人心。氐族、羌族的叛乱愈演愈烈，在千夫所指之下，朝廷只得把他召回洛阳，派河间王司马颙镇守关中。入朝后的司马肜虽然被授以征西大将军、尚书令、领军将军、录尚书事等一堆显赫的头衔，实际上手中既无实权又无兵权。

司马伦比八哥司马肜好不到哪去，关中胡人闹事就是他惹的祸，让司马肜替他擦屁股。朝廷把他召回了洛阳后，作为惩戒，只让他担任车骑将军、太子太傅这种虚职闲职，可他为人贪鄙，又极有野心，拿出搜刮来的奇珍异宝大肆行贿。

永康元年（300 年）春，在太子被废黜后，朝廷任命司马伦为右军将军。可司马伦的愿望是主持朝政（录尚书事），右军将军只是区区千石的小官，与他的赵王身份实在不配，让他极为不满。

司马伦的不满，让司马雅等人感到有机可乘，敌人的敌人就是朋友。右军将军虽然官不大，可手下的禁军实力却不容小觑。在没有更合适人选的情况下，一伙人决定策反赵王，于是他们首先劝说司马伦的亲信孙秀，让孙秀转达他们的意愿，说："中宫凶残无道，与贾谧等人诬陷、废黜太子。如今皇位没有继承人，社稷面临危险，所以大臣打算废黜她。而赵王您名义上侍奉中宫，又与贾氏、郭氏亲善，是天下皆知的，可是在太子一事上，您却被蒙在鼓里。然而大家依然认为您参与了此事，一旦发生事变，您必会受到牵连，既然如此，什么不考虑抢先一步，建立不世之功呢？"

孙秀跟司马伦一说，两人都觉得此事大有赚头，便分头行动起来。他们联络了通事令史张林、省事张衡、殿中侍御史殷浑、右卫司马督路始等人，让他们作为内应。正当各方紧锣密鼓准备起事时，孙秀脑筋一转，紧急叫停。司马伦满脸疑惑地问他这是为何时，孙秀献计说："太子素来聪明刚猛，一旦重新得志，定会肆意行事。明公平素侍奉皇后，天下人都认为您是皇后的党徒，太子能不心存怨恨吗？即便您今天除掉贾后，为他立下大功，他也会认为您是迫于民众的压力，为逃避惩罚，才将功折罪罢了。必然不会对明公心存感激，即便他一时不算旧账，可今后万一不小心惹了太子，终究难逃他的毒手。不如借贾后之手，先除掉太子。然后咱们出面废掉贾后，声称为太子报仇，这样一来，不仅能免除祸根，还能有一番大作为呢!”一席话让司马伦眉开眼笑：高，实在是高!

为了促成贾氏加快谋害太子的步伐，孙秀派人散布谣言，说：“有人图谋废黜中宫，重新迎回太子。”贾南风这段时间一直小心谨慎，派出大量宫女到民间探听消息，听到这样的谣言，未免担忧了起来。司马伦、孙秀趁机劝贾谧等人尽快除掉太子，断绝众人的念想。外有谣言，内有贾谧的撺掇，贾南风便让太医程据配制了一副毒药，命侍从宦官孙虑前往许昌毒杀太子。

司马遹自从被关押以来，就时刻提防着有人下毒，一直吃自己亲手做的饭。孙虑把皇后的指示告诉负责监守的刘振后，刘振认为除非强灌，否则毒药很难进入太子的胃里。与其如此，不如把他饿死算了，于是便把太子转移到一个小院子里，并断绝了米面，可还是有良心未泯的宫女、太监从墙外往院里投掷食物。孙虑只好亲自出面逼迫司马遹吞食毒药，司马遹跑到厕所躲了起来。等着回去复命的孙虑兽性大发，追到厕所用药杵椎猛击司马遹，司马遹凄厉的哀号和惨叫声，隔着厚厚的院墙都让人闻之心碎。

第十五章　太子被害引来血肉横飞的杀戮

西晋太子司马遹死了，死于父亲司马衷的懦弱无能和皇后贾南风的强悍歹毒。这一年，司马遹才23岁，也许从他出生之日起，就注定会成为政治斗争的牺牲品。满朝文武对废太子的死并不感到意外，让他们意外的是，作恶多端的贾皇后竟然惺惺作态地提出要以王礼葬司马遹。司马衷于是下诏，以司马遹之前的封号广陵王的礼节埋葬儿子于许昌。

司马遹的惨死，让司马家的人看不下去了，也开始觉醒了，再任由那个丑婆娘胡作非为下去，真的要变天了。司马伦、孙秀打出为太子报仇的旗号，振臂一呼，很快就得到宗族子弟的回应，梁王司马肜、齐王司马冏，甚至像东武公司马澹这样的人都站到了司马伦一边。与之相反的是，太子之死让司马雅、许超等人看透了司马伦和孙秀的险恶用心，也违背了他们的初衷。再跟着他们闹事，既没有意义，又会招来祸端，就以身体健康为由推辞了。

永康元年（300年）四月初三，经过一系列动员和准备，孙秀通知内应右卫佽飞（古代对神射手的称谓）督闾和定于夜晚三更一刻，以鼓声为号起事。到了约定的时间，通事令史张林、省事张衡及佽飞督闾和分别传令宫城禁卫军下属的三部（前驱禁卫营、由基禁卫营、强弩禁卫营）司马："中宫与贾谧等人杀我太子，现在让车骑入宫废除贾后。各位将领都应听从命令，事后赐封为关中侯，如有抗命者，诛灭三族！"

三更半夜的，情况未明，谁敢轻举妄动？敢于声称奉诏行事的人都不是等闲之辈，绝非他们这些小人物阻止得了的，大家只好遵命，跟随司马伦一伙向内宫进发。司马伦再假传圣旨，骗开了宫门，并以华林县令骆休为内应，首先控制了司马衷于东堂，再命司马冏带人冲进后宫捉拿贾南风。

论起来，司马冏该管贾南风叫阿姨，可他妈妈贾荃与贾南风、贾午这两个后妈生的妹妹势同水火，所以派他抓捕贾南风是再合适不过了。当贾南风看到司马冏突然闯进来时，吃惊地问道："你怎么来的？要干什么？"司马冏怒气冲冲地回答："奉诏来收捕你！"

贾南风意识到大事不好，仍色厉内荏地说道："诏书都是从我这里发出的，你奉的什么诏？"她的脑子转得飞快，如果人人都能拿到诏书的话，这世界就不存在政变了。于是迅速退回阁楼，在栏杆旁朝司马衷居住的地方大声喊道："陛下，你的老婆就要被人家废了，恐怕您也快被废了！"喊了一通，见没有回音，知道大势已去，冷冷地问司马冏："主谋是谁？"司马冏如实相待告："是赵王和梁王。"

贾南风悔恨不已，恶狠狠地骂道："拴狗当拴颈，我反倒拴狗尾巴，也是活该。只恨老娘当年没先杀了这两条老狗，如今却反被他们咬了一口！"

司马伦挟持晋惠帝下诏废贾南风为庶人后，将她暂时关押在建始殿。司马冏转身又去拘捕吴太妃、赵粲、贾午及贾谧等人。在对贾谧实施抓捕时，对方年轻力壮，在逃跑中大声呼喊："皇后救我！"追兵赶上，被当场砍杀。

司马伦趁热打铁，以皇帝的名义急召群臣连夜进宫，并逮捕了张华、裴頠、解结、杜斌等与自己有仇或看不顺眼的人，尚书郎师景这时候还想较真，要求出示皇帝的手令。司马伦当即将他斩首，以震慑众人。杀戒一开，殿堂立马变成刑场。以张华为首，曾令司马伦、孙秀不爽的人被逐个斩杀。半个晚上就杀了数十人，同时还罢免了一大批官员。

张华临死还责问负责监斩的通事令史张林："你要助纣为虐，杀害忠臣吗？"张林反问："你身为宰相，担负天下的重任，太子被废黜，却不能死节，这难道是忠臣所为？"张华说："我当时的发言全都记录在案，可以复查。众所周知，我是极力反对废黜太子的！”张林说：“既然意见不被采纳，为什么不辞职？”此时的张华就算浑身是嘴也解释不清，人家也不会给时间让他慢慢道来，只得强调说：“我是先帝老臣，赤心如丹。我死不足惜，只是皇室将大难临头了，而且是万劫不复啊！”可没有人愿听一个将死之人的忠告。张华不但自己身首异处，还被诛灭三族，终年 69 岁。

司马伦杀了个痛快，把贾氏党羽及异己分子基本清除后，封自己为使持节、都督中外诸军事，领相国、侍中，保留赵王爵位，并依照司马懿父子辅佐曹魏的先例，设置左右长史、司马、从事中郎 4 人，参军 10 人，掾属 20 人，相国府有直属部队 1 万人。立长子司马荂为世子，官拜冗从仆射；封次子司马馥为济阳王，任前将军；封三子司马虔为广平王（后改封汝阴王），拜黄门郎；封四子司马诩为霸城侯，任散骑侍郎。任命心腹孙秀为中书令，其他亲信都派到大州担任一把手，并且都手握兵权。一时间，加官封侯者达数千人之多，全听命于司马伦。而司马伦由于水平所限，对孙秀是言听计从，等于听命于孙秀，大家也就有事直接找孙秀。孙秀狐假虎威抖起了威风，成为权势通天的人物。

司马衷不到两个月就接连失去了儿子和老婆，老婆是别人的好，儿子是自己的亲，悲痛之余就下诏为已故太子司马遹平反，恢复他的荣誉和地位，并派尚书和郁率东宫旧属，到许昌迎接司马遹的灵柩，以皇太子的礼仪改葬于京都洛阳，可在举办丧礼时，突然雷雨大作，盖棺材的帏盖遭雷电击毁，因此上谥号“愍怀”。追封司马遹的儿子司马虨为南阳王，封司马虨的弟弟司马臧为临淮王、司马尚为襄阳王。

四月初七，自任相国的司马伦吃肉的同时，也没忘了给别人喝汤，任命参与政变的八哥梁王司马彤为太宰、守尚书令、增封二万户，擢升左光禄大夫何劭为司徒，右光禄大夫刘寔为司空（最高监察长），任命淮南王司马允为骠骑将军、开府仪同三司，领中护军，任齐王司马冏为游击将军。

四月初九，司马伦又假传圣旨，派尚书刘弘前往金墉城，勒令贾南风喝下了一杯金屑酒。此时，离她被废黜仅过去了 6 天，她死时 45 岁。

司马伦在争分夺秒地忙活，司马衷也没闲着，下诏立临淮王司马臧为皇太孙，召回原太子妃王惠风以嫡母身份抚养太孙。太子宫的原有官属全部转任为太孙官属。相国司马伦又多了一重身份——太孙太傅。

淮南王司马允在事变之前，朝中曾经议论要立为他“皇太弟”的，他也满怀信心地期待着。可事情的是发展不仅出人意料，而且变化很快，快到素以“性情稳重”著称的司马允有点措手不及。等到事情过后冷静一想，都是司马伦、孙秀惹的祸，如果不是他们搞事，贾南风就不会死，贾南风不死，自己就有机会，因为他是贾南风召回朝廷的。贾南风是在做两手准备，一旦她以外甥冒充儿子的把戏遭到拆穿而不能得逞，司马允就是最合适的人选，因为司马允在朝野都有一定的威望，而且又比较尊重她这位皇后大嫂，兄终弟及既符合礼制，又能为各方接受。

正是基于以上原因，司马伦（实际是孙秀）才给了司马允超规格的待遇（位列三公），想以此安抚他，要知道在政变中赤膊上阵，表现最为积极的司马冏才得了个四品游击将军，而在政变之前司马冏已经是四品左军将军了。可心存怨气的司马允并不买账，抱病不去上朝，学前辈司马师，秘密豢养死士，准备干掉司马伦，想通过自己的努力实现伟大的目标。

司马伦、孙秀是靠政变才取得今天的地位，自然也警惕着别人搞自己的政变。司马允虽然大门不出，二门不迈，但他家里常有不明身份的人进进出出，让人不得不防。到了八月，朝廷委任司马允为太尉，免去其中护军一职。表面上看，司马允是晋升了，成了全国武装部队的一号人物，可在这个一言不合就发动政变的年代，一个光杆总司令还不如一个统领数千人马的禁卫军将领，这实际上是把他架空，剥夺他的实权。

司马允以身体吃不消为由，不肯接受任命。孙秀于是采取强硬措施，又下发通知，说司马允抗旨不遵，犯了“大逆不敬”之罪，派御史刘机强令他交出印信，并以“用人不察”拘捕了司马允身边的官属。

司马允知道这年头的诏书水分多多，不可全信。拿过诏书一看，果不其然，这就是一张草稿纸，虽然加盖了鲜红的大印，可那漂亮的蝇头小楷分明是孙秀写的。司马允当场就火了，再不动手，就要成为别人的刀下鬼了。于是将刘机一行给扣了起来，刘机异常狡猾，趁人稍不留神，撒腿狂奔，逃之夭夭。司马允一怒之下斩杀了随刘机前来的另两名令史，咆哮着说：“赵王是要毁我全家!”当即召集其封国军队及卫士 700 多号人马，冲出大门，大声呼叫：“赵王谋反，我要讨伐叛乱，听我号令的，把左臂露出来，跟我冲!”

司马允的计划是先冲进宫去，先把皇帝控制在自己手上，“挟天子以令不臣”。刚被司马伦提拔起来的尚书左丞王舆一见情形不对，马上关闭了宫门，司马允见一时进不去，又不敢强攻，以免落下谋反的罪名，遂包围司马伦的相国府。

司马伦不地道，竟然以皇太孙的东宫作为自己的相府，跟司马臧住到一块。孙秀得意忘形，以为他的号施令一发，人人都会俯首听命，没想到司马允竟然会放手一搏，丝毫没有防备。所以司马伦面对突如其来的进攻十分被动，虽然司马允一方在人数上并不占优势，但他手下的淮南兵再加上蓄养的死士，个个骁勇善战，相国府卫队被打得死伤惨重，很快就损失了 1000 多人。

东宫的官属们对司马伦强占东宫深恶痛绝，见他遭到围攻，相当解气。东宫卫队在左率（左翼卫队长）陈徽的带领下，在相国府内摇旗呐喊，为司马允助威。司马允指挥弓弩手占据有利地形，开始集射，相国府的上空犹如下起了箭雨，让司马伦无处躲藏。危急时刻，主书司马（文书）眭秘用身体当盾牌，替司马伦挡箭，背部被射成了刺猬，气绝身亡。官属都躲在大树之后，每棵树都被射了数百箭。

战斗从辰时（早上七点）一直打到未时（下午二点），双方仍在相持，司马伦像缩头乌龟一样不敢动弹，司马允一时也攻不进来。中书令陈准是陈徽的哥哥，兄弟俩思想相通，决定助司马允一臂之力，就建议皇帝司马衷出面调停，让双方罢兵。一个曾孙辈的人与太爷辈的人打打杀杀，说出去也不怕人笑话！

当时西晋武库中有两面很重要的旗帜："白虎幡"和"驺虞幡"。驺虞幡前面已经介绍过，是用于息兵止战的。白虎幡则完全相反，这面绣有白虎图像的旗幡一出，就代表皇帝御驾亲征，将士必须用命，而谁敢跟持有此幡的一方对抗，就等于与皇帝为敌。陈准想把白虎幡交到司马允手里，欺负司马衷低能，骗他说要拿白虎幡给淮南王看一下，让他解散兵丁。

陈准得了圣旨，请出白虎幡，交给司马督护（殿中禁卫军指挥官）伏胤，让他率领400禁军骑兵去见司马允。如果陈准架子不那么大，亲自跑一趟，司马允这次政变就得手了。可官僚主义害死人，当时正担任侍中的汝阴王司马虔知道事情紧急，老爸危在旦夕，就在宫门口拦下了伏胤，两人秘密达成交易，在司马虔承诺"荣华富贵，你我同享！"后，伏胤接过对方准备好的一份空白诏书，直奔司马允的阵地而去。

战斗还在继续，此时，洛阳城的百姓都听说了在相国府发生的血斗，有人看到司马伦被打得只有招架之力，就散布谣言说司马伦已经被擒获了，全城的百姓都十分高兴。可很快情事就出现反转，让他们白高兴了一场。

原来伏胤手持“诏书”向司马允宣称：“皇帝有诏，协助淮南王作战。”焦虑万分的司马允喜出望外，我的傻哥哥哎，难得你聪明一回！于是毫无防备地下车拜受诏书。司马允头一低，正好把脖子伸到让人砍起来最称手的状态，伏胤手起刀落，胜利在望的司马允立马见了阎王。随之被杀的还有他的儿子秦王司马郁、汉王司马迪。司马允一死，“左臂”军群龙无首，顷刻土崩瓦解。而受司马允牵连灭族的达数千人。

司马伦大难不死，让孙秀相信自己必有后福，上天在护佑着他和司马伦。于是他借司马允事变大发淫威，乘机扩大打击面。当初孙秀曾在黄门郎潘岳的手下当差，潘岳人长得帅，文采一流，可做人却很失败，对看不顺眼的孙秀动辄就打，除了鞭子伺候，还棍棒交加，打倒在地后，还用脚猛踹，完全不拿孙秀当人。

西晋首富石崇在贾南风倒台时就被开除一切职务，他有一个美若天仙的爱妾，是用十斗珍珠从百越之地买来回的，名叫绿珠。从石崇跟王恺斗富的故事来看，他应该是极其爱炫耀的人，孙秀曾有幸陪司马伦到石崇的金谷园避暑山庄参加宴会时，见过婀娜多姿的绿珠一眼，从此落下严重的心病。因此，得势后就迫不及待派人到金谷园索要绿珠。石崇是个横惯了的人，对来人说：“我这里美丽的歌女数以千计，环肥燕瘦你随便挑，可绿珠是我的爱妾，是万万不能相让的！”

石崇的外甥欧阳建在当冯翊太守时，因少数民族叛乱之事与司马伦闹僵，从此积下仇怨。孙秀要收拾潘岳、石崇，就捎带着把欧阳建也扯上，一是讨好司马伦，二是欲盖弥彰，不让自己的意图过于明显。他就以 3 人拥戴司马允，共同参与叛乱为名，派人前去抓捕。

官兵到达金谷园山庄时，正在楼上与绿珠饮酒作诗的石崇，见孙秀来硬的，就用商量的口气对绿珠说：“我现在为你而得罪权贵了，这可咋整？”意思是想忍痛割爱，让绿珠跟孙秀走算了，以他富甲天下的地位，没必要为一个女人得罪权贵。可女人跟男人的思维不同频道，会错意的绿珠哭着说：“我宁愿死在大人面前，也不让那孙子得逞！”话没说完，人已跳下楼去，石崇想去拽，还是慢了半拍。

石崇被押上囚车时，还在安慰自己“大不了把我发配到岭南或辽东，哥有钱，到哪都活得开心!”可他想错了，正因为钱是好东西，人家把他弄死，一股脑划拉过来多省事。所以，当石崇被推上砍头台的时候，他才终于醒悟，叹息着说：“这些小人，不过是贪图我的钱财罢了!”行刑官幸灾乐祸地说道：“现在知道财富是祸根了？早知今日，当初为什么不散了它，做点慈善!”

这时，潘岳和他母亲也被押了上来。当初潘岳他妈常常训斥儿子：“你该知足了，为什么要没有底线地去搜括呢?”死到临头的潘岳想到自己为了追逐名利不择手段，把老母亲的谆谆告诫当作耳旁风，连累老母亲为自己陪葬，极其沉痛地忏悔：“我们辜负了母亲啊!”

石崇赶紧跟好友打最后一声招呼：“安仁，怎么你也来了?”潘岳回答道：“可谓白首同所归!”这是当初潘岳在金谷园所作的《金谷诗》中的一句，该诗所表达的意思是说两人关系很铁，老了还在一起玩“投分寄石友，白首同所归”。如今竟然成为谶语，正好应景。

杀完石崇、潘岳、欧阳建全家老小后，司马伦又把司马允的同母弟弟、半身不遂的吴王司马晏抓来，打算杀掉。幸亏大臣们在光禄大夫傅祗带领下，在金銮殿上力劝，说跟一个神志不清、生活不能自理的病人较劲，岂不显得我们这些人很没劲？司马伦这才作罢，将其贬为宾徒县王。

还有一个人让孙秀放心不下，他就是齐王、游击将军司马冏。司马冏对司马伦、孙秀的封赏是极为不满的，愤恨之情溢于言表。孙秀也觉察到了司马冏的不满情绪，担心留他在京师，早晚会生出事端，为避免再出现类似围攻相府的突发事件，便擢升司马冏为平东将军，打发他到许昌任职。而那个本来想帮司马允干掉司马伦、孙秀一伙的陈准，却阴差阳错为司马伦立下奇功，因此被擢升为太尉，录尚书事。这让陈准的内心备受煎熬，又不敢跟人诉说，不久便在内疚中死去。

为了加快篡权夺位的步伐，孙秀发动群臣让司马衷给司马伦加封“九锡”。在司马伦之前，受封九锡礼遇的人有王莽、曹操、司马昭，说明到了这一步，就离篡位不远了。当然，必要的程序还是要走的，司马伦也是在皇帝和群臣三次劝说之下，才接受九锡之礼的。至此，相国府的直属部队增加到 2 万人，跟皇宫的禁卫军人数相等，孙秀也水涨船高，集侍中、辅国将军、相国司马、太孙宫右率于一身；司马伦的世子司马荂加封为抚军将军、领军将军，统管宫城禁卫军；司马馥为镇军将军、领护军将军，统管京城禁卫军；司马虔为中军将军，领右卫将军；司马诩为侍中。

司马伦为了体现自己执政不一样，改司徒为丞相，让八哥司马肜担任，司马肜坚辞不受。

司马伦和他的几个儿子都生性顽劣、卑鄙愚昧没有见识，唯一的智囊孙秀，却狡诈多端，贪财又好色；追随他们的人自然也好不到哪里去，不过一群奸佞小人，只知道追求眼前荣华富贵，没有深远的谋略，而且各自打着自己的小算盘，互相嫉妒、憎恶就成了他们的主题曲。

孙秀的儿子孙会担任射声校尉，身材矮小，长相丑陋，随便拉个奴仆出来都比他上镜。孙秀却让他娶了司马衷与贾南风的女儿河东公主，有见过孙会的人听说他成了驸马，无不感到震惊。虽然贾南风长相丑陋，可她生下的四个女儿个个眉清目秀，品貌端庄，是十足的皇家千金。孙秀为了安慰亲家翁，就操纵着立尚书郎羊玄之的女儿羊献容为皇后。

羊献容的外公叫孙旂，乐安郡（今山东邹平县）人，时任平南将军。孙旂跟孙秀的感情很深，所以才选中了她。羊玄之随即晋升为光禄大夫，特进（上朝时排位仅次于三公）兼散骑侍从官，封兴晋侯。

第十六章　羌人入蜀，赵王篡位

在司马伦做着皇帝梦之时，他当年在关中闯下的祸端，蝴蝶效应来了。从元康四年（294 年）起，关中一带出现了严重饥馑，地方官吏和大地主不顾民众死活，一如既往地对他们进行残酷剥削和奴役，使矛盾空前激化。到元康六年（296 年），被派驻关中的司马伦不但没有采取安抚的策略，反而以铁腕的手段关押、处决了一批氐、羌、羯、鲜卑、匈奴族酋长，激起了各少数民族的强烈义愤。匈奴人郝度元首先发动冯翊、北地二郡的羌胡百姓起来反抗，攻城池，杀官吏，兵锋直指长安。朝廷只得将他召回，调梁王司马肜出镇关中。

趁司马伦和司马肜交接班的当口，少数民族的叛乱像滚雪球似的袭来。由于朝廷连吃败仗，一些原本没有反心的胡人，也纷纷效仿匈奴人的做法，关中地区一时烽烟四起。这时，一位汉名叫齐万年的氐族首领乘势在雍州（今西安市）振臂一呼，秦雍地区的各族民众纷纷起兵响应，队伍很快发展到 10 多万人。

元康六年（296 年）八月，齐万年在众人拥戴下称帝，并派兵攻打泾阳城（今甘肃平凉西北），威慑整个关中。朝廷大惊，急忙改派积弩将军孟观率领京都卫戍精兵奔赴关中。秦雍地区本来就地瘠人贫，再加上天灾

（大旱）人祸（战乱），饥荒更加严重，雍州的粮价涨到一斛万钱，百姓因病饿而死者不计其数，随之而来的是瘟疫流行，白骨遍野，哭声千里。当地各族百姓不得不背井离乡，逃往梁州、益州（今四川北部）、豫州和荆州的襄樊地区，寻找活路。齐万年没有了广大农民作后盾，兵员枯竭，实力大减，不久就被孟观率领的西征军打败，齐万年被俘斩首。

四川从秦代起就被誉为“天府之国”，又因其地势险要，处于封闭状态，自古就有“天下未乱蜀先乱，天下已治蜀后治”的说法，诸葛亮在《隆中对》中也提到“益州险塞，沃野千里，天府之土，高祖因之以成帝业”。因此，西晋政府一向重视对该地区的控制，为了防止再出现割据政权，在蜀汉灭亡后，司马昭就把四川一分为二，将益州东部与汉中盆地分割出来，设置了梁、益两个州，达到相互制衡的目的。

现任益州刺史叫赵廞，是当年为了征调蜀地的粮食支援关中平叛，而被派到益州任职的。这时他突然接到朝廷的诏书，征调他回京出任大长秋（后宫总管）一职，由成都郡内史耿滕接任益州刺史。

当初，赵廞为了追求进步，与贾南风结成姻亲，在朝廷刚刚经历了大地震之时，这纸调令难免让赵廞感到恐慌，眼看晋王朝在动乱中日渐衰败，就萌生了割据蜀地，自立门户的念头。可造反是要本钱的，赵廞很自然就想到了浩浩荡荡涌入蜀地的流民，这些人要求不高，有口饱饭吃就行。于是他拿出仓库中的粮食，赈济流民，收买人心。

流民大军中有兄弟 3 人：李特、李庠和李流。他们的家族曾是略阳賨人的望族，父亲李慕在三国时期曾官至曹魏政权的东羌猎将，也算得上是将门之后、官二代了，尤其是大哥李特，史书上说他“身高八尺，有材力而勇武，善于骑马射箭，性情沉稳刚毅有度量，为人仗义好打抱不平”。氐、羌胡人本来就强悍骁勇，到他乡谋生，又让他们必须团结起来，李氏兄弟也就自然而然地成了流民的头领。

巧的是，赵廞和李氏兄弟一交谈，不但都是巴西郡人，而且还是同郡（李特的祖辈原先是从巴西郡迁至汉中的），马上多了一分亲切感，将李氏视为强有力的党羽。李氏兄弟也想凭借风力、腾云而上，双方一拍即合。

李特等人依仗赵廞的权势，更是有恃无恐，肆无忌惮地四处抢劫，致使蜀中治安十分混乱，当地居民深为痛恨。耿滕多次秘密上奏朝廷，说：“流民剽悍骁勇，而蜀人懦弱，主人如果不能约束宾客，一定会造成灾祸，应该强令难民返回他们的原居留地。如果让他们逗留在地势险要的蜀地，恐怕雍、秦的灾祸，就要在梁、益二州重现。”当然，奏折上免不了对赵廞的反常举动进行检举揭发。赵廞在朝中也有耳目，得到消息后，顿时起了杀心。

益州州政府接到耿滕继任刺史的诏书，就派出一支由文武官员及地方武装组成的千余人队伍前去迎接新领导。当时，成都郡政府设在成都少城，益州州政府所在地位于成都太城，二者都在成都市内，只是一个在东、一个在西（太城在东，少城在西）。赵廞依然赖在太城，不肯离开。耿滕打算进太城接管州政府。功曹陈恂劝阻说：“眼下州、郡之间，已经结下仇怨，一旦进城，必有大祸。你不如仍留在少城，视太城的变化而定。同时传令各县，让各地严密组织起来，做好抗击秦州流民的准备，西夷校尉就要到了，应该等他来了再做打算，实在不行就向南撤到犍为（今四川彭山区），或者向西到江源（今四川崇州东南），以防不测。”

耿滕自恃有诏书在手，听不进忠告。于当天率领前来迎接的队伍进入太城。赵廞派兵阻挡，双方在太城西门发生血斗，耿滕死于混战之中，郡政府官员四散逃生，只剩下陈恂反绑双手去见赵廞，请求要回耿滕的遗体进行安葬。赵廞为他的义气所折服，同意了他的请求。

赵廞击杀了耿滕后，索性一不做，二不休，又派兵迎击远道而来的西夷校尉陈总。其实陈总抵达江阳（今四川泸州）时，有关赵廞将要发动叛乱的消息已经传到江阳。主簿赵模就劝他说：“州郡冲突，一定激起巨变，应该火速进军。西夷校尉的职责是掌握蜀地兵权，讨伐叛逆，等你到任之后，手握强兵，谁敢乱动？”陈总不但不接受，似乎非要等赵廞作乱似的，一路上磨磨蹭蹭。等到抵达南安（今四川乐山）鱼涪津（青衣江渡口）时，前锋已与赵廞派来的益州兵迎头相撞。

赵模再次提出建议：“我们应该拿出财物招募壮士，抵抗叛逆。如能击败赵廞，就可以夺回益州；如果不能取胜，还可以顺江而退，没什么坏处，更不会有危险。”陈总还在执迷不悟，说：“赵廞是因为恨耿滕才杀他的，跟我有什么关系，那赵廞与我素无怨仇，我们为什么要做出一副你死我活的样子，来激化矛盾呢？”

赵模坚持己见，苦口婆心地劝说：“赵廞已经挑起事端，其险恶用心已昭然若揭，他一定会用你的人头来树立军威。你的职位决定你即便不与他为敌，他也不可能放过你。”话说到这个份上，赵模已是声泪俱下，可心存幻想的陈总还是听不进去。结果，益州兵刚发起进攻，他的部众就开始溃散。陈总逃到草丛中藏身，赵模换上他的官服与叛军交战，益州兵杀了赵模后，发现不是陈总，于是展开地毯式搜索，最终将陈总揪出斩首。

赵廞遂竖起大旗，自称大都督、大将军、益州牧，设立官署，任命官属，撤换所属的郡守县令，改年号为“太平元年”（300 年）。那些由朝廷任命的官员，没有一个人敢抗拒，都乖乖地听从赵廞的号令。李特兄弟以及妹夫李含、任回、上官惇、李攀、费佗、苻成、隗伯等人率领4000 骑兵投靠赵廞。赵廞任命李庠为威寇将军，封阳泉亭侯，命他招募秦州六郡逃亡难民中的勇士。李庠招到 1 万余众后，被派到北部布防，以切断朝廷大军南下的道路。

西晋朝廷得知赵廞扯旗造反后，就任命梁州刺史罗尚为新的益州刺史，封平西将军，负责率军前去镇压，意思很明确：打赢了你就当刺史，打输了你就当烈士。

朝廷这一纸任命下去，就啥事不管了，达官显贵们该干啥干啥。司马伦为早日登上梦寐以求的皇位，与孙秀合谋让命牙门将军（负责相国府安全的门卫）赵奉装成司马懿鬼魂附身的模样，像发羊癫风似的浑身抽搐，口中喃喃有词，意思只有一个：赵王应早日入主皇宫。并宣称司马懿的魂魄就坐镇北邙山，给司马伦提供帮助，充当保护伞。为此，一伙人在北邙山上，另立了一座宣帝庙，专门供奉司马懿。

接下来司马伦命太子詹事裴劭、左军将军卞粹等人组成筹备委员会，负责“禅让”事宜。散骑常侍、义阳王司马威（司马懿三弟司马孚的曾孙）一向谄媚司马伦，司马伦就命司马威为侍中，让他负责起草禅让诏书，逼迫司马衷交出玉玺、绶带。

司马衷这时不傻了，死抱着玉玺不肯撒手，司马威只好硬抢，在扭抢中差点把司马衷的手指掰断才把玉玺夺了过来。之后又由尚书令满奋“持节”，代表皇帝将玉玺与绶带呈献给司马伦，表示正式让出皇位。

左卫将军王舆、前军将军司马雅率武装部队闯进金銮宝殿，向三部司马宣布禅让事宜，并阐明了“顺我者昌，逆我者亡”的铁律，三位爷没一个敢吭声。为了稳妥起见，孙秀还派出同党张林等人率军把守各个宫门。

301 年正月初九，天还没亮，百官就让车舆法驾（皇帝专用车队）去迎接司马伦。司马衷则坐着云母车（王侯级别用车）依依不舍地离开皇宫，到金墉城居住。尚书和郁、琅琊王司马睿、中书侍郎陆机等人送到金墉城才返回，留下一个叫张衡的带兵看管司马衷。

司马伦在5000士兵护卫下，登上了太极殿，在众人的山呼声中僭位称帝，大赦天下，改司马衷的永康二年为自己的建始元年，尊称司马衷为“太上皇”，改皇家监狱金墉城为永昌宫，废皇太孙司马臧为濮阳王。立世子司马荂为皇太子、改封次子司马馥为京兆王、三子司马虔为广平王、四子司马诩为霸城王，兄弟四人均担任侍中，并且都各自带兵（按惯例侍中是没有带兵权的）。任命梁王司马肜为宰衡（将“太宰”与“阿衡”合并，比二者高一个级别），何劭为太宰，孙秀为侍中兼中书监、骠骑将军、仪同三司。义阳王司马威担任中书令，张林为卫将军，其他同党羽都升为高级官员，并冠以各种名目的将军头衔。任意越级提拔，得到升迁的人多到一时难以统计，连卑微的奴仆、士卒、杂役都加封爵位。每当朝会时，整个朝堂都是戴着饰有貂尾、玉蝉官帽的高级官员。导致一时间找不到那么多的貂尾，朝廷于是脑洞大开，用狗尾来代替，当时就有人把这种滥封官爵的现象编成段子加以嘲讽：“貂不足，狗尾续”，这就是成语“狗尾续貂”的由来。

更加离谱的是，这一年全国所荐举的贤良、秀才、孝廉等各名目的候选官员全部免试，直接当官。各地掌管簿计（统计与财会类人员）的官员及16岁以上的太学生都直接成为朝廷正式官员，而这一天凡是在职的郡守和县令全都成了侯爷，郡里下属的小官吏也全都成了孝廉，县一级的小官吏则都成了廉吏。由于受封的人数太多，来不及铸印，就发给他们一方无字印模，让他们自己或找人雕刻。封官封到如此程度，实在令人瞠目结舌。

但也有耻于接受这种廉价封赏的，平南将军孙旂的儿子孙弼，侄子孙髦、孙辅、孙琰，因趋炎附势，主动与孙秀合成一族，在这次全国性封赏运动中，兄弟四人都升为将军，封郡侯。孙旂本人也被晋升为车骑将军、开府，孙旂认为子侄们接受司马伦的超常规官爵，肯定会招来灭族之祸，就派幼子孙回去责备孙弼与堂兄弟，孙弼等人不听，孙旂见制止无效，只能一个人伤心垂泪。

司马衷当皇帝，旁人除了看笑话，就是想着如何专权谋利，倒没有人想去夺他的傀儡皇位。如今司马伦公然篡位，自然就有人要站出来讨不平了。当时盘踞在东南的齐王司马冏（镇守许昌）、西面的河间王司马颙（镇守长安）和北面的成都王司马颖（镇守邺城）忿然之情溢于言表，他们都拥有强大的军队，雄踞一方。

孙秀也感觉到司马冏等人心怀不满，便选拔亲信党羽，安插到这三位王爷的地盘当助理，甚至是州郡长官。并效仿“二桃杀三士”的典故，晋升司马冏为镇东大将军，司马颖为征北大将军，都开府仪同三司，晾下一个司马颙不动。可由于他们封赏过滥，3 位王爷对此似乎并不以为意。

司马伦的内部也并非铁板一块，虽然坐在皇位上的是司马伦，可大家都心知肚明，政令都出自孙秀。司马伦所下达的诏令，孙秀如果认为不合自己的意，随手就改，甚至把司马伦的诏书作废，自己再重新起草。而且孙秀本人往往又拿不定主意，朝令夕改就成了常态，早上才颁布的命令，下午又改了，文武官员像流水一样换来换去。

卫将军张林原本就看不惯孙秀，对自己得到的封赏极为不满，怨恨孙秀没有给他享受“开府”的待遇。于是，暗中给太子司马荂写密信，状告孙秀专权，其行为已经违背了众人的心愿，而他所封的功臣都是些无赖小人，扰乱了朝政，应当把他们全部清除。张林的脑袋不是被驴踢了，就是被门夹了，明知道孙秀是司马伦的红人，如今权势通天，你贸然找浅薄无知的司马荂告状不是找死吗?

果然，司马荂收到密信后，不知该如何处理，就呈给了老爸司马伦，司马伦对孙秀的倚重，就差没让他跟自己一块挤在龙椅上接受百官的朝拜了。所以第一时间又把信交给到孙秀手里，结果是张林被夷灭三族。

在孙秀清除异己的时候，身处许昌的齐王司马冏正盘算着要用武力讨伐征讨祖叔司马伦呢，恰巧其封国离狐郡（今山东枣庄市以北）的王盛和豫州颍川郡（今河南许昌禹州市）人王处穆在浊泽（今河南新郑市西南）招兵买马，图谋造反，前往投奔的百姓络绎不绝。司马冏心里偷着乐，对发生在自己辖区内的民变采取乐观其成的态度，任由他们闹腾。当时在齐王军中担任司马的是孙秀派来的管袭，他把情况报告给朝廷后，司马伦连忙派张乌前往许昌查看司马冏的动向。

司马冏一面热情款待张乌，奉上丰厚的劳务费，一面让管袭制定讨伐二王的作战计划，张乌得了好处，听了一番汇报后，就回京复命去了，说齐王没有异心，正在积极筹备剿贼事宜。司马冏集结、调动起部队来，也就变得堂而皇之，肆无忌惮了。

张乌刚离开许昌，司马冏就命令管袭率部秘密开往浊泽，一举击杀了王盛、王处穆，将二人的首级送往洛阳，让司马伦、孙秀更加坚信他没有反心。得胜归来的管袭，迎接他的不是庆功宴，而是断头饭，司马冏打出讨伐赵王的大旗，正好用他的人头来祭旗，以壮军威。

永康二年（301年）三月，司马冏召集豫州刺史何勖、龙骧将军董艾等人起兵。派使者分别联络成都王司马颖、河间王司马颙、常山王司马乂、新野公司马歆，并向四征四镇（四征：征南、征北、征东、征西将军；四镇：镇南、镇北、镇东、镇西将军），以及各州、郡、县发布檄文，宣布："逆贼孙秀，迷惑误导赵王，在国家危亡的时刻，当共同出兵讨伐，如有抗命，屠灭三族。"

成都王司马颖见过齐王派来的使者后，当即与自己的智囊、邺城令卢志商量对策。卢志出身于北方望族，是三国时期刘备的老师北中郎将卢植的曾孙，他跟司马颖的关系，就如同孙秀与司马伦的组合。他一上来就说："赵王篡逆，人神共怒。殿下召集英雄豪杰讨伐叛逆，是顺应民心，扶持正义之举，百姓一定会高举双手，没有不成功的道理。"一席话把司马颖说得热血沸腾，遂任命卢志为咨议参军，兼左长史。另外，司马颖还任命兖州刺史王彦、冀州刺史李毅、督护赵骧、石超（石苞的孙子）等人为前锋。消息传出后，民众不分远近，纷纷前来响应。部队到达弘农郡朝歌县（今河南淇县）时，人数已达20多万。

常山王司马乂，在他的封国（今河北正定县）跟太原郡内史刘暾约定，各自率军队南下，作为司马颖成都兵团的后援。

新野公司马歆接到司马冏的檄文后，不知该何去何从，心腹王绥分析道："殿下跟皇上（司马伦）的血缘最亲近（司马伦是司马歆的亲叔叔），而且其势力强大；跟齐王的血缘疏远，而且其势力微弱，您应该拥护皇上。"参军孙询当众指责王绥："在大是大非的问题上，还论什么亲疏强弱？司马伦十恶不赦，人人得而诛之，应当联合起来共同讨伐。"司马歆于是决定响应司马冏。

河间王司马颙的情况比司马歆还要复杂，安西参军夏侯奭嗅觉灵敏，早就在始平（今陕西兴平市）聚集了数千兵众，准备响应司马冏，并派人邀请司马颙一起行动。而司马颙听从长史李含的建议，派主簿房阳、振武将张方率军突袭夏侯奭部，生擒夏侯奭及其同党数十人，在闹市区斩首示众。

夏侯奭的人头刚刚落地，司马冏的使者就进了城。司马颙跟司马伦、司马冏的关系都差不多，一个是堂叔，一个是堂侄，而如今的皇帝是司马伦，实力又占优，所以不用过多考虑就将使者塞进囚车送往洛阳。随后派张方率领关右的精兵强将东进，打算支持司马伦。

张方抵达华阴（今陕西华阴市）时，司马颙得到情报：齐王、成都王兵力强盛。于是又改变立场，加授李含为龙骧将军，率领督护席薳等人追回张方的部队，发表声明呼应齐王、成都王。

司马冏的檄文传到京城时，洛阳市民议论纷纷，流言四起，司马伦、孙秀大为恐慌。为欺骗民众，稳定人心，孙秀伪造了一份声称是司马冏送来的奏章，内容为：不知道从哪里冒出的匪徒突然向我围攻，我胆小、能力又有限，只好向朝廷靠拢，请求朝廷派禁军援救，我只求能回到封国，就算是死也落叶归根了。

司马伦将伪造的奏章拿到朝堂上公布，那些不明真相的大臣不由松了一口气。只有造假的孙秀不敢松气，迅速调兵遣将：派上军将军孙辅、折冲将军李严，率7000士兵从延寿关（今河南偃师东南）出发；征虏将军张泓、左军将军蔡璜、前军将军闾和，率9000人马从堮坂关（今河南登封市东南）出兵；镇军将军司马雅、扬威将军莫原，率8000人马从成皋关（今河南荥阳市西北汜水镇）进兵。这三路兵马的任务是南下对付司马冏。再派自己的儿子孙会指挥将军士猗、许超，率禁卫军3万人，北上抵抗司马颖。征召赋闲了10年之久的东平王司马楙（司马孚的孙儿，司马颙的堂兄）为使持节、卫将军，统一节制、指挥各路人马，并负责保卫京师；京兆王司马馥与广平王司马虔各领4000禁军，作为北线的后续部队。

第十七章　晋惠帝复辟，司马冏专权

古代的人都比较迷信，司马伦、孙秀也不例外，做完人事后，又开始做鬼事，派一个叫杨珍的人日夜到宣帝庙祈祷请求，得到不少好消息，说是宣帝（司马懿）庇佑陛下（司马伦），不日必当破贼。又拜道士胡沃为太平将军，让他施展法术，招来福佑。孙秀家中各种祭祀陈设是一应俱备，神职人员天天在制作诅咒敌人、克敌制胜的巫术文章，军队作战的日期由巫师选定；另外再派人身穿着用鸟毛编成的羽衣，登上嵩山谎称是仙人王乔（古代神话人物，周朝第27任天子周灵王的太子，称王子乔，传说在嵩山得道成仙），“王子乔”亲笔写下仙书“司马伦帝位长久稳固”，以迷惑民众，同时也是安慰自己。

此时，从堮坂关出发的征虏将军张泓，率部推进到阳翟（今河南禹州市），首战就击溃了司马冏的前锋，杀伤了数千人。当时司马冏的大军距离阳翟40里。司马冏渡过颍河后，进攻张泓失利，败退至颍上（今安徽颍上县）。张泓乘胜追击，双方在颍河附近摆开阵势。

司马冏在初战不利的情况下，只派轻骑兵迎战，而朝廷其他部队则袖手旁观，更离谱的是上军将军孙辅、徐建所统领的部队在夜间忽然自乱，二人径自跑回洛阳自首。孙、徐逃跑时，以为其他人都跟他们一样，就向司马伦报告说："齐王兵力强盛，势不可当，张泓等已经覆没。"司马伦惊慌失措，决定隐瞒此事，急令司马虔、许超回师，保卫京城。这时张泓派回报捷的使者也回到洛阳，捷报说他们3次击败了齐军，司马冏已经开始败逃。司马伦转惊为喜，又派司马虔和许超返回前线。

张泓连战连胜，已把司马冏赶过了颍水，原先还在观望的其他队伍见此也纷纷靠拢过来，张泓一看有人要抢胜利果实，首先率部渡过颍水，向司马冏发起总攻。司马冏被逼急了，遂放手一搏，置正面的张泓不顾，全力攻击从侧翼包抄过来的孙髦、司马谭部。孙髦、司马谭等抵挡不住，士兵争先溃逃，张泓只好跟着撤退。

张泓虽然撤退，可他并没有败逃，而是收集余部准备再战。孙秀得知前方失利后，不是如实向朝廷通报，而是编造谎言，说已经击破齐军，生擒了司马冏。让百官向司马伦祝贺。

在北线，成都王司马颖的军队抵达黄桥（今河南淇县西南）时，孙会、士猗、许超等人迎击，朝廷方面虽然只有3.8万人，可他们是禁卫军，战斗力了得，一战就斩杀对方一万多人，令成都兵团胆寒。司马颖准备退保朝歌，咨议参军卢志、兖州刺史王彦劝阻说："我军出师不利，士气受挫，此时撤退，必将导致军心更加涣散，再也难以形成战斗力。胜败乃兵家常事，一时失利也在所难免。我们有20万之众，不如挑选精锐，乘夜急行军，兼程南下，出其不意，攻其不备，这才是上策。"司马颖当即让都护赵骧率领8万人马南下。

黄桥大捷，司马伦自然要对有功将士进行封赏，这一封就坏事了。孙会、士猗、许超三人都分别"持节"，再加上司马馥、司马虔两位王爷，5个人之间谁也不服谁，更别谈听命于人了。结果是，军令紊乱，又自恃打了胜仗，根本不把地方部队的成都兵团放在眼里。司马伦只好授予太子詹事刘琨使节，让他率1000步兵督促各军。

司马颖瞧准机会发起反攻，在溴水会战（溴水发源于河南省济源市，流经孟州市注入黄河），孙会等大败，向南撤退。刘琨虽然烧毁了河桥，可司马颖还是乘胜挥师渡过了黄河，向洛阳推进。

自从司马冏等人起兵，朝中就有人蠢蠢欲动，打算找机会杀了司马伦、孙秀，建立奇功。孙秀知道坏事做多了，不敢迈出中书省一步，等接到北线大军溃败的消息，更是忧愤交加，不知所措。孙会、许超、士猗等人逃回洛阳，找孙秀商讨对策。有人提出召集残余的兵力，拼死一战；有人主张焚毁宫殿，杀掉所有反对势力，然后挟持司马伦南下，投奔驻守襄阳的孙旂，或是驻守的孟观；还有人提出乘船由黄河东下，入海谋生；一时众说纷纭，始终未能拿出个统一方案。

这时，南线又传来坏消息：张泓在阳翟被齐军击溃，孙辅等人阵亡。之前关闭宫门，使司马允功败垂成的左卫将军王舆对形势作了一番评估后，再次作出抉择，与广陵公司马漼（司马伷最小的儿子）率领所属部队700多人，从南掖门（南侧门）进入皇宫，三部司马在内部响应。王舆径直往中书省而去，孙秀吓得紧闭大门。王舆下令放火烧屋，孙秀、许超、士猗等人仓皇逃出，左卫将军赵泉当场斩杀3人。随后，其他党羽孙奇、孙弼以及前将军谢惔等人被逐一诛杀。

王舆召集“八座”进殿（朝廷八个部门的高级官员），劝司马伦起草诏书：“我为孙秀等人所误，致使三王发怒。现在孙秀已诛，将迎太上皇复位，我告老还乡，安度晚年。”一面派人去迎回惠帝司马衷，一面派人传示诏书，用驺虞幡命令各路将士停止战斗。

司马伦把责任推卸给死鬼孙秀后，从华林东门出宫，和司马荂一起回到位于汶阳里的赵王府。官员们有家不敢回，各自奔逃。司马衷虽然平庸，但本人没做过伤害百姓的事，因此当他被从金墉城解放回来之时，百姓们夹道欢呼万岁。

司马衷重升宝殿，文武官员叩头请罪。司马衷安慰他们，说这不是大家的罪过。并下诏逮捕司马伦、司马荂，将他们送往金墉城，听候处置。

当初买凶击杀司马允的司马虔，奉孙秀之命在九曲（今河南巩义市西南）担任防备司马颙从西面进攻的任务，听到政变的消息后，不是有多远跑多远保命，而是扔下军队，独自跑回洛阳的家中躲了起来。

永宁元年（301）四月初九，司马衷宣布大赦，改司马伦的“建始元年”为永宁元年。为了庆祝胜利，特准全体臣民畅饮5天。分别派使节慰劳司马冏、司马颖、司马颙3位亲王。梁王司马肜赶紧表忠心，上表称司马伦父子叛逆，论理当诛！有了司马肜的上书，接下来只需走个程序了。

于是，派尚书袁敞“持节”赐司马伦死罪，勒令他喝下当年贾南风喝过的金屑酒。司马伦羞愧难当，用手巾遮住脸，连声哀叹：“孙秀误我！孙秀误我啊！”此时距离他毒杀贾南风才过去1年零1个月又4天。接下来，是他的儿子司马荂、司马馥、司马虔、司马诩无一幸免，这哥几个临死还在互相埋怨，司马馥对司马虔说："如果当初你不指使伏胤杀淮南王，就不会有今天，是你连累我们家破人亡啊！"

司马伦一家伏法后，那些狗尾续貂的官员也就当到头了，被一律罢免！导致全国的机构和部门都变得空荡荡的。就在处死司马伦的当天（四月十三日），成都王司马颖到达洛阳。十五日，河间王司马颙也赶到了洛阳。司马颖派赵骧、石超南下阳翟协助司马冏讨伐张泓，张泓等人至此全部投降。这场夺权内战虽然仅历时 60 多天，却导致近 10 万人死于战争。为了给民众一个交代，经廷议，又在洛阳东市公开处斩战犯张衡、闾和、孙髦、伏胤等。在阳翟已经向司马冏投降的蔡璜也被逼着自杀。司马威是皇帝司马衷指定的钦犯，说：就是这个司马威抢夺玉玺，逼俺退位的，还差点把俺的手指掰断。于是司马威享受单独执行死刑的待遇，这应该是司马衷当皇帝以来，唯一按照自己的意志，亲口下令处死的人。

荆州襄阳郡（今湖北襄阳市樊城区）太守宗岱执行司马冏的命令，斩杀了和孙秀合族的孙旂，永饶冶令（冶炼厂负责人）空桐机（复姓空桐，名机）杀了追随司马伦的孟观。二人的首级都被送到洛阳，三族被灭。

接下来，司马衷下诏立已故太子司马遹唯一幸存下来的小儿子襄阳王司马尚为皇太孙。

六月初二，首倡大义的司马冏才意气风发地率领部众开进洛阳，在通章署（各地驻京办事处）前举行了盛大的阅兵式，披甲之士达数十万，"旌旗器械之盛，震于京都（避景帝司马师讳，称都不称师）"。

司马冏此举的用意，一是为自己在南线屡战屡败挽回面子，二是震慑朝廷，三是向成都王和河间王秀"肌肉"。这也是他迟迟才进入洛阳的原因，毕竟拼凑几十万盔明甲亮的威武之师是需要时间的。

司马冏秀完"肌肉"后就在通章署驻扎下来。皇帝司马衷果然被他的来头所震慑，前往拜他为大司马、加赠九锡之命，一切待遇均依照司马懿、司马师、司马昭、司马炎辅政曹魏时的先例。此次起兵贡献最大，奠定胜局的司马颖论功行赏，也加九锡，进位大将军、都督中外诸军事，假黄钺，主管朝廷机要，录尚书事，入朝不趋，剑履上殿；而最后时刻才转变立场的司马颙，则晋升为侍中、太尉，加授三赐（弓箭、刀斧、璧玉，代表有出征权、杀伐权、不受限制的饮酒权）之礼；封常山王司马乂为抚军大将军，统领左军；广陵公司马漼加封为广陵王，兼任尚书，加授侍中；新野公司马歆也成了新野王，升任使持节、都督荆州诸军事、加授镇南大将军。梁王司马肜被重新任命为太宰，兼任司徒。齐王、成都王、河间王都在自己的王府设置40名官员，而且以武官为主，文官不过是配属数人装点门面。

对于这样的人事安排，别说低能皇帝司马衷难安其位，就是诸王之间为了争权夺利，也非要打个头破血流不可，尤其是同时出了两位加封“九锡”的大王。

为了庆祝伟大胜利，以第一个举兵讨伐自居的司马冏率大伙拜谒皇家陵墓。司马冏进洛阳时，亲自率领部下前去迎接并鞍前马后为司马冏张罗的司马歆，一下子成了司马冏的贴心人，两人同乘一辆车去祭拜祖宗。司马歆就趁机劝司马冏说：“成都王是当今皇上的亲弟弟，跟您共同建立了巨大功勋，应该留他在朝廷，与您一起辅佐朝政。如果您办不到，就应当剥夺他的兵权。”而同一时间，在另一辆车上，常山王司马乂也跟异母弟司马颖说：“当今天下，是先帝（两人的亲爹司马炎）的大业，你应该维护其正统性。”

天下没有不透风的墙，四位王爷的谈话内容还是被传了出来。司马颖的咨议参军卢志就开导自己的老板说：“齐王的部队号称百万，可是跟张泓在战场上却打成僵局。殿下抢先渡过黄河，论功劳无人能及。而今齐王却要与你共同辅政，我听说‘两雄不能并存’，眼下最好以太妃（司马颖母亲程太妃）身体欠佳、需要侍奉为由，请求返回邺城，把大权让给齐王的同时，也把责任全推给了他，以此来收揽人心，这是上策。”

于是司马颖入朝拜见皇帝哥哥，说自己不敢贪天之功，都是大司马司马冏的功劳，自己只是尽了一点微薄之力，母亲程太妃身体抱恙，日夜盼着他回去，因此请求返回邺城。司马衷是个没妈的人，非常理解一个儿子对母亲的依赖，当即同意了司马颖的请求。

司马颖出了皇宫，连王府也没回，直接从东阳门往邺城方向而去（司马炎死后，他那一万多皇妃都安置到邺城），走了一程，觉得不妥，又派信使去向司马冏辞别，司马冏非常惊讶，决定以送行为由，追上去问个究竟，直到七里涧（今洛阳市东北）才追上。司马颖见司马冏追来，为了表明自己没有野心，便停车与司马冏话别，一再表示自己回邺城只是担心母亲的病情，半句不提时政，只谈亲情，说到动情处是泪流满面。这一下司马颖圈粉不少，天下人都称赞他贤明。

司马颖的匆匆离去，等于推辞了之前的所有封赏，鉴于舆论压力，朝廷方面再派太尉王粹带上司马衷的诏书，把之前加在他身上的礼遇重申一遍。司马颖按照卢志的建议，只接受大将军封衔，其他待遇坚辞不受，但又上表请求赏赐自己的手下卢志、和演、董洪、王彦、赵骧等 5 人，朝廷照准，5 人全部封为开国公侯。

司马颖的表演秀还在继续，他首先上表请求调运 15 万斛粮食去赈济受战祸影响的阳翟居民。又命人赶制了 8000 多副棺木，收殓在黄桥战死的 8000 多名将士，并建立墓园、修建纪念碑，再拿出自己的俸禄慰问、表彰烈士家属，把抚恤金标准提高了两个级别。同时命令河内郡温县政府负责安葬司马伦的 1.4 万名战死士卒。这些举动使司马颖的名望更高，美名迅速传进千家万户。

与之形成鲜明对比的是，司马冏成为一言九鼎的辅政大臣后，就回到司马攸以前的豪华宫殿居住，并对齐王府进行大规模扩建和整修，把北边的粮食市场拆迁，划归齐王府，将南边数以百计的民房推平，用于修建大司马办公大楼，指派一流的建筑大师设计，规模和格局与司马衷的宫殿完全一样，向西开凿皇宫千秋门的墙壁，将齐王府与西阁连接起来，在后廷设置悬钟乐器，前庭陈列八佾舞蹈，这些在孔子看来都是礼崩乐坏、犯上作乱的“是可忍孰不可忍”的行为。

可自以为大权在握的司马冏，完全不顾众人的感受和议论，享受起权力带给他的快感，不肯入朝拜见皇帝。在自己的府中任命百官，用符节号令三台（大司马、大司徒、大司空），任用官吏不讲原则，只宠信亲近之人。让车骑将军何勖领中领军，封自己嫡系部队中的将领葛旟为牟平公，路秀为小黄公、卫毅为平阴公、刘真为安乡公、韩泰为封丘公，号称“五公”，把重要的职务委派给他们。殿中御史桓豹向皇帝司马衷奏事时，由于事先没有到齐王府备案，竟然被严刑拷打致死，令朝野为之震惊。司马冏的所作所为，让“朝廷侧目”，导致的结果是“海内失望矣”。

司马冏的很多下属也为此感到忧心忡忡，南阳处士郑方用书面形式指出其“耽于酒色，燕乐过度，自以功业兴隆不知收敛”等五大过失，极力加以劝谏；主簿王豹多次规劝无果，也上书司马冏，劝他与成都王分陕而治，尽出藩王，以防患于未然。恰好刚恢复长沙王爵位的司马乂到大司马府谢恩，看到了王豹的劝谏信，指责王豹离间骨肉，义愤填膺地要求处死王豹。于是，司马冏将王豹杀了。王豹被拖出去之时，大声喊道："把我的头挂在大司马门上，我要见证大军围攻齐王的那一天!"

东莱王司马蕤是司马冏的亲哥哥，由于早年过继给已故的叔父辽东悼惠王司马定国为嗣，袭封辽东王（后改封东莱王），才使司马冏承袭了齐王之位。司马蕤内心的感受可想而知，除了诅咒命运不公，只能借酒浇愁，喝醉后就开始骂人，骂叔父死得早连个种都没留下，让自己来顶包；骂老爸偏心，自古没有听说把长子出继给人的；骂弟弟命好，捡了个大便宜（辽东是苦寒之地，无法跟齐地比），并想着法子侮辱司马冏。司马冏因为他是兄长，自己确实得了便宜，就不跟他计较。

司马冏起兵讨伐司马伦之初，司马蕤和他的弟弟北海王司马寔遭到逮捕，廷尉打算处死他们，太子中庶子祖纳极力劝阻，他们才得以幸免。到司马冏率领兵众进入洛阳时，司马蕤早早就在路旁迎接，可此时的司马冏已经是大司马，不是他想见就能见的。司马冏派人告诉他，说要等部队安顿下来后再接见他。司马蕤恨恨地道说："我受你的牵连，差点丧命，你怎么不念一点亲情呢!"

司马冏掌权后，加封司马蕤为散骑常侍，加任大将军，兼任后军将军、侍中、特进，增加封邑补足 2 万户。司马蕤并不满足，又向司马冏要求开设府署、享受三公待遇。司马冏这次倒是坚持原则，以晋武帝司马炎的儿子吴王司马晏、豫章王司马炽还没有开设府署为由，予以拒绝。

司马蕤因此更加怨恨司马冏，于是秘密上书皇帝，指控司马冏专权横行，又找到自以为立了大功，却没有得到封赏而同样心存怨恨的左卫将军王舆，两人共同策划，阴谋罢黜司马冏。

王舆两次在关键时刻见风使舵都获得巨大成功，如今又想故技重演，可命运之神不会总眷顾他一个人。他和司马蕤之间的阴谋很快败露，司马蕤被贬平民，发配上庸（今湖北竹山县西南），上庸内史陈锺按照司马冏的指示，将他秘密处死。

对于王舆，从他关闭宫门对抗司马允的那一刻起，就被人视为司马伦的走狗，后来背叛司马伦、杀孙秀，也算是戴罪立功，能保住地位已经不错了，还敢出来搞事，新账旧账一块算，被明正典刑，夷灭三族。

司马冏兄弟相残的同时，另一对跟他情形相仿的兄弟，也在等着他处理，这就是东武公司马澹与原东安王司马繇兄弟。当年司马澹怨恨父母偏心，忌恨弟弟司马繇，在汝南王司马亮面前说了不少坏话，将司马繇夺爵，贬到带方郡（今朝鲜半岛）。司马繇的老娘诸葛氏见司马冏掌权，又处理了名声不好的大哥，就打报告指控司马澹不孝，说司马繇如何如何的好，请求将司马繇召回。朝廷于是将司马澹发配到辽东，召回他的弟弟司马繇，恢复其东安王爵位，并出任尚书左仆射一职。司马繇没有忘记跟他一同落难，长期闲居在家的东平王司马楙（司马望的儿子），举荐司马楙都督徐州诸军事，镇守下邳（今江苏邳州市）。

第十八章　官逼民反，民不得不反

西晋王室忙着争权夺利之时，有人看形势不对，开始为自己打算了。散骑常侍张轨籍贯为安定郡乌氏县（今甘肃平凉），祖父张烈为曹魏外黄县令（今河南民权县西北内黄集），父亲张温为太官令（宫廷后勤主管）。张轨年少聪明好学，曾经有幸与中书监张华谈论过人生，深得器重。后被卫将军杨珧征召，授职为太子舍人，累升至散骑常侍、征西军司。

张轨见证了晋王朝的风云变幻，眼看着国家将被带入多灾多难的深渊，就萌生了盘踞河西（河西走廊）的想法，于是便主动请求回原籍担任凉州（今甘肃省武威，下辖姑臧、宣威、揟次、苍松、显美、骊靬、番和7县）刺史。那可是个苦地方，很多人都不愿去，张轨是自告奋勇第一人，公卿大臣们也趁机推举他。于是，张轨就被任命为护羌校尉、凉州刺史。

当时，河西鲜卑叛乱，盗匪横行，张轨到任后，立即予以坚决打击，平叛、剿匪双拳出击，斩首一万余人，张轨的威名震撼了整个河西走廊。之后又以宋配、阴充、氾瑗、阴澹为智囊，建立学校，设置崇文祭酒，如同别驾（州府中总理众务之官，一般由皇族担任）一般，在原城之外增筑了四座城邑，广招能人名士，大量接纳逃难的百姓，将凉州打造成世外桃源。秘书监挚虞是研究天象方面的专家，私底下向人透露天机："天下将乱，避难之所唯有凉州而已。凉州张刺史德行气量不凡，莫非应在此人身上！”

益州的情形则完全相反，不管是已经脱离朝廷的原益州刺史、现在的大都督赵廞，还是朝廷新任命的益州刺史罗尚，能力和见识都比张轨差了一大截。赵廞利用流民力量建立太平政权之初，曾当面称赞李庠为“一时之关张”，委以重任，拨付钱粮让他招募勇士，到北方守边。

可是赵廞的长史杜淑、司马张粲却提醒说：“大将军刚刚起兵，就仓促委任李庠拥兵在外。他毕竟是氐人，跟我们不是同类，不可能与我们同心同德，这就好比是把倒拿着的长矛递给别人呀，应该尽快想办法解决。”一席话让赵廞如醍醐灌顶。

正好李庠前来求见，他是来劝说赵廞称帝的，因为赵廞给他的任务很明显是抵御朝廷的军队，既然要跟朝廷抗衡，总得有个名堂，让将士们有盼头，不然的话，这仗就没法打。因此，他对赵廞说：如今朝廷已经乱了套，没什么规矩可言了，明公您应该顺应民心，救百姓于水火，如此则大事可定。

杜淑、张粲马上抓住这个口实，在旁边示意，赵廞当即把脸一沉，厉声喝道：“住口，作为臣子竟然说如此大逆不道的话，给我拉出去斩了！”

李庠就这样稀里糊涂地掉了脑袋，连同他的儿子以及侄儿十多人都遭到诛杀。可李庠的哥哥李特、弟弟李流还各自率部驻屯在成都附近，在罗尚的部队大兵压境之前，赵廞可不想李氏兄弟先闹腾起来。于是，派人前去安抚，说：“李庠是因为说了不该说的话，按律论处的，是罪有应得，可此事不会牵连到兄弟，你们放心好了。”又任命李特、李流为督将。李特、李流自然不能接受这样的说辞，可赵廞此时的势力还很强，为防止再发生意外，遂带着满腹怨恨，率军离开成都到绵竹（今四川绵阳）去了。

赵廞刚松了一口气，牙门将许弇毛遂自荐，请求担任巴东监军一职，杜淑、张粲是坚决反对。双方激烈地争吵起来，许弇一张嘴自然吵不过二人，一怒之下，拔刀就将杜、张砍翻在地，看是你们的嘴硬还是老子的刀硬！杜淑、张粲的随从也不是吃素的，他们一拥而上，又斩杀了许弇。

这一切就发生在赵廞面前。而这 3 个人都是他的智囊，顷刻之间全没了，赵廞也如同失去臂膀的人一样无所适从。可军情紧急，罗尚正带着人马赶来，赵廞只得火速任命费远为长史、李苾为蜀郡太守、常俊为督护，率领1万多人北上阻断通往城都的道路。

费远等人将部队驻防在绵竹的石亭（今四川什邡市东雒江渡口），就等于切断了李雄从绵竹南下成都的道路，让李特感到很不爽。于是，李特秘密召集7000多将士，连夜袭击费远大营，用纵火焚烧的战术，费远军自相践踏，再冲上去砍杀，费远军一下子损失八九千人。李特遂乘胜进攻成都。

成都几乎就是一座空城，根本无法抵挡由氐、羌等组成的虎狼之师。费远、李苾以及军师祭酒张微，半夜砍开城门率先逃命，导致文武官员全部溃散，只剩下赵廞一个光杆司令。赵廞在惊恐中带着妻子儿女，登上一条小船逃亡，当逃到广都（今四川双流）时，被他的随从谋财害命，杀了。

李特的部队进入成都，游牧民族尽情发挥他们凶残、贪婪的本性，大肆洗劫。李特或者是觉得谋反的时机还不成熟，或者是为了获取更多的利益，在纵兵抢掠的同时，还派使者到洛阳，陈述赵廞的罪状，称自己是为朝廷除害。

此时还是司马伦、孙秀当政，他们能有什么好措施，只能听任益州刺史罗尚的处置。罗尚在官场混久了，还颇有点看人的本领，在赵廞刚宣布独立时，他就向朝廷上表说："赵廞不是雄才大略之人，蜀人也不会归附他，他的灭亡指日可待。"朝廷因此才任命他为平西将军、益州刺史、西戎校尉，集军政大权于一身。

李特听说罗尚大军即将到来，心里没底，就派他的小弟李骧前去恭迎，一是献上大笔财物加以贿赂，二是试探罗尚的态度。罗尚为人贪婪，明知道这些钱财是抢劫成都居民得来的不义之财，还是大方接纳了，不但没有追究李氏兄弟的责任，还表示承认赵廞之前所任命的官职，又任命前来送礼的李骧为骑督。

李特、李流见此大为高兴，于是便跑到绵竹准备丰盛的酒席，为罗尚一行接风洗尘。牙门将王敦、广汉郡（今四川广汉市）太守辛冉劝罗尚说："李特等人专干盗匪的勾当，最好趁他晋见你时，把他干掉。不然，一定后患无穷。"罗尚才收了大笔的好处费，还指望他们源源不断地送来，当然不会同意。

辛冉就是当年贿赂梁王司马肜、为孙秀开脱那个家伙，他在关中的时候就跟李特认识，刚刚还劝说罗尚杀掉李特，见未被采纳，转身就对李特阴阳怪气地说道："老朋友相逢，不是吉就是凶啊！"令李特深感不安。

罗尚进驻成都后，汶山郡（今四川理县）羌族部落起兵造反，罗尚派王敦讨伐，结果王敦为羌人所杀。益州的局面由此一发不可收拾，益州的百姓对罗尚深感失望，编排说："罗尚所喜欢的，不是邪恶之徒，就是溜须拍马的佞人；罗尚所憎恶的，不是忠勇之士，就是正人君子。都富可敌国了，还像豺狼一样贪婪，已到了无可复加的地步。"又说："蜀贼尚可，罗尚杀我。平西将军，反更为祸。"

朝廷因此下令秦州、雍州，命二州政府召回流入益州的难民，派御史冯该、张昌前往监督执行。难民首领李特总共有五兄弟，四个弟弟外出闯荡后，大哥李辅就负责在老家略阳（今甘肃天水市东）看守老巢。本来是奉当地政府之命来动员弟弟们回家的，可他一到益州就告诉大家说：中原刚发生重大变乱，没必要理会朝廷的诏令，能不回去就别回去！

李特同意大哥的看法，几次派来自天水郡（今甘肃天水市）的阎式带上丰厚的礼物晋见罗尚，请求让他们先停留到秋天，又贿赂了冯该、张昌等，得到同意。

本来已经说好的事，却因朝廷的一纸诏书再起变故。原来朝廷打算封赏一批讨伐赵廞的有功人员，先任命李特为宣威将军，李流为奋武将军，晋封侯爵，再让益州政府负责调查秦州六郡流民中追随李特一同讨伐赵廞的人员，列出名单上报朝廷，作为赏赐的根据。

辛冉的贪鄙，比罗尚有过之而无不及，打算把消灭赵廞的全部功劳据为己有，把朝廷的诏书，暗中压下，不如实呈报，招致流民一片怨恨。

为了尽赶把流民们赶走，侵吞他们的功劳，罗尚听从辛冉的意见，出尔反尔地限令他们七月上路。当时，流浪到梁、益二州的流民，除了少部分跟着李氏兄弟做强盗以外，大部分分散在各地打工谋生，他们听说此事后，都不知所措，既为生计发愁又怨恨政府不讲情理，加上当年大雨频发，许多粮谷都还没有收割，雇主无法支付工钱，他们自然就没有回家的路费。

李特再次站了出来，阎式再次去见了罗尚，请求延缓到冬天。辛冉和李苾坚持认为不可延缓。罗尚就让别驾（总务官）杜弢充当秀才，听取阎式的意见。阎式头头是道地向杜弢分析了逼迫迁移流民带来的严重后果，杜弢也同意宽限 1 年。然而罗尚却像棵墙头草一样摇摆不定，接受辛冉的建议，坚持必须维护朝廷的威信。杜弢一气之下撂了挑子，辞职不干了。

辛冉甚至产生了一个邪恶的念头，打算杀掉流民的首领，掠取他们的财产，于是与李苾向罗尚献计说："流民在成都抢劫了不少的钱财，不如趁遣返之机，多设关卡严加搜查，不让他们带出蜀地。"罗尚一听，心想，你比我还坏啊，这主意不错！于是命令梓潼太守张演，在各路口要地设立检查站，搜查难民携带的金钱宝物。

李特不断为流民请命，流民们都发自内心地感激他，很多人都不打工了，前来入伙，抱团取暖，要死也死在一块。李特一面大量安置流民，一面给辛冉信请求宽限，辛冉不耐烦了，派人张贴告示，高额悬赏捉拿李特兄弟。李特派人将告示全部取下带回，将内容改为："能送上六郡（指秦州六郡）首领李、任、阎、赵、上官各姓及氐、叟（蛮夷中的一支）部落酋长中任何一个人首级的，赏布100匹。"以上所列姓氏均为参与进攻赵廞的主要家族，流民们更加恐惧，投靠李特的人越来越多，不到1个月就超过2万人，李流也聚集了几千人。

李特此时还想打拖延战，又派阎式去见罗尚，请求延期，看到沿途岗哨林立，戒备森严，阎式叹息："这是要把人往绝路上逼呀！"在得知辛冉等人的态度不会改变后，遂告辞罗尚返回绵竹。罗尚看在又有一次收入的分上，对阎式说："你且回去告诉流民，本官的意见是准许放宽期限。"阎式知道他说话像放屁，便一针见血地提出忠告："刺史大人，您是受奸人的蒙蔽，从目前的态势来看，恐怕没有宽期的可能了，百姓是天下最弱势的群体，也是最不可被轻视的群体，现在不顾情理地一味催促，须知众怒难犯，其后果恐怕就不是明公所能预料的了。"罗尚搪塞说："你说得没错，我绝不骗你，你回去吧！"

阎式回到绵竹，把此行的所见所闻跟李特说了一遍，强调："罗尚虽然口头作了承诺，但他的话不可信。这是因为罗尚的威信不够，辛冉等人又各自拥有强大的兵力，一旦他们变乱，也不是罗尚所能控制的，我们应该作好充分的准备。"李特深以为然。

辛冉、李苾求财心切，两人密谋一番后，决定越过罗尚向李特开战，派广汉都尉曾元、牙门张显、刘并等秘密集结步骑混合兵力3万人，突袭李特的流民营。罗尚得到消息，生怕少了自己的一份红利，也派督护田佐援助。

曾元等人率军冲进流民营门，仍不见动静，等到他们的人马进入一半时，流民营突然伏兵四起，一伙人顿时成了瓮中之鳖，损失惨重。田佐、曾元、张显被当场击杀，李特将 3 人的首级送给罗尚、辛冉。罗尚大惊失色，当着将领们的面气急败坏地说道："李特这个贼虏终于势成与我为敌了，都怪辛冉不听我的话，使李特的气势如此嚣张，现在该怎么办？"

罗尚气急败坏，不知道怎么办的时候，一击得手的李特却头脑清醒。他自任镇北大将军，各路人马都听从他的号令。随后任命弟弟李流为镇东大将军、哥哥李辅为骠骑将军、小弟李骧为骁骑将军，进军广汉攻打罪魁祸首辛冉。

罗尚连忙派李苾、费远率军救援，但这两人都是贪生怕死之徒，畏缩不前。辛冉倒是出兵迎战了，却屡战屡败，只好突围逃往德阳。李特占领广汉后，又派兵进攻城都，罗尚终于想起给过他忠告的阎式，当即给对方写信，让他劝李特千万别冲动，万事好商量。阎式回信责备罗尚当初把自己的话当耳旁风，说辛冉贪婪狡诈，曾元是卑鄙小人，李苾不是带兵的将才。都说故土难离，不到万不得已，谁愿意离开自己的家乡呢？即便离开了，又有谁不怀念故乡，不想回到家乡呢？只是流民们到了蜀地，为了生存被人雇佣，有些人一家分散在几处，又碰上秋雨不停，只能乞求等麦子收上来后，才有路费回家。可你们都干了些什么？流民们是因为不想做任人宰割的羔羊，才出现目前的动乱，如果您当初能够接受我的意见，放宽期限，让流民从容返乡，又怎么会走到今天这一步呢?!

罗尚理屈词穷，又打不过人家，只能大量构筑工事，沿郫水（郫江）布防，战线长达 700 里，同时向梁州刺史及南夷校尉求援。

在如此严峻的形势下，作为权臣的司马冏不是调兵遣将为国家平定叛乱，而是忙着为小家谋福利，于永宁元年（301 年）封他的长子司马超为淮南王、次子司马冰为安乐王、三子司马英为济阳王。

永宁二年（302 年）五月，河间王司马颙看司马冏无所作为，遂派督护衙博南下讨伐李特，进驻梓潼（今四川省梓潼县）；司马冏面子上挂不住，任命张微为新的广汉太守，率兵驻防德阳；罗尚也派督护张龟出兵进抵繁城（今成都彭州市西北），形成三面向李特进攻的态势。

罗尚之所以撑了 7 个月，并不是因为他有多牛，而是因为李特在这段时间，也在忙于搞政权建设，分散了注意力。此时的李特，已经自称使持节、大都督、镇北大将军，俨然以皇帝身份进行封拜，任命长子李始为武威将军，次子李荡为镇军将军，少子李雄为前将军，李含为西夷校尉，李含的儿子李国离、任回、李恭、上官晶、李攀、费佗等人为将帅，任臧、上官惇、杨褒、杨珪、王达、麹歆等为卫士，李远、李博、夕斌、严柽、上官琦、李涛、王怀等人为僚属，阎式为谋主，何世、赵肃为心腹。针对罗尚贪婪、残忍，已站到百姓对立面的情况，李特与民约法三章，施以恩惠，取消劳役，赈济贫困户，得到蜀地百姓的热烈拥护，百姓都在传唱："李特尚可，罗尚杀我。"

李特派儿子李荡、李雄北上，长途奔袭驻扎在梓潼的衙博军。李特亲自率军攻打近在眼前的张龟部队，大败张龟。李荡和衙博激战多日，最终在阳沔击（今四川梓潼县北）败衙博，歼灭其大部。梓潼太守张演弃城逃跑，衙博率残兵败将逃到葭萌（今四川广元市西南）。李荡乘胜向东进攻巴西（今四川阆中市），巴西郡丞毛植、五官襄珍献城投降。解除了后顾之忧，李荡又回过头来追击衙博，衙博仓皇逃窜，被他抛弃的部众全部投降了李荡。

李特大胜后自称益州牧、都督梁益二州诸军事、大将军、大都督，并且效仿皇帝的做法，改元建初，下令赦免其辖区内的犯罪人员。

八月，李特置成都于不顾，亲自率军东进攻打驻守在德阳（今四川遂宁市东南）的张微。张微倚仗有利地势，和李特相持了一段时间，并在一次反击中差点活捉李特。危急之中李荡不顾生死地大喊着："父亲在敌人重围之中，今天就是我孝忠的日子！"拼死冲杀，手下兵卒受其感染，人人奋勇，终于反败为胜。张微在逃跑中被杀，儿子张存被俘。李特任命将领骞硕为德阳太守，镇守德阳。骞硕不辱使命，还攻城略地，一直打到巴郡的垫江（今重庆市），控制了川东的门户。

李特在出征张微之时，留下小弟李骧带领李攀、任回、李恭等驻军毗桥（今四川成都市新都区南毗河河桥），以防备罗尚。罗尚在得知李特及其大军已开过去对付张微的情况下，仍然打不过李骧，每次出击都大败而归。反倒把李骧给惹毛了，倾巢进逼成都，纵火焚烧城门。李流则绕到成都北面筑营，形成夹击之势。

罗尚见明的玩不转，就想玩阴的。他派部将张兴向李骧诈降，以探听虚实。当时李骧的手下还不到两千人，张兴趁夜间逃回向罗尚报告情况，罗尚遂派 1 万精锐夜袭李骧。李攀在迎战时战死，李骧带领将士们逃奔李流的营寨，并和李流合力回头反击罗尚出城的部队。罗尚的部队刚打了胜仗，正得意扬扬，没想到对方的反击来得如此迅猛，顿时大乱，败逃回城的只有一两千人。

在李特宣布自领益州牧的时候，河间王司马颙则任命许雄为梁州刺史，让李特感到不爽，在收拾了张微之后，他又进兵击败了许雄，接着再拿下罗尚停泊于郫水的水上部队，完成了对成都的合围，李特的威势更加强大。蜀郡太守徐俭见势不妙，率小城军民投降，李特任命李璜为蜀郡太守。至此，罗尚只占据成都大城，与外界完全断绝了联系。罗尚害怕了，急忙派使者求和。

第十九章　内乱再起，司马冏被杀

在益州刺史罗尚逼反难民，招致自己走投无路之时，洛阳城的司马冏也在为自己拼命掘墓。永宁二年（302 年）三月，皇太孙司马尚意外暴亡，意味着司马衷这一脉眼下已经没有直系继承人了。依照顺序，大将军司马颖最有可能成为帝位继承人。当然，这是基于如今的皇后羊献容未能生育，又忽视了皇帝司马衷才 44 岁的事实之上的。

司马冏为了达到长期专权的目的，就在司马衷的侄子中，为自己物色傀儡人选，他将目光锁定在一个 8 岁的孩子身上，这个孩子叫司马覃，是司马衷已故十三弟、清河王司马遐的长子。立司马覃为接班人，司马冏算起来是堂伯父，在各个方面也说得过去，这样一来，既断了众人立司马颖为皇太弟的念头，又能使自己继续控制朝政。于是，他便上奏请册立司马覃为皇太子。此时，在朝中还能说上话的太宰、司徒、宗师、梁王司马肜，也这个节骨眼上死了，标志着司马昭一辈的元老王爷全部退出了历史舞台。

司马衷心有不甘，此时他正当壮年，功能齐全，焉知他就没有后代？可面对强势的堂弟，只能无可奈何地签字，并任命司马冏为太子太师。又按司马冏的意思任命东海王司马越为司空兼中书监。

司马冏如今可以随心所欲了，想起当初起兵讨伐司马伦之时，河间王司马颙那首鼠两端的做派，心里就很不痛快。这一点，司马颙心里也是有数的，虽然司马冏暂时没找他的麻烦，但他不得不小心提防。而促使司马颙率先举起反对司马冏大旗，却源于两个小人物之间的个人恩怨。

李含（不是李特阵营的那个李含）是陇西狄道人（今甘肃临洮县），却侨居始平（今陕西咸阳市西北），很有才干，被狄道、始平两个郡同时举荐为孝廉。安定郡（今甘肃镇原县东）人皇甫商年少轻狂，自恃是州里的豪族，想与出身寒门的李含结交。李含看不惯皇甫商趾高气扬的样子，就拒绝了。让皇甫商觉得很没有面子，他暗中指使州里招收李含当了一名门亭长（负责政府办公楼门卫及通报事宜的小吏，属于没有编制的临时工），以此羞辱李含。

当时的雍州刺史郭奕（感叹羊祜不是凡人的那位）早就听说过李含的名气，出门的时候见到了当班的李含，下车亲切交谈一番后，破格提拔李含为别驾，让他在身边当助理。李含由此飞黄腾达，曾被秦王司马柬任命为秦国郎中令，又被朝廷选为始平郡的中正（纠察群臣过失的官员）。

司马柬死后，李含出任始平县令。司马伦篡位后，有人对孙秀说："李含有文武大才，不能让别人挖了去。"孙秀于是任命李含为东武阳令。河间王司马颙则申请让李含做自己的征西司马，又很快升为长史，深得信任。司马冏起事之初，司马颙先是诛杀了响应司马冏的夏侯奭，又送司马冏的使者给司马伦，再派张方率部支援司马伦，这些都是李含的主意。说明李含对孙秀是怀着一颗感恩之心的，只是在最后时刻司马颙听说二王（司马冏、司马颖）兵力强盛，才改变主意，让李含追回张方。

而少年时代就与李含结下梁子的皇甫商由于出身好，曾出任梁州刺史，司马伦篡位时，皇甫商曾表态积极拥护，及至司马伦倒台，他即被免官回家。皇甫商路过长安，自然要去拜一拜司马颙这尊大神，司马颙本想好好招待一下，李含从中作梗，说："皇甫商如今是戴罪之身，殿下还是不见为好！"

皇甫商得知是李含让自己受到冷落后，更加愤恨。不久，皇甫商时来运转，被司马冏招为齐王府参军。

皇甫商走马上任，司马颙的地盘是必经之路，司马颙就想着要好好弥补一下，便设宴招待，李含作为秘书长，自然要出席宴会。几杯黄汤下肚，皇甫商想起前后两次不同的待遇，未免勾起不快，与李含一言不合就大吵起来，双方借着酒劲，互不相让，就差没动刀子了。

皇甫商到了洛阳不久，朝廷一纸调令下来，任命李含为翊军校尉。李含当然有理由认为这是皇甫商给司马冏出的馊主意，既削弱了司马颙的实力，又把自己弄到身边，好找机会收拾。可想归想，命令还得服从，只好硬着头皮来到洛阳。

而此时夏侯奭的亲哥也在齐王府任职。夏大哥不止一次向司马冏提起弟弟被司马颙杀害一事，李含深感不安，在夏侯奭一案上，他可是主谋。不久，李含又得罪了齐王府的右司马赵骧，这令他更加惶恐。

这天司马冏宣布要在校场举行阅兵，以检验部队的实战能力。神经高度紧张的李含害怕赵骧等人趁机挑毛病，把自己以军法处置，便如惊弓之鸟，单人匹马逃离洛阳，直奔长安。

李含是半夜回到长安的。司马颙听说他回来后，不由自主地琢磨：肯定是朝廷出了重大变故。急忙召见李含，果然，李含一上来就煞有介事地谎称自己带来了皇帝司马衷的口头密诏，命司马颙起兵讨伐司马冏，并劝说道："成都王是皇上的亲弟弟，有大功却不居，返回藩地（邺城），得到天下称赞。齐王越过皇上亲弟专权，令朝野侧目。如今我们奉旨，传檄让长沙王（司马乂）讨伐司马冏，长沙王实力不济，齐王得到消息，一定先杀了长沙王。我们就以此为口实，号令天下起兵讨伐齐王。除掉了齐王，再拥戴成都王，既解除威胁，树立近亲，又安定天下，可是莫大的功勋啊！"

司马颙马上活跃起来，于是上书皇帝，指控了司马冏的种种罪行，宣称："集结大军10万，准备跟成都王司马颖、新野王司马歆、范阳王司马虓会师洛阳。现在，请长沙王先在朝中行动起来，罢黜司马冏，让他回家反省，由成都王司马颖代替司马冏的所有职务。"司马颙把自己的部队动员起来，任命李含为都督（总指挥），率领各军向首都洛阳进发，同时派出使节，邀请司马颖参与。司马颖不听卢志劝阻，当即起兵响应。

司马颙的奏章送到洛阳时，司马冏大为惊慌，紧急召集文武百官商讨对策，他首先表白："先前孙秀作乱，我首先倡导，纠集义师，扫除元凶，作为臣子的节操，可以昭示神明。如今河间王、长沙王听信谗言，制造事端，是到了各位忠臣谋士群策群力来应对这不利局面的时候了。"

司徒、尚书令王戎说："阁下首先举义，建立功勋，诚然伟大。可是没能做到赏罚分明，应该奖赏的人得不到奖赏，所以人心不服，朝野失望。人都有趋利避害之心，如今两位亲王兵力强盛，不可抵挡，如果能放弃大权，回家当个逍遥王爷，或许能求得平安。”司空、东海王司马越赞同王戎的观点，也劝司马冏交出大权。

从事中郎葛旟怒气冲天地大声反驳：“赵庶人司马伦听任孙秀犯上作乱，改天换日，当时天下人只知喋喋不休，却没有谁敢首先站出来。明公甘冒天大的风险，又亲自披挂上阵，才有今天。论功行赏，是三台的事，明公政务繁忙，三台不体恤王事，没能及时拿出方案，及时封赏，错不在明公。二王听信谗言，犯上作乱，论理当诛，怎么能凭一份伪造的诏书，就让明公免职回家呢？汉魏以来，王公失势回家的，有能保全妻子儿女的吗？发表这种言论的人该杀！”文武百官被吓得面无人色，脊背发凉。

王戎惊恐过度，假装寒食散（西晋名士经常服用，来耍酷的一种流行配方）药力发作，往厕所跑，又“不小心”掉进粪坑，才逃过一死。

长沙王司马乂也得到了消息。当会议一结束，司马冏派遣董艾率兵前来袭击他的时候，司马乂身边早已聚集了100多号人，他挥手砍去车上影响速度的帷幔，敞露着飞驰进入皇宫，关闭了所有宫门，把皇帝司马衷“请”出来后，再利用禁卫军反击司马冏。

司马乂命令宫中三部司马发兵攻打司马冏的大司马府。董艾在皇宫西门摆开阵势迎战，双方展开厮杀。司马冏也想控制皇帝，派人企图打通与齐王府相连的千秋门宫墙，司马乂则来狠的，派宋洪等人率军放火焚烧千秋门、神武门及与齐王府连接的各座楼阁。司马冏命令黄门令王湖把驺虞幡偷来，大声喊：“长沙王伪造诏命。”

司马乂一直“保护”着司马衷不离左右，当即将司马衷请上建春门（皇城东门）公开亮相，大声喊道：“齐王谋反，有敢帮他者，就诛他五族！”诛三族已经是当时最高的刑罚了，诛五族的确够唬人的。

当天晚上，洛阳城中战况惨烈，箭如飞蝗，火光冲天，浓烟滚滚。司马衷被挟持在东门上，司马冏的军队进攻时，无法看清夜色中的皇帝，很多流矢射到了司马衷的御座前，陪驾的官员纷纷中箭，死者一个压着一个躺倒在地。忙于救火的勤杂人员，很多人被大火吞噬……

激战持续了三天三夜，司马冏的部众泄气了。眼看取胜无望，大司马长史赵渊阵前倒戈，砍杀了中领军何勖，又绑了司马冏投降。

司马冏被推到金銮殿前，司马衷动了恻隐之心，毕竟自己能重新坐上龙椅，司马冏功不可没，就想开口放他一马。司马乂一看情形不对，抢先呵斥左右："快拉出去！"司马冏求生的欲望强烈，努力回过头来看着司马衷，司马衷的嘴张开着，却没发出哪怕是处死他的金口玉言。司马冏就这样心有不甘地被拖到阊阖门外斩首。司马乂传令将首级传示六军，司马冏的党羽全部屠灭三族，2000 多人人头落地。司马冏的儿子淮陵王司马超、乐安王司马冰、济阳王司马英被关进了金墉城。

诛杀了司马冏，司马乂就顺理成章地成为太尉，都督中外诸军事，大权在握。司马衷要做的就是按老规矩大赦天下、改年号，将永宁二年改为太安元年，此时已经是十二月二十五日，离过年只剩下几天时间。

当初出主意想借司马冏之手除掉司马乂，然后再进兵讨伐司马冏的李含，正屯兵阴盘（今陕西临潼），接到司马司乂已经搞定马冏的消息后，说不清是高兴，还是懊恼，带着队伍返回了长安。

长安城里的司马颙也是五味杂陈，早知道司马冏这么不中用，自己带人直接冲过去得了，何必绕那么大的弯子成全了司马乂这毛头小子。司马乂虽然成了赢家，总掌朝中大权，可此时的他还挺厚道，事无巨细都先向邺城的司马颖咨询，然后再裁决，实际上是让司马颖遥控朝政。司马家族经历了一轮内讧后，又暂时归于平静。

转眼到了太安二年（303）正月。李特占据了成都少城，将罗尚压制在大城后，见罗尚服软主动求和，便开始对占领区横征暴敛，强行征收粮食、马匹供军队使用。原住民纷纷自动合并，结寨自保，李特为了解决流民的温饱问题，就把来自秦州六郡的流民强行摊派到各个寨堡吃饭。

见此情形，益州兵曹从事（军管会秘书）任明向罗尚献计，说："李特原本就是个强盗，靠侵害百姓为生，如今把部众（李特的兵员来自流民，他们战时为兵，闲时为民）分散到各个寨堡就食，这些人骄横、懈怠，完全失去了警惕性，这是上天要灭亡他。我们可以与各寨堡秘密联合，约定日期，对他们实施内外夹击，定能打败他们。"罗尚认为此计可行，让任明实施。

任明先假装向李特投降，李特就让他提供城中的情况，任明说："谷米眼看就要吃光了，只剩下些不能吃的钱财、布匹。"并提出想回家看看老婆孩子，李特很大度地同意了。任明于是秘密说服各寨堡的民众，约定二月十日一齐行动，之后便潜回城中向罗尚报告了情况。

此前，西晋朝廷得以暂时平静，让司马乂能够腾出手来救援岌岌可危的益州了。已经以朝廷的名义命令荆州刺史宗岱、建平（今重庆市巫山县）太守孙阜，率3万水军溯江西上援救益州。宗岱命孙阜为先锋，进逼德阳。李特派次子李荡和蜀郡太守李璜，率兵支援德阳，与伪太守任臧共同抵御朝廷的军队。荆州水军威名赫赫，他们也保持着光荣的传统，更加坚定了各寨堡对抗李特的信心。

二月十日，罗尚从大城派兵袭击李特的大营，李特等人猝不及防，被打得大败。同一时间，各寨堡群起响应，把分散在各寨的流民进行剿杀。李特由于身边兵少，只能往新繁（今成都新繁镇）方向败逃。罗尚的军队是见好就收，他们回城的时候，李特见昔日的手下败将兴高采烈的样子，被气昏了头，竟返身向他们扑来，想打他个出其不意。结果，却犹如飞蛾扑火，李特、李辅、李远被斩杀，士兵焚烧他们的尸体，将砍下的头颅送往洛阳。

李特的败亡犹如晴天霹雳，令流民大为惊恐。李荡、李雄收残拢兵败将退保赤祖（今四川绵竹县东）。李流自称大将军、大都督、自领益州牧，据守东大营。李荡、李雄据守北大营。而晋军建平太守孙阜也攻陷了德阳，生擒守将蹇硕，伪德阳郡太守任臧退守涪陵（今四川绵阳）。

罗尚得势不饶人，派督护常深攻击退到赤祖的李流。牙门左氾、黄訇、何冲分三路进攻李荡、李雄据守的北大营。李流亲率李荡、李雄反攻常深，常深的士兵抵挡不住，星散溃逃。而何冲等人则乘虚攻打李流的北大营，留守北大营的氐人头领苻成、隗伯见晋军势大，临阵倒戈。当时李荡的母亲罗氏就在营中，在这生死存亡的危急关头，罗女士巾帼不让须眉，身披铠甲，指挥作战。激战中，叛徒隗伯刺伤了罗氏一只眼睛，罗氏血流满面，斗志更加旺盛。这时，李流击败了常深，赶回救援，何冲等人遭内外夹击，只能撤退。

苻成、隗伯率领自己的人马拼命杀出条血路，逃往成都。李流哪里肯放过他们！一路追到成都城下，罗尚连忙关闭城门死守。李荡报仇心切，在追逐隗伯中，撞上倚矛而死。

李流因李特、李荡相继死亡，而荆州水军宗岱、孙阜正在逼近，深感恐惧。妹夫李含劝他："不如投降算了！"李流表示同意，李骧、李雄却坚决反对。

可李流还是在五月份送自己的儿子李世、李含的儿子李胡到孙阜大营做人质。李胡的哥哥李离跟李雄密谋一番后，率军袭击孙阜军营。孙阜有人质在手，以为大局已定，没料到对方会来这一手，伤亡惨重。在垫江（今重庆合川）的宗岱悲愤交加，一口气没喘匀，死了。荆州兵团只得撤回荆州。李流惭愧之余，对李雄的才干谋略赞叹不已，遂将军政事务都交给了李雄。

李雄不负众望，在六月又击杀了汶山（今四川茂县）太守陈图，攻占了成都西北的郫城（今成都郫都区），李流像还乡团一样，又将大本营迁回郫城。那些背叛过李氏政权的蜀地原住民，纷纷占据险要地带筑营自保，更多的人见益州刺史罗尚大势已去，干脆向南逃入宁州（今云南一带），或向东进入荆州，导致城镇村落皆无人烟。老百姓都逃光了，李流流民大军无处可抢，开始饿肚子了。当时，只剩下涪陵有1000多户人家，依附于青城山隐士范长生。

范长生是涪陵丹心人，出身土著豪族，与容成公、李耳、董仲舒、张道陵、严君平、李八百、尔朱先生等合称“蜀之八仙”，是成都一带天师道的首领，在长期从事道教修炼中，因注重信义，又兼“博学多艺能，年近百岁”，被当地人“奉之如神”，都自觉成为他的信徒。

罗尚的参军徐舆，请求让他担任汶山太守，由他说服范长生，与罗尚共同讨伐李流。遭到罗尚的粗暴拒绝后，徐舆一气之下，出城投靠了李流。李流任命徐舆为安西将军，徐舆于是游说范长生，让他为李流提供粮食，范长生接受他的劝说，李流的军队因此摆脱了困境，得以重新振作起来。

第二十章　外族作乱，皇族内斗不止

早在太安二年（303 年）正月八日，朝廷在抽调荆州的部队去支援益州平息流民叛乱时，曾颁布诏书，命荆州政府征召壮丁，由于当天是壬午日，故称“壬午诏书”，被征来的壮丁就称“壬午兵”。

都督荆州诸军事的司马歆为政严厉苛刻，招致各少数民族的怨恨。义阳（今河南新野）人张昌，出生于汉化的蛮族家庭，对汉人极端仇视。像所有的胡人一样，张昌长得高大威猛，武力过人，只认准一条胡人的生存法则：以拳头论英雄。张昌相信以自己的块头定能做出一番不同凡响的大事，因此聚集了数千人，准备搞事。

被政府强征来的壬午兵都不愿意离开家乡到与他们毫不相干的地方卖命。可朝廷的命令又十分急迫、厉苛，强迫立即出发，每队壬午兵经过一个郡县的时间最多只能耽搁五天，超过五天，该地两千石以上的官员就要被撤职，因此沿途各郡县的负责人都异常重视，像赶瘟神一样驱逐。那些强征来的壬午兵，在上路不断有人逃亡，逃脱的人又再聚拢在一起，以偷盗、劫掠为生，成了新的祸患。

当年江夏郡（今湖北云梦县）粮食大丰收，各地的饥民蜂拥而至，客商也纷至沓来，导致到该地求生、谋财的各色人等猛增，人员结构变得复杂起来。张昌曾经在平氏县（今河南桐柏县平氏镇）当过县吏，偷到一批官用的旗帜仪仗等物品，声称自己是朝廷直接委派到地方招募士兵的。

为了进一步迷惑民众，张昌改换姓名变成李辰，在江夏郡安陆县（今湖北安陆市）公开招募，各方饥民和逃避兵役的“壬午兵”纷纷前来投靠张昌。江夏太守弓钦派兵讨伐，反被张昌打得大败。张昌遂趁机进攻江夏城，弓钦抵挡不住，带着家人逃到了沔口（今湖北汉口）。

镇南大将军、新野王司马歆派骑兵都督靳满讨伐，也被张昌打得溃不成军。张昌占领江夏后，那里的金库、粮仓等全部归他所有，一下子发达起来。当时在荆州一带都在传言：江东将出皇帝！张昌充分利用这个传言，煽动人心，说：“是该有圣人现世为百姓作主了”。遂物色到同样在山都县（今河南邓州构林镇）当过县吏的丘沈，让他改名为刘尼，并将其包装成汉朝皇室的后裔，尊奉为天子，宣称：“这就是圣人!”张昌设置百官，自封为相国，他的哥哥张味为车骑将军，弟弟张放为广武将军，各自带兵。修建宫殿，礼仪、服饰完全依照汉王朝的旧例，立年号为神凤。有敢于不承认神凤政府、不为他们效力的人，就处以灭族的惩罚，在他们的势力范围，无论尊卑贵贱，没人敢说半个不字。为把民众牢牢控制在自己的贼船上，张昌又散布流言，说官军将要大规模出动，把长江、淮水以南地区的百姓全部杀光，弄得人心惶惶，互相煽动，长江、沔水地区都起兵响应，张昌在一个月之间就聚集到 3 万人，都头戴深红色的帽子，将马尾粘在脸上当须髯，个个都是活关公。

眼看张昌的动静越闹越大，司马歆将情况如实上报朝廷。司马衷虽是皇帝，实权却掌握在司马乂手中。司马乂意识到事态严重，让屯骑校尉刘乔任豫州刺史，驻屯汝南（今河南息县）；宁朔将军刘弘任荆州刺史，驻屯宛县（今河南南阳市）。又诏令河间王司马颙派雍州刺史刘沈带领 1 万州兵，与西府兵（司马颙的直属部队）5000 人从蓝田关出兵讨伐张昌。司马颙拒不服从，刘沈自己带领州兵走到蓝田时，司马颙强行解除他的兵权，逼他交出部队。

当初，司马歆跟齐王司马冏是同一阵营的，为庆祝灭司马伦、孙秀的伟大胜利时，拜谒皇家陵墓的那一幕犹在眼前：司马歆与司马冏并车，司马乂则跟司马颖挤在同一辆车上。司马冏被杀后，司马歆转而向司马颖靠拢，两人又成了契友。司马歆在上书中也请求讨伐张昌，可这时司马乂与司马颖的蜜月期已过，相互之间已暗生缝隙，怀疑司马歆与司马颖图谋不轨，因此禁止司马歆出兵。从事中郎孙洵对司马歆说：“阁下担负着王室藩篱屏障的重任，处在辅佐朝廷的重要位置上，上呈表章的同时就可以采取行动，您完全有这个权力！而今奸邪凶虐滋长蔓延，灾祸难以预测，这难道不是到了支撑王室、镇抚中原的时候了吗！”司马歆准备出兵之时，亲信王绥却说：“张昌就一小贼寇，派个副将就足以制服他们，犯不着违抗诏命，亲临战场！”于是一直拖到张昌打到自己的将军府所在地樊城（今湖北襄阳市），司马歆才出城迎战，结果，他的军队溃败，司马歆兵败被杀。算起来，司马歆是西晋第一个死于乱民之手的亲王。司马乂于是命荆州刺史刘弘接任司马歆的镇南将军、都督荆州诸军事。

司马歆的死惊动了远在邺城的司马颖。司马颖采纳正确意见的能力比司马歆强多了，当即拜表南征（奏章发出的同时就立即行动），命石超（石崇的侄儿）为振武将军、前锋，南下征讨李辰（张昌）。司马颖是个炒作高手，一路上把声势造得大大的，得到很多民众积极的响应。可还没等他靠近，神凤政府已不复存在，叛乱已经被平定。

原来，司马乂启用刘弘真是太英明了，史书记载刘弘有治世之才，小时候由于与司马炎家是邻居，两人又同岁，打小就结下了深厚的友谊，历任太子门大夫、率更令（负责宫殿门户及赏罚事宜）、太宰长史等职，曾给羊祜当过参军。后来得到张华的看重，就推荐他出任宁朔将军、假节、监幽州诸军事，领乌丸校尉。刘弘在边疆很有作为，寇盗绝迹、蛮夷不敢妄动，受到北方官民的称赞。朝廷因此封刘弘为宣城公。临危受命的刘弘不辱使命，带上他的长史陶侃、参军蒯桓开赴襄阳，讨伐张昌。

张昌的神凤军击杀了司马歆后，士气大振，属将石冰先后攻克扬州、江州，另一属将陈贞更牛，相继攻陷武陵、零陵、豫章、武昌、长沙，一个叫封云的临淮人也起兵响应，进占了徐州。于是荆、江、徐、扬、豫等5个州的辖境，大多被张昌占据。张昌选派人员担任占领区的地方长官，这些新上任的官员都是以抢掠、盗窃起家的地痞流氓，一朝得势就无法无天，让他们治理地方，那是越治越乱！

张昌的花招使完了，该到朝廷方面反击了。刘弘派司马陶侃、参军蒯桓、皮初等率军攻打竟陵（今湖北钟祥市），刘乔派将领李杨、督护尹奉率军进攻江夏。

特别值得一提的是陶侃。陶侃出身贫寒，父亲早死，母亲湛氏是父亲从野地里捡回来做小老婆的，父亲一死，母子就被扫地出门。湛氏一个人靠织布养活陶侃，立志要让儿子出人头地，她倾尽所有让陶侃结交有地位的人。陶侃的长相不像汉人，而他所在的庐江郡（今安徽庐江县西南）是少数民族进入中原后的聚居地之一，因此，被人称为“溪狗”（因夷人聚居地有五条溪流而称“五溪蛮”，主要从事织染业）。

陶侃年轻时，曾经服徭役在县里做过“鱼梁吏”（鱼梁，在水中筑堰用以捕鱼的一种装置，鱼梁吏则是监察鱼梁事务的小吏）。一次，陶侃弄来一坛腌鱼，端起架子派人送回家孝敬母亲。母亲问来人：“这是哪里来的?”陶侃派来的人说：“是官府的!”母亲将腌鱼原封退回，并附信责备陶侃，说：“你只是一名小吏，连正式编制都没有，就拿公家的东西给我，这不是孝道，是在增添我的忧愁!”

鄱阳郡孝廉范逵路过陶侃家时，遇上了暴风雪，仓促间就进入了陶家。陶侃实在拿不出东西招待。湛氏吩咐儿子：“你只管陪客人好好聊天，其他的事由我来料理!”她剪下自己那头秀美的长发卖给别人做假发，换来酒菜，让客人开怀畅饮，连仆从也受到未曾想到的招待。而在客人吃喝时，她又把自己当睡铺的草垫撤下来切成草料喂马，还把支撑草房的柱子截下一半当木柴，供客人取暖。

范逵告别时，陶侃又相送了近百里。范逵问他：“你想到郡里当官吗?”陶侃回答：“想，可苦于没有门路!”范逵专门拜见庐江太守张夔，极力赞美陶侃母子。张夔召陶侃为督邮（督察员），陶侃从此踏入仕途。这次张昌暴乱，为陶侃施展才干提供了机遇。

陶侃在与张昌的苦战中，屡次击败对方，前后斩杀了几万叛军，张昌逃窜到下俊山（今湖北通城境内），他的部众全部投降，荆州地区至此宣告平定。当年八月，张昌也被斩杀，首级传送到洛阳，同党全被诛灭三族。

刘弘感叹地对陶侃说：“我担任羊公（羊祜）的参军时，羊公说我日后一定能到他的地位，今天看到你，我相信你也一定能得到我的地位。”陶侃因军功被封为东乡侯，食邑一千户。

在刘弘率部转战各地追歼神风军之时，负责镇守许昌的征南将军、范阳王司马虓（司马懿四弟东武城侯司马馗之孙，范阳康王司马绥之子）派前任长水校尉张奕兼任荆州刺史。等刘弘得胜返回荆州时，张奕拒绝卸任，并率部抗击刘弘，刘弘反击，斩杀了张奕。

经过张昌的折腾，荆州各郡县的郡守、县令大都空缺，刘弘上书请求由州里选派，朝廷下诏批准。刘弘在物色人选时，结合本次平叛的有功人员，都选派那些德才兼备之人，大家佩服他处事公正。刘弘把名单上报朝廷时，原本推荐表现出色的皮初为襄阳太守，朝廷却认为皮初虽然有战功，可是资历不够，另改派刘弘的女婿、原任东平郡（今山东东平东）太守夏侯陟为襄阳太守。刘弘教育女婿说："治理国家，应该从大局出发，如果是亲戚才可以任用，那荆州有十个郡，我上哪找十个女婿来当太守？"随后再上奏朝廷："夏侯陟是我的女婿，按照制度是不能互相监督的，皮初的功劳应该得到体现。"朝廷最终同意他的意见。刘弘于是鼓励农桑，宽刑省赋，使荆州逐渐富裕起来，深受百姓爱戴。

荆州叛乱平息了，西晋王朝内部又要发起新一轮内乱了。原来按照司马颙、李含的构想：长沙王司马乂军事力量薄弱，一定会被齐王司马冏所杀，然后以此为借口，出动大军讨伐司马冏，等大军进入首都洛阳，再罢黜皇帝司马衷，拥立成都王司马颖登基，由司马颙出任宰相，李含则乘机掌权。没料到司马冏却反被司马乂所杀，司马乂成了集军政大权于一身的统帅，司马颖和司马颙仍然是藩王，李含的希望破灭了。

司马颖对司马乂坐镇洛阳操纵朝政，让自己不能随心所欲感到浑身不自在，就想着要把司马乂搞掉。此时，司马冏原来的参军皇甫商，又变成了司马乂的参军。皇甫商的哥哥皇甫重，当时正担任秦州（今甘肃省南部）刺史。

李含不愿看到皇甫氏兄弟一再得势，阴谋诡计又来了，他对司马颙说："皇甫商正受司马乂信任，皇甫重自然不会跟你一条心，应该趁早消除身边的隐患。不如上书推荐皇甫重到朝廷任职，等他上任路过长安时，将他逮住，随便安个罪名，要杀要剐还不是王爷您一句话？"

皇甫重能混到今天的地位，也不是等闲之辈，他得到消息后，一面向尚书台呈上一封公开信，揭露河涧王及其党羽李含的阴谋；一面调动秦州武装部队，指名道姓讨伐李含（不敢招惹亲王）。司马乂因二州（益州、荆州）战乱才暂告一个段落，不希望再生事端，就派使节带着诏书，命令皇甫重取消军事行动，又把始作俑者李含上调洛阳担任河南尹。李含接受任命，皇甫重却拒不服从。

司马颙则命令金城（今甘肃兰州市东）太守游楷、陇西（今甘肃陇西县）太守韩稚等联合西北四郡武装力量，进攻秦州（今甘肃甘谷县）。与此同时，司马颙密令李含与侍中冯荪、中书令卞粹阴谋刺杀司马乂。

李含一到洛阳就引起皇甫商的高度警觉，他的一举一动自然逃不过皇甫商的眼睛。皇甫商将情况报告给司马乂，司马乂迅速拘捕李含、冯荪、卞粹，本着从严、从重、从快的原则诛杀了三人。司马乂的雷霆行动让骠骑将军府从事诸葛玫、前宰相府长史牵秀感到恐惧，遂逃出洛阳，投奔了邺城的司马颖。

司马颙得到李含等被杀的消息后，立即以讨伐皇甫商为名，派张方率7万人马向洛阳进发，同时，派人联络司马颖共同起兵。原本要到荆州平定张昌之乱的司马颖，走到半道得知叛乱已经被平定后，正在懊恼，接到司马颙的邀请，就打算顺势向洛阳进军，共同攻打自己的哥哥司马乂。智囊卢志劝阻说："殿下从前建立过伟大的功业，却放弃权力回到邺城，当时得到了美好的声望。如今只需屯兵城外，穿上文官朝服入京，这就是霸主的事业了！"参军邵续也发表意见说："人有兄弟，就像左手有右手，殿下的理想是整个天下，却想先砍去一只手，实在让人费解。"司马颖已经被欲望和贪婪蒙蔽了视听，决心一意孤行。

太安二年（303年）八月，司马颙、司马颖联合上书皇帝司马衷，说："司马乂对平定司马冏的功劳处理不公，与右仆射羊玄之、左将军皇甫商独揽朝纲，杀害忠良，请诛杀羊玄之（皇后羊献容的老爹）、皇甫商，遣送司马乂返回他的封国。"

司马乂一看，好家伙，我待二位不薄，你们居然如此无耻，好人当不下去了。于是，起好诏书让司马衷盖印："司马颙竟胆敢兴兵进犯京师，我将亲自率领六军诛杀乱臣贼子！兹任命司马乂为太尉、都督中外诸军事，率军抵御二王（司马颙、司马颖）。"

八月十一日，司马颙的振武将军张方已兵出函谷关，从西面向洛阳压来；司马颖率军进驻朝歌，任命平原内史陆机为前将军、河北大都督，统御北中郎将王粹、冠军将军牵秀、中护军石超等，率20万兵马从东面进逼洛阳。

八月二十四日，司马衷亲临洛阳城西6公里处的十三里桥。司马乂大声咨询将士："将士们！今日西讨，大家愿意让谁带领？"六军全体将士齐声回答："愿意跟随嵇绍侍中，勠力前驱，虽死犹生！"于是任命嵇绍为平西将军、使持节，与左将军皇甫商率军1万余人，西上宜阳（今河南宜阳县西），阻击张方。

八月二十八日，司马衷返回洛阳城北的宣武场进行阅兵，作战前动员。部队随后进抵黄河南岸大桥。九月初六，司马颖渡过了黄河，以清水为屏障扎下大营。

司马颖在发动军事进攻的同时，也使阴招，派遣刺客企图行刺司马乂。刺客以通报重要军情为名，求见司马乂，当时长沙国左常侍王矩负责侍卫，见来人神色异常，秉承非常时期采取非常手段的原则，果断把来人杀了。司马颖的斩首行动失败。

这紧张的局势和恐怖的气氛，把一个人吓得不轻，他就是羊皇后可怜的老父亲。羊玄之老实巴交了一辈子，临了被人安了一条"独揽朝纲"的罪名，在忧愁恐惧中，被吓破了胆，一命呜呼。

司马颖的队伍人数虽多，可并不是那么精诚团结，各路人马都不服从主帅陆机的指挥，基本处于各自为战的状态。有个叫孟玖的宦官，深得司马颖的喜爱，孟玖的弟弟孟超在此次行动中也是率领上万人的指挥官（都督），还没开战，孟玖就纵兵大肆抢掠。陆机不敢得罪这个小人，但是军队纪律又必须维护，就派督察队抓了几个肇事者。孟超带上百余铁骑，直闯主帅大营。把人抢走还不算，临走还对着陆机的帐营大骂："貉奴，你会当都督吗？看你能当几天！"貉族为当时的少数民族之一，很多貉人被贩卖到中原的达官贵人家里做奴仆，一个小都督敢如此辱骂主帅大都督，可见司马颖的安排不能服众，部队的战斗力也就可想而知。

九月二十五日，司马衷亲率禁卫军主力前往缑氏（今河南偃师县东南），反击成都兵团牵秀部，牵秀被击退。司马乂则在洛阳城东面的建春门迎战陆机，司马乂太尉府的司马王瑚组织了一支几千人的庞大敢死队，他们把戟绑在马上，冲击对方马咸（马隆之子）的方阵，马咸在混乱中被杀。陆机的军队惨败，尸横遍野，血流成河。洛阳的护城河被尸体堵塞，漫出来的水与人血混合，景象惨不忍睹。陆机退到了七里涧（今洛阳涧西区），其大将贾崇等16人被王瑚的军队砍杀，石超逃走。

此前，陆机被孟超辱骂时，司马孙拯气愤不过，劝陆机按军法处置了孟超，陆机投鼠忌器，不敢下手。这次建春门会战，孟超也兵败身死，孟玖要找个垫背的，向司马颖诬告说：“陆机有心巴结长沙王，故意放水！”冠军将军牵秀一向谄媚孟玖，而将军王阐、郝昌、帐下督公师藩等人，都是由孟玖引荐而得到司马颖重用的，都共同出来作伪证。司马颖当即命令牵秀带兵前去逮捕陆机，参军王彰挺身说了句公道话：“今日之事，力量悬殊，谁都知道我们必胜，何况是通晓事理的陆机呢？只是，陆机是南方人（原东吴将领），殿下突然把他安排到统帅的高位，招来北方旧将领的嫉妒、羡慕、恨，才招致失败的。”司马颖根本不听。

陆机听说牵秀要来抓他，知道问题严重了，便脱下军装，戴上白帢（仕者戴的白帽），将自己乔装成对功名利禄很看得开的样子接见牵秀，说：“自从吴国覆灭，我兄弟宗族蒙受大晋重恩，入朝陪侍帷幄，剖符带兵。成都王把重任交给我，我推辞却没有获准。今日被杀，难道不是命吗！”当场给司马颖写了一封言辞凄恻的告别信。临刑时，陆机感叹道：“再也听不到故乡华亭的鹤鸣声了！”时年 43 岁。

司马颖又下令逮捕陆机的弟弟清河内史陆云、平东郡祭酒陆耽、参军孙拯。记室（秘书）江统、蔡克、枣嵩等集体上书司马颖，为陆云开脱：“陆机能力和谋略不济，招致惨败，杀了他，情有可原。至于说他反叛，还没有确凿的证据。应该先调查事实，如果陆机确实有二心，再诛杀陆云等人也不晚。”

司马颖犹豫不决，拖了 3 天也不答复。蔡克只好豁出去，在司马颖面前叩头叩到流血，说：“孟玖痛恨陆家的人，无人不知，如果今天杀了陆云，我为明公感到惋惜！”其余僚属数十人也随蔡克流泪恳求。司马颖动了恻隐之心，脸上露出宽恕陆云的表情。负责照顾司马颖生活起居的孟玖正在一旁侍奉，当即把司马颖扶进内室，出来后催促火速诛杀陆云（时年 42 岁）、陆耽，屠灭陆机三族。

第二十一章　叫不醒的司马家族

司马衷御驾亲征，在东线打得司马颖的成都兵团狗咬狗。司马颖归咎于主帅陆机，清洗了陆家兄弟及其属下孙拯等人，司马衷则为庆祝胜利，下诏大赦天下。

然而，西面战场的形势却完全相反。司马乂以为张方不足为虑，仅派嵇绍、皇甫商带着区区万人进行阻击，而张方有7万人马，众寡悬殊不说，那些关中军又是虎狼之师，从苦寒之地来攻打繁华的京城，恨不得马上打进去看个新鲜，捞点油水！

嵇绍、皇甫商抵挡不住，关中兵团杀进洛阳，焚烧了清明门和开阳门，实施了惨无人道的烧杀、奸淫、抢掠等暴行，杀害无辜平民数以万计。

得知西面失守，张方已经突入洛阳的消息后，司马乂急忙陪同皇帝司马衷回军对付河间兵团，双方在城内展开巷战。关中士兵虽然野蛮，可看见皇帝的伞盖都纷纷后退，毕竟成济是个别现象，明刀明枪跟皇帝干仗，那不是找死吗？张方倒是想当一回贾充，但没有人听他的，尽管喊得声嘶力竭，部队还是溃散，死亡5000余人。

张方退到十三里桥后，部众一则抢了不少值钱玩意，想回家买房买车，二则见士兵无心恋战，都建议张方连夜撤回关中。张方不同意，认为胜败乃兵家常事，只要能做到出其不意，就能化被动为主动。于是在夜色掩护下，不退反进，推进至距洛阳七里处构筑起好几重壁垒，并派人夺取城外的仓库，准备打持久战。司马乂抬出皇帝司马衷打败了张方，回城睡了个好觉，等得到报告时，张方的营垒已建得差不多了。他派兵驱逐，却因工事坚固，未能得手。

东面的司马颖整顿了内部以后，卷土重来，趁司马乂把注意力转移到西线的时候，推进到洛阳城下。张方更是破坏了为洛阳城供水的千金堨，将水放干，导致洛阳缺水，舂米的水碓无法运转。司马乂只得发动各亲王、各公爵以及三公级官员家中的奴仆婢女，用手工舂米，供给军粮。由于应付益州的李流和荆州的张昌，抽调了不少禁卫军，首都的兵力严重不足，一品以下官员，家中13岁以上的男子都要参加保卫京城的战斗，又征调达官贵人的奴仆补充到军队里，致使整个京城都感悲观绝望，当时每石米涨到1万文钱，并且还要限量供应，司马衷的号令也仅限于洛阳城内。

主簿祖逖向司马乂献计，说："雍州刺史刘沈忠勇果敢，雍州的兵力足以对付司马颙，应该请皇上给刘沈下诏，令他出兵攻击长安，迫使司马颙命令张方回师救援，这是上上之策。"

刘沈这么些年被司马颙欺负惨了，他原本是朝廷命官，统领益、梁二州诸军事，路过长安拜见司马颙时，被强行留为军师，没收了节杖，让他出任雍州刺史。张昌在荆州叛乱时，刘沈积极响应朝廷的号召，亲自率兵增援，又被半道拦截，一万多兵马被司马颙收编了去。能不恨吗？接到诏书就马上传达下去，关中之人生性好斗，雍州各郡县纷纷响应，刘沈迅速集结起一万多兵力，向司马颙的巢穴长安发起进攻。

司马乂又派皇甫商秘密西行，带上司马衷的亲笔诏书，命令金城（今甘肃兰州市东）太守游楷等停止对皇甫重的军事行动，让皇甫重能腾出手，进军讨伐司马颙。皇甫商化装成平民百姓走到新平郡（今陕西彬州市）时，被他的一位堂外甥撞见，这位堂外甥素来憎恨皇甫商这位堂舅，就向司马颙报告了堂舅的行踪，皇甫商被捕杀。

转眼进入太安三年（304年）正月。司马乂深知只有咬紧牙关坚持，才能救自己，在抗击司马颖的攻势中，前后消灭了成都兵团近7万人。在这战况紧张、局势艰难的时刻，司马乂对皇兄司马衷愈加忠诚，礼节更加周到，他的行为起到了表率作用，虽然洛阳城中的粮食日益紧张，可是将士看到司马乂对皇帝无限忠诚，大家也都愿意无限忠诚于他，斗志昂扬地投入战斗。

首都军民众志成城，使张方感到绝望，认为洛阳不可能再被攻破了，就打算收拾收拾，返回长安。可是八王之乱中最后一位登场的王爷东海王司马越却出人意料地突然发动政变，让事情出现反转。

司马越是司马懿四弟东武城侯司马馗之孙、高密王司马泰之子、晋武帝司马炎的堂弟，晋惠帝司马衷的堂叔。司马越既是旁支，又非长子，他之所以能封王，是因为参与诛杀杨骏有功，受封东海王，职务从散骑常侍、侍中，一路升迁到中书令、司空兼中书监。此时的司马越眼见洛阳城缺粮缺水，大家的心理承受力已达到了极限，担心一旦城破自己的前途不保，于是暗中联络了几名禁卫军将领，于正月二十五日晚，突然冲进大营将司马乂绑了。第二天，司马越报告皇帝司马衷，下诏免去司马乂的所有职务，送到金墉城关押，然后大赦天下，改年号为“永安”。

等打开城门后，官兵们发现城外的叛军所剩无几，而且疲惫不堪，毫无战斗力。将领们后悔了，私下里议论要放司马乂出来，重新带领他们再努一把力，把面无血色的叛军彻底打败。

司马越很清楚，司马乂出狱之日就是他的人头落地之时，便决定杀掉司马乂，断绝大家的念头，可又担心激起众努，挨士兵的冷枪。黄门侍郎潘滔献计说：“您不必亲自动手，自然会有人替您肃清障碍。”司马越当即派人秘密告知张方。

二十八日，张方到金墉城将司马乂带回自己的大营，架起大火，把司马乂活活烤死，哀号之声让包括张方的士兵在内的所有人都感到残忍，无不为之落泪，司马乂死时年仅 28 岁。

司马乂死了，其他人还得活下去。朝廷的官员集体到邺城向司马颖请罪，司马颖随即象征性地到洛阳转了一圈后，又返回了邺城，用他的话说是老妈不肯离开邺城，实际上他是以司马冏、司马颖为前车之鉴，不想重蹈他们的覆辙。司马衷下诏，任命司马颖为丞相，加授司马越为尚书令。

司马颖派奋武将军石超等率领他的成都军 5 万人，把守洛阳 12 个城门（东城：建春门、东阳门、清明门；南城：开阳门、津阳门、平昌门、宣阳门；西城：广阳门、阊阖门、西明门；北城：大夏门、广莫门）。为了立威，司马颖把朝中对他说三道四，或者看不顺眼的官员全部杀掉，皇宫禁卫军也换成自己的军队。委任自己的智囊卢志为中书监，留在邺城，主持丞相府事务。

司马颙作为挑起这场内战的罪魁祸首，情况有点不妙。他亲自率军进驻郑县（今陕西省渭南市华州区），作为张方的声援。闻听刘沈起兵抄他的长安老窝，急忙回军渭城（今陕西咸阳），派督护虞夔进抵好畤（今陕西乾县）迎战刘沈，被以逸待劳的刘沈打得大败。司马颙大惊失色，慌忙退入长安，急命张方火速回军。

张方烧死司马乂后，又纵兵大搞打砸抢，可打了半年多的仗，洛阳城可供抢掠的东西不多，他们就抢人，掳掠了奴仆、婢女 1 万多。张方在回军的途中粮食吃光了，就用人代替军粮，将抢来的人杀了之后，做成肉靡杂在牛肉、马肉中让士兵吞吃。从残杀司马乂到以人充当军粮，可见张方就是一个灭绝人性的大魔头。

刘沈派安定太守卫博、功曹皇甫澹率领五千精兵袭击长安，一鼓作气攻入城门，直冲到司马颙的王府前。可能是刘沈没料到能一击得手，他带领负责跟进的援军却未能及时赶到。司马颙的部众见雍州兵没有后继援兵，士气倍增。司马颙的冯翊太守张辅率部赶来援救司马颙，拦腰截击雍州兵，双方在王府门前展开血战，卫博战死，皇甫澹被生擒。

司马颙欣赏皇甫澹的壮勇，劝他归降自己，皇甫澹宁死不屈，英勇就义。刘沈收拾残兵败将退回原来的驻地。当晚，刚从洛阳赶回的张方派部将敦伟趁夜袭击刘沈，雍州军刚遭遇大败，犹如惊弓之鸟，顿作鸟兽散，刘沈率领仅剩的100多人向南逃跑，途中被陈仓（今宝鸡市金台区）县令拿获。刘沈大义凛然地对司马颙说："知遇之恩轻（指司马颙留他当军师、雍州刺史），君臣之义重，我不能违背天子的诏令，衡量势力的强弱来苟全性命。我在起兵之日就把生死置之度外，哪怕被剁成肉酱，也无怨无悔。"司马颙气得发疯，哇哇怪叫着把刘沈打个半死之后，再将他腰斩。

永安元年（304 年）二月，司马颙以胜利者的姿态上书司马衷，要求废黜太子司马覃，立司马颖为皇太弟。作为呼应，司马颖也上书要求废黜羊皇后。司马衷堪称历史上最听话的皇帝，于是下诏废皇太子司马覃为原来的清河王，废皇后羊献容为庶人，送往金墉城。立司马颖为皇太弟，都督中外诸军事，保留丞相职务。

皇太弟的车辆、服饰及日常用品都送到了邺城，那规格与档次跟当年魏武帝曹操的一模一样。司马颖离皇帝只有一步之遥了，遂投桃报李，让司马颙担任太宰、大都督和雍州牧（比刺史高一个级别），自己则在邺城遥控朝政。

随着时间的流逝，皇太弟司马颖开始放肆起来，再也不需要夹紧尾巴做人，骄傲奢侈地享受着权力带来的快感，排场堪比皇帝，让所宠幸的宦官孟玖弄权，特别是他任命石超为中护军，大肆撤换禁卫军的做法，触动了司马乂执政时代、包括东海王司马越在内的既得利益群体。这些人从打开城门迎接司马颖军队的那一刻起，就差点悔青了肠子，认为司马颖捡了个大便宜，司马乂输得太冤。当然，如果不涉及他们的切身利益，这些都不是事。可问题是，司马颖执政后，就让他们统统靠边站。司马越被授以尚书令，却是代理的，所有事情都由中书监卢志定夺，令他感到很不爽，于是他贼心再起，决定再玩一把，争取更上一层楼。遂与右卫将军陈眕，殿中中郎逯苞、成辅以及司马乂旧部上官巳等人密谋。

永安元年（304 年）七月初一，陈眕率兵打进云龙门，让皇帝司马衷下诏，召三公、文武百官入宫，宣布讨伐司马颖。石超赶紧逃回了邺城。

在司马越、陈眕等人的操纵下，司马衷下诏大赦，恢复皇后羊献容、皇太子司马覃的地位。

七月初四，司马越裹挟皇帝司马衷北征邺城，封自己为大都督，通令全国，征召四方兵马。这又是一次封侯拜将的好机会，各路人马纷纷赶来，司马衷率领禁卫军抵达安阳时，已集结到了 10 多万人。

司马颖大为震惊，第一反应就是赶紧跑路，被部下劝阻，让他稳住阵脚先听听大家的意见，实在不行再跑不晚。司马颖连忙召集幕僚商讨对策，东安王司马繇首先提出："天子御驾亲征，臣子就应该投降请罪。"司马繇与司马越的私交很铁，发表这样的言论，让司马颖十分不快，而司马王混、参军崔旷则主张迎战。

司马颖能坐下来召开这个会议，与一个叫步熊的人密不可分，此人精通卜筮数术，能掐会算，赵王司马伦曾经想召为己用，步熊对他的门徒说："赵王离死不远了，不能应召。"气得司马伦派兵将他重重围住，要捉他回去当面问个明白。步熊不知使了什么法术，竟然逃脱了，如今正被司马颖供养在他的王府里，而就在开会之前，司马颖特地让步熊算了一卦，说是成都王没事，皇师必败。

司马颖于是决定派石超率5万兵马进抵荡阴（今河南汤阴县）抵抗皇师。折冲将军乔智明这个时候还不开窍，重复司马繇的意见，劝司马颖出城迎接皇帝的车驾，而不要兵戎相见，司马颖本来对司马繇的说辞窝了一肚子火，只是碍于他是长辈，才没有发作，现在终于找到了出气筒，怒吼道："你也算是聪明人，才投身于本王的，现在主上被一群宵小之人所逼，欲加罪于我，你怎么反倒让我束手就擒呢！难道你我之间就这点情分吗？"

陈眕的两位老弟陈匡、陈规趁司马颖惊慌失措，嚷嚷着要弃城逃跑之时，从邺城逃了出来，跟司马越通报说：邺城人心惶惶，司马颖及其部下听说皇帝亲自前来，已经离散了。司马越信以为真，他判断即使司马颖有抗拒皇师之心，其手下也没几个人有那个胆，他有理由相信，这次讨伐行动，充其量就是陪皇帝搞一次武装出游。因此他放松了警惕，连起码的防范工作都省了。

主观主义害死人。作为全军统帅的司马越正在想当然之时，石超率五大军以迅雷不及掩耳之势猛扑了过来。毫无思想准备的司马越一下子就懵了，主帅如此，底下的官兵就更不用提了，瞬间被冲击得四散奔逃，箭雨如蝗虫般飞来，皇帝司马衷虽然坐的是御驾，无奈弓箭不长眼，脸部受伤，身中三箭，文武百官及侍卫人员只顾争相逃命，只剩下一个叫嵇绍的文官跳上司马衷的御车，用身体保护着司马衷。

嵇绍也是三起三落的老臣了，早在贾南风时代就被任命为给事黄门侍郎。司马伦篡位，任命他为侍中，司马衷重新继位后，嵇绍继续留任侍中，司马冏辅政后，受不了嵇绍一天到晚提意见，将他免职。司马冏被杀后，司马乂征召嵇绍为御史中丞，后又任侍中，司马乂被杀后，嵇绍也随同百官一起到邺城请罪，最终还是被罢官。司马越通令讨伐司马颖，由于人手紧缺，就重新征召嵇绍为侍中。

嵇绍接到诏书时，皇帝司马衷已经离开京城，踏上了征途。嵇绍决定奉诏直接前往行驾住处报到，临行，好友秦准问他："这一去安危难以预料，您有好马吗？"嵇绍严肃地说："陛下亲征，以正讨逆，定能不战而胜。就算万一陛下遇到危险，身为臣属，唯有舍身护驾，要好马干什么？"如今，嵇绍正在践行临行前的誓言。当叛军围拢过来时，嵇绍整理好着装，端正冠带，庄重地站在司马衷身后以维护天子的最后一丝尊严。

有读者好奇了，司马衷身中三箭，就算不死，也生命垂危了。你想啊，如今一个经理到工厂转一圈还要戴个安全帽，司马衷这是去打仗呀，龙袍里面能不套甲胄吗？

叛军上来不由分说，上来就把嵇绍按在马车前的直木上，挥刀就砍，司马衷大喊："他是忠臣，不要杀他！"士兵的回应是："皇太弟只命令我们不准伤害冒犯陛下一人，其他的人就顾不上了。"当着司马衷的面斩杀了嵇绍，鲜血直溅司马衷的龙袍。

司马衷悲愤交加，手足无措从车上跌了下来，直滚到路边的草丛之中，随身携带的六枚玉玺，全部丢失。

石超为饥肠辘辘的司马衷端上一杯水，又让士兵摘来秋桃让皇帝充饥。随后，司马衷被"迎"进了邺城，改年号为建武。侍从要换洗司马衷的衣服时，一向随和的他却异常固执，说："这衣服上有嵇侍中的血，不要洗！"死活不肯脱下。

司马越惨遭失败后，先是逃到下邳，当时的徐州都督、东平王司马楙拒绝收留他，司马越只好逃回自己的封国东海国（今山东郯城北）。司马颖以同是宗室兄弟的名义，下令宽恕司马越，要他应召前往行宫邺城参政，司马越不敢接受。

上官巳、陈眕等人则挟持太子司马覃退守洛阳。司马颙收到司马颖被讨伐的消息，派得力干将张方率2万兵马前来相助。但张方的大军还没赶到，司马衷的皇师就溃败了，张方就趁机进攻洛阳，上官巳与别将苗愿率军抵抗，却大败而归。

以上官巳现在的职位，虽然做不出大奸大恶之事，但他也绝不是什么好货色。正所谓"山上没老虎，猴子来称王"，上官巳趁朝中空虚，直接带兵住进了皇宫，而且纵兵私掠财物、焚烧宫舍官衙，激起了城中官员的不满。司马覃见上官巳吃了败仗，趁机从背后偷袭，上官巳和苗愿只得逃离洛阳，司马覃迎接张方入城。张方坐镇洛阳后，再次罢黜皇后羊献容及皇太子司马覃。

司马颖据有皇帝司马衷，就等于占据了道义的制高点，谁敢跟他对抗就是叛逆，而他去攻击别人就变成奉旨讨贼了。可想到以这种方式和手段"迎"来天子，实在不好意思面对此前劝他放下武器迎接圣驾的堂叔父司马繇，因此他要让司马繇消失，这样就避免了很多尴尬。

司马繇被斩首，让他的亲侄子司马睿感到脖子凉飕飕的。司马睿是司马懿第三子琅琊武王司马伷之孙、琅琊恭王司马觐之子，司马觐去世，司马睿按例继承王位。司马睿稳重沉着，深知自己身为皇室旁系，无兵无权，为避免招来杀身之祸，他采取恭俭退让的策略，尽量不卷入皇族斗争的旋涡，除了秘密与琅琊人王导结交以外，就没有第二个朋友了。王导出身于魏晋名门琅琊王氏，琅琊国与司马越的东海国相邻，王导被司马越召为参军。这次讨伐邺城，为了凑数，司马睿意外得到一个左将军的头衔一块行动，结果兵败被俘。鉴于他安分守己的表现，司马颖让他侍奉皇帝司马衷。

叔父东安王司马繇被杀，司马睿向唯一的好友王导诉说内心的恐惧。王导看到司马皇室纷争不已，惨剧不断发生，遂建议他返回自己的封国。司马睿于是趁着夜色又是下雨，潜逃出了邺城。

司马颖为了防止大臣逃回洛阳，早已下令各关卡渡口，不准让贵族模样的人过河。当司马睿逃到黄河渡口时，守关的官兵看他气度不凡，就要严加盘查，跟随司马睿出逃的手下宋典灵机一动，从后面上前，用马鞭轻轻抽了司马睿一下，打趣说："舍长，人家禁止贵族过河，你一个看房子的，什么时候变成了贵人了？"官兵一听，信以为真，不愿让人笑话自己没见识，把一个看房子的当贵族，就放过了司马睿。司马睿侥幸逃回洛阳后，带上家眷急匆匆奔琅琊去了。

第二十二章 匈奴人建国称汉

司马颖打败了司马越，将皇帝司马衷虏进了邺城，重新掌管了权力。可形势并没有他想象的那么乐观，司马颖之前一直以道德模范的面目示人，如今不但撕掉了自己的伪装，还把皇帝拉下了神坛，扯掉了那层神秘的面纱，他能做初一，别人当然也能做十五。

司马越的亲弟弟并州刺史东瀛公司马腾就率先行动，与安北将军王浚一起杀了司马颖任命的幽州刺史和演，打着勤王的旗号，起兵讨伐司马颖。王浚就是当年高贵乡公曹髦要去讨伐司马昭时，跑去向司马昭告密，因功获封安平侯的王沈之子。

王浚来到这世界纯属意外，母亲赵氏出身贫贱，模样长得还行，为了弄口吃的，跟王府的下人混熟了，时常溜进王府找点残汤剩饭什么的，被王沈看上，遂生下了王浚。王沈热度过后，自己都羞于启齿，对王浚的到来，不但没有喜得贵子的喜悦，反而鄙视这个不期而至的私生子。直至泰始二年（266年）王沈咽气后，因他没有别的儿子，亲戚才立王浚为子嗣，继承父亲的爵位，拜驸马都尉。

元康元年（291年），王浚熬资历熬到了右军将军、中郎将的地位，镇守许昌。贾南风将司马遹送到许昌囚禁后，下诏让王浚协助她派去的宦官孙虑毒杀司马遹，此后王浚官运亨通，一路升迁到宁朔将军、持节都督幽州诸军事，成了执掌一方的封疆大吏。

王浚虽然远离了斗争漩涡，但看到朝廷内斗严重，四方盗贼群起，为了自保就以通婚的手段结交外族。利用强悍的鲜卑部落骑兵为自己撑腰，遂将两个女儿都嫁给了鲜卑人，大女儿嫁给段部首领段务勿尘，二女儿嫁给宇文部别帅素怒延，并上表朝廷，封段勿务尘为辽西公。司马伦篡位称帝，司马冏等三王起兵讨伐，王浚站出来支持司马伦，没收了所有发到幽州的讨伐檄书，严令境内所有人士，不准以任何方式参与支持讨伐司马伦的行动，惹得司马颖大为不满，当时就有了要灭了他的念头。司马伦覆灭后，司马颖想去讨伐王浚，只是由于事务繁多而没有成行，王浚内心也有除掉司马颖的想法。

如今，皇帝司马衷被扣，邺城成了新的政治中心。司马颖就把原幽州刺史石堪调回，另派自己丞相府里的右司马和演出任幽州刺史，并密令和演找机会干掉王浚，吞并他的部众。和演到任后，就与乌桓单于审登密谋，计划邀请王浚一同到蓟城南边的清泉山游玩时伺机刺杀王浚。可是那天下起大雨，大家都被浇成了落汤鸡，王浚懊恼地半道返回，还一个劲地骂骂咧咧，抱怨老天爷扫了他的兴。殊不知，正是老天爷在暗中救了他，这场大雨让刺杀王浚的计划泡汤。审登就是这样想的，认为计划不成是上天有神灵在帮助王浚，神灵帮助的人可得罪不起，于是马上转变立场，站到王浚那一边，遂把和演的图谋告诉了王浚。

王浚摸摸自己的脖子，庆幸过后马上秘密集合部队，又联络并州刺史司马腾，另加一外族人审登，共同围攻和演，和演兵败被杀，王浚接管了幽州的城防部队，自任幽州刺史，大规模打造兵器，招募军队，积极整军备战。

和演死了，司马颖灭王浚之心不死，便以皇帝司马衷的名义征召王浚到邺城。王浚做梦都想到邺城逛逛，亲手把司马颖给废了，决定应召，不过他不是一个人去，而是叫上司马腾、鲜卑女婿段务勿尘及乌桓酋长羯朱带上兵马，朝邺城开来。

司马颖不甘示弱，派北中郎将王斌和石超迎击王浚、司马腾联军。王浚跟鲜卑人说了，邺城有大把金钱美女，谁抢到归谁。这句话比任何动员都管用，这支胡汉联军异常勇猛，先把王斌打得落荒而逃，又在平棘（今河北赵县）击破石超部，大军乘胜逼近邺城。

邺城震动，当官的都收拾细软开溜，士兵也毫无斗志。卢志劝司马颖护送皇帝司马衷早日退回洛阳。当时，邺城还有15000兵马，卢志忙了一夜，安排好车马，整顿好军队，预定拂晓出发。

可在千军万马整装待发的时刻，司马颖的老娘程太妃却哭哭啼啼不愿离开邺城，司马颖也起了妇人之心，像个娘们似的捏捏扭扭。时间就是生命，在司马颖母子把时间耗费在儿女情长之时，鲜卑骑兵迅速抵达城下，汉人士兵历来惧怕蛮夷铁骑，正在待命的军队顷刻崩溃，各自逃命去了。

至此，司马颖的手下只剩下卢志和他的儿子卢谧、侄子卢綝及其掌管的殿中虎贲军1000人还在履行职责。卢志再次催促司马颖，但直到程太妃迷信的道士黄圣人也惊慌失措地逃跑后，才决定离开邺城。卢志请司马衷坐上牛车时，司马衷还问了："怎么败得这么惨呢？"这让卢志无言以对，因为就在他忙前忙后的当口，那1000人虎贲军也不见了踪影，司马督韩玄集中100多名宦官，加司马颖手下的数十名贴身侍卫，带着司马衷向洛阳逃去。羯朱的军队一路追赶，直到朝歌，眼看追不上才放弃。

由于行动仓促，大家都没带路费和干粮。狂奔了一天，见后面没有追兵，大家才感到饥渴难耐。搜遍了口袋，才从一名宦官的被套里搜出3000文钱私房钱，皇帝亲自写借条向他借，才靠这3000文钱在路边店买饭充饥，晚上，司马衷就盖着这床征用来的被套入眠。

一群人像难民似的，好不容易逃到司马懿的老家温县时，司马衷想趁此机会拜谒祖陵，却发现自己的鞋子不知什么时候弄丢了，只好穿随从的鞋子。想起自己所经历的苦难、所受过的委屈，司马衷终于找到了倾诉的对象。只见他跪在先祖的墓前，泪流满面地号啕大哭，侍从人员也跟着失声痛哭。

直到屯骑校尉郝昌奉召率领8000还驻守在洛阳的卫戍部队北上迎驾，情况才有所改观。司马衷渡过黄河后，张方派自己的儿子张罴从洛阳率3000骑兵，带上张方的私家车前去迎接。张方随后组织了一支由300名白衣卫士组成的简易仪仗队，亲率1万部队在北邙山迎接司马衷。张方正要行参拜大礼时，司马衷却自己先从车上跳下来拦阻。司马衷回到洛阳后，四散逃亡的官员才陆陆续续地回来，这些官员的逃跑能力都不差，基本保持着之前的阵容。

王浚、司马腾的胡汉联军进入邺城后，大肆烧杀淫掠，邺城百姓遭受了空前浩劫，鲜卑士兵在杀戮男人搜刮钱财的同时，干得最起劲的是掳掠妇女。王浚助纣为虐，竟发布了一条令人发指的命令：各家各户必须把妇女交出来，有胆敢窝藏、协助妇女藏匿者，一律斩首。王浚依靠外族打垮了实力最强的成都王司马颖，一跃成为北方实力最强的军阀，声威大增。匈奴，从先秦时期起就时刻威胁着中原百姓的生命和财产安全，千古一帝秦始皇把他们驱逐出河套地区后，砌长城加以防范。直到汉朝出了个雄才伟略的汉武帝，才把匈奴打趴下，分成两部，北匈奴向西逃窜不知所踪，南匈奴投降，被安置在河套地区。东汉末年，匈奴人趁中原纷争不断，乘势在西北地区大肆掳掠，蔡邕之女蔡文姬被掳到匈奴。汉献帝建安七年（202 年），南匈奴首领栾提於扶罗归附汉丞相曹操，送蔡文姬归汉。建安二十一年（216 年），新首领呼厨泉单于入朝，曹操将其扣留在邺城，指定匈奴右贤王去卑监国，并将南匈奴分成左、右、南、北、中五部，安置在平阳郡（今山西省临汾，辖区包括今天山西省西南部黄河以东汾河流域的 12 个县），各部改称都尉，以汉人为司马进行监督。栾提於扶罗的儿子刘豹被任命为左部帅。

刘豹突然改姓刘是有历史渊源的。他是匈奴首领冒顿单于的后代，冒顿统一了北方草原，建立起庞大强盛的匈奴帝国，白登之围差点活捉了汉高祖刘邦，汉朝将宗室女子送给匈奴单于做老婆，开启了屈辱的和亲之路。刘豹深受汉文化的影响，觉得自己的姓氏“栾提”既绕口又不雅，就改姓刘了。刘豹生了个异常聪慧的儿子刘渊，七岁时母亲呼延氏去世，小刘渊伤心得捶胸顿足，号啕大哭，得到宗族、部落的赞赏，并惊动了曹魏高层，司空王昶等人听说后，在大为赞赏刘渊的同时，还派人前去吊唁。

刘渊是个爱好学习的孩子，刘豹聘请学富五车的上党人崔游为家庭教师，教导刘渊学习《毛诗》《京氏易》《马氏尚书》等经典，而刘渊尤其喜欢研读《春秋左氏传》《孙吴兵法》这两部书，像《史记》《汉书》等著作，没有他不涉猎的。随着文化知识的长进，刘渊也渐渐长成一个彪形大汉，史载他身材魁梧，身高 8 尺 4 寸，胡须有 3 尺多长，心口上有三根红色的毫毛，长 3 尺 6 寸，臂长善于射箭。

魏、晋时期，刘渊作为人质住在洛阳，受到当时曹魏权臣司马昭的厚待。司马炎篡魏称帝后，曾接受侍中王济的建议，准备让他统领东南地区的事务，孔恂、杨珧劝阻说："刘渊的才干非常人可比，陛下若是不重用他，他就成不了气候，如果授予他权力，那么平定吴地之后，恐怕他就不再听命于陛下了，刘渊非我族类，必然有异心。现在，委任他治理本部的事务，已经令人担心，如果还要将天然险阻之地赐给他，东南地区只怕永无宁日了。"于是司马炎打消了念头。

秃发树机能叛乱时，屡次打败晋军，击杀秦州刺史胡烈、凉州刺史杨欣等朝廷大员，有人向司马炎建议给刘渊一个将帅的封号，率匈奴五部的兵众，向西进军，秦州、凉州之乱指日可定。又是孔恂劝阻说："让匈奴人对付鲜卑当然没有问题，可刘渊一旦斩杀了树机能，恐怕秦、凉之地又是另一种乱法了。蛟龙得到云雨，就不再是池塘中无法施展的小玩意了。"司马炎深以为然。

刘豹去世后，刘渊被朝廷任命为代理左部帅，接手父亲的部众。司马炎死后，杨骏为了收买人心，大肆封官封爵，任命刘渊为建威将军、五部（匈奴五部）大都督，封为汉光乡侯。司马颖镇守邺城时，为了拉拢匈奴势力，上表推荐刘渊担任宁朔将军、监五部军事。可司马颖不敢放虎归山，而是让刘渊住到邺城，并任命刘渊的儿子刘聪为积弩将军。

眼看西晋王朝政局动荡，八王之乱乱得越来越有意思，匈奴人贼心不改，亡我天下之心再起。刘渊的堂祖父，北部都尉、左贤王刘宣等人秘密商议，说："从前，我们的先人与汉朝像地位平等的兄弟，相约共同享有天下。汉朝灭亡以来，魏、晋继而兴起，我们空有一个单于的虚名，却没有一寸土地，我们的王、侯已沦落到跟平民差不多。如今司马氏骨肉相残，天下动荡，我们复兴祖业的时机到了。刘渊英明盖世，上天如果无意复兴匈奴、光大单于，怎么会生出这样的伟人呢？"于是大家秘密推举刘渊为大单于，派亲信呼延攸前往邺城告知刘渊，他在缺席的情况下已被大家推举为大单于。

刘渊于是准备脱身，向司马颖请假，说是回去主持一个族人的葬礼，司马颖没有批准。刘渊只好让呼延攸先回去，让他转告刘宣等人召集匈奴五部人众，会同诸多胡人，把声势闹大，对外宣称要援助司马颖。等到王浚、司马腾起兵讨伐司马颖时，刘渊乘机向司马颖进言："现在二镇骄横跋扈，兵众达 10 余万之多，恐怕不是宿卫军能抵抗得了的，我请求回去一趟，为殿下劝说五部的人马共赴国难。"司马颖问："五部的人马能保证前来吗？即便能前来参战，以鲜卑、乌桓骑兵之强劲，也不容易抵挡。我打算护送皇上回洛阳，以避他们的锋芒，再号令天下，以叛乱的名义，名正言顺地制服他们。你以为如何？”

刘渊说：“殿下是武帝之子，对皇室有伟大的功业，声望和德行传播于天下，谁不愿为殿下赴汤蹈火、誓死尽忠呢？这种情况下，征发匈奴五部有什么困难？王浚不过是个小人，东嬴公只是个偏远的旁枝，他们哪能与殿下您抗衡！殿下一旦离开邺宫，就等于向他人示弱，到达洛阳的机会不大。即使到了洛阳，恐怕威望、权力就不在殿下您的手里了，到时还有谁会听从您的号令？况且东胡历来不是匈奴的对手，我只希望殿下鼓励兵众，镇守邺城，我愿为殿下以二部的兵力摧毁东嬴公，以三部的兵力斩杀王浚。两个小人的首级，指日即可悬挂在邺城城头。”说得司马颖心花怒放，当即任命刘渊为北部单于兼参丞相军事（丞相府参谋长）。

刘渊回到左国城（今山西离石北），就如蛟龙入海，刘宣等人即刻为他上大单于尊号，集结了 5 万人众，定都离石，开始复国。当司马颖挟持皇帝司马衷向洛阳奔逃时，刘渊说：“司马颖不听我的话，真是扶不上墙的烂泥。可我有言在先，不能不救。”准备派右于陆王刘景、左独鹿王刘延年等人率领步骑兵 2 万，前去讨伐鲜卑。

刘宣坚决反对，与众人一同劝阻说：“晋朝昏庸无道，把我们当奴隶一样驱使，右贤王刘猛因不堪忍受，才起来反抗，想有点作为，只是当时晋朝纲纪还未松弛，右贤王兵败被杀，这是匈奴人的耻辱啊。现在好了，司马氏父子兄弟互相残杀，这是上天要抛弃晋朝，将天下授予匈奴啊。单于积德在身，连晋人都佩服，正应该带领大家振兴我们的国家和民族，恢复呼韩邪的基业，鲜卑、乌桓正可以做我们的外援，为什么要和他们结怨，而去拯救仇敌呢！而今上天要借我们的手来消灭晋朝，不能违背天意啊！天予不受，必遭天谴。希望单于顺应天意，做出正确的抉择！”刘渊拍手称赞：“说得好！大丈夫就应该做高山峻岭，怎能甘心做低矮的小土丘呢！天下的帝王也不是固定不变的，大禹出自西戎，周文王出生在东夷，得道者为王，这是天理。如今我们拥兵 10 万，对晋朝可以以一当十，我们击鼓进军，定能摧枯拉朽，一举摧毁晋朝，成就汉高祖一样的基业。最不济还可以效仿昭烈帝刘备，以一州之地与天下抗衡。我是汉朝刘氏的外甥，我的祖先曾与汉朝相约为兄弟，兄终弟及早有先例，我们可以称汉，追认、尊奉后主刘禅，以此招徕汉人。”于是，他将首都从离石迁到左国城，正式即位为“汉王”，建年号元熙，追尊刘禅为孝怀皇帝，建造汉高祖以下三祖五宗的神位进行祭祀，立妻呼延氏为王后，署置百官，任命刘宣为丞相、经师崔游为御史大夫、宗室刘宏为太尉，定国号为汉（史称汉赵、前赵）。

第二十三章　愈演愈烈的皇室纷争

刘渊挣脱束缚重回匈奴怀抱，当上了大单于，正磨刀霍霍准备大干一番的时候，他预言离开邺城没有好结果的皇太弟司马颖真的变成了落魄的凤凰，手握重兵的张方完全控制了朝廷，让司马颖靠边站，不得再过问政事。

司马家族的人一看，如今的朝堂上竟然是一个外姓人说了算，心里很不是滋味，可大家都清楚，张方不过司马颙的马前卒，司马颙才是躲在幕后的老狐狸。于是由豫州都督、范阳王司马虓和徐州都督、东平王司马楙出面上书皇帝司马衷，说："司马颖已不再适合肩负皇太弟的重任，应该把他的封国降为一个城邑，饶他不死。委以太宰司马颙统领关右（函谷关以西）的重任，把关右地区交由给他全权负责，州郡以下官员的任免他说了算，朝中重大事情也要咨询他的意见。至于张方，虽然为国效力，但不知道变通，战事结束还逗留在洛阳，没有及时撤离，应该命他返回自己的驻地（司马颙给张方的官职是右将军、冯翊太守），官职予以保留。司徒王戎和司空司马越都谦虚谨慎，尽忠职守，应该命他们参与机要事务，把朝政交给二人。安北将军王浚，有安定社稷的功劳（指讨伐司马颖），应该予以奖赏，命他管理幽州与黄河以北地区，成为北方藩镇屏障的首领。

这样，我们这些诸侯王会更加竭尽心力，保卫疆土，捍卫皇室，陛下您就可以高枕无忧，天下也自然清平了。”

司马虓、司马楙兄弟虽然令司马颙、张方感到不快，但是张方的军队在洛阳待了好几个月，那些比土匪强盗还坏的士兵，该抢的东西都抢完了，甚至把司马衷与贾南风的小女儿司马女彦的坟墓也挖掘、洗劫一空。这些士兵手里有了金银财宝，就嚷嚷着要回家买房置地，享受胜利成果。张方被洛阳的百姓称为狂魔，不好意思再待下去，更不敢违了士兵们的意，就通过书信与司马颙商议，都认为应该将皇帝弄到长安，牢牢控制在自己的手上。想法不错，可具体如何操作却让张方颇费了一番脑筋。

由于担心朝中众臣反对和阻挠，张方决定请司马衷到高平拜谒祖陵，等他出城后，再劫持西去。可司马衷不上当，以不合时宜为由不肯出城。张方遂决定来横的，以强硬手段劫持皇帝。

十一月初一，张方率军强行进入宫中，司马衷一看来者不善，吓得往后宫御花园逃去，躲到了竹林里。张方既然下定了决心，除非你会飞天遁地，不然别想逃过他的魔掌，士兵们不顾皇帝的挣扎抗议，强行把司马衷抬上事先准备好的车辆。司马衷泪流满面，放弃了徒劳的抵抗。张方在马上行礼说：“现在洛阳城里盗贼横行，禁卫军力量薄弱，请求陛下驾临我的营帐，我将以死保卫陛下，绝无二心！”

这个时候，那些享受高待遇的官员见吃人张绑架皇帝，非但没有挺身相救，反而四顾逃命，只有中书监卢志陪在司马衷身边，劝司马衷说：“陛下，今天之事，只有听从右将军的安排。”他跟随司马衷前往张方的军营。

司马衷身不由己地到了张方的军营后，舍不得宫里的宝物和众多宫女，让张方派人派车帮助送来。那些士兵进入皇宫，就像鬼子进村，把宫中的物品抢劫、瓜分殆尽，对宫女进行污辱，有些人甚至占为己有。其中有人把珍贵的流苏（一种极其珍贵的珠帘）、御帐割下来做马鞯（马鞍下面紧贴马的皮子）。他们将魏、晋以来累积了八十余年的奇物珍宝一扫而光。

张方为了掩盖罪行，同时也是要断绝人们重返洛阳的念头，还企图放火焚毁皇家宗庙和宫室。卢志劝阻说：“当初董卓火烧洛阳，留下千古骂名，时隔一百多年，仍能听到怨恨他的声音，将军何必要重蹈他的覆辙呢!?”张方这才作罢。

司马衷在张方的大营停留了3天，就被挟持着向长安进发了，随他西去的有皇太弟司马颖、豫章王司马炽（司马炎最小的儿子）、卢志等人。司徒王戎逃到了郏县（今河南郏县），留在洛阳的有尚书仆射荀藩（荀勖之子）、司隶校尉刘暾（刘毅之子）、太常郑球、河南尹周馥等人，他们组成留守政府，代表皇帝发号施令（承制行事），称为“东台”。东台发布的第一道命令是大赦天下，随后把司马颖的“建武”年号改回原来的“永安”，又恢复了羊献容的皇后之位。

太宰司马颙率领长安官员及步骑兵3万人，前往霸上（今西安市东灞河畔）迎接晋惠帝司马衷。司马颙上前假惺惺地要叩拜，被司马衷下车阻止。司马衷进入长安，以司马颙的征西将军府为行宫。司马衷在长安组成的朝廷，称为“西台”。

十二月二十四日，在司马颙的操纵下，司马衷下诏撤销司马颖皇太弟的职务，仍保持成都王爵位。改立豫章王司马炽为皇太弟。司马衷的25个兄弟中，能存活至今的，也就是他本人加上司马颖、司马炽和吴王司马晏四个了。司马晏比司马衷还愚钝，又是个残疾人。司马炽从小就爱好学习，为人谦虚，因此司马颙就立他为继承人。

接着，西台朝廷任命司马越为太傅，与司马颙共同辅政；命司徒王戎参与朝政。又任命光禄大夫王衍担任尚书左仆射，高密王司马略为镇南将军兼司隶校尉，负责镇守洛阳，东中郎将司马模担任宁北将军，都督冀州各军事，把宁北将军府设在邺城。在动乱中流浪的文武百官，各自回到原岗位。再接下的惯例是大赦、改年号，将“永安元年”改为“永兴元年”。

司马略、司马模都是司马越的弟弟。安北将军王浚从邺城撤退后，司马越命司马模驻守邺城。此时，天下大乱，司马颙想通过发布以上诏令缓解各方矛盾，以获得暂时的安宁。可司马越对此并不领情，坚决不接受太傅的任命。

司马颙本人把军权抓在手，让司马衷任命他都督中外诸军事，任命心腹张方为中领军、录尚书事，兼京兆太守。

此时已经是公元304年的年底了，这一年下来，别的不说，光是年号改来改去就让人眼花缭乱，一月份，长沙王司马乂被张方烤杀，司马颖改元“永安”；6个月后，司马颖在荡阴之役俘获皇帝司马衷，又改元“建武”；仅过了两个月，张方劫持司马衷到长安，留守洛阳的东台政府恢复

“永安”年号；接近年底，司马颖失去了存在的价值，立司马炽为新的接班人，又改年号为“永兴”。

而被围困在秦州的皇甫重对外面发生的事情一无所知，他执行司马乂的命令向司马颙开战，遇到西北四郡兵马围攻，被牢牢困在秦州坚守了1年多。四郡的兵马虽然筑起土山攻城，但始终无法攻破城池。如今司马乂已死去多时，司马颖被废，司马颙觉得没必再打下去了，就以皇帝的名义派御史（监察官）宣诏，命皇甫重放下武器。皇甫重根本不听，可他也急于了解外面的情况，就派勇士出其不意地抓住了御史的车夫。皇甫重问车夫：“我弟弟带领大军前来救援，是不是快到了?”车夫说：“他已经被河间王杀了。”皇甫重大惊失色，马上杀人灭口。可消息还是走漏了，城里的人知道已经没有指望了，生存的欲望让他们联合起来，他们杀死了皇甫重，开城投降。

在西南，李雄和罗尚还在相持。李雄得到范长生的支持，吃饱了肚子，思想又开始活跃起来。他很谦虚地找到范长生，以对方德高望重、深受巴蜀人士尊敬为由，请他出山当皇帝，自己甘做臣属。范长生笑称：“老弟，你这玩笑开大了!”拒绝了对方的好意。

革命不是请客吃饭，你不来我自己干。于是李雄自称成都王，建元“建兴”，定都成都，废除朝廷法令，与民约法七章。任命叔父李骧为太傅，哥哥李始为太保，李离为太尉，李云为司徒，李璜为司空，李国为太宰，阎式为尚书令，杨褒为仆射。尊老妈罗氏为王太后，追尊老爸李特为成都景王。

李雄在忙着称王建制，罗尚则在谋划着要打回成都。他派遣部队进攻蜀国的中部地区，俘获了李骧的老婆昝氏及儿子李寿。

永兴二年（305年）初，范长生经不住再三邀请，下山给李雄当丞相。范老一见面就问：“你不是说要当皇帝吗？怎么才称王?”随后劝说李雄称帝，经过几个月的筹措，李雄又于六月即皇帝位，建国号为大成，史称成汉，改元太武。加封范长生为天地太师，其余人员也随之加官晋爵，死鬼老爸又被请了出来，追尊为景皇帝，庙号始祖，老妈罗氏也成了皇太后。

在并州，并州太守、东嬴公司马腾不能坐视刘渊在自己的地盘上称王，就派将军聂玄攻击新建立的汉赵政权，刘渊在大陵（今山西文水市）迎战，把聂玄打得大败。刘渊乘胜扩张领土，命他的族子建武将军刘曜进攻太原郡，一连攻取泫氏（今山西高平市）、屯留（今山西屯留县）、长子（今山西长子县）、中都（今山西平遥县）。又命冠军将军乔晞进攻西河郡（今山西离石）的介休县（今山西介休市）。介休县令贾浑拒绝投降，乔晞斩杀了贾浑，强迫贾浑的老婆宗氏嫁给自己，宗氏宁死不从，还破口大骂，乔晞性起又杀了宗氏。刘渊得到报告，愤怒地骂道："假如苍天有知，乔晞就该断子绝孙！"骂完他就把乔晞召回，连降四级，让人收殓贾浑夫妇尸首，好生安葬。

司马腾见匈奴人来势凶猛，遂向鲜卑索头部落（王庭设在盛乐，今内蒙古和林格尔）首领拓跋猗迤求救。猗迤的汉人智囊卫操极力怂恿拓跋猗迤支援司马腾，拓跋猗迤仅率数千人鲜卑轻骑兵南下，就斩杀了汉赵将军綦毋豚，击退了刘渊的进攻。

司马衷通令嘉奖，擢升拓跋猗迤代理"大单于"，加授卫操为"右将军"。不久拓跋猗迤去世，儿子拓跋普根继位。

东海国，先前在荡阴兵败逃回封国的司马越，眼看司马颙把皇帝绑架到长安，在那发号施令，心里就像被猫抓似的，既难受又不甘。时任中尉的刘洽就劝他："殿下与其坐着生闷气，不如行动起来，传令天下讨伐长安，迎回天子！"此话算是说到司马越的心坎里了。

永兴二年（305 年）七月，司马越以"张方劫迁车驾，天下怨愤，欲奉迎大驾，还复旧都"为政治口号，号召起兵勤王，传令山东（崤山以东）各州郡。此时，司马越兄弟都是镇守一方的大员：并州刺史司马腾，北中郎将司马模（驻邺城），青州刺史司马略，还有豫州刺史、从弟范阳王司马虓（驻许昌）。

安北将军王浚与司马越本来就是盟友，在他的倡议下，大家推举司马越为盟主。司马越一朝权在手便把令来行，直接任命刺史以下的官员，没有到长安的朝廷官员都归附于他。其中又数东平王司马楙的态度转变得最快，不久前司马越兵败逃到徐州时，他怕得罪司马颖而拒绝接纳，如今见司马越东山再起，成了山东讨伐大军的盟主，就很识趣地让出徐州。司马越当仁不让，自领徐州都督，任命司马楙为兖州刺史，车骑将军，报远在长安的司马衷备案。

成都王司马颖初期在卢志的辅佐下，享有很高的声誉，眼下的遭遇，令很多河北人士感到惋惜。司马颖被废后，其旧部公师藩等自称将军，在清河郡鄃县（今山东夏津县）聚众起兵，发展到数万人。

司马越任命堂侄琅琊王司马睿为平东将军、监徐州诸军事，留在下邳。司马睿请密友王导担任司马，负责军事。司马越则亲率3万人马，向西进抵萧县（今安徽萧县）。命司马虓从许昌进驻荥阳（今河南荥阳市）。此时，司马越犯了一个低级错误，竟然代行皇帝的职责，改任豫州刺史刘乔为冀州刺史，由司马虓兼任豫州刺史，让刘乔大为不满（豫州富，冀州穷）。刘乔本来已经动员了民众，集结起军队，要呼应司马越到长安迎天子还都洛阳的。见司马越"革命尚未成功"就来这么一手，就以该任命这不是天子亲自下达的为由，出动军队抗拒前来接任的司马虓。

既然已经撕破了脸，为了师出有名，刘乔上书西台朝廷，列举了颍川（司马虓的据点许昌）太守刘舆及其兄弟刘琨（司马虓的军政长官）的种种罪行，进攻许昌；并派长子刘祐带兵在萧县的灵璧阻击司马越，司马越军不能西进。不久，有一个人加入了刘乔的阵营，成为他的同盟军。

原徐州太守司马楙一到兖州就横征暴敛，各郡县苦不堪言，怨声载道。司马虓就让原先的兖州代理刺史苟晞官复原职，返回兖州接替司马楙，而把司马楙调往更偏远的青州，都督青州诸军事。司马楙马上翻脸，跟刘乔联合反抗司马虓。

司马虓置刘乔不顾，打算先制服司马楙，派将军田徽率军东进讨伐司马楙，司马楙抵挡不住，逃回自己的封国东平，苟晞重新代理兖州刺史。

司马颙听说山东纷纷起兵，有点慌神。他以为是公师藩为了成都王司马颖的缘故，遂推荐司马颖为镇军大将军、都督河北诸军事，并拨给司马颖1000名士兵，任命卢志为魏郡（今河北临漳县邺城镇）太守，随同司马颖返回邺城，以此安抚公师藩。他又派建武将军吕朗驻防洛阳。

司马颙发号施令发上了瘾，又以皇帝司马衷的名义发布诏书，命司马越等人各自返回自己的封国、驻地。司马越当然置之不理。正好，司马颙又接到刘乔指责刘舆兄弟的奏章，让他看到了希望，那颗狂跳的心稍稍恢复了平静，继续发布诏书，声称："刘舆逼迫范阳王司马虓犯上作乱，大逆不道。命镇南大将军刘弘，平南将军、彭城王司马释（司马懿四弟司马馗的曾孙），征东大将军刘准，各率所属部队，与刘乔同心合力。命张方为大都督，率10万步骑与吕朗在许昌会师，共同讨伐刘舆兄弟，敢于抗拒者，诛五族。有诛杀刘舆兄弟者，封侯，赏绢500匹。"

永兴二年（305年）十月十九日，司马颙命成都王司马颖带领将军刘褒等人，以前车骑将军石超率北中郎将王阐等人，分别据守洛阳黄河大桥两岸，支援刘乔。加授刘乔镇东将军，假节。

刘乔趁田徽攻击司马楙，许昌乘虚之机，果断出击，一举攻破了司马虓的老巢许昌，司马虓带着刘舆、刘琨逃往黄河以北，刘舆的爹妈来不及逃走，成了刘乔的俘虏。

镇南大将军刘弘对张方之前用残忍手段杀害司马乂、吃人肉、抢劫皇宫等暴行非常厌恶，并预判司马颙必败，决定加入山东勤王军阵营，任命参军刘盘为都护，率军接受司马越指挥。

负责镇守邺城的司马模听说司马颖率“还乡团”要回邺城，就派将军宋胄进兵黄河大桥。

司马虓渡过黄河后无处安身，刘琨就找正担任冀州太守的温羡，说服他把太守之位让给了司马虓。司马虓于是自领冀州太守，派刘琨到幽州请求安北将军王浚派兵援助，王浚派出一支800人的骑兵突击部队（突骑，用于冲锋陷阵的精锐骑兵）随刘琨南下。

刘琨就凭这借来的800突骑，对黄河大桥发起突然袭击，斩杀守桥的王阐。刘琨随司马虓率军又回到黄河以南，突骑在荥阳又斩杀了司马颖麾下大将石超，收降荥阳守将吕朗。刘乔见对方兵锋正盛，用囚车装着刘琨的父母退守考城（今河南兰考县）。可刘乔的军队已经被幽州突骑骁勇异常的气势吓破了胆，不战自溃，刘琨救回了父母，司马虓则收复了许昌。而此时，司马越还被刘乔之子刘佑堵在灵璧附近。

司马越打仗的水平真的让人不敢恭维，在与刘佑交手中，屡屡战败。司马虓安顿好后方，就与田徽带领800突骑，东进接应司马越，并在谯县（今安徽亳州市）击败了刘佑的军队，斩杀了刘佑。至此，刘乔的部队完全溃散，刘乔仅带着500残兵败将逃奔南阳。司马越进抵阳武（今河南原阳县），王浚再派他的部将祁弘率领鲜卑、乌桓精骑兵，为司马越充当前锋。

刘乔战败的消息传到长安，司马颙又恐慌了起来。司马越在起兵之初就让司马炽的侍从官（太弟中庶子）缪播、太弟府右卫队长（右卫率）缪胤（司马颙已故王妃的弟弟）兄弟俩从中斡旋，说只要司马颙送皇帝回洛阳，司马越愿与司马颙以陕县（今河南省三门峡市）划地为界，分地而治，共同辅佐皇室。

司马越选择缪氏兄弟充当谈判使者，也是煞费苦心的，缪播是司马越的忠实粉丝，缪胤深得司马颙的信任。司马颙有意接受对方开出的条件，可张方不同意，不同意的原因当然是自感罪孽深重，怕放走了皇帝，双方讲和后，自己被秋后算账。他对司马颙说："我们据守险要之地，拥兵10余万之众，挟天子发号施令，谁敢不服？为什么要拱手相让而受人控制呢？"司马颙能有今天，都是张方这名得力干将的功劳，于是他打消了送司马衷回洛阳的念头。可如今司马颙寄予厚望的刘乔已经战败，他将面临与天下为敌的局面，于是打算停火，跟山东联军讲和。但他很清楚，张方肯定不会同意，不清除这个障碍，和平就从无谈起。而司马颙的部队也有人不想再打下去了，参军毕垣已经揣摩到了司马颙的心思，又因曾经受到过张方的侮辱，早就想找机会出气了，因而检举说："张方之所以在霸上驻扎那么久，是因为听说山东联军强盛，故意徘徊不前，殿下应该在他萌生反心、做出异常举动之前，及早加以防范。"为了增加可信度，毕垣还找来一个证人，说："张方的亲信郅辅对此最清楚。"缪播、缪胤也趁机煽动说："应当迅速杀掉张方向天下谢罪，山东之敌就可以兵不血刃而自己解散。"

司马颙一心想求和，如果用张方那颗人头能换来自己的平安，他是否真的谋反已经不再重要。按照司马颙总喜欢躲在幕后的老狐狸作风，他决定派张方最信赖的郅辅去摘取那颗有价值的头颅。

毕垣为了捶实张方确有反心，在郅辅见到司马颙之前威胁他说："张方密谋叛变，大家都说你知道实情，殿下如果问你，你准备怎么说？"郅辅非常吃惊："张方要谋反？没听说有这事啊，这从何说起？"毕垣说："殿下已经认定张方谋反，你如果想活命的话，只能顺着他的意思，不然你就是同谋。"

司马颙见到郅辅的第一句话就问："张方谋反，你可知情？"郅辅对毕垣的话终于深信不疑，但他又不愿昧着良心瞎说，只是模棱两可地"嗯"了一声。司马颙又问："本王派你去收捕他，你愿意吗？"郅辅为了身家性命，不敢有半点迟疑，点头回答："行！"

司马颙于是派郅辅以送信为名，找机会干掉张方。郅辅原本是长安城数一数二的富豪，张方刚到长安谋职时，无依无靠，四处碰壁，是郅辅提供了无私的援助，让他渡过了难关。张方事业成功后，让郅辅到身边担任行军都督。郅辅跟主帅的关系，在军营里无人不知。因此当郅辅拿着锋利的快刀走进张方的大营时，守门的卫兵没有丝毫怀疑。张方接过信就凑到灯下拆看，郅辅手起刀落，张方的人头随即滚到了地上，恶贯满盈的“吃人张”，最终死在了恩人的手上。

郅辅因斩杀张方有功，被司马颙任命为雍州安定郡（今甘肃镇原县东南）太守。但司马颙这一自毁长城的愚蠢行为，非但没能达到预期效果，反而招致身败名裂。

第二十四章　充满戏剧色彩的“上台”与“下台”

司马颙听信缪播、缪胤兄弟的谗言，以为把张方的人头送给司马越就能让山东军退兵，从此划地而治，大家相安无事。可司马越收到张方的人头，非但不撤军，反而催促山东联军加快了进攻的步伐。真是此一时彼一时，司马越起兵之初，形势并不容乐观，公师藩等人正在河北闹事，司马楙暗中与长安方面眉来眼去；并州的司马腾被刘渊搞得焦头烂额；青州的司马略被刘根打得只有招架之力；豫州的司马虓被刘乔赶到了黄河以北；自己又被一个毛头小子刘佑牢牢挡在萧县，所以才向司马颙提出和解。如今刘乔、司马楙、公师藩都被打翻在地，又有鲜卑铁骑在前边冲锋陷阵，他当然不可能再提和解这回事。

当初司马颖进驻洛阳后，派将军楼褒驻守洛阳北面的黄河大桥。司马越的四弟、平昌公司马模派部将宋胄袭击黄河大桥，楼褒向西撤退。司马模又派前锋督护冯嵩南下与宋胄会合，进逼洛阳。司马颖弃城向长安方向逃窜，走到华阴时，听说司马颙已经杀了张方，正与山东勤王军和解的消息后，不敢继续西行，转而往南从武关逃到了新野。

司马越乘胜派祁弘、宋胄、司马纂等率鲜卑兵团，西上迎接皇帝司马衷。他任命周馥为司隶校尉、假节、都督诸军，在渑池（今河南渑池县）驻防。

司马颙见张方的死未能换来山东军团止步，异常恼怒，就把火撒到郅辅的头上，将他一杀了之。司马越方面不理会司马颙的癫狂，鲜卑将领祁弘等继续向西挺进，争先越过了函谷关。司马颙急命弘农郡（今河南灵宝市东北）太守彭随、北地郡（今陕西耀州）太守刁默率军在潼关以东的湖县（今河南灵宝市西）布防，构筑防御工事，阻击山东军团。

光熙元年（306 年）五月初七，祁弘等人发起攻击，把彭随、刁默打得惨败，遂由潼关进入关中。司马颙大为恐惧，又派遣部将马瞻、郭伟在霸水阻击，又被打得惨败，司马颙惊慌失措，单枪匹马奔出长安，逃入太白山（秦岭山脉主峰，位于陕西省眉县南部）。

祁弘等人进入长安，鲜卑人大肆烧杀抢掠，2 万多长安百姓死于非命，西台官员四散逃命，多数人逃入秦岭群山之中，靠捡拾栎树果实充饥。

五月十四日，皇帝司马衷在祁弘、宋胄、司马纂等人的护送下，乘坐牛车返回洛阳。司马衷东返时，任命皇太弟的太保梁柳为镇西将军，留守关中。

司马衷回到洛阳的第一件事，就是释放老婆羊献容，恢复皇后地位。随后他宣布大赦，改年号，把“永兴”三年改为“光熙元年”。

鲜卑人把长安洗劫一空离开后，司马颙的部将马瞻等率兵打回长安，杀了刚上任的镇西将军梁柳。司马颙一人一马，在太白山躲藏期间靠山泉野果坚持了下来，马瞻与始平（今陕西兴平市）太守梁迈带人进山搜索，把他接回了长安。

司马颙虽然重回长安，但关中各郡县见他大势已去，纷纷发表声明拥护司马越，弘农（今河南灵宝市东北）太守裴廙、扶风（今陕西眉县）太守贾龛、安定（今甘肃镇原县东南）太守贾疋等更是联合起兵，反过来攻打司马颙，斩杀马瞻、梁迈。司马越则派督护麋晃率军从东进逼，整个关中地区全都归附了司马越，司马颙只拥有长安一座孤城。

如今轮到司马越风光了，由司空改任太傅，录尚书事（主持朝廷日常工作）。司空一职由司马虓接任，大本营设在邺城；任命平昌公司马模为镇东大将军，大本营设在许昌；任命王浚为骠骑大将军、都督东夷（整个辽东地区）、河北诸军事，兼任幽州刺史。其他参与讨伐司马颙的有功之人都得奖赏和重用。不过，司马越的用人原则一是讲亲情，二是慕虚名。

比如他任命的吏部郎庾敳就是一名夸夸其谈的清谈大师，为人贪鄙，他担任陈留县令时，模仿竹林七贤之一的阮籍，在办公桌上摆满美酒，从早喝到晚，根本不过问县衙里的公务，因善于敛财，积攒了巨额财富。庾敳到任后仍是秉持一贯的作风，什么事也不干，空谈混日子。再比如黄门侍郎、太傅主簿郭象，也是能言善辩的玄学家，成语“口若悬河”就是用来形容他的口才的。这些人因出名而受到重用，同时也将给西晋王朝带来毁灭性的灾难。

再说原皇太弟司马颖，他逃到新野时，恰逢荆州刺史刘弘去世，刘弘生前说司马郭劢脑后有反骨，见司马颖到来，便想迎立司马颖，另立朝廷，自己弄个宰相当当。司马颖还在前往荆州的路上，郭劢就被自己的弟弟、治中（州刺史的高级顾问）郭舒所拥戴的刘弘之子刘璠给反击杀掉了。

朝廷命令南中郎将刘陶去逮捕司马颖，司马颖抛下老妈程太妃及老婆乐氏，只带着两个儿子庐江王司马普和中都王司马廓北上渡过黄河，来到朝歌收集了几百名旧部，准备投奔故将公师藩。可司马颖实在太背，一行人在途中被顿丘（今河南清丰县西南）太守冯嵩抓获，被押送到邺城交范阳王司马虓处置，司马虓不忍心杀害司马颖，将其父子关押。一个多月后，正当壮年（37 岁）的司马虓却突然暴病死了，司马虓的长史刘舆考虑到司马颖在邺城根深蒂固，担心司马颖会成为后患，就秘不发丧，并派人冒充朝廷使臣，矫旨连夜绞死了司马颖，他时年 28 岁。他的两个儿子也同时被杀。卢志一直忠心耿耿地跟随司马颖，以王臣之礼为其安葬，得到司马越赏识，遂召卢志为军咨祭酒。

同时被赏识的还有矫旨杀死司马颖的刘舆，司马越准备召刘舆到朝廷工作，有人提醒说：“刘舆这人就像污垢，接近他就会被沾上。”所以刘舆来到洛阳后，司马越对他相当冷淡。刘舆没有消沉，他利用这段难得的闲散时间，查阅了大量的档案和资料，全面了解各地兵马数量，仓库位置及容量，牛马分布，武器配备，以及地理状况等。当时，由于八王之乱导致政局混乱，千头万绪，无从抓起，每次开会，包括长史（秘书长）潘滔在内，没人能抓住问题的实质。只有刘舆分析起事理头头是道，鞭辟入里。令司马越刮目相看，跟他促膝长谈了一次，任命他担任左长史，军国事务全都委托给他。刘舆说服司马越，派自己的弟弟刘琨去担任并州刺史，以为北方屏障，原并州刺史司马腾升任车骑将军，都督邺城诸军事，镇守邺城。

司马越在骨肉相残中成为最后的胜利者，掌权后野心急速膨胀，看到司马衷已经失去了利用价值，遂起了歹念。于是就出现了历史上的一幕：光熙元年十一月十七日（307 年 1 月 8 日）晚上，大晋帝国皇帝司马衷像往常一样，准备吃过御膳房送来的宵夜后上床歇息，当晚还特地加了一道面饼点心，孰料竟成了他最后的晚餐。司马衷的死因，据法医鉴定是食物中毒，人们有理由怀疑此事跟司马越脱不了干系，可司马越当时只手遮天，没有人敢深究，所以，司马衷的死就成了一桩历史悬案。当了 16 年皇帝的司马衷至此退出历史舞台，终年 47 岁。

司马衷安息了，按照法定程序，由皇太弟司马炽接任是毫无争议的，可之前从来没发表过任何言论的皇后羊献容站出来了，因为由小叔子登基，皇太后身份就与她无缘，因此，她催促原来的皇太子、侄儿清河王司马覃入宫即位。侍中华混劝阻说："皇太弟在东宫为时已久，天下皆知，也是民心所向，怎么能更改？"火速通知太傅司马越让皇太弟司马炽即刻入宫。

清河王司马覃接到皇后的诏书后，也赶到了尚书阁，发现情形不对，赶紧声称胃病发作，返回了自己的府邸。

十一月二十一日，皇太弟司马炽举行登基仪式，宣布大赦，尊羊献容为惠皇后，安排住在弘训宫。追尊生母王才人为皇太后，册封夫人梁兰璧为皇后。

司马炽当上皇帝后，恢复了传统制度，在太极殿东堂举行朝会，与官员们讨论时政，研究经典。黄门侍郎傅宣感叹："又看到武帝（司马炎）时代的盛事了！"不过司马炽能做的，也就仅此而已，大政方针还是司马越说了算。

司马越没有忘记远在长安的司马颙，就以皇帝的名义征召司马颙回京担任司徒，司马颙已经没有别的选择，如果继续赖在孤城长安，早晚都要灭亡，不如赌一把，到洛阳去，要杀要剐早点做个了断，说不定运气好，看在新皇登基的份上，还能保全一条老命。于是就上路了，走到新安（今河南渑池县）的雍谷检查站时，司马越的弟弟、南阳王司马模派部将梁臣拦下车队，跳上司马颙的专车，一把掐住他的咽喉，硬生生把他掐死，随后又杀了随他同行的三个儿子。司马颙一脉死光了。司马炽下诏，以彭城元王司马植的儿子司马融为司马颙的继嗣，改封乐成县王，延续香火。

司马炽能当上皇帝，司马颙、张方功不可没，跟司马越关系不大。有人就此为借口，劝说司马越废掉司马炽，另立司马覃为帝，抢下拥立的头功。此人叫周穆，时任吏部郎，他既是司马越的姑表兄弟，又是司马覃的舅舅，在他看来这是两全其美，各方共赢的大好事。于是便拉上时任御史中丞的姐夫诸葛玫一同劝说司马越，说："太傅你看啊，皇上当皇太弟是张方的主意。清河王本来就是太子，被逆臣所废。先帝突然暴卒，大家都怀疑是皇太弟（司马炽）所为，您何不效仿伊尹、霍光的做法，站出来安定社稷呢?"没想到司马越却不同意。

两人不死心，又找机会反复劝说，司马越烦了，这俩家伙叨叨我没有拥立之功，今天就借你俩的人头向皇帝表忠心，于是提高嗓门呵斥道："这难道是你们应该说的话吗!"命令左右将他们推出去砍了。由于周、诸葛两家是当时的世家大族，司马越不想得罪太多人，表完忠心后，上书司马炽不要牵连其他人，同时废除株连三族的法律。

司马越以为此举能换来皇帝司马炽发自内心的感激，可司马炽反应平淡，该干啥干啥，还一改前任司马衷的做法，亲自处理军国大事，很多诏书都由他亲笔起草，让司马越很受伤。伤不起的司马越于是打报告请求引退，回自己的封地过小日子，司马炽不批，司马越转而坚决要求出镇许昌。

永嘉元年（307 年）三月，司马越带着大晋帝国唯一一支成建制的部队离开了洛阳，向许昌开去。在离开洛阳之前，司马越已经做好了布局，不顾皇帝司马炽才 23 岁的现实，强行册立清河王司马覃的弟弟豫章王司马铨为太子；任命三弟高密王司马略为征南大将军、都督荆州诸军事，镇守襄阳；四弟南阳王司马模为征西大将军、都督秦、雍、梁、益四州军事，镇守长安；二弟东燕王司马腾改封新蔡王、都督司、冀二州诸军事，仍镇守邺城。

司马越当初看到匈奴刘渊称王、立国，正担心二弟司马腾无力应对，当刘舆提出派自己的弟弟出镇并州时，马上任命刘琨为并州刺史、加振威将军、领护匈奴中郎将。刘琨受命后，带领 1000 多人辗转半年多，于永嘉元年（307 年）春到达并州治所晋阳（今山西太原）。司马腾听说有人来接替自己，不等刘琨到达就率领部众仓皇从井陉（今河北井陉县西）东下。并州连年饥荒，再加上胡人不断抢掠，司马腾一走，新的刺史又没到，士兵官吏 2 万余户都跟随司马腾前往冀州，司马腾称这帮人为"乞活"，表示不是我司马腾不厚道把子民都带走，是他们乞求活命，自愿到冀州当流民的。因此，刘琨接手的并州人口不足 2 万户，一路走来十室九空，行人断绝。只在上党郡（今山西黎城县西南）招到 500 兵员，一行人既要对付不时出没的土匪流寇，又要防备汉赵的匈奴军队，刘渊就曾派大将军刘景率军在版桥截击刘琨，结果被刘琨以少胜多，打得大败而逃。

刘琨紧赶慢赶来到晋阳一看，早已成了一座空城，房舍被焚毁，城乡一片荒凉。刘琨触景伤情，写下了著名的《扶风歌》，表达了自己决心匡扶晋室，为抵抗外族入侵辞家赴难，虽身处穷窘仍不改初心的豪情壮志。当时的晋阳西面是强大的匈奴汉赵，北面是正在崛起的鲜卑代国，东面是和段部鲜卑结盟的幽州刺史王浚。刘琨在强敌环伺的境况下安抚流民，发展生产，加强防御，逃亡的人逐渐返回家园，连原已投靠刘渊的 1 万多杂胡也回到晋阳。不到一年晋阳就恢复了生气，成为晋朝在中原的少数几个存留抵抗势力之一。

司马腾离开并州，带着一帮“乞活”走到真定（今河北正定）时，赶上天降大雪，平地雪深几尺，但营门前有一块地方却没有积雪，司马腾感到奇怪，就命人挖掘那块地，竟然挖到一尊高达一尺的玉马，认为这个好兆头，就上表将玉马献给了新皇帝司马炽。可此举并没有给司马腾，乃至整个大晋帝国带来好运。

司马腾到达邺城不久，在河北作乱的公师藩和汲桑叛军，于光熙元年（306 年）五月准备渡过黄河迎接司马颖被司马虓部将苟晞斩杀后，沉寂了一段时间又死灰复燃。汲桑自称大将军，任命石勒为扫虏将军，一伙人以安葬司马颖为借口，用车载着司马颖的牌位，与征虏将军张泓原来的部将李丰等人一同进攻邺城，宣称要杀了司马越、司马腾兄弟，为司马颖报仇。

司马腾丝毫不把这伙叛军放在眼里，说：“我在并州 7 年，胡人多次围城都被我打败。这些个小贼寇，不足为虑。”当时邺城府库空虚，财政赤字严重，可司马腾依然过着十分富裕的生活，而且为人吝啬，舍不得拿出一毛钱给士兵发饷。当兵临城下时，才拿出从并州带来的布帛和米粮赐给将士，将士们都不愿为他卖命。最终抵挡不住叛军前锋李丰、石勒的进攻，司马腾见势不妙，只得率领轻装骑兵逃跑，最终被李丰所杀。

司马腾的长子司马虞也是一员猛将，见老爸被杀，狂呼着找李丰拼命，李丰慌不择路跳到水里淹死了。不过跟随司马腾出逃的四个儿子司马虞、司马矫、司马绍、司马确，以及巨鹿太守崔曼，车骑将军长史羊恒、从事中郎蔡克等人全部死于乱军之中。

叛军进入邺城后，大搞打砸抢，残杀了1万多平民，又一把火烧了邺城宫室，大火烧了10天才熄灭。汲桑捣毁邺城后扬长而去，从延津渡河南下，企图进犯兖州。

司马越闻讯大惊，连忙命兖州刺史苟晞为前锋进讨汲桑。跟随司马腾到冀州的“乞活”们自发组织起来，立誓要为司马腾报仇，并愿意听从司马越的指挥，司马越就让他们加入讨伐汲桑的行列中。他命令幽州刺史石鲜从北向南，对叛军实行南北夹击。司马越亲自率军从许昌北上，屯军官渡。

苟晞出身寒微，精通兵法，跟那些世家大族不同，他这个兖州刺史可是靠真刀真枪打拼出来的。汲桑在一年前就领教过苟晞的厉害，当时汲桑和石勒随同公师藩从白马渡河南下，被苟晞打得大败，公师藩阵亡，他与石勒逃了出来。如今见苟晞前来讨伐，两人不敢招惹，转而向北突袭驻军于乐陵（今山东德州境内）的幽州刺史石鲜。

史书对汲桑记载不多，石勒却是一个有故事的人，他是匈奴别部羌渠部落的后裔，为入塞羯人，地位比匈奴本部要低好几个等级，石勒的祖父耶奕于、父亲乞翼加都曾当过部落小头目。石勒14岁时，曾跟人到洛阳做过商贩，吆喝声与众不同，时任尚书左仆射王衍某日偶尔经过，感到十分惊异，对左右随从说：“刚才那个胡人小孩儿，我听他的声音感觉到一种说不出的悚然，只怕此人将来会成为国家的祸患。”王衍派人去把他抓住，当执行命令的人赶过去时，石勒已不知所踪。

石勒长大后健壮而有胆量，雄武而又爱好骑射。太安年间，并州发生饥荒，石勒和族人出外逃生，走散之后穷极无奈，只得重新回来投靠当地的大户宁驱。北泽都尉刘监见石勒长得膀大腰圆，就想把他抓去卖个好价钱，石勒在宁驱的藏匿下才免于难。石勒不敢再留在当地，又踏上逃亡之路，路上遇见熟人郭敬，流着泪叩头诉说了饥寒交迫的境况。郭敬是搞长途贩卖的，非常同情，便将所带的货物卖掉，给石勒买吃买穿的。

石勒吃饱后，不忘忍饥挨饿的其他胡人，对郭敬说：“现在大闹饥荒，不能老这样守着穷困。胡人都饥饿至极，可以引诱他们到冀州一带求食，再乘机将他们抓起来卖掉，这样，你赚了钱，胡人得以活命，可谓两全其美。”郭敬非常赞同。正好当时的并州刺史司马腾也接受建威将军阎粹的建议，正派兵四处捕捉胡人到青、兖各州出卖以充军饷。结果，时年20多岁的石勒也被捉了去。负责押送石勒这批“猪仔”的军官正是郭敬的族兄郭阳，石勒一路上得到额外照顾，倒没受什么大委屈。不久石勒被卖到茌平人师欢家做了耕田的奴隶。

石勒干活非常卖力，闲暇时和其他奴隶聊天，说：“我干活时耳边总会有鼓角之声，不知你们有没有听见呢？”其他奴隶不知是寻开心还是真有其事，纷纷附和：“自从你来了以后，我们也常能听到这样的声音。”

石勒还说了：“这声音，我打小就常常听到，我娘说这是劳累了耳鸣，不要大惊小怪。”可那些奴隶们大惊小怪，回头就告诉了主人师欢。师欢见石勒相貌奇特，觉得不是凡人，就把他给放了。

石勒重新浪迹四方，过着饥一顿饱一顿的生活。有一次，他又被乱军捉住，幸亏有一群野鹿从旁边跑过，士兵们忙着追捕群鹿，石勒才得以逃脱。当时的羯人地位很低，由于胡人特征明显，随时都会被捉来当“猪仔”。石勒要想摆脱这种不公平的命运，惟有奋起抗争，于是便邀集了王阳、夔安、支雄、冀保、吴豫、刘膺、桃豹、逯明等八骑结成团伙，以劫掠为生，后来又发展了郭敖、刘征、刘宝、张曀仆、呼延莫、郭黑略、张越、孔豚、赵鹿、支屈六等十骑，这些人在当时都是武艺超群的马上高手，号称十八骑。

十八骑时常闯到赤龙等军马场盗抢军马，并将抢来的一些骏马送给牧民首领汲桑，汲桑大为高兴，就给他起名叫石勒，石勒的名字是这个时候才有的。这是官匪勾结，汲桑窝藏赃物的犯罪事实很快被官府侦知。于是，汲桑率领他的部众，石勒带着他的十八骑，一起投奔了公师藩。

汲桑、石勒袭击乐陵，杀死了幽州刺史石鲜。被任命为乞活将军的田甄率领5万乞活军赶来救援，石勒击败石鲜，士气正旺，把乞活军打败后，又转入平原、阳平一带劫掠，汉献帝的玄孙、山阳公刘秋被害。

苟晞跟踪而至，双方交手数十次，打了几个月，互有胜负。后来苟晞改变战术，专找实力相对较弱的汲桑军队下手，在东武阳（今山东莘县南）大破汲桑军，并且一路追击，汲桑、石勒败亡在即。两人一商量，决定收拾残兵败将，往西投靠汉王刘渊。在经过赤桥（今山东临清境内）一带时，遭到冀州刺史丁绍截击，又被打得大败。汲桑与石勒在战乱中失散，汲桑往东逃到乐陵（今山东德州）时被乞活军所杀，石勒则往西投奔了刘渊。

第二十五章　洛阳保卫战

冀州叛军被打散，事变暂时得以平息，太傅司马越回到许昌后，加授苟晞为抚军将军、假节、都督青兖诸军事，封东平郡侯，食邑1万户；加授丁绍为宁北将军、假节、监督冀州诸军事。

苟晞因屡次打败强敌，威名远扬，人们甚至将他与韩信、白起相提并论。司马越更是视他为中流砥柱，与苟晞相互间升堂拜母，结为异姓兄弟。苟晞的执政风格与那些世家大族出身、靠裙带关系维系的官员有很大不同，处事果断而且严厉苛刻，没人敢为了虚报政绩，拿好话、假话哄骗他。更是执法如山，苟晞的姨妈来投靠他，苟晞照顾得很周到，但姨妈得寸进尺，为儿子求情，让苟晞安排表弟到部队里当将领，苟晞拒绝说："我不会姑息任何触犯军法的人，你考虑清楚了，免得将来后悔。"在姨妈的坚持下，苟晞将她的儿子任命为督护。这位走后门进来的表弟后来果然触犯了军法，苟晞要依法处斩，姨妈叩头求情也无济于事。执行完军法后，苟晞换上素服在表弟灵前哭着说："杀督护者兖州刺史，哭表弟者苟道将（苟晞字）。"表明自己公私分明。

苟晞想做一个好官，却招来太傅府司马、河南尹潘滔的猜忌，建议司马越亲自管理兖州，说："兖州地理位置重要，魏武帝就是在这军事要冲起家的。苟晞有大志，不会甘心只当臣子，王爷让他在兖州待久了，一旦生变后果会很严重。不如把他调到青州，同时提高其虚名，他感到高兴，您则亲自管理兖州，规划治理天下，又可以管理朝廷，对大家都有好处。”

司马越于是给予苟晞更高的荣誉，升为征东大将军、开府仪同三司、加侍中、假节、都督青州诸军事，兼青州刺史，晋爵东平郡公。苟晞并没有如潘滔意料地高兴到忘乎所以，而是感到自己受到无端猜忌，对司马越的感情也产生了一个大大的问号。

司马越顾不上理会苟晞的心理变化，自任丞相，领兖州牧，都督兖、豫、司、冀、幽、并六州诸军事，任命和郁代理冀州刺史，镇守邺城，让自己的大舅哥裴盾出任徐州刺史。原来驻守在徐州的平东将军、都督徐州诸军事的司马睿见新刺史来头不小，遂听从王导的建议，主动请求镇守扬州，朝廷于是下诏，任命司马睿为安东将军、都督扬州江南诸军事，假节，镇守建业（今江苏南京）。

司马睿在皇族中没什么声望，更谈不上什么知名度，加上西晋灭吴后，南方士族普遍遭到排斥，很难跻身政坛。因此，司马睿到建业后，当地的士大夫们都不来拜见，安东将军府司马王导也很着急，便找来堂兄王敦（当年上厕所吃了红枣，又喝了洗手水的那位哥们）商量，说：“琅琊王宅心仁厚，但没什么人脉，大哥您的名声很高，在这一带很吃得开，您就想个法子帮帮他吧。”恰好正赶上当地要举办秋季禊祭（由官方举办的祭神活动）仪式，全城居民都会前去观看，便让司马睿前往观看。

在活动的当天，王导让司马睿乘坐抬在肩膀上没有篷盖的轻轿，安排了颇为壮观的仪仗队，王导兄弟及中原来的知名人士则骑着高头大马跟随。一下子博足了眼球，大家见王敦、王导这样的世族名士对司马睿如此恭敬，都不约而同地跪倒路旁参拜。王导心中窃喜，指着其中两人对司马睿说：“顾荣、贺循在建业的声望最高，王爷应该结交他们，以笼络人心，若这二位肯来，其他的人就没有问题了。”

司马睿便让王导亲自登门拜访贺循、顾荣，二人都受邀来到安东将军府，司马睿任命贺循为吴国内史，顾荣为军司马，两人均加授散骑常侍，一切军政事务都与他们商量。正如王导所料，随着贺、顾两位头面人物的到来，一直没有机会从政的江东士大夫们都如雨后春笋般冒了出来。司马睿又录用了一批名士：纪瞻为军咨祭酒，卞壶为从事中郎，周玘为仓曹，刘超为舍人，张闿、孔衍为参军等。

招徕了人才后，王导又针对司马睿初来时由于心情郁闷，常常借酒消愁，喝得酩酊大醉的不良表现，劝导说："结交贤士要注意形象，让人感到态度谦恭，饮食开支要节俭，以清静无为处理政务。"司马睿当即命人斟了满满一杯酒，王导以为自己的话让他反感，要以实际行动回击他，谁知司马睿把酒泼到地上，发誓从此戒酒。司马睿的小王朝至此初具规模，这个时候他绝对没有料到自己日后会撑起半边天，成为偏安一隅的东晋皇朝的开国之君。

苟晞到了治安比兖州差得多的青州之后，秉持其一贯的执政风格，想以严苛的手段树立威信，便每天都要处决犯人，竟至嗜血成性，一天不杀人就浑身不自在。青州民众给这位新来的刺史起了个外号——屠伯。顿丘（今河南清丰县）太守魏植，被五六万实在没有活路的难民挟持，进入兖州大肆抢掠。对付民变和叛军是苟晞的拿手绝活，苟晞将青州的事务交给弟弟苟纯打理，自己率军去讨伐魏植。苟纯比哥哥苟晞更加嗜杀，代理青州刺史期间天天以杀人为乐，大家都说："小狗凶过大狗。"好在苟晞很快就把流民驱散，才终止了这一悲剧。

到了永嘉二年（308 年）春，都督兖、豫、冀、司、冀、幽州六州诸军事的司马越，为了便于指挥六个州的军事行动，将大本营从许昌转移到鄄城。此时的司马越可谓是内外兼顾，对朝廷的掌控丝毫没有放松。年底的时候，前北军中候吕雍、度支校尉陈颜等人欺负司马越不在洛阳，想搞阴谋诡计，图谋再次拥立司马覃为太子，结果还是被司马越留在洛阳的心腹获悉，于是以太傅、丞相的身份命令将废太子司马覃关进了金墉城，避免了一场危机。后来司马越还是不放心，于是下令将司马覃秘密处死，这个无辜又可怜的孩子，被几立几废，受尽了波折，死时才 14 岁。

司马越将兵力基本都部署在自己的防区，导致洛阳空虚。已经投靠了汉王刘渊的大汉奸王弥乘机进逼洛阳，京师大震。王弥是青州东莱（今山东莱州市）人，爷爷王颀就是鼎鼎有名的曹魏玄菟太守，与毌丘俭一同讨伐高句丽大胜而还；司马昭发动灭蜀之战时，王颀跟随邓艾伐蜀，与陇西太守牵弘各自率军从左右进攻沓中牵制姜维，西晋建立后，任汝南太守。王弥出生于这样的家庭，自然有机会接受良好的教育，阅读过大量不同类型的书籍，让他显得通达干练。王弥年轻时就桀骜不驯，曾到洛阳游历，并在那里结识了刘渊，两人还一块喝过酒，酒桌上刘渊流着眼泪诉说了当人质的艰险和不幸。洛阳隐士董仲道在相人方面很有一套，见到王弥时，评价说：“你的声音像豺狼，目光如豹子，是个好乱乐祸之徒，一旦天下发生骚扰，肯定不是个安分守己之人。”

永兴三年（306年），东莱郡惤县（今山东龙口市东南）县令刘柏根利用宗教组织发动叛乱，自称“惤公”。王弥当即背叛了自己的家庭，带着家童加入叛乱组织，并被任命为长史，追随刘柏根作乱。刘柏根被安北将军王浚斩杀后，王弥率领残余逃到长广（今山东莱阳市东）的山中落草为寇。在此期间，同伙们见这位老兄不但弓马娴熟、力气过人，而且有勇有谋，每次出去打劫都经过精心策划，做到算无遗策，众人给他起了个响亮的名号——飞豹，小喽啰们尊称他“豹哥”。随着“飞豹”的名头越叫越响，那些同类们纷纷前来归附，王弥的事业越做越大，率领强盗们在青、徐二州大肆掳掠，自称征东大将军，期间还杀了两个太守。直到苟晞调任兖州刺史，才将这帮贼寇打回原形，又逃回深山里。王弥总结失败的原因，他认为没有一个强劲的后盾，靠自己单干，自信心不足不说，很难跟朝廷的正规军抗衡。于是便派人到并州向刘渊表忠心，表示愿意做汉赵的臣属。

刘渊很高兴，委任命王弥为镇东大将军，领青、徐二州牧，都督二州诸军事，封东莱郡公。王弥所部就成了汉赵政权的一支偏师，相当于刘渊把一只黑手伸到司马越的封地东海国了。

算无遗策的王弥摇身一变，成了匈奴人的帮凶，自己信心陡增的同时，号召起那些不良分子更加有说服力，因此很快又聚集起数万之众。王弥毕竟是将门之后，将目光瞄向了兵力空虚的洛阳，于是从青州突然杀出，一路相继攻陷泰山、鲁国、谯县、梁、陈、汝南、颍川、襄城诸郡县，打得各地晋军猝不及防，连征东大将军苟晞出马也无法扼制其进攻的势头。不久，又被他们攻陷了军事重地、司马越原先的大本营许昌，得到了大量的武器装备，京师洛阳也暴露在汉军的兵锋之下。

司马越急忙派左司马王斌率5000甲士火速赶赴洛阳，保卫京师。凉州刺史张轨得知消息后，也派凉州都护北宫纯率领1000精兵赶来增援。

王弥所部在许昌休整了半个月后，于永嘉二年（308年）五月进军轩辕（今河南偃师县南），并在伊水北岸击败了晋军，京师震动，洛阳城门和皇宫大门白天黑夜都处于紧急关闭状态。晋怀帝司马炽任命司徒王衍为都督征讨诸军事、持节、假黄钺，全权指挥保卫洛阳的战斗。

五月十九日，王弥兵临洛阳城下，在津阳门（洛阳南城东头第一门）外扎营，做攻城准备。这时出现了神奇的一幕：城门徐徐打开，从里面走出一支百来人的队伍，他们身披双重铠甲，一手举着西凉独有的盾牌（高达1.7米、宽约80厘米），一手紧握柳叶型长剑，步伐缓慢地向汉军压了过来。

这是北宫纯训练的一支西凉重甲步兵，是凉州铁骑王牌中的王牌，中原的军队根本没有见过。只见这支小分队出来后，城门又缓缓关闭，汉军断定这批装束奇异的西凉兵是来送死的，见他们只有区区百来号人，行动笨拙的样子，都不放在眼里。“豹哥”王弥更是不能容忍这种挑衅，下令弓弩兵放箭，一时间，箭矢如蝗，却丝毫奈何不了他们。

一轮箭雨过后，骑兵发起冲击，随着敢死队长北宫纯的一声令下，看似笨拙的重甲兵变得异常灵活，他们迎敌而上，以三人为一组，一人对付马，一人对付骑手，第三个人跟上给坠地的骑手补上一刀，手法娴熟，没有多余的动作。随着敢死队向前移动，他们的身后倒下无数战马和敌人的尸体，直杀得汉军胆战心惊，不敢再窥视津阳门。洛阳保卫战初战告捷。

王弥在津阳门吃了败仗，转而进攻建春门（洛阳东城北头第一门），北宫纯也率领他的西凉兵出现建春门的城头上，王弥遂于五月二十二日让士兵在建春门架起柴草，放了一把大火，向东撤走。王衍命令前将军曹武、左卫将军王秉率部追击，在七里涧又打败王弥。

王弥考虑到已经没有回头路可走，青州是回不去了，便渡过黄河投奔刘渊。刘渊得知王弥到来非常高兴，派人到新都城黎亭（今山西长治县北）郊外迎接，转告王弥：“我在给安排将军的住处，准备好美酒，洗好酒杯，恭候驾临。”两人重逢，相谈甚欢，王弥劝刘渊称帝，刘渊则拜王弥为司隶校尉，加侍中、特进（地位仅次于三公），一同前来的王桑被任命为散骑侍郎。

凉州都护北宫纯这次是做了充足准备，想要轰轰烈烈大干一场的，没有想到汉军比划一下就跑了，觉得很不过瘾，遂率领西凉铁骑进军河东郡（今山西夏县），打败了前来骚扰的汉赵抚军将军刘聪。

洛阳转危为安，首都军民创作了一首歌谣，歌颂凉州铁骑：凉州大马，横行天下。凉州鸱苕，寇贼消；鸱苕翩翩，怖杀人。司马炽为表彰张轨的忠诚，进封他为西平郡公，张轨推辞不接受。当时天下已乱，各方诸侯都不把朝廷当回事，只有张轨派遣使者向皇帝朝贡，一年四季从不间断。

刘渊得到石勒、王弥、刘灵等人归附，实力大增。刘灵是司州（辖区包括今陕西中部、山西西南部、河南西部及山东小部）阳平郡（今山东冠县东）人，出身贫贱，力气大得惊人，能制服一头奔跑的公牛，奔跑起来能赶上骏马的速度，如果当时有奥运会比赛，随便拿个冠军不成问题，可刘灵由于出身问题，空有一身力气无处施展。刘灵常常抚摸着老是填不饱的肚子，仰天长叹："老天爷啊，什么时候赶上乱世啊！"看来他也知道乱世出英雄的道理。后来老天爷遂了他的愿，天下纷乱了起来，当公师藩起兵反司马越时，刘灵也拉起一支队伍，自称将军，到处劫掠，后被司马越的部将王赞打败，于是也像王弥一样投奔了刘渊。

刘渊的侍中刘殷、王育向他提出战略构想："大王起兵已经一年多了，可至今还偏居一隅，必须主动出击，大胆决战，先北上消灭据守并州的刘琨，平定河东，即皇帝位，威震天下，再南下攻克长安，定都关中，再以关中的兵众席卷洛阳，这是汉高祖当年开创宏基、消灭强楚的策略，我们不过再实施一回而已。"刘渊非常高兴，不甘落后地说道："这问题我也考虑到了，你们说的，正是我所想的，我们君臣想到一块去了。"于是着手实施进攻河东地区。

永嘉二年（公元308年）七月，刘渊派兵进攻平阳郡（今山西临汾县西南），平阳太守宋抽弃城逃跑，河东太守路述战死。刘渊把首都迁到蒲子（今山西隰县东北）。上郡（今陕西韩城）鲜卑部落酋长陆逐延、氐民族部落酋长单徵，相继归附刘渊，单徵还把如花似玉的女儿嫁给了刘渊，虽然史书上没有刘渊的出生年份，但从他在咸熙年间（264—265年）就到洛阳做人质推算，此时不小于50岁。

九月，汉赵镇东大将军王弥与辅汉将军石勒一起进攻邺城，镇守邺城的征北将军和郁，吓得弃城而逃。晋怀帝司马炽下诏：命豫州刺史裴宪屯兵白马（今河南滑县东）防备王弥，命车骑将军王堪屯兵东燕郡（今河南延津县东北）抗拒石勒，命平北将军曹武屯兵大阳（今山西平陆县）监视蒲子方面的动向。

一系列胜利消息传来，让刘渊相信，自己就是第二个汉高祖，于是正式称帝，大赦境内囚犯，改年号为"永凤"，国号仍为"汉"，时间为永嘉二年（308年）十月初三。任命长子刘和为大司马、封梁王，四子刘聪为车骑大将军，不久封楚王，尚书令刘欢乐为大司徒、封陈留王，御史大夫呼延翼为大司空、封雁门郡公，宗室中以亲疏为等级，都封郡县王，异姓中则以功劳、谋略为等级，封郡县公侯。

太史令宣于修之进言："陛下您虽然如龙腾起，如凤翱翔，接受大任。然而，晋朝余部尚存，蒲子地域崎岖狭小，非久留之地。平阳有天子气，又是陶唐的旧都，陛下应该顺时顺势而上，与时俱进。"于是又把首都迁到平阳。渡过汾水时，有人从水中捞到一块玉玺，上面有"有新保之"的字样，是王莽用过的印章，捡到印章的人很聪明，又刻上"渊海光"三个字，连起来就成了"有新保之渊海光"，然后再献给刘渊，刘渊认为是好兆头，于是又改年号为"河瑞"。又封他的两个儿子刘裕、刘隆为齐王和鲁王。

在刘渊地称帝、论功行赏之时，身在晋阳的刘琨没有忘记自己的使命，于十一月初一命上党太守刘惇率鲜卑兵团攻击壶关（今山西长治市北），汉国镇东将军綦毋达战败，刘琨夺回了战略要地壶关。

刘琨虽然切断了石勒等人与刘渊本部的联系，但没有影响石勒等人在冀州肆虐。和郁临阵逃跑后，魏郡太守王粹仍然坚守邺城，最终于十一月初八被石勒攻破。王粹坚持到最后一刻，以身殉国。

石勒占领邺城后，又进兵扫荡赵郡，杀掉冀州西部都尉冯冲，在中丘斩杀乞活将军田禋、郝亭。刘渊授予石勒安东大将军、开府，意味着石勒可以组成自己的班子了。不久石勒又进攻钜鹿、常山，杀死二郡守将，并攻陷冀州郡县堡垒百余个。石勒虽然在替匈奴汉国攻城略地，但与其他异族将领不同，他很少残杀当地居民，而是"拣强壮5万为军士，老弱安堵如故，军无私掠，百姓怀之"，使兵力达到10多万，他还将其中的名人贤士及读过书的人都集中在一起，称为君子营，作为他的智库。

石勒的这一措施马上得到回报，一个牛人闻讯而来。此人叫张宾，中山（今河北省中部太行山东麓一带）太守张瑶之子，研读过大量经典史册，自认为胸怀韬略，说："我的智谋绝不逊色于张子房，只是没遇到汉高祖而已。"他见证了石勒的做法以后，对家人说了句："我见到的将领很多，只有胡将军（石勒是胡人，张宾按当时的习惯称其为胡将军）可以成就大事。"便来到石勒的大营求见。石勒一开始并没有十分看重张宾，随着时间的推移，张宾用自己的能力令石勒刮目相看，石勒遂将他引为智囊，除了跟老婆睡觉不用征求他的意见外，其他事情都要经过张宾才决定是否施行。

刘渊、石勒在大力招纳能人，西晋政府却不敢信任已经拥有的能人。永嘉三年（公元309年）三月初九，司马越的弟弟征南大将军、高密王司马略死了。朝廷任命名声在外的山简为征南将军、都督荆湘交广四州诸军事、假节，接替司马略镇守襄阳。山简是“竹林七贤”之一山涛的小儿子，别的本事没学会，夸夸其谈的本领却是一流，上任以后对军政大事毫无兴趣，就喜欢喝酒吹牛。按理说山简作为荆州最高军事长官，你天天喝酒尸位素餐已经严重违纪，嫉贤妒能的心理还挺重，看到顺阳（今河南淅川县东南）太守刘璠深得民心，竟然上表朝廷，说刘璠笼络人心，为防止被百姓拥立为主，兵起叛乱，建议将其调离。朝廷于是把刘璠召回京师，任命为越骑校尉。刘璠一走，江汉一带逐渐乱了起来，上了年纪的荆州父老都思念起刘弘父子的时代。

第二十六章　西晋忙于内斗，汉赵步步南侵

永嘉三年（309 年）三月十八日，司马越率领大军突然回到了洛阳。中书监王敦对他的亲信说："太傅司马越独断专行，权高势重，但在任用官员时，仍上书奏请，可是尚书省仍按照原有的规章制度加以批驳和限制。今日进京，恐怕不会善罢甘休。"

司马炽身为皇帝，自然要拉几个人为心腹，他当皇太弟时，跟东宫中庶子缪播感情深厚。等他继位，就委缪氏兄弟以重任，命缪播为中书监、缪胤为太仆卿，任命自己的舅舅王延为散骑常侍，其他还有尚书何绥、太史令高堂冲等人，一同参与决策。王敦说得没错，司马越想专权，可又不在京城，司马炽是能省则省，一些人事任免和决策上并没有经过他这个太傅，甚至还驳回他的很多奏请，让司马越大为恼火，他不敢明目张胆指责皇帝，却敢拿皇帝身边的人开刀，智囊刘舆、潘滔也趁机劝司马越把皇帝的几个心腹全部剪除。

司马越于是以缪播等谋反为由，派平东将军王秉率领 3000 人马闯入皇宫，当着皇帝的面，抓走了缪播等 10 多人，司马炽悲愤又无奈，泪流满面地叹息道："奸臣贼子，哪个朝代都有，不是从我这里开始，也不会到我

这里结束，悲哀啊!”

司马越诛杀了缪播后，以本朝每一次政变都是由禁卫军发动（诛杀杨骏，罢黜贾南风，反抗司马伦、司马冏，讨伐司马颖，因禁羊献容、司马覃，都是禁卫军的功劳）为由，让司马炽下诏：有爵位的禁卫军军官一律免职。当时，禁卫军官全都封了侯，等于全员下岗，大家挥泪告别。司马越则安排自己封国的上军将军何伦担任右卫将军、王秉为左卫将军率东海国士兵，负责宫廷警卫，把皇帝司马炽完全孤立，彻底盯死。

司马越裁撤了所有禁卫军军官，把精锐的禁卫军打散编入自己的部队，这马上招来了严重的后果。被无故免职的左积弩将军朱诞怀着对司马越的一腔怒火，完全失去了理智，不顾民族大义，一溜烟跑到平阳，向汉赵皇帝刘渊详细报告了洛阳发生的一切，建议他出兵进攻洛阳。

此议正中刘渊下怀，当即任命朱诞为前锋都督，为汉军开路，以平晋大将军刘景为大都督，向洛阳进发。

汉军首先攻取黎阳（今河南浚县），又在延津（今河南卫辉市东古黄河渡口）击败了晋车骑将军王堪的军队，刘景残忍地将被俘的男女老幼3万人赶下黄河淹死。刘渊闻报大为震怒：“刘景的暴行天理不容！我要除掉的，只是司马氏家族，老百姓何罪之有?”将刘景降为平虏将军。

壶关，因物产丰富兼战略要地，从春秋时期起就成为兵家必争之地，自古以来就是中原通往上党的要道，就西北割据势力而言，有“壶关得之则兴，失之则亡”的说法。刘渊绝不会放弃壶关这一战略要冲，在兵发洛阳的同时，任命王弥为侍中，兼都督青、徐、兖、豫、荆、扬六州诸军事、征东大将军、青州牧，配合楚王刘聪，以石勒为前锋都督，大举进攻壶关。并州刺史刘琨派护军黄肃、韩述救援壶关，两人出师不利，分别被刘聪、石勒击杀。朝廷方面，司马越派淮南国内史王旷、将军施融、曹超等率军3万阻截刘聪等人。

王旷率军渡过黄河后，计划勇往直前，施融认为敌人占据险要，我们虽有数万大军，但不能完全展开，形同一支孤军。应该依托黄河，详细勘察地形，再根据形势变化，决定下一步的行动。王旷听不进不同意见，粗暴地斥责：“你这是在扰乱军心!”施融不敢顶撞上司，退出后跟手下说：“敌人善于用兵，而王旷对战场情势一无所知，跟随他出征的人肯定是有去无回了。”

事情不幸被施融言中，当时并州的绝大部分地区都控制在匈奴汉军手中，当王旷率部越过太行山，走到昔日白起围歼40万赵军的长平（今山西高平）时，一头撞上了刘聪的主力，战斗异常惨烈，施融、曹超部将全部战死，全军覆没。王旷是王导的堂弟，他的儿子就是后来东晋著名书法家、被誉为“书圣”的王羲之。关于王旷最后的结局，史料没有交代清楚，既没说他战死，也没有投降或漏网的信息，就像谜一样地消失了。

刘聪乘胜挥军一口气攻占屯留（今山西屯留县）、长子（今山西长子县），斩杀及俘虏1万9千余人。上党太守庞淳见汉军势如破竹，壶关孤立，遂献关投降。刘琨另任命都尉张倚为上党郡太守，郡政府设在襄垣（今山西襄垣县）。

刘聪夺取壶关后，按父皇刘渊的命令，与王弥等人进军洛阳，刘曜、赵固等作为后续部队，随后跟进。司马越急令平北将军曹武、将军宋抽、武部将军彭默等人率军阻截，但都被刘聪击败，武部将军彭默阵亡。刘聪遂长驱直入，迂回到了宜阳（今河南宜阳），长安的平昌公司马模派将军淳于定、吕毅率部驰援洛阳，在宜阳跟汉军打了一仗，被打得大败。刘聪连战连胜，认为晋军不过如此，警惕性开始降低。

洛阳危急，晋弘农太守垣延见明的玩不转，就利用刘聪被胜利冲昏了头脑，骄傲自满的机会，假装投降，在夜间突然袭击汉军大营，毫无防备的刘聪被打了个猝不及防，死伤惨重，大败而回。汉军进攻洛阳的第一次战争，就以惨败收场。这场失败也给了急于灭晋的刘渊当头一棒，他穿着素服亲自到平阳郊外迎接刘聪的残兵败将。

刘渊不甘心失败，到了十月，又以举国之兵，令刘聪、王弥、刘曜、刘景，率精骑兵5万为前锋，以自己的老丈人大司空呼延翼率步骑为后援，再次向洛阳发起进攻。汉军被击退不到1个月就卷土重来，令晋军猝不及防，刘聪长驱直入，再次进逼洛阳，在西明门（洛阳西城南头第二门）外驻扎。可汉军显然还没有从1个月前的惨败中完全恢复过来，凉州铁骑再展神威，北宫纯率领1000勇士乘夜出城攻击，斩杀汉赵征虏将军呼延颢，汉军士兵丧魂落魄，刘聪向南撤退，沿洛水扎营。

此时已进抵大阳（今山西平陆县）的汉军内部发生叛乱，大司空呼延翼被部下杀死，士兵溃散，逃回了京师平阳。

刘渊得知老丈人死于非命，觉得是上天警告自己不能操之过急，遂下令刘聪撤军。刘聪心有不甘，上书说晋军势弱，不应受呼延翼死亡的影响，请求继续攻打洛阳。刘渊同意了，刘聪的信心却动摇了，竟然一个人跑到几十公里外的嵩山去祈求神灵，将留守大营的任务交给了平晋将军刘厉和冠军将军呼延朗。

司马越趁汉军主帅擅离职守、部队缺少主心骨之际，采纳太傅府参军孙询的建议，令部将孙诲等率领3000精兵突然出击，斩杀呼延朗，刘厉因害怕被处罚，畏罪跳水自杀。

刘聪没能求来神灵的保佑，只能面对惨败的结局，王弥说："眼下我军失利，洛阳守备还很坚固，粮草在转运中途处处受截，支撑不了几天了。殿下不如暂且先回平阳，再从长计议。"刘聪是自己请求要留下来的，就这么灰溜溜地回去，父皇会不会怪罪不说，面子上挂也不住，于是有点踟蹰不定。

在平阳静候佳音的刘渊，等来的却是前方再次失利的消息，而且这次失败是由于主帅擅离职守造成的，心情坏到了极点。这时一个人及时站出来替刘渊父子解围，太史令（观测天象的官员，相当于天文台长）宣于修之进言："臣夜观天象，岁在辛未（两年后的311年），当攻克洛阳。眼下晋国气数未尽，大军不归，必将大败。"刘渊有了台阶，一纸命令让刘聪撤军，刘聪也就顺坡下驴，班师回朝。

汉赵帝国两次倾力出击均被看似衰弱的晋王朝轻松化解，令野心勃勃的刘渊异常郁闷和不甘，虽然太史令宣于修之给他吃了一颗定心丸，指出两年后可灭晋，可刘渊等不到那一天了。永嘉四年（310年）七月，刘渊带着满腹遗憾离开了人世，由太子刘和继位。

刘和的能力比他老子差远了，老是疑神疑鬼，对下属又没有恩德。刘渊临终前任命陈留王刘欢乐为太宰，长乐王刘洋为太傅，江都王刘延年为太保，楚王刘聪为大司马、大单于，三人都兼录尚书事，任命其子刘裕为大司徒，刘隆为尚书令，刘乂为抚军大将军兼任司录校尉，族子刘曜为征讨大都督兼任单于左辅。

刘和即位后，对父亲分封诸子的做法极为不满，认为刘聪等人手握兵权，会对自己的帝位构成威胁。为皇帝排忧解难是属下的职责，卫尉刘锐、侍中刘乘、宗正呼延攸则对刘渊不让他们参与顾命心存怨恨，游说刘和："先帝没有考虑轻重之计，而让三王统领宫廷禁军，大司马刘聪更是掌握着10万劲旅，对这些卧榻之侧的隐患，陛下要早作打算，防患于未然。”呼延攸是刘和的亲舅舅，他的话更坚定了刘和除掉几个手握兵权的弟弟的决心。便连夜召见领军、安昌王刘盛、安邑王刘钦、马景等人，明确告知自己的计划。

刘盛还念及兄弟之情，劝皇帝哥哥说：“父皇的尸骨未寒，诸王也没有异常举动，一旦自相残杀，天下人怎么看待陛下？况且大业还没有成功，陛下不要听信谗言猜忌兄弟，兄弟都信不过，还有谁值得信任呢？”刘和话已经说出了口，不管是否采取行动，刘盛都必须得死，否则今后被动的就是自己。

刘钦、马景见刘盛被当场灭口，只得表示一切听从刘和的旨意。刘和遂命刘锐、呼延攸、刘乘等分头捉拿楚王刘聪、齐王刘裕、鲁王刘隆、北海王刘乂等宗亲。负责捉拿刘乂的尚书田密、武卫将军刘璿一转身就背叛刘和，跑去向刘聪密告，刘聪本来就有野心，遂趁机发动兵变。前来攻打刘聪的刘锐、马景发现刘聪的部众严阵以待，一时慌了手脚，转而跑回去与呼延攸、刘乘合兵一处攻打刘隆、刘裕等人。刘隆、刘裕被杀，可刘聪的军队已经冲进皇宫，在光极殿斩杀刘和，帮凶刘锐、呼延攸、刘乘也被斩首示众。

刘聪凭借手中强大的兵力控制了汉赵局面，文武百官很识趣地请他继承大统，刘聪不知是真心还是假意，以刘乂是单皇后之子，让他以嫡子的身份继位。刘乂比百官还要识趣，说刘聪年长，能力出众，坚决推让。刘聪最终坐上了汉赵帝国皇帝的宝座，并表示等刘乂长大后，将皇位让还给他，当场册立刘乂为皇太弟，改元“光兴”。

刘聪对石勒所率领的骑兵异常重视，加封石勒为征东大将军、并州刺史，即位3个月后，在派儿子河内王刘粲率刘曜、王弥领兵进攻洛阳的同时，命石勒在华北对晋国的州郡展开攻势，目的是孤立洛阳。

石勒的骑兵在广阔的平原上纵横驰骋，所向披靡，很快渡过黄河，黄河南部的南阳、宛城相继沦陷。石勒极度仇视晋朝官员，俘获两千石以上的大官，不问青红皂白全部诛杀。石勒继续向南进攻襄阳，攻陷江、汉一带的堡垒30余个，雄踞江汉。至此，石勒流露出要以此为基地与天下抗衡的想法，参军张宾认为不可，指出战线拉得过长，而且江汉一带不利于骑兵发展，不如回到北方。石勒起初不同意，任命张宾为参军都尉、领记室，居中总理事务。后来果然断粮，又遇上疾疫流行，部队因病饿损失了大半人马，不得不北撤。渡过沔水后，又相继攻下江夏、新蔡、许昌等城。石勒南下北上这么一折腾，洛阳北面、东面的大片地区都成了沦陷区。

京师日益孤危，已经陷于饥困两难的处境，太傅司马越向各地派出使节，征召部队紧急援救。司马炽把使节叫到跟前，流着眼泪对他们说："请务必以我的名义告诉各地官兵，今日来救，还来得及，再过几天就救不到了！"可是由于司马越专权，不得人心，加上各地均有暴乱，王侯将领们都自顾不暇，竟然没有一支队伍前来救援。

司马炽等不来援兵，只好召集群臣商议，多数人主张放弃洛阳，迁都逃难，太尉王衍这时却坚决反对，并带头卖掉自己的车、牛，以安抚人心。在这紧要关头，司马越考虑的还是自己，他要带领晋王朝最后一点有生力量离开洛阳，还冠冕堂皇地对司马炽说，他亲自率军讨伐石勒。司马炽说："现在蛮夷逼近京畿，大家原本就信心不足，朝廷社稷就依赖你了，这种时候你怎么还要离开，使朝廷孤立呢？"司马越说："我这一去，如果能够剿灭蛮夷，就可以重振国威，总比坐以待毙好。"于是，头也不回地带着兖州、豫州的部队离开了洛阳。

司马越离开洛阳前往许昌，留下王妃裴氏、世子司马毗以及龙骧将军李恽、右卫将军何伦等，说是留守京城，实则是监听朝廷的动向。他任命潘滔为河南尹，负责主持留守事务。司马越要求各职能部门随自己行动，实际上是组建流动政府。他任命王衍兼任军司，所有将领和精锐部队，都编入司马越名下的战斗序列。这等于完全剥夺了洛阳的防卫力量，宫廷乃至整个洛阳城都没有武装来警戒，随着饥馑日益严重，宫中不断有人倒毙，尸体纵横，盗匪公开杀人抢劫，各部门都武装起来自保，在四周挖掘壕沟，构筑碉堡，对抗盗匪。

扬州都督周馥看到首都洛阳已陷入孤立无援的境地，就上书请求迁都寿春（扬州都督府所在地）。司马越认为这是对他的蔑视，竟敢不先禀报自己，而直接禀报了皇帝，一怒之下，征召周馥与淮南（郡政府同设在寿春）太守裴硕。周馥当然不会傻到自己送上门去任人处罚，只让裴硕率军出发，裴硕谎称得到司马越的密令突袭周馥，周馥逃往东城县（今安徽定远县东南），后被新蔡王司马确（司马腾剩下的唯一儿子）扣押，忧愤而死。

洛阳物资匮乏，不断有人饿死，光禄大夫傅祗、太常挚虞就想到了远在凉州、却对朝廷进贡不断的张轨，便给张轨写信，告诉他京城面临的困境，张轨马上派参军杜勋送来了500匹马、3万匹布。作为回报，司马炽晋升张轨为镇西将军、都督陇山以西诸军事，封霸城侯、开府、仪同三司。

留守洛阳主持朝廷工作的河南尹潘滔及尚书刘望才吃了顿饱饭，又要搞事，不断在皇帝面前说已被司马越打发到青州的苟晞的坏话，其中不乏诬构陷害之词，司马炽本来就对司马越极为不满，对安插在身边的鹰犬自然没有好脸色，没把他们当回事。远在青州的苟晞却非常较真，上奏司马炽讨要潘滔的人头，还扬言说："司马越身为宰相，处事不公平，致使天下混乱，我苟晞看不下去了，今天就要诛杀国贼，为重树皇室威严建功立业！"于是，向各州发布檄文，列举司马越的种种罪状。

苟晞的表现让司马炽欣喜异常，于是亲手起草诏书，以鸡毛信的形式密令苟晞讨伐司马越。苟晞敢于公开跟自己叫板，司马越当然有理由怀疑其背后有人撑腰，便加派人手，密切注意进出洛阳的人员，果然截获了司马炽下给苟晞的密诏，他也宣布苟晞的罪状，并任命从事中郎杨瑁为兖州刺史，与徐州刺史裴盾（司马越的大舅哥）共同去讨伐苟晞。

苟晞出其不意派骑兵快速赶到洛阳收捕潘滔，但潘滔成功逃脱，他们只擒获尚书刘曾和侍中程延，苟晞的手下也不费话，即刻将他们斩杀。司马越听到报告，急血攻心，病死于军中。

司马越临咽气前将后事托付给太尉王衍，王衍担心引起兵变，没有对外公布司马越的死讯，只是率令其部众东下，打算把司马越的棺柩送回东海国安葬。大军行至宁平城（今河南郸城），被追踪而来的石勒轻骑兵赶上。司马越部将钱端仓促率部出击，不幸战死，部队瞬间溃散。源源不断赶来的石勒骑兵从四面八方将溃败的10万晋军团团围住，用弓箭射杀，晋军中除了官兵，还有家属，他们惊慌失措地呼号奔逃，冲不出去又互相践踏，结果无一幸免。石勒让人将被俘的王公、贵族、大臣带到自己的大营，询问晋王朝走到今天这一步的原因，让他们好好总结一下自己的经历。王衍将自己的责任推得一干二净，说自己从小就没有当官从政的愿望，朝政之事更与他无关，最后竟然献媚，劝石勒顺应天命，早登九五，以求对方留他一条老命。

石勒很看不惯王衍这副嘴脸，揶揄他："阁下年轻时就已名闻四海，登临朝堂，肩负重任，怎么能说没有当官从政的欲望呢？把天下搞得乱了套的，不是阁下又是谁呢！亏你竟然说出如此不知羞耻的话！”喝令将他们推出去。求生的欲望，让其他王公大臣争相为自己开脱，说都是当权派给弄的，与自己无关。只有襄阳王司马范还像个爷们，大声斥责道：“自古成王败寇，事到如今，还费什么话啊？”

石勒对着一众手下叹息说：“我走过很多地方，还没有看见过这样能言善辩的帅哥，真是有点可惜啊！”参谋孔苌说：“这些人是晋朝的王公大臣，不可能为我们所用，况且都是些推卸责任的小人，留之何用？”石勒大手一挥：“算了，不必动用刀刃，省得玷污了神圣的战刀。”当天夜里，命令士兵推倒关押王衍等人的房屋，将他们全部填埋。清谈大师王衍临死才有所悔悟，在黑暗叹息道：“唉！我即便比不上古人，如果不崇尚浮华虚诞，勉力匡扶天下，也不至于落到今天的地步。”

石勒又命人劈开司马越的棺材，纵火焚烧司马越的尸体，说：“扰乱天下的就是这个家伙，我替天下人报仇，焚毁他的骸骨，以告慰天下！”

留在京城监视皇帝的何伦、李恽得知司马越已死，意识到大势已去，连忙带着司马越的王妃裴氏及跟世子司马毗，以奔丧为名，撤出洛阳，向东奔逃。城中的王公官吏更是觉得留在洛阳只有死路一条，都争相跟着何伦一行而去。这帮人并不知道自己正在往黄泉路上奔，当他们走到洧仓（今河南鄢陵县）时，一头撞上了石勒的大军。石勒顺手又把这批人给灭了，世子司马毗以及宗室48个亲王全部被俘；何伦逃往徐州下邳，李恽杀掉跟随行动的妻小逃往冀州广宗；司马越的老婆裴妃被抢去后，又被贩卖，流落民间，直到东晋太兴年间，才辗转到了江南。当初，琅琊王司马睿能到建业建立根基，亏得裴妃吹了不少枕边风，因此，裴妃逃到江南后，司马睿怀着一颗感恩的心加以厚待，把自己的儿子司马冲过继给她，继承东海王的爵位。

第二十七章　刘聪擒杀二帝，匈奴人终结西晋

司马越死了，晋王朝最后一支精锐部队也全军覆没，给晋怀帝司马炽留下了一个烂摊子，司马炽手上已无可战之兵。可日子还得过下去，于是重新搭台，任命太子太傅傅祗为司徒，尚书令荀藩晋升司空，加授幽州太守王浚大司马、侍中、大都督、都督幽冀诸军事，命南阳王司马模担任太尉、大都督，加授凉州太守张轨为车骑大将军，琅琊王司马睿为镇东大将军兼都督扬、江、湘、交、广五州诸军事。

已升任大将军、大都督，督青、徐、兖、豫、荆、扬六州诸军事的苟晞，见洛阳孤危，上表请求迁都仓垣（今河南开封市东北，苟晞大本营），并派从事中郎刘会率船数十艘、卫士 500 人和 1000 斛谷米，逆黄河西上，迎接司马炽。司马炽答应迁都，却因官员们犹豫再三，加上宫人舍不得放弃宫中的财宝而未能成行，刘会只好独自返回。

等到刘会送来的那 1000 斛谷米吃完后，大家又开始饿肚子，整座洛阳城陷入了空前的饥荒之中，甚至出现了“人相食”的惨象，官员十有八九私自逃离洛阳。司马炽召集所剩无几的官员讨论迁都问题，这次意见倒是空前一致，都同意到仓垣去混顿饱饭。然而时机已经丧失，由于没有足够

的卫兵保护，甚至连代步的车马都找不到，司马炽搓着双手说：“怎么连车舆都没有?”一面命傅祗出城，先到河阴（今河南孟津县东北）准备船只，一面在仅剩的数十名官员护送下，走出宫城西掖门，这支衣着光鲜华丽的队伍，马上招来无数双贪婪的眼睛，被饿极了的饥民纷纷围拢过来，强行掠夺他们的衣物、食品等能抢的一切。之前威风八面的皇帝、大臣见势不妙，死命护着随身物品及身上的衣服，狼狈逃回了宫里。

洛阳物尽粮绝，度支校尉（负责调运粮食的官员）魏浚变官为匪，组织起数百家难民四处抢劫，将抢来的谷麦献给皇帝。司马炽封魏浚为扬威将军、平阳太守，仍保留度支校尉职务。堂堂大晋皇帝竟然靠抢劫粮食来维持，论起来他也成了最大的土匪头子。更有意思的是，平阳为匈奴人刘聪所占领，是汉赵首都，司马炽给魏浚一个空衔，还指望他能把平阳给抢回来?

首都洛阳危在旦夕，晋怀帝司马炽想逃，却没有警卫部队保护，只能困在皇宫里捱一天算一天。刘聪看到孤立、包围洛阳的战略目标已经达成，认为灭晋时机已经成熟，遂于永嘉五年（311 年）五月任命卫尉呼延晏为使持节、前锋大都督、前军大将军，率领禁卫军 2.7 万人由平阳出发，命令活动在襄城地区的王弥、刘曜所部以及在苦县（今河南鹿邑县东）地区的石勒所部与呼延晏会合。

洛阳周边地区被王弥、石勒占领后，各地与朝廷基本失去了联系，各地晋军失去了统一指挥，只能各自为战。因此，呼延晏率领的汉军一路长驱直入，连续 12 次击败了沿途抵抗的晋军，歼灭晋军三万多人，并第一个赶到洛阳城下。

洛阳已是一座不设防的城池，而且饿殍遍地，呼延晏可以不费吹灰之力将其拿下，但他不敢独吞这份灭晋的旷世奇功，如安王刘曜是刘渊的义子，是汉赵宗室，正从洛阳西面全速赶来，如果把军功章全揣进自己口袋，图一时痛快，只怕将来不会有好果子吃。同时他又考虑到如果自己的手下不捞点好处，这兵也没法带了，因此，呼延晏率兵从平昌门（洛阳南城东头第二门）进入洛阳，纵兵在城东一带大搞打砸抢，焚烧了东阳门（洛阳东城中门），抓了一些俘虏，抢了一些财物后又退了出来。司马炽在洛阳城南的洛河准备了一批船只，打算向东逃难，结果被汉军发现，呼延晏顺手又把船只给烧了。

呼延晏想把天大之功让给刘曜，结果先到的却是王弥。王弥可没考虑那么多，一到就率兵直冲宣阳门（洛阳南城西头第二门，直通宫门），目标异常明确，就是冲皇宫而去。呼延晏一看，既然有人冲在前头，自己就没有多大责任了，再不动手连汤都喝不上，马上参与劫掠，把皇宫的女人和所有值钱的东西洗劫一空。那些先前不愿迁都的宗室、大臣及宫人都成了刀下鬼，那些饿得跑不动路的无辜百姓也跟着遭殃，整座洛阳城到处都是尸体，司马炽急了，仓皇从华林园大门逃出，想逃往长安。这回路上倒是没有饥民拦路抢劫了，却在西明门被汉军逮个正着。

刘曜比王弥晚一天抵达，进城之后，地面上值点钱的东西都被王弥、呼延晏的人搜刮完了，大为恼火，便拿俘虏出气，诛杀了太子司马诠、吴王司马晏、竟陵王司马楙、右仆射曹馥、尚书闾丘冲、河南尹刘默等人，受连累的还有士大夫和饿得走不动的3万多无辜百姓，这些尸体随后被筑成“京观”。可王弥的部队还在四处抢掠，刘曜余怒未消，又斩杀了他的牙将王延。

王弥很生气，要找刘曜讨说法，双方的人马大打出手，死伤1000多人。长史张嵩劝他：“你与汉国共兴大业，事业才刚开始，就互相攻击，有何脸面回去见主上！平定洛阳之功确实应该算在将军头上，可人家是皇族，该谦卑的时候就得谦卑，低调一点没坏处。晋二位王将军（王濬、王浑二将争功）平吴的教训，才过去几十年，请将军引以为戒。即使将军手握重兵，不回晋阳，你身在平阳的妻儿老小又怎么办呢?”王弥由衷说道：“多亏你提醒!”于是主动向刘曜认错，而且实话实说：“下官能认识到错误，都是张长史的功劳啊。”刘曜给了张嵩100斤黄金的重赏。

刘曜在众多女人中发现了司马衷的第二任皇后羊献容，将她据为己有，心情才稍稍好点，王弥不适时宜向他进言：“洛阳是天下的中心，各项设施齐全，比位置偏僻的平阳好多了，应该建议主上把首都迁到这里，有利于征讨天下。”两人刚刚闹了那么大的别扭，不是认个错就能了事的，王弥不说还好，一说就招来刘曜的反感，不但放火焚毁了洛阳的宫殿，还命士兵挖开晋朝历代皇帝的陵墓，盗掘陪葬物品以弥补损失。刘曜随后带上新纳的妃子羊献容，押着司马炽返回了平阳。历史上将这次洛阳沦陷称为“永嘉之变”。

王弥气得跳起来大骂：“屠各（匈奴部落称‘休屠’）小子，你就那点出息，哪有胸怀天下之志?”骂完后连家室也不顾了，率部往东，进驻项关。他是觉得匈奴人眼光太短浅，根本没有要建立大一统国家的志向，便萌生了自己问鼎天下的想法。

姗姗来迟的石勒什么也没捞着，看了一出狗咬狗的好戏后，率兵离开是非之地，把部队拉到了许昌。光禄大夫刘蕃、尚书卢志逃往并州，投靠了刘琨。

刘聪收到大军攻破洛阳，俘获了晋怀帝司马炽的捷报，十分高兴，下诏大赦，改年号为“嘉平”，晋封王弥为大将军，封齐公；石勒为征东大将军；刘曜、呼延晏也各有重赏；任命晋怀帝为仪同三司，封会稽郡公。见到司马炽后，他还兴趣盎然地跟对方拉起家常：“你还是豫章王的时候，我与驸马王济还到过你的王府，王济把我介绍给你，你说早就听说过我，还把你写的乐府歌给我看，当时我和王济写的都是《盛德颂》，你很赞赏。后来我们到靶场射箭，我得了12筹，你和王济都得9筹，你还送我柘弓（柘木做的弓）、银砚（银制的砚），你还记得吗？”司马炽从皇帝沦为阶下囚，哪有心情跟他聊往事，只想着拍对方的马屁：“臣怎敢忘记？只恨当日有眼无珠，不识龙颜啊！”

刘聪转而问道：“你们家为什么要骨肉相残，而且还要往死里整呢？”面对这不怀好意的问题，司马炽略一思索，极力装出一副羞愧样子，说：“这大概不是人事，是上天的意思吧。大汉是应天意受正统，所以上天让本朝诸王自相残杀，为陛下除去阻碍。”

司马炽看刘聪一副陶醉的样子，又强调说：“假如我家能奉行武皇大业，和睦相处，陛下又怎么能得到天下呢？”这番话无疑让刘聪非常受用，一高兴就将自己非常喜欢的妃子刘贵人赏给了司马炽，说：“这是名公刘殷的孙女，现在就赏赐给你，希望你能像我一样宠爱她。”晋封刘氏为会稽国夫人。

刘聪嘲笑司马家族骨肉相残，其实是五十步笑百步，他也不想想自己是怎么当上皇帝的。如果大家都安分守己，他大哥刘和就不会死，哪轮到他当皇帝？而且他这皇帝当得也不怎么样，一登上帝位便迅速蜕变，与即位前那个有宏图远志的刘聪判若两人，成了一个纵情享乐的酒色之徒，看见皇太弟刘乂他妈单太后年轻貌美，立马将她收为情人，两人打得火热。刘乂听说了老妈的风流艳事后，又气又急，他不敢说皇帝哥哥的半个不是，只是对老妈进行规劝，单太后被儿子说得颜面无存，羞愧上吊了。

单太后的死，让刘聪感到心像被人掏空了一样难受，为了填补空白，就将刚刚俘获的晋新兴郡（今山西忻州北）太守刘殷的两个女儿、四个孙女统统召进自己的后宫，两个女儿刘英、刘娥封为左、右贵嫔，四个孙女都封为贵人，转让给司马炽的刘贵人是四个孙女中最小的，史书称小刘贵人。

司马炽受宠若惊，为了活命赶紧收下这份大礼。可刘聪不是司马炎，司马炽作为被俘之君，他的命运完全取决于刘聪的心情，高兴了，可以将自己的贵人打赏给他；不高兴了，随时让他离开这个世界。

刘聪很快就不高兴了。永嘉七年（公元313年）正月初一，是中国人的传统节日，本来是高兴的日子，刘聪却成心要恶心一下晋朝的皇帝。于是在光极殿宴请群臣时，让司马炽身穿仆人的青色工作服给汉赵帝国的大小官员巡行斟酒，指着手提酒壶、臊得满脸通红的司马炽向大家介绍说："这位就是曾经的晋朝皇帝，尊贵无比，今天，我特意安排他来给列位臣工斟酒，大家谁都不要客气，吃好喝好，享受这份难得的待遇。"一群胡人为讨好他，跟着起哄："什么晋朝皇帝，还不是给咱们斟酒倒茶？"

汉国君臣在肆意地狂笑，座中有不少晋朝降官都感到悲哀和愤怒，光禄大夫庾珉、王俊等人见故主受如此侮辱，忍不住号啕大哭，把刘聪的好心情给搅了：这大过年的，你给我哭丧呢？有人趁机诬告庾珉等人，说他们在搞阴谋活动，企图在平阳与并州刺史刘琨里应外合，颠覆大汉政权。于是将庾珉、王俊等晋朝旧臣属十多人处死，为了彻底断绝晋朝遗老遗少的念想，又一杯毒酒将司马炽送上了黄泉路，重新把会稽夫人接回宫中，继续服侍自己，恢复贵人身份。

晋怀帝被杀的消息传到长安后，身处长安（今陕西西安）的皇太子司马邺在众人的拥簇下即位为帝，是为晋愍帝。司马邺是晋武帝司马炎之孙、吴敬王司马晏之子，晋惠帝司马衷和晋怀帝司马炽之侄，生于永康元年（300年）。司马邺出生之时，正值八王之乱，由于秦王司马柬死后没人延续香火，就过继给伯父司马柬为嗣，袭封秦王。永嘉二年（308年），拜为散骑常侍、抚军将军。

汉军攻陷洛阳前，司马邺逃到荥阳密县（今河南郑州新密市）避难，与舅父司空荀藩、光禄大夫荀组相遇。当时，各地闻知司马炽被俘后，纷纷建立新的朝廷：司徒傅祗在司州河阴县（今河南荥阳市附近）建立朝廷，傅祗原本是为司马炽打前站，准备船只逃跑的，可船没弄到却听说洛阳沦陷了，于是，便以司徒的身份在河阴建立新朝廷；司空荀藩、侍中荀组、荀崧及河南尹华荟、尚书华恒等人在密县也设立了新朝廷，向各地发布檄文，推举琅琊王司马睿为盟主；豫章王司马端是皇太子司马诠的弟弟，投奔了仓垣的大将军苟晞，苟晞带领官员尊奉司马端为皇太子，行使皇帝职权，也设置了一个新朝廷；身兼幽、冀二州刺史的王浚也在蓟县（今北京市）设立神坛，祭告上天，立了一位并不存在的“皇太子”，弄了一个新朝廷。

司马邺的到来，无疑为密县政府增加了筹码，他们立即否认了司马睿的盟主地位，决定把司马邺扶上皇位。一伙人野心很大，可手中要兵没兵，要钱没钱，亟须寻找投资人壮大自己的力量，于是就带着司马邺往许昌一带转移。同年十月，豫州刺史阎鼎及前抚军将军府的长史王毗、司徒府的长史刘畴、中书郎李昕等加盟，大家商议后，决定送司马邺西返长安。在西去的途中，刘畴等一班山东人反悔，不想去关中，发生叛乱，阎鼎当机立断杀死了叛乱者，荀氏兄弟虽然幸免于难，但也心灰意冷了，转身去了江南。阎鼎则继续带着司马邺经宛县（今河南南阳）向武关（今陕西丹凤县武关）进发，在上洛郡（今陕西商州）遭到山贼拦击，军队溃散。阎鼎收拾残兵败将，好不容易抵达蓝田，派人通知安定太守贾疋派人前来迎接。贾疋也有建立新朝廷的想法，正在物色皇室人选，得到消息便迅速派兵迎接司马邺到了雍城（今陕西凤翔县）。

此时的长安城还被汉军刘曜占据着。事情还得从洛阳沦陷时说起，当时取代司马颙镇守关中的司马模派牙门赵染守卫蒲坂（今山西永济市），赵染趁机讲条件，谋求冯翊太守之职，遭到拒绝后率部众投降了汉赵。刘聪任命赵染为平西将军，派他与安西将军刘雅带领 2 万骑兵进攻长安，长子刘粲和始安王刘曜率领大队人马殿后。

此时的关中大地刚刚经历了一场严重的饥荒，出现了“人相食”的惨景，盗贼横行，人心涣散。司马模派谋臣淳于定前去抵挡了一阵，被赵染打得大败。司马模的仓库早已消耗一空，士卒都逃散了，军祭酒韦辅劝司马模说：“事情紧急，早投降还可以争取主动。”司马模于是向赵染投降。赵染捋起袖子，唾沫横飞地数落了司马模一通，将他交给了刘粲。刘粲二话不说就将司马模斩首。

汉军攻克长安，刘聪改任刘曜为车骑大将军、开府仪同三司、雍州牧，改封中山王，镇守长安。司马模的从事中郎索綝与安定太守贾疋等人不愿当亡国奴，谋划着要复兴晋室，推举贾疋为平西将军，雍州刺史麹特、新平太守竺恢也不愿向匈奴人称臣，听说贾疋树起大旗，遂与扶风太守梁综一起拼凑起10万兵马与贾疋会合。一伙人齐心协力与汉军打了大小百余战，严重打击了汉军的嚣张气焰，刘粲、刘雅等人退回了平阳，刘曜遭到惨败后，龟缩到了长安城里。贾疋等人一时军威大振，关西地区的胡人以及不愿屈服于外族的汉人都纷纷响应。

司马邺来得正当其时，为了收复长安为下一步拥立司马邺奠定基础，贾疋挥师围攻长安。刘曜屡战屡败，被围困数月后，只好放弃城池，掳掠男女老幼八万余人退还平阳。司马邺得以从雍城进入长安，又被众人拥立为皇太子，组织临时政府。贾疋因贡献突出，升任为骠骑将军、雍州刺史，封酒泉公；阎鼎则为太子詹事（总管太子府事务），统御文武百官。

司马邺登基后，改年号为“建兴”，任命卫将军梁芬为司徒，雍州刺史麹允为使持节、领军将军、录尚书事，京兆太守索綝为尚书右仆射。不久，又改任索綝为卫将军，兼代理太尉，军政大事全交由索綝处理。

此时的长安城，被汉赵匈奴连杀带抢的，已是满目疮痍，人口不足百户，十室九空，到处都是残垣断壁，杂草丛生。全城的交通工具，只有4辆牛车，朝廷的装备更是窘迫，官员连印信、朝服也没有，只得把官衔写在临时锯成的桑木板上。军队不过一旅，器械短缺，粮饷运输不能接济。尽管司马邺这皇帝当得比个山大王还不如，可汉国皇帝刘聪很是看得起，不断派兵围剿长安，邪门的是，进攻长安的汉军竟都无功而返，令刘聪纳闷不已。

长安朝廷更是看得起自己，索綝上任后，以司马邺的名义发布了气吞山河的诏书，声称要扫除凶残的汉国，迎回先帝灵柩。先是任命琅琊王司马睿为侍中、左丞相、大都督，督陕东诸军事；南阳王司马保为右丞相、大都督，督陕西诸军事。接着发出号令：命幽州的王浚和并州的刘琨集结起两州兵马共30万直取平阳，右丞相司马保率秦、凉、梁、雍之师30万前来长安勤王，左丞相司马睿率所部精兵20万进攻洛阳，在约定的时间会师中原，完成复兴大晋朝的伟大历史使命。

长安朝廷所发布的这道诏书尽管气吞山河，但当时的西晋皇室、世族已纷纷迁至江南，西晋中原王朝已经名存实亡，还有一定实力的司马保和司马睿都各怀心事，坐看司马邺自生自灭。司马保身边的官员就说：“被毒蛇咬了手指，就要有断腕的勇气防止毒液蔓延。眼下胡人贼寇士气正盛，就应当暂时截断陇地的通道，以观察事态的变化。”从事中郎裴诜反驳说：“现在蛇已经咬了头，头也能截断吗?”司马保这才以镇军将军胡崧为前锋都督，准备向长安进发。麹允打算护送晋愍帝到司马保所在的上邽（今甘肃省天水市)，索綝反对说：“司马保一旦得到了天子，定会放纵自己的私心，到时局面不是我们所能控制得了的。”

于是司马保停止了行动。至此，长安以西的地区就不再进贡尊奉朝廷，朝廷中的文武百官也随之陷入饥饿困乏的境地，靠采集野生的谷子来生存。建兴四年（316 年）八月，刘聪决定给晋长安朝廷予最后一击，派刘曜再次围攻长安，彻底断绝了长安与外界的联系。致使长安城的饥荒问题更加严重，出现了人吃人的惨景，人口减少了一大半，不死的人也饿得连站起来的力气都没有了。宫中后厨只剩下数十块用来酿酒的曲饼，麹允将曲饼砸碎熬成糊糊给司马邺充饥，但也仅维持了几天。

曲饼吃光后，司马邺哭着对麹允说，如今穷困危急到这种地步，外面没有救援，为社稷而死是应该的。但想到将士们遭受的磨难，应趁城未陷落而行全身之计，或许可以使百姓免受屠戮之苦。于是打开城门向刘曜投降。

司马邺坐着仅存的一辆羊车，光着上身，口衔玉璧，让侍从抬着棺材，在群臣百姓的哭泣声中出城投降，西晋至此宣告灭亡。

刘曜收下玉璧，烧掉棺材，派人将司马邺送往平阳，麹允和群官都跟随左右。刘聪又玩起对付司马炽的那套把戏，先封司马邺为光禄大夫，再对他进行百般羞辱。麹允在见到司马邺向刘聪叩头跪拜的那一刻，就选择了自杀，践行了主辱臣死的气节。

建兴五年（317 年）十月，刘聪去打猎，令司马邺全身披挂，手执戟矛为他开路，沿途百姓都来围观，并且指指点点，说这就是从前在长安的天子。一些晋朝的遗老遗少忍不住抽泣流涕，让刘聪十分反感。回到皇宫后，刘聪又故技重演，在宴会让司马邺斟酒、洗酒具，甚至上厕所时命他在旁边帮着拿马桶盖，跟随来到平阳的晋朝老臣忍不住失声痛哭，尚书郎辛宾悲愤地抱住司马邺哭得像个泪人，当场被刘聪命人拖出去斩首。十二月二十日（318 年 2 月 7 日），刘聪失去了耐心，终究还是把司马邺毒死了。司马邺在动荡的时间，动乱的地点，被错误地推上风口浪尖，在位 3 年却没享受过一天好日子，死时年仅 18 岁。

第二十八章　南北皇帝的较量

西晋王朝灭亡了，整个中原几乎为匈奴人所控制，而在洛阳沦陷、晋怀帝被俘，至司马邺在长安苟延残喘的几年时间里，大量民众逃往南方，已经在建邺站稳了脚跟的琅琊王司马睿，凭借南方物产富饶、经济繁荣，又有长江天堑作为军事防卫的优越条件，稍加治理，已经取得了很大的成效。可司马睿集团本身并没有足够强大的军事实力，其能够偏安江南主要依靠王导联络南方大族，并取得他们支持的结果。这就从客观上决定了该集团从一开始就对中原播乱的京师洛阳及长安流亡政权只能持消极观望的态度，不敢冒险发兵中原与匈奴汉军作战；从主观上说，王导、司马睿都曾参与并目睹了八王之乱各诸侯王争权夺利的争斗，不可避免地受到司马氏唯权是图、不顾手足的负面影响，决定了该集团不可能尽心尽力地勤王中原与关中，只能任由他们自生自灭。

早在建兴元年（公元 313 年），晋愍帝司马邺上任伊始，任命司马睿为侍中、左丞相、都督陕东诸军事、大司马，并制定了一个雄伟的复兴大晋王朝的计划。当司马邺派殿中都尉刘蜀把诏书送达建康（即建邺，因避司马邺讳改称建康）时，司马睿以刚刚平定江东为由，没有奉诏。

建兴四年（316 年）十二月，司马邺出降汉赵消息传到建康时，司马睿还在虚情假意地作秀，穿上铠甲，率领集结起来的军队在野外宿营，向各地发布檄文，摆出一副要北伐的架势。可常言道，兵马未动粮草先行，由于事出仓促，粮食一时筹措不起来，司马睿将督运令史淳于伯一杀了之。丞相司直刘隗认为淳于伯罪不至死，右将军王导等人也主动承认失职，司马睿说了一句："这是我一时糊涂昏昧造成的。"至此，北伐之事不了了之。

不久，西晋平东将军宁哲来到建康，宣称带来了司马邺的最高指示，委托司马睿全面负责国家事务。司马睿换上素衣，举哀3日，以西阳王司马羕为首的一帮官员、掾属共同劝说司马睿继位称帝，司马睿不敢贸然接受。

司马羕等人不肯罢休，以死固请，司马睿流着眼泪说："我身为丞相，没有尽到辅佐的责任，是戴罪之人。你们再这样纠缠不休地逼我，我只好回琅琊封国去了。"并吩咐奴仆准备车驾，摆出一副要走人的样子。司马羕等人于是退而求其次，请求司马睿依照魏、晋旧例，称晋王。司马睿这回同意了。遂于建兴五（317年）三月即晋王位，大赦天下，改元"建武"，设置百官，建立宗庙社稷。六月，孤悬在北方的并州刺史刘琨、以及归附晋朝的辽西鲜卑左贤王段匹磾等180人又上书劝进，司马睿还是不答应。

建武二年（318年）三月初七，晋愍帝的死讯传到建康，百官又请求奉上皇帝尊号，司马睿还是不点头。长史纪瞻说："晋朝嗣统中断，至今都已两年了，陛下应当继承大业。遍观皇室子弟，还能推让给谁呢？陛下只有荣登大位，祖先的神灵和天下百姓才有所依靠。天予不取必受其咎，陛下难道要忤逆天命，违背人心，失去这大好时机吗？洛阳、长安两座京城都被焚烧洗劫，刘聪在西北自立尊号，而陛下却在东南装清高，这就好比要您救火，你却在作揖谦让啊！"

司马睿还要把清高装下去，指示殿中将军韩绩将已经摆设好的宝座撤掉。纪瞻大声呵斥韩绩，说："皇帝的座位与天上星辰相对应，有敢挪动者斩首！"

司马睿不是不想坐上那至高无上的宝座，只是其他人的劝进分量太轻，只有得到王氏家族的真心拥护，他才坐得踏实。因此直到三月初十，王导做了大量思想工作，说服堂兄王敦同意后，时年43岁的司马睿才愉快地接受百官的劝进，爽歪歪地登基称帝，是为晋元帝。改元“太兴”，国号仍为“晋”，史称“东晋”。

登基仪式庄严而隆重，文武百官位列两行，司马睿将宝座让出一半，请王导与自己同坐，表示军功章有他的一半，皇权也由两人共享。王导当着众大臣的面，功劳再大也不敢接受这份天大的殊荣，诚惶诚恐地推辞说：“太阳高悬，才能照耀天下。您就是那高悬的太阳，臣只是地上的一棵小草，怎么能在您身边，妨碍众生仰望呢！”反复谦让了三四次后，司马睿不再勉强。于是便有了“王与马，共天下”的说法，东晋也就以这样的政治格局拉开了帷幕。

登基大典之后就是论功行赏，文武官员一律升级二等。对于上书劝进的官员，每人再升级一等，凡是在劝进书上签过名的平民百姓，都安排到政府部门工作，共计有20多万人，散骑常侍熊远进谏说：“臣以为还是按汉朝的老规矩为好。皇帝登基，就要普天同庆，不要只赏赐京师劝进之人，而忽视了远地的百姓。”司马睿不予理会，相应地，对于脑子不开窍的人，司马睿也是不会忘记的。参军周嵩开始的时候见司马睿扭捏作态，就当了真，说什么先帝的梓宫还在敌国，故都还没有光复，义士泣血，士女震动。应先广开言路，训练士卒，整治兵器，等收复失地，洗雪了社稷大耻，到时再登大位也不迟。这让司马睿很不舒服，很快周嵩就因“工作需要”被调离京城，担任新安太守，后来更是因为屡屡发表不适宜的言论，被免去了官职。

司马睿对王导的感激是发自内心的，登基之日请王导与自己共同接受百官的朝拜，也并非完全在做戏，而王导当场的表现更是令他万分满意，因此对外宣布从今往后就管王导叫“仲父”了，所有机要大政，不经过仲父不予施行。

王导在兢兢业业打理朝政的同时，也担负起仲父的角色，时常提醒司马睿要克己勤俭，优待南方，与人为善。两人上演了一出君臣相敬相爱的佳话。琅琊王家也达到了权势的巅峰，除了王导担任丞相外，王敦担任大将军，总管江、扬、荆、湘、交、广六州军事，兵强马壮地控制着长江中游。如此一来，司马睿在政治上就完全依靠王导，军事上完全依靠王敦，而朝野官员有四分之三是王家人的或与王家沾亲带故的人士，朝政更离不开王家，真正诠释了“王与马，共天下”的含义。

而此时的华夏大地又呈现出西晋立国之初三个政权鼎立的局面：北方的刘聪汉赵、南方的东晋及西南的李雄成汉政权。当然，还有众多不同政治倾向的割据武装。东晋只有半壁江山，司马睿也只想做个偏安皇帝，王导也只想建立一个王氏当权的小朝廷，他们的目光都专注于江东内部的权益分配上，根本无意北伐，而生活在水深火热的中原百姓都盼着东晋收复失地，救黎民于水火。这是民心所向，东晋当权者们不敢公开反对，北伐就成了士大夫们清谈时挂在嘴边的话题，并没有付诸行动。

不过也有不甘忍受山河破碎，立志要驱逐胡人、收复失地的仁人志士，祖逖就是当时最杰出的人物。祖逖是范阳遒县（今保定市涞水县）人，祖家为当地大族，世代都有人担任两千石的官职。祖逖少年时生性豁荡，不拘小节，重义轻财，常周济贫困，深受乡党宗族敬重。后与好友刘琨一起任职司州主簿，两人感情深厚，晚上睡觉都同一个被窝，每到凌晨听到公鸡打鸣时，祖逖便叫醒刘琨，说："你听，公鸡叫得多么激昂，这是催人奋进的声音啊！"两人遂拔剑起舞，准备练好本领，将来为国效力。这就是典故"闻鸡起舞"的由来。

"永嘉之乱"时，中原大乱，祖逖率亲族乡党数百家南下投奔司马睿，被任命为徐州刺史，不久又被征为军谘祭酒。建兴元年（313 年），司马邺即位，以司马睿为侍中、左丞相、大都督陕东诸军事，命其率兵收复洛阳。当时，司马睿正在全力开拓江南，对长安朝廷的召唤态度消极。祖逖慷慨激昂地进言说："晋室之乱，不是皇帝无能，也不是因百姓闹事，而是皇族争权，自相残杀，给了夷狄可乘之机。如今北方的老百姓备受蹂躏，都有奋起反击的决心。大王如果能奉诏派人出征，就应该任命像我这样的人为统帅，我相信江北豪杰定会望风响应，沦陷区的老百姓也会欢欣鼓舞。如此一来，或许能收复失地，一雪国耻。"司马睿虽然 1 万个不愿意，但也不便公开反对，就任命祖逖为奋威将军兼豫州刺史，只拨给 1000 人的粮饷、3000 匹布，不给武器装备，让祖逖自己招募人马，至于是赤手空拳，还是拿着木棍去打仗，那就悉听尊便了。

祖逖没有气馁，毅然率领宗族、家丁数百人渡江北上。船行到江中，祖逖敲着船桨，对天发誓："我祖逖如果不能肃清中原就半途退缩，就如这大江之水，有去无回！"然后在淮阴招兵买马，铸造兵器，招募到 2000 多人。

洛阳沦陷后，中原百姓除了南迁，就只有联合起来结堡自守，他们平时耕种，战时全民皆兵，不过只能对付小股流寇，如果是大规模的武装，就只能归顺对方，保住性命比什么都重要，反正不管谁来都要交税。这些坞堡大的数千人，小的数百人，由于祖逖代表正统的汉族政权，打出的旗号是驱逐胡虏、收复失地，自然得到广大民众的热烈拥护，很快就收复了黄河以南的大片国土。

谯郡（今徐州西南涡河旁边）是通往中原的门户，曹魏时与许昌、长安、洛阳、邺城并称“五都”。谯郡隶属于豫州，现任豫州刺史叫张平，是原西晋北中郎将刘演（刘琨侄儿）战时任命的，张平又让自己的哥们樊雅为谯郡太守，这两人还坚守在谯郡。祖逖是晋元帝司马睿任命的豫州刺史，因此，祖逖率部进抵芦洲（今安徽亳州市东涡水北岸）时，派参军殷乂前往谯郡，说服张、樊二人服从自己指挥，已经是在苦苦支撑的张平，见新政府的官员来了，打算让出位置归顺祖逖。可祖逖用人不当，殷乂是个刚愎自用、目空一切的家伙，一见张平就端起架子，横挑鼻子竖挑眼的，指着张平的住处说：“这种地方只配作马厩。”又指着院子里的一口大锅说：“这么大口锅，搁在这也是浪费，倒不如把它砸了还能铸点铁器。”张平说：“这是王侯用的大锅，祖豫州英雄盖世，定当封侯拜相，将来平定了天下，正用得着，为什么要砸了它呢！”

殷乂翻翻眼皮，撇着嘴说：“你的脑袋能不能保住还得两说呢，还舍不得一口大锅?!”张平再也克制不住了，这家伙先把自己说成是住在马厩里的牲畜，现在又想要自己的脑袋，我倒要看看谁的脑袋不保，从腰间抽出大刀，一刀就把殷乂斩成两段。

祖逖兵微将寡，此前采取恩威并施，对付那些弱小的反动武装还行，要进攻谯郡这样的城池就力不从心了，只好向自封陈留太守的乞活军头领陈川、南中郎将王含求援。王含派参军桓宣率领500名甲士北上增援，陈川也派猛将李头率军南下相助。桓宣原先是司马睿身边的舍人，因为与张平、樊雅是老乡，曾奉命招抚张、樊二人归顺建康朝廷，后被王含录用。祖逖就利用这层关系，派桓宣到谯郡做策反樊雅的工作。

桓宣对樊雅说：“祖豫州正在全力荡平贼寇，很需要你的支援，只是所派非人，殷乂轻薄无礼，并非祖豫州的本意。你如今困守孤城，北面有强贼窥伺，南面有朝廷猛将进击，根本没有出路，如果现在归顺祖豫州，既可建立忠勋，又能保全富贵。”最终成功说服樊雅开城出降。

祖逖占据谯城后，终于在豫州站住了脚跟，打通了北伐的通道。石勒方面迅速作出反应，派堂侄石虎率兵南下，企图趁祖逖立足未稳，将其赶回淮河下游。王含听说石虎围困谯城，又派桓宣率军救援。石虎久攻不下，见王含的援军将至，只得撤军离去，桓宣也被祖逖留下，协助自己征讨那些不肯归附的坞堡武装。谯城也就成了祖逖北伐的大本营，石勒治下的许多地区都纷纷归附。

可祖逖的胜利非但没能让司马睿感到欣喜，反而让他感到担心，担心祖逖功高震主，威胁到他的帝位，但祖逖的北伐深得民心，不得不有所表示，于是除了给祖逖一个镇西将军的头衔外，连一点实质性的支援也没有。祖逖不等不靠，采取一系列措施，劝督农桑，带头发展生产，逐渐丰衣足食起来。

石勒见祖逖势力强盛，不敢南侵，命人在成皋县为祖逖的母亲修葺陵墓，又写信请求互通贸易。祖逖虽然没给回信，但任凭双方互通往来，生意做得红红火火，闷声大发财，兵马日益强壮。后来，祖逖有一个部将童建逃到石勒部，石勒命人把他杀了，将人头送还，向祖逖示好，双方进入一段难得而短暂的和平时期。

太兴四年（321 年），祖逖兵精粮足后，准备北渡黄河攻击石勒，收复河北。司马睿怕他再立新功，遂任命亲信戴渊为征西将军，都督司、兖、豫、并、雍、冀六州诸军事、司州刺史，名义上是协助祖逖讨伐胡虏，实际上是牵制祖逖。祖逖见自己辛辛苦苦了收复河南，又殚精竭虑经营，却仍不得朝廷的信任，那些收复的和未收复的州都归别人统辖，内心异常苦闷。不久，又传来在北方的好友刘琨被害，南方的王敦专横跋扈，朝廷内乱一触即发等坏消息。刘琨一死，除了他祖逖，还有谁真正想着收复失地？朝廷一乱，北伐更加无望，祖逖在忧愤中一病不起，继而身故，终年56 岁。

相比司马睿不思进取，只求偏安一隅，汉赵皇帝刘聪更加不堪。刘聪之前还是个有志青年，可一当上皇帝，才打下半壁江山就骄奢淫逸起来。刘聪的荒淫好色从他宠幸自己的后妈单太后之事就可见一斑，他也是历史上拥有皇后最多的皇帝，后宫设有上皇后、左皇后和右皇后，开创了“三后并立”的局面，之后又在此基础进行扩编，增设中皇后，当时的情形为：上皇后两人（靳月光皇后、樊皇后）、左皇后两人（刘皇后、王皇后）、右皇后一人（靳月华）、中皇后一人（宣皇后），此外佩皇后玺绶的还有七位，整个皇宫里“皇后娘娘”之声不绝于耳。

为了不耽误自己寻欢作乐，刘聪先把政事都拜托给黄门纳奏，由左贵嫔裁决，后来想想还是自己人靠谱，遂于嘉平三年（314 年）十一月，册立长子刘粲为相国、大单于，总管国家事务。刘聪不上朝，就得找人帮着当通讯员，负责传递消息，而他最宠信中常侍王沈、宣怀、俞容等人，其中王沈的养女被立为左皇后，宣怀的女儿就是中皇后宣氏。王沈接到群臣的报告，往往都不上报刘聪，而是根据自己的好恶去议决。而后宫美女多了就得找地方安置，刘聪大手一挥，大兴土木，一口气就兴建了 40 多所豪华宫殿，总设计师靳陵因为“温明”“徽光”二座宫殿没能如期完工而掉了脑袋。

廷尉陈元达是刘渊给儿子留下的正直敢谏的大臣，看着刚建立起来的帝国这么快就要被玩完，很是着急，于是上书劝谏说：“陛下受命于乱世，所占有的地方，不过是汉文帝时的两个郡，现在晋朝还没灭，李雄占据巴蜀，石勒、曹嶷的贡奉也越来越少，这一切足以令人担忧。陛下已经建了 40 多座宫殿，难道还嫌不够吗？”

刘聪火了，大声回怼：“我身为天子，建一座宫殿，难道还要得到你的批准吗？”回头命令侍从：“把他拖出去，砍头，灭族！”

陈元达是有备而来，事先准备了一条锁链，听到刘聪的命令，立刻跑到堂下，把自己与一棵大树锁在一起，大声喊道：“我为社稷劝谏陛下，陛下却要杀我。我能和龙逢、比干同游地下，也名留千古啦！”

趁着侍从解锁的功夫，有人把事情报告给了左皇后刘娥，刘皇后还算深明大义，急忙写了一份奏章，说：“陛下为我建宫殿而杀谏臣，岂不是要让我成为万人唾骂的罪人。我还有什么脸面再侍奉陛下，如果陛下一定要杀陈元达，我只能以死赎罪了。”

在刘聪看来，10 个大臣都抵不过一个美女，而一群大臣在大司徒任顗、光禄大夫朱纪、范隆等人的带领下，还跪在堂下不停地叩头，为陈元达求情。刘聪就卖个顺水人情，不忘调侃自己说：“可能是以前打的不合格疫苗太多，我最近常常控制不住自己，陈元达是忠臣，各位磕得血流满面，也是忠臣，起来吧，我就饶了他。”

皇太弟刘乂随着漂亮妈妈单太后的死，逐渐被刘聪淡忘，可有人没忘，而且非常惦记着他，刘聪第一任皇后呼延氏生前就曾跟老公提过，说：“自古父死子继，陛下继承高祖（刘渊）大业，却弄个太弟出来，您百年之后，粲儿兄弟只怕要断绝香火了！”刘聪当时嘴上不说，内心肯定有所触动。而刘粲随着年龄的增长，又大权在握，也惦记起刘乂叔叔来了。

建兴三年（315 年）三月的一天，也许是杀戮太多，平阳忽然下了一场红雨。红雨过后，整座平阳城到处残存着红色的雨迹，犹如屠杀过后的血痕。太傅崔玮和太保许遐晋见皇太弟刘乂，神秘兮兮地跟他说：“天降血雨，必是凶兆。这凶兆恐怕要应在殿下身上。”刘乂大惊失色，愣愣地看着他们。

许遐说：“当初，殿下以社稷为重，把皇位让给兄长。现在皇子刘粲已经长大，又担任相国、大单于，皇上早有改立东宫的念头。殿下要是不先下手，恐怕要有杀身之祸。为今之计，请殿下痛下决心，赶快派人干掉刘粲，以绝后患。”

刘乂吓得连连摆手，语无伦次：“这……这……不行，不行不行。”

东宫舍人荀裕躲在门外，偷听到了他们的谈话，急忙跑去向刘聪告发。刘聪下令逮捕崔玮和许遐，派冠威将军卜抽率兵将东宫严密监视起来，同时取消刘乂参加朝会的资格。

刘乂惶惶不可终日，起草了一份奏章，不怕肉麻地极力赞美刘粲，请求把自己贬为庶人，立刘粲为太子。但卜抽扣下奏章没有上报，刘聪见刘乂连份检讨书都没有，就将崔玮和许遐处死，敲山震虎。

刘粲一直等待着老爸宣布改立东宫的那一天，可刘聪也许还念着单太后的好，也许是皇后太多要天天应付，忙不过来，一直没有动静。既然老爸不作为，只好自己动手了。东晋建武元年（317 年）四月，刘粲让亲信王平十万火急地跑去通知刘乂：“皇上有密诏，京城将要发生变乱，各宫属官都要内穿甲衣以防不测。”刘乂当即令东宫的臣属都在外衣内穿上甲胄。刘粲派心腹靳准禀报刘聪说：“皇太弟阴谋发动政变，他手下的人都已经内着甲衣，眼看就要动手了。”

刘聪一开始并不相信，说：“怎么会有这种事呢？”

靳准说：“我以前多次提醒过陛下，皇太弟早晚要谋反，只是陛下不相信我的话。”

刘聪派人去东宫一查看，果然跟靳准说的一样。他就命刘粲率兵包围东宫，捉拿刘乂的同党。刘乂曾受封大单于，统管氐、羌等各部落，这些部落的酋长多在东宫听命。刘粲让靳准、王沈拘捕了十几个氐、羌酋长，大搞刑讯逼供，让狱吏用木枷夹他们的头，用烧红的烙铁烫他们的眼睛。这些人忍受不了酷刑的折磨，只得违心承认自己和刘乂共同谋反。于是东宫属官全被诛杀，靳准、王沈又乘机把那些平时跟他们有过节，或者讨厌的几十位大臣都说成是刘乂的同党，一并诛杀，受此牵连被坑杀的士卒达1.5万余人。

四月，刘聪下诏废黜皇太弟刘乂，改封北海王。不久刘粲派刺客杀死刘乂。七月，刘粲如愿以偿被册立为皇太子，保留相国、大单于的职务和称号，总摄朝政。

第二十九章　前后赵的诞生与恩怨

东晋大兴元年（318 年）七月，汉赵皇帝刘聪自感时日不多，将刘粲叫到跟前，说："这几天，你死去的弟弟刘约老出现在我面前，可能是来接我去跟他团聚吧！"随后安排后事，让手握重兵的刘曜和石勒前来辅政，传诏晋封刘曜为丞相、录尚书、辅政，任命石勒为大将军、辅政。

刘曜和石勒都是人精，像约好了似的，都称病不来。刘聪知道已经驾驭不了他们，只好改任刘曜为丞相兼雍州牧，改任石勒为大将军、兼幽州、冀州牧。刘曜毕竟是刘渊的养子，与刘聪还有兄弟名分，不好再推辞，石勒还是坚决推辞。刘聪于是以刘景为太宰、刘骥为大司马、刘顗为太师、朱纪为太傅、呼延晏为太保，全部录尚书事，以范隆为尚书令，靳准为大司空、领司隶校尉，轮流坐班裁决军国大事。

七月十九日，刘聪咽下了最后一口气，太子刘粲即位，尊刘聪的皇后靳氏为皇太后，樊氏称弘道皇后，武氏称弘德皇后，王氏称弘孝皇后；立妻子靳氏为皇后，儿子刘元公为太子。大赦天下，改年号为"汉昌"。刘粲对老爸的死一点都不悲伤，只感觉超级爽，老爸不但给他留下一座江山，还留下一帮年轻美貌的后妈，这些皇太后都不超过 20 岁，最小的皇太后才 14 岁。刘粲比当年的刘聪还要猴急，一上任就毫无顾忌地扑进这些后妈的怀里，汉赵群臣马上感觉到大事不妙，纷纷摇头。但有一个人格外高兴，此人就是靳太后她爹靳准。

当初靳准就因把两个女儿送到刘聪的怀抱就成了权倾朝野的人物，如今女儿当了太后，又与当朝皇帝打得火热，现任皇后又是他的侄女，他的野心也随之膨胀。他先是让女儿靳太后和侄女靳皇后在枕头边编造谣言，说公卿们阴谋废掉刘粲，准备拥立刘骥为帝。完全沉溺在温柔乡里的刘粲，连起码的调查核实工作都省了，下诏批捕太宰刘景、大司马刘骥、车骑大将军刘逞、太师刘顗和大司徒刘劢，靳准拿到诏书，又进一步发挥，将这些人全部处死。太傅朱纪、太尉范隆逃奔了长安。

刘粲沉溺酒色，整天在后宫游乐，把军国大事都交给靳准处理。靳准乘机假传诏令，任命堂弟靳明为车骑将军，靳康为卫将军。并阴谋发动政变，想联合德高望重的金紫光禄大夫王延废黜刘粲。王延不肯，想进宫向刘粲告发，半路上遇到靳康，被抓了回来。

靳准害怕事情败露，快速领兵冲进紫光殿，把毫无准备的刘粲给抓了起来，在数落了刘粲及其祖宗十八代的种种罪行后，一刀杀了这个匈奴人，可怜的刘粲登上皇位屁股还没坐热，就人头落地。靳准接着下令把平阳城中的刘氏皇族，不分男女老幼全都押解到东市斩杀。又派人挖掘刘渊和刘聪的陵墓，刘渊的骨头已经散架，就把刘聪的尸体拉出来斩首，又一把火烧毁了刘氏宗庙。

靳准政变成功，端坐在光极前殿自称大将军、汉天王，设置百官。召来晋人胡嵩，对他说："自古以来没有胡人能做天子的，我把传国玉玺交给你，请你将其送归晋王室。"事情来得太突然，胡嵩一时没反应过来，吓得不敢受命，靳准大怒，说他是软骨头，一刀把他杀了。

靳准又派人给东晋司州刺史李矩传话说："刘渊不过是匈奴屠各部的无名鼠辈，竟敢趁朝廷内乱，违抗天命登基称帝，使怀帝、愍帝被俘身死。我现在替天行道，准备奉还二位先帝的灵柩，请李大人代为禀告皇帝。"李矩让人快马加鞭，火速向司马睿报告。司马睿将信将疑，派太常韩胤带人北上，果真迎回了晋怀帝和晋愍帝的灵柩。

靳准为了收买人心，让王延担任光禄大夫，王延当汉奸当上了瘾，破口怒骂靳准："你这屠各逆贼，你把我杀了吧！把我的左眼挂到西阳门上，我要看着相国（刘曜）攻进平阳；再把我的右眼挂到建春门上，我要看着大将军（石勒）杀进平阳。”

果然，盘踞在长安的刘曜听说京都发生变乱，点起兵马就向平阳进军。已经把大本营定在襄国（今河北邢台）的石勒也率领5万精兵向平阳开来。刘曜走到赤壁（今山西河津市赤石川），遇到了从平阳逃出来的太保呼延晏与太傅朱纪。两人劝说刘曜登位称帝，刘曜也就不客气地即皇帝位，改元“光初”，封朱纪为司徒，呼延晏为司空，石勒为大司马、大将军，晋爵为赵公。此时的石勒虽然名义上还是赵汉的官员，实际上已经牛得没边了，这从他敢于拒绝刘聪的任命就可以证实。实际上，从永嘉五年（311年）在洛阳与刘曜分手后，石勒就一直在扩充实力，抢占地盘。

事情还得从洛阳沦陷时说起。汉军攻入洛阳大搞打砸抢之时，石勒虽然没有赶上趟，可王弥为了巴结他，把自己掠夺的美女宝物送了一半过来，这两人可称是英雄惜英雄，都不敢小瞧对方，而且都有自立的野心。

永嘉五年（311年）八月，石勒端了苟晞组建的临时政府，活捉了豫章王司马端和苟晞本人，用狗链锁住苟晞的脖颈，强迫他为自己效力。最终苟晞成了石勒的左司马，当时王弥得罪了刘曜，打算自己创业，派左长史曹嶷率5000精兵回去经营青州老家，部将徐邈、高梁也带领所部擅自离去，实力大逊，便向石勒献媚说：“苟晞可是你的死敌，你抓住他又任用他，何其神妙！假如让苟晞和我一起辅佐你，天下就是你的了！”

王弥这无事献殷勤的举动，让石勒更加警惕，对谋士张宾说：“王弥位高权重，却如此恭维我，肯定有着不可告人的目的。”事实正如石勒所料，刚刚归顺王弥的原西晋司隶校尉刘暾力劝王弥灭掉石勒，吞并其部众，割据一方，以观时局。于是，王弥让刘暾带着自己的亲笔信到青州通知曹嶷，命曹嶷率兵合击石勒。刘暾走到兖州东阿（今山东东阿县）时，被石勒的流动骑兵抓获。石勒看了信后，秘密杀死了刘暾，王弥对此毫不知情。

当时石勒正在全力追剿“乞活军”陈午所部，王弥也正与驻守寿春的刘瑞对峙，相持不下，王弥就试探性地向石勒请求援助，石勒一开始不肯，张宾献计说：“明公不是为找不到机会消灭王弥而犯愁吗？上天把机会送到你面前了。陈午不过是个小角色，不值得忧虑，王弥可是人中豪杰啊，应该尽早除掉。”石勒于是丢下陈午，亲自带兵击杀了刘瑞。王弥非常高兴，认为石勒是真心对自己好，不再怀疑对方。

石勒灭了刘瑞，连口水都没喝就带兵离去，王弥觉得过意不去，就想请石勒喝顿酒聊表谢意，石勒挺客气，说咱哥俩谁跟谁啊，要不你到我这，咱哥俩喝个痛快！王弥一是放松了警惕，二是想趁机察看石勒的虚实，准备赴约，长史张嵩劝他别去，当心鸿门宴，一向算无遗策的王弥却异常自信，没拿张嵩的话当回事。

当两人推杯换盏，喝得正高兴的时候，石勒也不劳烦别人动手，抽出腰间的佩刀把王弥给砍了，随即率军吞并了王弥的部众，然后上报刘聪，说王弥谋反，他已经为国家清除了祸患。刘聪很生气，派人指责石勒："擅自害死朝廷辅佐大臣，目无君主"。但由于石勒羽翼已丰，为了笼络他，刘聪不仅不敢跟他翻脸，反而加封他为镇东大将军，都督并、幽二州军事，兼任并州刺史等职。

石勒从此更加猖狂，在华北大地上纵横驰骋，兵锋所指无不望风披靡。他最终采纳谋士张宾的建议，摈弃之前的流寇作风，占据襄国，以此为大本营，囤兵积粮，图谋称霸。

幽州刺史王浚见石勒在自己的地盘安家，遂想趁其立足未稳之际，派都护王昌率领各路军队，联合辽西公段疾陆眷及其兄弟段匹磾、段文鸯、段末柸的军队，共 5 万人，浩浩荡荡杀奔襄国而来。

襄国城的护城河、城墙还没来得及修筑，只好临时设置栅栏、障碍，抵挡来犯之敌。鲜卑骑兵的优势在于机动性强，冲击力大，石勒的军队数次出击都被打败。段疾陆眷派人制作大量的攻城器具，准备围攻襄国。

石勒召集众将召开军事会议，说："眼下敌众我寡，围城的军队攻势不减，我们又没有外援，与其坐以待毙，不如倾城出动，与敌人决一死战，或许还有生机，不知各位意下如何?"众将领都领教过鲜卑骑兵的厉害，不敢与对方野战，都主张固守疲敌，等对方师老兵疲，再寻机出击。

石勒失望之余，征询张宾的意见，张宾既不赞同跟对方死拼，也不同意死守，说："段氏大军远道而来，与我军交战连连取胜，必然认定我军势单力薄，不敢出战，已经有所懈怠。据我的观察，鲜卑各个部落，以段氏最强，其中又数段疾陆眷的堂弟段末柸最为骁勇。我们就有针对性地在北城挖下 20 道暗门，埋下伏兵，等他们来攻城时出其不意偷袭段末柸，只要将他拿下，剩下的敌人就不足为虑了。"

石勒当即命将军孔苌依计行事，几天后，鲜卑骑兵果然从北城进攻。孔苌趁其布阵之时，率精兵从暗道出城，袭击段末柸阵营。打了一阵，孔苌佯装败走，段末柸紧追不舍，一直追到孔苌的军垒门，伏兵从各道暗门冲出，生擒了段末柸，追兵也被杀得七零八落。

段疾陆眷见段末柸被俘，急忙领军后撤。在城头统揽全局的石勒命人擂响战鼓，孔苌回马乘胜追击，将鲜卑诸军杀得尸横30多里，缴获铠甲马匹数以千计。段疾陆眷带领残兵败将逃到渚阳（今邢台市东北），才停下脚步。

石勒以段末柸为筹码，派使者向段疾陆眷求和。段文鸯担心与石勒和解会得罪王浚，劝哥哥不要因为段末柸一个人给整个部落带来后患。段疾陆眷不以为然，不仅同意和解，而且还给石勒送去大量铠甲马匹金银，又用段末柸的三弟做人质换回段末柸。

石勒的部将都劝他不要放虎归山，石勒说："辽西鲜卑是强大的部落，与我们素无仇怨，他们不过是受王浚的指使罢了。杀一个人而与一个部落结仇，不是明智的做法，放他回去，他们一定会感念我，不再被王浚所用。"于是用更丰厚的金银布帛回赠段疾陆眷，派侄子石虎到渚阳与段疾陆眷结盟，双方还拜了把子。段疾陆眷随后率兵返回辽西，都护王昌孤掌难鸣，也只好返回蓟城。

段末柸离开之前，石勒设宴为他饯行，把段末柸感动得稀里哗啦，当场认石勒为义父。在北返辽西的路上，更是每天向南方遥拜三次，感念义父的恩德。从此鲜卑段氏心向石勒，王浚再也调不动他一向使得很顺手的鲜卑联军了。

建兴元年（313年）夏天，石勒派石虎击溃刘琨任命的兖州刺史刘演守军，攻占了邺城，刘演逃往廪丘，将军谢胥、田青、郎牧等率领三台的流民投降石勒。石勒让石虎镇守邺城，又趁势攻占山东各郡，乌桓人也归附了石勒。这样，石勒就以襄国为中心，建立起了稳固的根据地。他下一步要对付的就是晋朝残余在关东的两大势力：幽州的王浚和并州的刘琨。

王浚在永嘉之乱后，就假立太子，设立行台，自置百官。石勒抓住王浚想称帝自立的心理，于十二月派舍人王子春和董肇带着大量金银珠宝去见王浚，请求归附，并力劝王浚早日登基。王浚开始还保持警觉，问来人："石公是当世英雄，占有赵、魏之地，可成鼎足之势，为什么要做我的藩属呢？"

王子春是个能说会道之人，回答说："诚如明公（指王浚）所言，石将军英雄盖世，兵力强盛，可毕竟是胡人。而明公出身名门，威震天下，万众归心，又岂是我们小小的一个襄国能比的？自古以来，只有胡人归汉做名臣的，却没有做帝王的，所以石将军不敢逆天道而行，尊奉明公，是顺应天意！”

一席话哄得王浚高兴死了，当场把王子春和董肇封为列侯，赏赐了大把的钱财。而就在王子春、董肇出使幽州之时，王浚的司马游统也暗中派人带着密信求见石勒，原来在王浚承制期间，手下的参佐都在内任职，唯独游统被外调，而且迟迟没有被召回的迹象，看到石勒如日中天，就想前来投奔。石勒杀死了来人，把游统的密信转交给王浚。至此，王浚对石勒的忠诚不再有半点怀疑。

建兴二年（314 年）正月二十二日，王子春、董肇带着王浚的使者返回襄国。石勒把精兵和粮食都隐藏起来，王浚的使者看到的都是些老弱残兵和空空如也的仓库。石勒还恭恭敬敬地接受王浚给他的回书和赠送的拂尘，命人设置香案，将拂尘当圣物供奉起来，早晚朝拜一次。石勒对使者说：“我虽然见不到王公，可见到他所赐的东西，犹如见到他本人。”然后让董肇陪使者一同返回幽州，并约定三月中旬亲自到幽州尊奉王浚称帝。

使者一走，石勒就急不可待地让王子春报告这次幽州之行刺探到的情报。石勒听完汇报，手扶案几笑着说：“王浚的末日到了！”话虽如此，石勒对鲜卑、乌桓以及并州的刘琨还有所顾忌，担心他们从背后袭击。张宾分析说：“鲜卑、乌桓刚刚背叛了王浚，这个时候不会对我们不利。至于并州的刘琨，他虽然与王浚同为晋臣，彼此却有很深的怨恨。只需修书一封向刘琨求和，他必定乐看王浚败亡而按兵不动。兵贵神速，别再犹豫了！”石勒乐哈哈地说道：“有右侯（张宾一直担任右长史，石勒惯称其‘右侯’）在，我还有什么可犹豫的呢？”

三月，石勒按期赴约，声称要到蓟州朝贺，率军抵达易水。督护孙纬还保持着警惕，担心石勒使诈，劝王浚派兵设防，王浚说：“石将军是来拥戴我的，你怎么老往坏处想。”随即针对石勒一行的到来，下令：“有再敢说开战者，格杀勿论！”并命人准备好宴席，接待石勒。

王浚不设防，石勒却不敢掉以轻心。他率领军队来到幽州城下时，担心城里有埋伏，就先驱赶几千头牛羊在前边开路，声称是献给王浚的贺礼，实际上这些牛羊是用来阻塞城内的大街小巷的，即便有伏兵也使不上劲。

王浚这时才觉得不对劲，可为时已晚，石勒已经率军冲进了他的将军府。

王浚还没来得及组织兵力抵抗，就被石勒的手下生擒活捉。王浚四肢都被捆得严严实实，可嘴还能动，大骂石勒叛逆，石勒则指责王浚不忠于晋朝、妄图僭越称帝、残害忠良、漠视百姓等不法行为，驳得王浚哑口无言，并将其带回襄国斩首。

幽州一失，并州的刘琨就成为晋朝在关东硕果仅存的力量。此时并州的东面是石勒的大军，南面是刘聪的军队，形势愈发严峻。刘琨之所以能在并州苦撑，得益于他以胡制胡的策略，多次借鲜卑骑兵的力量打败汉赵军队的进攻。为了进一步拉拢拓跋鲜卑部，他不惜得罪王浚，于建兴三年（315 年）上表请求朝廷晋封拓跋猗卢为代王。

建兴四年（316 年），石勒又将兵锋指向并州，率兵在玷城围困乐平（今山西昔阳）太守韩据，韩据向刘琨求援。刘琨因不久以前帮助代国平定内乱，获得拓跋猗卢旧部箕澹及卫雄率领代国人及乌桓人加入而实力大增，便打算借此讨伐石勒，于是不顾箕澹和卫雄的劝阻，动用全部家底，派箕澹率兵 2 万为前锋，自己进屯广牧（今山西寿阳县西北）作为声援。石勒的部将看到鲜卑军队来势凶猛，都劝石勒深沟高垒，避其锋芒。

石勒却看到了对方的两个破绽，说："鲜卑骑兵虽然凶猛，但箕澹的部众才刚刚归顺刘琨，号令尚未统一，而且他们远道而来，已经精疲力竭，我们正好乘机收拾他们。"于是命孔苌为前锋都督，在山上布阵诱敌，在山外埋下伏兵。等鲜卑军队进入设下的伏击圈时，伏兵四起，鲜卑军大败。箕澹及卫雄带领残兵败将逃回代国，韩据则弃城逃奔刘琨。并州大震，阳曲长史李弘竟以并州投降石勒，令刘琨进退失据，只好投奔驻守蓟城（今北京城西北）的幽州刺史段匹磾。

段匹磾这个幽州刺史其实是自封的，原来石勒灭了王浚得到幽州后，让原来的晋朝尚书刘翰留守幽州，自己返回了襄国。刘翰良心未泯，见段匹磾虽然是鲜卑人，可对晋朝异常忠心，就把幽州让给了他，蓟城就成了段氏部落的一个基地。段匹磾对刘琨的到来表示欢迎，双方还歃血盟誓，要共同拥戴和辅佐晋王室，当听到晋愍帝司马邺在平阳遇害的消息后，刘琨派自己的左长史兼右司马温峤，段匹磾则派自己的左长史荣邵，双双奉上劝进表和盟约誓文前往建康劝司马睿称帝。

晋元帝大兴元年（318 年）正月，段疾陆眷去世，叔父段涉复辰自立为王。段匹磾得知哥哥的死讯，就带上刘琨的儿子刘群率兵从蓟城赶回令支（今迁安、迁西和滦县北部地区）奔丧。段末柸趁机挑拨离间，对段涉复辰说："段匹磾八成是回来争夺王位的。"

段涉复辰当然不愿拱手让出王位，连忙派大军前去截击段匹磾。段末柸则乘王府空虚，袭杀了段涉复辰，并尽杀其子弟党羽200余人，自称单于。随后又发兵攻打段匹磾，毫无准备的段匹磾被打得大败，刘群被俘，段匹磾则逃回了蓟城。

段末柸厚待刘群，承诺让刘琨担任幽州刺史，共同对抗段匹磾。便让刘群给老爸写了一封信，劝刘琨看清形势，作出明智的选择。段末柸派人拿着刘群的书信送去，让刘琨当内应，结果信使被段匹碑的巡逻骑兵抓获。段匹磾相信刘琨的为人，便把他请来，拿出刘群的信给他看，刘琨当场表明态度："我与段公当初结盟，是为了有朝一日能荡平中原，匡复晋室。就算这封信秘密送到我的手里，我也不会背叛段公，抛弃大义。"

段匹磾信得过刘琨，表示其他人也信任刘琨。弟弟段叔军就把他叫到门外劝说："我们是胡人，晋人所以敬服我们，是因为我们宗族繁盛，兵强马壮。眼下我们骨肉相残，给晋人提供了图谋我们的良机。一旦他们推举刘琨为首领，起兵作乱，我们就全完了。"段匹磾觉得弟弟说得也不无道理，就把刘琨留在了蓟城，实际上是将其软禁了起来。

当时刘琨的征北将军府设在蓟城外的小城，刘琨的庶长子刘遵闻知父亲遭到扣押，急令左长史杨桥关闭城门自守。此举又被段匹磾抓到口实，没事你怕什么呀，遂攻破城门，把两人一块抓来。刘琨可是名人，他被拘押，自然引起很多人的议论和不满。段匹磾之所以与刘琨结盟，是想借助刘琨的威望提高自己的号召力，没想到刘琨的到来没能让段氏内的部实力派听命于自己，却赢得了幽州胡、汉民众的心。代郡太守辟闾嵩、雁门太守王据、后将军韩据等人密谋突袭蓟州，救出刘琨。韩据的女儿嫁给段匹磾儿子做妾，她获悉了自己父亲的计划后，竟然卖父求荣，向段匹磾告密。段匹磾立即逮捕了辟闾嵩、王据以及牵连到的部众，将他们全部杀掉。

事情好像真的如段叔军所言，刘琨真的是一枚定时炸弹，再留着他还不知道会生出多少乱子。恰好建康方面派来了使者，段匹磾遂于大兴元年（318年）五月初八，矫诏宣称刘琨企图自立为帝，犯上作乱，派人将刘琨勒死。刘琨时年48岁。一同被杀的还有刘琨的儿子、侄子共4人。

至此，整个关中、河北就剩石勒一家独大了。他这次进军平阳，绝不是为汉赵效忠“讨伐叛逆”，而是另有目的。果然，石勒大军一到，平阳城中的巴人、羌人和羯人等各部落共计10多万人向他投降。经过无数的战乱，此时最重的资源就是人口，石勒把这10多万人全部迁徙到自己的辖区，结结实实发了笔大财。

平阳城中的靳准慌了神，急忙派侍中卜泰奉上皇帝御用的车轿、服饰向石勒求和。石勒一看没有玉玺，很不高兴，就把卜泰塞进囚车送到刘曜那里，传递一个无声的信息：“人家靳准向我投降，无意跟你合作，你就别费劲了，回去吧。”

刘曜将计就计，好生款待卜泰，让他回去转达靳准：“先帝（指刘聪）末年，确实朝纲大乱。要不是司空靳准在先帝驾崩之后依照伊尹、霍光之例行使大权，朕怎么可能荣登宝座呢，他这可是立了大功啊。朕初登大位正需要万众归心，怎么会随意诛杀功臣呢，如若司空能早日恭迎大驾，朕还要委以重任呢！你就回去把朕的意思告诉他。”

卜泰回到平阳将刘曜的话转告了靳准，劝他争取主动，早日迎接刘曜。靳准却因自己杀了刘曜的父母和兄弟，犹豫不决。

靳准这一犹豫就坏事了，刘曜开出的条件让平阳的官员看到了希望，石勒可是杀人不眨眼的大魔王，投降他肯定没有好果子吃，如今靳准大势已去，如果杀了他作为投名状，嘿嘿，前途不可限量啊！于是，卜泰联合乔泰、王腾、马忠，还有靳准的堂弟靳康等人，一起击杀了靳准，推举靳明为盟主，再次由卜泰捧着此前靳准曾想送归江南的六枚传国玉玺向刘曜投降。

刘曜大喜过望，对卜泰说：“让我得到玉玺，坐稳帝王位置的是您啊！”石勒却气得差点发疯，没想到自己弄巧成拙，让刘曜捡了个大便宜，于是命令大军加紧攻城。平阳城内的靳明眼看支撑不住，向刘曜求救，刘曜命令征北将军刘雅生、镇北将军刘策率军前往平阳接应。石勒看到刘曜的部队前来，倒没怎么着，眼睁睁看着他们接应平阳城内的一万五千多人往刘曜的大营而去。刘曜得了好处，不敢过多停留，赶紧渡过黄河往西而去。等确信石勒不会来找麻烦后，他马上翻脸，下令诛杀靳明等人，靳氏一族无论男女老幼全部杀光。然后他返回长安，改国号为“赵”，立羊献容为皇后，儿子刘熙为太子。

石勒进入平阳后，一把火将平阳的宫室烧了个精光，把能用的东西全部搬回襄国。石勒虽然没有得到传国玉玺，却是这次平叛行动的最大赢家，得到汉赵十多万人口，刘曜临走前还授予他太宰、领大将军，晋爵赵王，并加一系列特殊礼待，一依曹操辅佐东汉的先例。但石勒并不买账，余怒未消地说："刘氏的基业都是我打下来的，赵王、赵帝，我自己想称就称，哪用得着他来封？"几个月后，石勒就自称大将军、大单于、领冀州牧、赵王，以襄国为都城，正式建立后赵，称"赵王元年"。时间为太兴二年（319 年）十一月。至此，北方地区就出现了两个赵国，史称位于关中的刘曜赵国为"前赵"，关东的石勒赵国为"后赵"，他们就成了当时最强的两个割据势力。

第三十章　王敦作乱与晋元帝之死

司马睿坐上皇位后，发觉这皇帝当得并不爽，还是跟以前一样没有实权，政治上有王导，军事上有王敦，自己倒成了帮他们签字盖章的傀儡。王导虽然专权，但对他还算忠心，而王敦却野心勃勃，渐渐不把他这个皇帝当回事。

王敦本来就是皇亲国戚，娶晋武帝司马炎的女儿襄城公主为妻。史载王敦“蜂目豺声”，意思是眼睛像胡蜂、声音像豺狼，按相面先生的说法是凶残之相。有“越府（司马越王府）有三才”之称的大才子潘滔精通相术，见到年轻时的王敦就对他说：“你蜂目已露，但豺声未振。日后二者俱备一定会吃人，也一定会被别人吃掉。”也许古人真的具有超凡的能力，随着王敦帮助司马睿在江东立足、称王、登帝位，他也无可争议地成了东晋的开国元勋。不过王敦也不是光躺在功劳簿上过日子的人，为了东晋政权的建立和巩固，王敦也曾东征西讨，只不过成绩单却很难令人满意。

永嘉六年（312 年），受李流、李雄之乱从巴蜀逃到荆、湘一带的流民不堪忍受地方官吏和豪族荼毒，推举担任醴陵县令的杜弢为首领，在湘州（今湖南长沙）起兵。杜弢是蜀郡成都人，秀才出身，满肚子的学问，因避乱来到南平，得到南平太守应詹的赏识，出任醴陵县令。当时，蜀地流民杜畴、蹇抚等人在湘州闹事，湘州刺史荀眺听信参军冯素的话，说是所有流民都想造反。荀眺竟然不加甄别地扬言要杀光湘州境内的所有流民，当时湘州还没有开发，人口并不是很多，荀眺完全能办得到。流民都感到害怕，杜弢也是流民，而且还是一县之令，遂被大家推举成首领。

杜弢起兵后，自称梁益二州州牧、平难将军、湘州刺史，率领流民攻打郡县，荀眺弃城逃往广州。之后，流民军的动静越闹越大，已不满足于湘州人烟稀少的地方，北上席卷荆州、江州（今江西九江），直接威胁到了扬州的安全。

当时，身兼左将军、假节、都督征讨诸军事、扬州刺史的王敦刚刚率兵进讨、斩杀了不肯接受司马睿任命的江州刺史华轶，就屯驻在豫章（今江西南昌），急命武昌太守陶侃、豫章太守周访共同进讨杜弢。

荆州刺史王澄因丢失荆州被免职，又因他是王氏族人，司马睿并不想或者说是不敢过分为难他，就调他回建邺担任军谘祭酒。这个王澄自小就得到王衍的赏识，他这个荆州刺史就是王衍推荐、由司马越任命的，可王敦却对这个族弟十分厌恶。厌恶的原因无非是王澄不拘礼俗，举止放荡，甚至以裸露身体来标新立异。所以，当王澄路过豫章时，王敦给他安上一条勾结杜弢的罪名，将其处死。

建兴三年（315 年），陶侃经过浴血奋战，终于平定了杜弢之乱。王敦作为统军元帅，也随之升官晋爵，拜镇东大将军，开府仪同三司，都督江、扬、荆、湘、交、广六州诸军事，江州刺史，封汉安侯，可以任命刺史以下的官吏。陶侃完成使命，准备到荆州赴任（已被任命为荆州刺史），前来向王敦辞行。王敦竟然忌妒陶侃的军功，将他扣留，让堂弟王廙接掌荆州，甚至几次拿起刀想杀了陶侃，王敦的谘议参军梅陶、长史陈颁劝王敦说："周访和陶侃为姻亲（陶侃的儿子陶瞻娶周访的女儿为妻），如同一左一右两只手，哪有砍左手而右手不来帮忙的。"王敦这才作罢。最终将陶侃降为广州刺史、平越中郎将。陶侃到广州前，周访为他饯行，陶侃流着泪对亲家说："如果不是有你在，我的命算是完了！"

司马睿称帝后，又给王敦加封了一大堆头衔，其中最重要的一个职务是大将军，为东晋最高军事统帅。随着时间的推移，手握重兵的王敦更加骄横起来，让司马睿感到很不安，甚至厌恶起这个曾经的肱股之臣来了。为了减弱王氏家族的影响力，司马睿于是启用琅琊王幕府中的两个旧属刘隗和刁协，任命刘隗为侍中，刁协为尚书令。

刘隗在西晋官至冠军将军、彭城内史，永嘉之乱时，避乱渡江，入琅琊王府任从事中郎。司马睿升任丞相，任命刘隗为丞相司直，负责纠察工作。刘隗执法不阿，庐江太守梁龛在为老婆服丧期间，把丞相长史周顗等人叫到家里喝酒。刘隗上报要开除梁龛的公职，周顗等人明知梁龛居丧，仍参与吃喝，也被扣除1个月的薪水。后来，周顗的门生砍伤建康左尉，刘隗又弹劾周顗，让周顗丢掉了官职。王敦的老哥南中郎将王含为人凶暴贪鄙，曾经一次就任命参佐、守令二十多人，刘隗认为，姑且不论这这些人的能力如何，你一次任命那么多人，就非常不妥，于是又上书弹劾王含。刘隗敢惹王含，自然招致琅琊王氏的忌恨。

刁协出身于渤海郡二流士族，自幼天资聪慧，博闻强记，喜欢博览儒家经籍。曾任本郡太常博士，兼大中正（负责品评人才，提拔官吏），又曾先后担任成都王司马颖司马、赵王司马伦参军、长沙王司马乂及东嬴公司马腾长史，官至颍川太守。渡江后他进入琅琊王幕府，因谙熟典章制度，东晋创立初期，负责制定宪章，并在较短的时间内，制定了一整套礼仪制度。

两人得司马睿的器重，自然殚精竭虑维护皇权，抑制大族。王导虽然内心不满，可没说什么。王敦则向朝廷上疏，对王导“顷见疏外”表达不满，并请司马睿回忆他当年说过的“吾与卿及茂弘（王导字），当管、鲍之交”，言外之意是指责司马睿过河拆桥。

奏疏到了朝廷，被王导退了回去，但王敦不吐不快，派人越过朝廷直接把奏疏送到司马睿手里。司马睿看过奏疏，夜召谯王司马承进宫，将王敦的表章给他看。司马承比司马睿高一个辈分，为人忠厚，深得司马睿信赖。两人看法一致，王敦早晚必将闹事，应及早防范。

太兴三年（320年），一向为王敦忌惮的梁州刺史周访去世，司马睿调湘州刺史甘卓到梁州接任。王敦当即上表请求调宣城内史沈充担任湘州刺史。沈充出身于吴兴（今浙江湖州）沈氏豪族，曾在王敦手下做过参军。王敦是想趁机把老部下安插在自己周围（湘州与荆州相邻）。

司马睿当然不会同意，决定派司马承出任湘州刺史，并当面告诫司马承要“据上流之势”，以防范王敦。王敦也明白司马睿让司马承出镇湘州的用意，所以在司马承赴任路过王敦所驻守的武昌（今湖北鄂州）时，王敦在酒桌上想套他的话，司马承以东汉班超“铅刀一割”之语回应。王敦认为司马承是在鹦鹉学舌，这样的人除了说大话，没有什么作为，司马承得以安全抵达湘州。

太兴四年（321 年），司马睿采纳刁协的建议，下诏将境内的僮客恢复为平民。所谓僮客，就是中原百姓逃难到江南后，由于失去了土地而沦为大族的奴仆，大户人家称他们为“家奴”。这自然就损害了大族的利益，也就不可避免招致怨恨，周嵩就对刁协进行人身攻击，称他为“佞幸小人”。可朝廷这一举措并非是为僮客着想，而是要从大族手里抢夺人口资源，以备征用。

接下来，司马睿任命戴渊为司州刺史，出镇合肥，刘隗为青州刺史、镇守淮阴，并将新征上来的僮客兵全数拨给两人，名义上是要抵御北方的石勒，实际上是防备王敦。王敦想拉拢刘隗，写信向他示好，说要与他同心勠力共辅王室，却遭到刘隗拒绝。这令王敦对他更加恼怒。紧接着又传来豫州刺史祖逖病逝的消息，至此，王敦最忌惮的周访和祖逖都离开了人世。王敦觉得整个东晋没人能对自己构成威胁了，遂决定起兵，找司马睿讨个说法。

永昌元年（322 年）正月，王敦以讨伐刘隗为名，在武昌起兵，列举了刘隗十大罪状，声称只要朝廷杀了刘隗，早上见到人头，下午便退兵。进抵芜湖时，又扯上刁协，列举了刁协的种种罪状。与此同时，沈充也在家乡吴兴举兵响应，被王敦任命令为大都督、统率东吴军事。

司马睿最大的缺陷是没有统兵打过仗，唯一一次上战场是随司马衷御驾亲征成都王司马颖，结果还当了俘虏。由于没有经过实战历练，司马睿既缺乏战略眼光，又没有自己的嫡系部队，不过此时的他还没有意识到这一点，得知王敦终于反叛的消息后，勃然大怒，下诏讨伐王敦，急调刘隗、戴渊回援建康，保卫京师。

王敦在外举兵，建康城里的王导处境就艰难了。刘隗回到建康的第一件事就是与刁协一道请求诛杀留在建康的琅琊王氏族人，只是司马睿还没考虑清楚该如何处理这个昔日的唯一知心朋友，因而暂时没有表态。司马睿不表态，王导就得赶紧表明自己的态度，他唯一能做的就是每天一早就率领宗族 20 多人跪在宫门外请罪，听候司马睿发落。这天，屡次遭刘隗弹劾，才官复原职的好友周顗进宫，王导像见到救命稻草一样，喊着向他哀求："伯仁（周顗字），我全家几百口的性命就全靠你了！"可周顗头也不回就进了宫。

周顗见了司马睿后，极力赞扬王导，说他是忠君爱国的良臣，劝司马睿不要一时冲动，错杀了好人。司马睿想起王导的种种好处，结合他的一贯表现，完全赞同周顗的建议。君臣二人了却了一桩心事，就留周顗吃饭。周顗酒足饭饱出来，王导还跪在宫门口，见周顗出来，又喊周顗的名字，周顗不但不理，还喷着酒气对随从说："我要诛杀那些乱臣贼子，换取金印，挂在胳膊上！"王导以为周顗不肯为自己求情，怨恨不已，这边周顗回去怕司马睿听信别人的话，又上书朝廷，再三强调王导不可杀的观点。

在王导惶惶不可终日的时候，到了三月，司马睿突然发布诏书，说："王导以大义而灭亲，可以把我任安东将军时的符节授予他。"任命王导为前锋大都督，命右将军周札驻守建康要塞石头城，刘隗戍守金城（今江苏句容），以为外援；另外，命甘卓都督荆、梁二州诸军事，陶侃领江州刺史，率部攻击王敦的后方。

从芜湖到建康沿江而下不到200里，王敦之所以滞留了两个多月，是因为他担心后方不稳，早在起兵之初就派使者前往梁州、湘州，约甘卓、司马承一同东下。甘卓虽然口头答应，却一直按兵不动，而司马承则扣押来使，在长沙起兵讨伐王敦，并攻杀王敦的姐夫湘东太守郑澹。

王敦一面命南蛮校尉魏乂、将军李恒率2万兵马攻打长沙，一面再派参军乐道融去游说甘卓出兵支持自己。

乐道融本就不支持王敦的背叛行为，趁机劝甘卓袭击武昌。当时，司马承由于兵微将寡，自知实力不济，而陶侃远在广州，远水救不了近火，就把勤王的希望寄托在甘卓身上，也派主簿邓骞到襄阳劝说甘卓起兵勤王。甘卓犹豫再三，最终还是决定支持朝廷，遂传檄声讨王敦。起兵向武昌推进，武昌震动。王敦更是大为吃惊，连忙派甘卓的侄儿甘印去求和，请他罢兵退回梁州。甘卓再次犹豫，大军进至猪口（今湖北仙桃北）便停了下来。

甘卓在犹豫观望，王敦则趁机加紧行动。他率军迅速逼近建康，打算先攻击金城，打掉外围，顺手灭了刘隗。部将杜弘则认为周札刻薄寡恩，士兵肯定不愿为他卖命，石头城看似险固，却是最容易拿下的地方。果然，叛军一到，周札就不战而降，打开城门迎接王敦入城。司马睿命刘隗、戴渊等人率部反攻，企图夺回石头城，都大败而归。

太子司马绍这时挺身而出，要出城与叛军决一死战，被太子中庶子温峤生拉硬拽给劝住了。刘隗、刁协带着残兵败将回到台城。司马睿见败局已定，流着泪给二人配备人马，让他们赶快逃离建康，自寻生路。刁协年老体衰，又不会骑马，才逃到江边，随从怕受这老家伙拖累，干脆杀了他，提着首级向王敦邀功。刘隗则在逃到淮阴时，遭到北中郎将刘遐袭击，只得带着妻小亲信投奔后赵石勒。

王敦打出的旗号是清君侧，而此时刁协已被杀、刘隗逃往了后赵，“奸臣”已被清除，可他却依然拥兵石头城，不但不到台城朝见司马睿，反而纵兵四处劫掠。建康大乱，司马睿身边只剩一个安东将军刘超和两名侍中，不得不认怂，说：“你想当皇帝早说啊，我把位子让给你，我还当我的琅琊王。何苦让百姓跟着受苦呢?”司马睿脱掉戎服派人给王敦传话：“公若不忘本朝，就此息兵，天下尚可共安。如其不然，朕当仍归琅琊，以避贤路!”

随后，司马睿又命公卿百官到石头城拜见王敦，宣布大赦天下，宣告王敦等人无罪。王敦于是自己给自己加官晋爵，自封丞相、都督中外诸军事、录尚书事、江州牧，封武昌公，食邑万户。至此，朝政大权全掌握在王敦之手，司马睿更加有名无实。

王敦掌权后，首先要立威，既然皇帝一时半会还动不得，那就另找有分量的人物开刀。戴渊、周顗素有名望，而这两个人嘴还挺硬，跟王敦说话没有半点屈从的意思，总是怼得王敦无话可说。可这两个人又有所区别，戴渊之前可是带兵针对王敦的，非杀不可。而周顗只是嘴上不让人，属态度问题，没有实质上的威胁。王敦就此曾征求王导的意见，这个时候如果王导能说一句话，王敦很可能会放周顗一马，可王导想起宫门前的一幕，始终默然不语。后来王导核查自己不在朝时的奏折，看到了周顗营救自己的奏章，言辞恳切，殷勤备至。王导拿着奏章痛哭流涕，说：“我虽不杀伯仁，伯仁却因我而死!”

四月，王敦见太子司马绍有勇有谋，便想以不孝的罪名将他废黜，却遭到百官的反对，王敦愤而领兵返回武昌。

王敦回到武昌后更加猖狂，遥控起朝政丝毫不比他在建康时差。司马睿见无法动撼动王氏的权势，自己名为天子，号令却不出宫门，以致忧愤成疾，卧床不起。他想到大臣中只有司徒荀组对自己比较忠顺，就任命他为太尉兼领太子太保，打算让他参与朝政，钳制王导。不料荀组受命不久就病死了，司马睿更加忧伤，病势加重。

永昌元年（322 年）闰十一月初十日，东晋第一任皇帝晋元帝司马睿因病医治无效，与世长辞。享年 47 岁，在位 6 年。

第三十一章　英年早逝的“鲜卑儿”皇帝

永昌元年闰十一月十一日，晋元帝司马睿逝世的第二天，皇太子司马绍即皇帝位，大赦天下，是为晋明帝，尊生母荀氏为建安郡君，立太子妃庾文君为皇后。

司马绍的母亲是鲜卑女子，他的相貌与其母族相近，有着异于汉人的金发碧眼特征，而且自幼年聪明伶俐，又是长子，受到父亲司马睿特殊的宠爱。司马睿即晋王位，司马绍就被立为晋王世子，司马睿即位称帝，司马绍就成了皇太子。关于司马绍的机敏，有一事可以佐证，据说司马绍才几岁的时候，一天晋愍帝司马邺从长安派来使者，谈完正事后，看见坐在司马睿膝盖上的司马绍透着一股机灵劲，就问他：“你说长安和太阳哪个近？”司马绍回答说：“长安近，只听说有人从长安来，没听说过有人从太阳来的。”司马睿感到非常惊奇。第二天特地请王府的僚属吃饭，再炫一炫自己的聪明儿子，于是又当众问昨天的问题。司马绍眨眨眼睛说：“太阳近。”此话一出，满座皆惊，司马睿更是脸色一变，说：“怎么跟昨天说的不一样啊？”司马绍回答说：“抬头就能望见太阳，可却望不见长安。”这让司马睿更加觉得他是个神童。

司马绍不但智商高，情商也比他老子要高，随着年龄的增长，人们发现他性情孝顺，礼贤下士，善于安抚将士，是能文能武的接班人，与当时的名臣兼大师王导、庾亮、温峤、阮放等打成一片，经常与他们探讨问题。王敦攻入建康时，司马绍要披挂上阵，打算与王敦决一死战，如果不是温峤死命拦阻，并斩断了马缰绳，他真要冲出去了。这才有了王敦图谋废黜司马绍的动议。

眼下的司马绍刚满24岁，正是血气方刚的年纪，有威望，有才华，当然想做一番事业。而他老子却给他留下一个危机四伏、风雨飘摇的烂摊子，因此他要做的第一件事就是要铲除手握重兵的王敦。

同样，王敦见老皇帝死了，新皇帝继位，就想到回朝中，选择时机将皇位弄到手，于是逼迫朝廷征他回去。他原本以为司马绍不敢让他回去，这样他就有借口起兵再次打进建康，来个武装夺位。出乎意料的是，司马绍亲手写诏书征召王敦回朝，同还授予他“假黄钺、奏事不名、入朝不趋、剑履上殿、班剑武贲二十人”的特殊待遇。

王敦于是将大本营从武昌搬到姑孰（在今安徽当涂），屯驻于城东的于湖，并自领扬州牧，直接控制了京畿地区。此后，王敦更加跋扈，四方的朝贡大多都进了他的府第，将相州牧的人事任命都出自他之手，而他所任用人的不是王氏族人就是亲信。

司马绍也在加紧布局，任命郗鉴为兖州刺史、都督扬州江西诸军、假节，镇守合肥，作为外援对抗王敦。王敦极力阻挠，上表举荐郗鉴为尚书令。司马绍这时还不敢跟他硬顶，只好将郗鉴召回。郗鉴回建康经过姑孰时，出于礼节自然要拜见王敦，因二人意见不合，被强留不让离开。众谋士都劝王敦杀了郗鉴，王敦却又不肯，最终还是把他释放。郗鉴到了建康就与司马绍共同谋划讨伐王敦。

王敦虽然权势熏天，但他篡夺晋室的图谋不得人心，不说别人，光是他们王氏家族内部就有不少人反对，如王导、王彬、王舒、王棱等人都或明或暗地发表过反对意见。王棱是王敦的堂弟，为人正直、为官清廉，王导见其能力出众，让他出任豫章太守，加广武将军。王棱见王敦的野心越来越大，便一天从早到晚不停谏诤，一开始王敦并不理会，可随着言辞越来越激烈，最终惹恼了王敦，王敦派人秘密将他杀死。

王允之是抚军将军王舒的儿子，王敦觉得这个堂侄跟自己小时候一样聪慧机警，十分喜爱，就把他带在身边。这天早上，王敦醒来见王允之还睡着，就想让他多睡一会儿，没有叫醒他。这时心腹钱凤直接到卧室找王敦商量谋反之事。钱凤一进来，王允之就醒了，刚要起床，就听到了两人的对话，王允之一听，不禁汗毛倒竖：他们是要造反啊！这可是天大的机密，如果让他们发现自己听到了秘密，肯定要灭口。正好头天晚上，王允之陪王敦喝酒喝到很晚，情急之下，用手指抠喉咙，弄得衣服和脸上都是呕吐物，然后继续装睡。王敦与钱凤谈了一阵，忽然一拍脑门："坏了！"

钱凤问："什么事？"王敦朝里屋努了努嘴，悄声说："我侄儿还在里面睡着呢。"

钱凤也感到吃惊，问道："那怎么办？"

王敦说了句："可惜了这孩子！"便进里屋察看，准备杀掉王允之灭口，等掀开蚊帐一看，只见王允之还在呼呼大睡，满床的呕吐物还散发着酒气，这才吁了一口气，对钱凤说："这孩子睡成这样，应该什么都没听到吧！"

事后，王允之以父亲王舒升任廷尉为由，请求回去探望。王允之回到建康后，把王敦谋反的计划告诉王舒，让朝廷知道了王敦的底细。司马绍得知王敦的谋反计划，当然不会坐以待毙，立即行动起来。

王敦没有儿子，过继王含的儿子王应为嗣。太宁二年（324 年）五月，年近花甲的王敦突然染病，自知没有几天蹦头了，遂任命王应为武卫将军、准备接自己的班，再任命王含为骠骑将军、开府仪同三司。钱凤问王敦以后的路该怎么走，王敦说："非常之事，不是寻常人能做得来的，应儿还年少，不能担此大事。我死之后，上策是解散兵众，回归朝廷；中策是退回武昌，保持现状；下策是趁我还在，举兵东下，颠覆朝廷。"

钱凤对参军沈充说："明公所说的下策，其实是上策。"二人商定，等王敦一死便统领军队继续作乱。而与此同时，司马绍一面不断派大臣去探问王敦的病情及起居，一面却微服到芜湖察看王敦大军的营垒及周边情况，做讨伐前的准备工作。

六月的一天，司马绍甚至骑马绕着王敦的营区察看了一圈，被士兵发现，说："这不是普通人啊！"王敦听完报告后说："肯定是那黄胡须的鲜卑奴来了。"不过他不敢明目张胆地抓皇帝，于是就派了 5 个骑兵去追，司马绍见行踪败露后也是策马狂奔，逃跑途中又十分谨慎小心，马拉粪时，就浇上水冷却。路过一个路边店时，司马绍将手中华丽的七宝鞭送给老板娘，交代她："等后面的骑兵到来时，你就把鞭交给他们。"追兵到来后，问老板娘见没见有人骑马经过，得到的回答是："人已经走远了。"并把七宝鞭交到他们手里。5 个追兵见马粪是冷的，又听了老板娘的话，将七宝鞭传递着把玩了一阵就回去复命了，司马绍安全脱身。

司马绍掌握了王敦的情况后，就是否马上讨伐王敦征求光禄勋应詹的意见，应詹认为王敦重病在身，正是讨伐的最佳时机。司马绍于是下定了决心，作了以下部署：

一、以司徒王导为大都督，总领征讨诸军。

二、以郗鉴为卫将军，假节，都督从驾诸军事。

三、以温峤为中垒将军、都督东安北部诸军事，与右将军卞壶共同守卫石头城。

四、以光禄大夫应詹为护军将军，负责守卫建康城南的朱雀桥（秦淮河上的浮桥）。

五、命临淮太守苏峻、兖州刺史刘遐、徐州刺史王邃、豫州刺史祖约、广陵太守陶瞻等一同率部入卫建康，共同讨伐王敦。

为了消除人们对王敦的畏惧心理，司马绍宣称王敦已经病死，只下诏讨伐逆贼钱凤。王导也配合着率领宗族子弟为王敦发丧。整个京城的人都以为王敦真的死了，心向王敦的人自然泄气，即将参加讨伐的将士则个个斗志昂扬，信心百倍。

司马绍转身又派人到于湖宣布诏令，说："王敦将死，钱凤、沈充、王含为首恶。有诛杀 3 人向朝廷献首级者，封五千户侯。其余僚属，概不问罪。麾下士兵，听其还乡。"

王敦接诏后大怒，遂以诛杀温峤等奸臣为名，再次举兵。只是王敦此时病势沉重，躺在床上动弹不得，只好以王含为元帅，与钱凤、邓岳、周抚等率 5 万大军向建康进发，并暗示钱凤，一旦破城就杀了司马绍。

大军出发前，王敦让记室郭璞为他占卜。郭璞也是反对王敦篡位叛乱的人士之一，想利用职务之便阻止其出兵，说："将军的大事不会成功。"

王敦早就怀疑郭璞吃里扒外，在这个节骨上想动摇军心，便不怀好意地问他："你看我的寿命还有多久？"

郭璞说："由卦象推算，将军如果回武昌安享晚年，寿命长不可测，如果再起兵刀，灾祸就在旦夕。"

王敦阴笑着说：“那你再算算自己能活多久！”郭璞知他动了杀心，平静地说：“就在今天毙命。”王敦于是下令处死了郭璞。

七月初一，王含和钱凤率领水军和步兵 5 万人到达秦淮河南岸。温峤因宿卫兵力薄弱，下令撤至北岸，并烧毁朱雀桥，与叛军隔河相持。双方都在等待援军。

司马绍正准备进军迎击，得知温峤擅自下令烧毁了浮桥，很是生气，就要处罚温峤。温峤说：“叛军兵锋正盛，而宿卫军人少，兵力薄弱，征召的援军又没到。如果让敌人渡过秦淮河，恐怕连祖庙都难保，又岂是一座桥？”司马绍无言以对。

初三，司马绍亲自率兵出城，进驻南皇堂。到了夜间，让将军段秀率领刚招募来的1000 勇士强渡秦淮河，于拂晓突袭了王含和钱凤的军营，大获全胜，斩杀叛军将领何康。

随后沈充率领 1 万多吴兴子弟兵先于朝廷援军与王含、钱凤会合。司马绍派人劝说沈充归顺朝廷，许诺让他担任司空一职。沈充说：“三司是很多人梦寐以求的职务，只是人生在世，各为其主，我就不眼馋了。”拒绝了皇帝的好意。朝廷方面，临淮太守苏峻、兖州刺史刘遐也率领 1 万精兵，于十七日到达建康。

王敦听到前方战败的消息，气得破口大骂王含、钱凤等人：“那些个没用的东西，成事不足，败事有余。看来真让郭璞说着了。”他恨不得亲自上阵，奈何动弹不得，愤恨交加之下一口气没喘上来，两腿一蹬就见了阎王，终年 59 岁。

王应听从谋士诸葛瑶的建议，没有公布王敦的死讯，只用席子包裹尸身，在外面涂上白蜡，埋在议事厅中，然后像没事一样，与诸葛瑶等人日夜纵酒淫乐。

在前方交战的双方并不知道王敦已死，沈充、钱凤于七月二十五日趁夜从竹格渚（朱雀桥西、秦淮河南岸）渡过秦淮河，护军将军应詹和建威将军赵胤抵挡不住，退入台城，叛军一直推进到宣阳门（外城正南门）外。当正叛军清除防御栅栏，准备组织攻城之时，刘遐和苏峻从叛军的侧翼（南塘）突然杀出，应詹、赵胤又从城里出击，阵斩敌将杜发，叛军大败，沈充、钱凤连忙率兵后撤。他们退到秦淮河边的叛军将士争相渡河，刘遐和苏峻在后面挥军掩杀，被淹死了 3000 多人。

在秦淮河南岸的王含已经闻知王敦的死讯，见沈、钱兵败，慌忙烧毁营寨逃跑。当时的寻阳（今湖北武穴东南）太守周光是王敦一手提拔的，接到王敦的命令后，带着数千人来赶场子，由于路上耽搁，来晚了一步，就想当面向王敦检讨，但被王应以王敦患病不便见人为由拒之门外，周光心想：我风尘仆仆而来，怎么着也得打个照面啊，这不是王敦的风格。由此推断王敦已不在人世，于是派人告诉哥哥周抚（被王敦任命为南中郎将、督沔北诸军事）说："王敦都死了，你还不快撤！"王敦的死讯由此迅速传开，叛军群龙无首，纷纷作鸟兽散。

七月二十七日，司马绍返回皇宫。他命大舅哥、中书监庾亮与苏峻等人追击沈充，命温峤、刘遐等追击王含和钱凤。王含第一时间就想投靠担任荆州刺史的堂弟王舒，王应却认为投靠江州刺史王彬更安全，王含考虑到王敦生前与王彬的关系一般，不听王应的劝告。王含父子到荆州时，王舒派水兵在半道将他们按到水里溺死，并斩下头颅示众。钱凤投奔旧友周光，被周光斩杀，周光也因此戴罪立功，得到食邑五千户的奖励。沈充在吴兴作恶多端，镇压了不少反对王敦的正直人士，在逃回吴兴的途中，听说之前被他杀害的内史张茂的老婆陆氏已召集张茂的旧部，在半道上等待他，扬言要剁了他为老公报仇。沈充竟被吓慌了神，忙乱之中误闯进另一个仇人吴儒的家里，吴儒曾经是沈充的部将，他把沈充骗进夹壁墙后，笑着对他说："这下我可得到三千户侯了。"不顾沈充的哀求和重金许诺，割下他的头颅送到建康领赏。

平定王敦之乱后，司马绍下令不再追责王敦的一众属下。不过王敦本人虽然死了，尸体还是被挖出来斩首示众。接下来是论功行赏，重新选择官员，封司徒王导为始兴郡公，食邑 3000 户，赐绢 9000 匹；封丹阳尹温峤为建宁县开国公，赏绢 4500 匹，进号前将军；封尚书卞壶为建兴县公，中书监庾亮为永昌县公，北中郎将刘遐为泉陵县公，奋威将军苏峻为邵陵县公，各食邑 1800 户，赏绢 5400 匹。其他参与平叛人员都各有封赏。

东晋朝廷在短短 3 年时间就经历了王敦的两次叛乱，让年轻的司马绍对王氏家族充满了戒备之心，但他也清楚，暂时还动不了他们，因此就将王导树立为大义灭亲的典范加以拉拢，晋升王导为太保，特许他剑履上殿，入朝不趋，赞拜不名。王导则心中有愧，坚决推辞。

这是明面上的，在实际操作中，司马绍开始亲近并重用庾亮。庾亮不但人长得帅，做学问也是一流，尤其擅长玄理学，而且举止端庄，知书达礼。他很早就被当时还是琅琊王的司马睿召为西曹掾，先后任丞相参军、中书郎等职，后来他漂亮的妹妹庾文君又嫁给世子司马绍，他跟司马绍的关系本来就不错，这下更是亲上加亲，两人的关系一直很铁。

在朝外又分别以应詹为江州刺史、刘遐为徐州刺史、陶侃为荆州刺史、王舒为湘州刺史，重整各州形势，消除王敦以琅琊王氏宗族占据各州以凌弱皇室的失衡情形。经过一番拨乱反正，东晋政权逐渐得以稳固。

太宁三年（325 年）三月，司马绍立五岁的长子司马衍为太子，大赦天下。四月，司马绍专门下诏，鼓励官员们积极进言，说："大事初定，其命维新。令太宰司徒以下，诣都坐参政道，诸所因革，务尽事中。"这段话的中心思想只有一个，就是让大家知无不言，言无不尽，需要改革的地方要说透，他本人一定虚心听取治国之策，希望大家共同努力，治理好国家。不久又针对东晋自建国以来，南方吴姓士族一直受到排挤与压制，与北方侨姓士族势同水火的现实，为了缓和矛盾，稳定自己的政权，司马绍下诏要求举荐人才，特别强调要注重江东大族的子弟。

正当司马绍踌躇满志，想有一番作为的时候，一向身体棒棒的他却突然出现了健康状况。遂召太宰、西阳王司马羕、司徒王导、尚书令卞壶、车骑将军郗鉴、护军将军庾亮、领军将军陆晔、丹杨尹温峤，一起接受遗诏，辅助皇太子司马衍。

太宁三年（325 年）闰八月二十五日，司马绍病逝于东堂，享年 27 岁。皇太子司马衍继位，是为晋成帝。

第三十二章　庾亮一意孤行，苏峻自取灭亡

东晋王朝虽然已经换了两任皇帝，其实到司马衍接任时，才建立了 8 年。原本很有作为的司马绍在位仅 2 年 10 个月，就基本上终结了“王与马，共天下”的局面，可惜英年早逝，把千斤重担压到五岁的儿子肩上。

举行进献玉玺典礼的当天，司徒王导因病缺席。尚书令卞壶也是老资格了，司马绍还是晋王世子的时候，他就担任司马绍的老师，东晋建立后，任太子中庶子，后转散骑常侍等职。司马绍即位，他升为吏部尚书，参与平定王敦之乱，因功封建兴县公，升尚书令。卞壶为人刚正不阿，不畏权贵，为司马绍指定的 7 位顾命大臣之一。如此隆重的典礼，王导竟然称病不来，卞壶实在看不下去，当着众大臣的面厉声说道：“王公身为社稷重臣，大行皇帝等着殡葬，嗣皇还未登基，这是称病的时候吗！”王导听说后连忙抱病赶来。

司马衍即位后，大臣们按照惯例，尊皇后庾文君为皇太后，奏请她依照东汉和熹皇后邓绥先例临朝摄政，庾太后连续 4 次辞让后，才遵从大臣们的请求。九月十一日，庾太后正式临朝称制，由中书令庾亮管理诏书命令，与司徒王导、尚书令卞壶参与辅佐朝政，公卿奏事时称“皇太后陛下”。

司马绍临终前共指定了 7 位辅政大臣，排位为西阳王司马羕、司徒王导、尚书令卞壶、车骑将军郗鉴、护军将军庾亮、领军将军陆晔、丹杨尹温峤。庾太后一上来就剔除了 4 位，自然招致几位爷的不满。尤其是司马羕，本来是首辅，如今连边也没沾上。庾太后（应该是庾亮的主意）为了安抚司马羕（汝南王司马亮第三子），给了他的弟弟南顿王司马宗（司马亮四子）一个骠骑将军的荣誉称号，晋升他的侄子汝南王司马祐（延袭父亲司马矩的爵位）为卫将军，又任命与他们家关系密切的右卫将军虞胤为大宗正。

王导是老狐狸，深知该是韬光养晦的时候了。正所谓一朝天子一朝臣，有人家兄妹在，国事也就等于是家事，于是便以健康状况为由，向朝廷请了长病假，这是庾亮乐于看到的，他早就看不惯王导长期以来和稀泥式的、以宽治国的执政风格了，王导不在，他正可以按自己的理念施政。可王导并没有老老实实待在家里“养病”，而是四处活动，收买人心，拉拢群众。

郗鉴靠流民军起家，在剿灭王敦叛军中立了大功，也是司马绍指定的辅政大臣之一，卞壶评价他“侍奉君主很正直，却喜欢下属奉承自己。”喜欢听奉承话的郗鉴，一看在朝中没自己什么事，就收拾行李到广陵上班，王导亲自到江边为他送行，卞壶立即参了他一本，称王导“亏法从私，无大臣之节”，同时还扯上御史中丞钟雅，说钟雅“玩忽职守，不按王典办事”，请求罢免二人的官职。此事虽然不了了之，但有人敢向王导开炮，着实让整个朝廷震动了一下。

朝廷之外，荆州刺史陶侃和镇西将军祖约两人都认为自己的资历、名望及战功都不在卞壶和郗鉴之下，可辅政大臣的名单上竟没有自己，怀疑是庾亮做了手脚，把自己的名字给删掉了，因而心生怨恨。而在此前后，一些德高望重的大臣已经谢世：咸和元年（326 年）六月，泉陵公、徐州刺史刘遐去世；七月，平南将军、江州刺史应詹去世；接下来是广州刺史刘顗去世。应詹卧床不起时，不忘国家的安危，听说陶侃因没有被委以顾命大臣而心存不满，就写信给陶侃，动之以情、晓之以理地劝他“竭节本朝，报恩幼主”。

邵陵郡公、历阳内史苏峻是平民出身，靠天下纷乱之际聚众起兵，归顺朝廷之后，一心想着立大功、当大官，在平定王敦的叛乱中有功于朝廷，威望一下提升了起来。他拥有精兵 1 万人，武器装备也十分精良，朝廷把长江以北、淮河以南的地区交给他管辖。苏峻由此骄横起来，自恃兵强马壮，不把朝廷放在眼里，公开招纳亡命之徒，藏匿犯罪分子，兵众日益增多，又全都靠各地方政府供养，运送供给的船队连绵不断，稍不如意，就骂朝廷无能，骂地方官吏办事不力。

面对内外矛盾，已经成为实际掌权人的庾亮决定先从内部着手，为此他首先将矛头指向代表皇族利益的司马羕、司马宗兄弟。司马宗与好友虞胤是晋元帝司马睿时的宠臣，掌管宫廷禁卫军，分任左、右卫将军。司马绍病情加重时，有传言说二人图谋不轨。庾亮赶紧往宫里求见司马绍，司马宗不但不许，还呵斥他说："这里是皇宫，当是你家大门啊，想进就进?"庾亮对此一直怀恨在心。

庾亮大权在握后，把左、右卫将军都换成自己人，钟雅趁机举报司马宗企图谋反，庾亮二话不说就命新任右卫将军赵胤前去抓捕（估计是事选串通好的），司马宗不肯束手就擒，以武力对抗，被当场砍杀。司马羕也受牵连，被免去太宰一职，降为弋阳县王，虞胤则贬为桂阳太守，被撵出京城。

庾亮对皇室宗亲出手如此之狠，使整个朝廷都感到不安，大家心里自然就有了想法，其中又数小皇帝司马衍最为不满。司马衍好些天没见到经常侍卫在身边的司马宗了，就问舅舅庾亮："往常那位白头公（司马宗长着一头白发）哪去了?"庾亮说："他谋反，被我杀了。"司马衍哭着质问："舅舅说谁做贼，就把人杀了，如果有人说舅舅做贼，我又该怎么办呢?"庾亮一听，吓得脸色大变，无言以对。

司马宗的一个亲信卞阐逃奔到苏峻那里，庾亮命苏峻把人交出，送还朝廷处理，苏峻一句"没有此人"，拒不从命。既然矛盾要逐个解决，那么下一个就必须解决对朝廷有轻慢之心的苏峻。

庾亮走的第一步棋是任命温峤为江州刺史、都督江州诸军事，出镇武昌；命尚书仆射王舒为会稽内史，让他们在东西两面呼应京师。第二步是下诏征召苏峻入朝担任散骑常侍、大司农，达到剥夺其兵权的目的。庾亮此举遭到满朝文武的反对，王导就说："苏峻猜疑阴险，肯定不会奉诏前来，不如暂且容忍他。"卞壶也与庾亮争辩说："苏峻实力强大，又离京师不远，一个早上便可抵达，一旦有变，事态难以预料，必须从长考虑，不可操之过急。"庾亮全然不听，仍然一意孤行。

诏书还没有正式下达，苏峻就得知了此事，派司马何仍面见庾亮推辞，说："若让我在外边讨伐贼寇，我义不容辞，只是让我入朝辅政，实在是不能胜任。"庾亮不但不同意，还任命弟弟庾冰为吴国内史，与驻守淮北的北中郎将郭默领兵防备苏峻。诏书正式下达后，苏峻又上表推辞："从前先帝拉着我的手，勉励我北上讨伐胡寇。如今中原还没有平定，我不敢忘记先帝的嘱托，只乞求给我一个青州境内的一个偏远小郡，让我为朝廷效鹰犬之劳。"不是担心我离京师太近吗？我主动请求到边远的地方去尽一份微薄之力，这总成了吧！

苏峻做出让步，庾亮却寸步不让，他决心要以严治国，决不和稀泥，在他看来，诏书一到就必须无条件从服，岂能讨价还价？苏峻无奈之下收拾行囊准备应召进京，参军任让火上浇油，说："将军请求到一个荒僻小郡都被拒绝，看来是没有活路了，与其这样，不如整军自卫。"这迅速引起苏峻的共鸣，他当即把行李一扔，不去了，爱咋咋的。

朝廷方面不断派人催促、劝告，苏峻说："台府（指御史府，即监察部）说我要谋反，我还能活吗？我宁可站在山头望廷尉（主管司法的最高官员，这里指拘押犯人的场所），不想站在廷尉望山头。"于是，苏峻派参军徐会联络同样对朝廷心存不满的祖约，邀他以讨伐庾亮为名共同起兵。祖约欣然答应，派侄子祖涣、女婿许柳率军与苏峻会合。

温峤得知苏、祖起兵的消息，准备率部东下，保卫建康，三吴（吴郡、吴兴、会稽三郡）也打算起兵勤王。可庾亮不同意，他写信告诫温峤："我担心西面（指荆州陶侃）甚于担心历阳，足下不可越过雷池（今安徽望江县东南）一步。"成语"不越雷池一步"即由此而来。

尚书左仆射孔坦、司徒府司马陶回向王导献策，建议趁苏峻的兵马还在长江北岸，迅速进兵扼守当利（今安徽和县东南）各口岸，阻止叛军渡江，凭借敌寡我众的优势即可一战而胜。即便苏峻不敢渡江，我军也可以就此进逼历阳。反之，一旦让苏峻取得先机，兵临建康，必定会引起恐慌，到时就难以跟叛军抗衡了，请求王导把握时机。王导深以为然，庾亮却不肯采纳。

咸和二年（327 年）十二月初一，苏峻派部将韩晃、张健等人袭击姑孰，击杀慈湖令陶馥及振威将军司马流，夺取了当地的盐米，庾亮这才后悔不已。

咸和三年（328年）正月，苏峻亲率2万人马自横江渡过长江，从牛渚矶登岸，驻扎在陵口。韩晃向宣城进犯，并打败庾亮派来抵御的军队。苏峻乘胜向建康推进，于二月到达覆丹山（今南京九华山）。

陶回再次当面向庾亮提出自己的见解，说："苏峻知道石头城有重兵把守，必定绕过石头城从小丹杨南道进军，可以派伏兵加以截击，定能一战将其擒获。"庾亮又不听。苏峻果然如陶回所料，绕路从小丹杨道进攻，还因为迷路一度出现混乱，部队首尾不能相顾，靠当地一位老乡当向导才得以继续前进。庾亮知道后，除了后悔，只能眼睁睁地看着叛军向建康逼近。

苏峻进逼建康，京师陷入一片恐慌。卞壶临危受命，被朝廷任命为都督大桁（建康城南门外的浮桥）东诸军事、假节，加领军将军、给事中。卞壶二话没说就率领郭默、赵胤等人投入战斗。当初，卞壶力劝庾亮不听，料定苏峻必反，有人劝他配备好良马，以备不时之需，卞壶说："真到了那个时候，要马有什么用？"

抱着必死之心的卞壶先在西陵迎战叛军，被打得大败，死伤几千人。只得撤退，到叛军进攻青溪时，又率军抵抗，并身先士卒，英勇杀敌，终因体力不支，壮烈殉国，时年48岁。儿子卞眕、卞盱见老父亲战死，也舍身杀敌，一同为国献身。

叛军在作战时顺风放火，及至卞壶战死，朝廷方面士气迅速衰落，叛军攻破青溪进入云龙门。守卫云龙门的丹杨尹羊曼、黄门侍郎周导和庐江太守陶瞻也先后战死。庾亮则率领兵众准备在宣阳门作最后一搏，可还没等他列成队形，士兵们就丢盔弃甲逃散了。庾亮也顾不上皇后妹妹和皇帝外甥了，他与弟弟庾怿、庾条、庾翼等人逃往江边，临走时对钟雅说："此后的事就拜托给您了。"钟雅说："户梁折断，屋椽崩毁，是谁的过错？"庾亮说："今日之事，来不及说了。"

庾亮坐上小船逃跑，乱兵一路追一路抢，庾亮的侍卫用箭射击岸上的追兵，结果却误中了船上的舵工，舵工应声扑倒在水里。船上的人大惊失色，都想跳水逃命。只有庾亮岿然不动，嘲讽道："有这等身手，怎么不多射几个贼兵呢！"一句调侃竟然让大家安定了下来，神了。

三位辅政大臣，一个战死，一个逃跑，应付叛军的差使就落到了王导的头上。他见情况紧急，对侍中褚翜说："赶紧护卫皇帝到前殿来。"褚翜急忙跑进内宫，将司马衍抱到太极殿，王导带着光禄大夫陆晔、荀崧和尚书张闿一起护卫在御座左右，火线任命刘超为右卫将军，命他和钟雅、褚翜两个侍中立在皇帝身边。很快，伴随着一阵嘈杂声，叛兵蜂拥而入。褚翜大声喝道："苏冠军来朝见皇上，闲杂人等不得胡来！"那些士兵被褚翜的威势所震慑，不敢上殿，转身冲进后宫大肆抢掠，侵凌六宫，惨无人道地驱逐朝廷百官服苦役。光禄夫王彬等惨遭暴打，叛军还逼迫从没干过体力活的官员替他们往蒋山搬运财物。被剥光身子的男女老少，只好用破席、烂草遮掩身体，找不到遮挡物的只能坐在地上，抓些泥土遮羞，宫城内外，哀号之声不绝于耳。当时官府有 20 多万布匹，5000 斤金银，上万亿钱钞，数万匹绸缎绢布，全部被洗劫、焚毁、丢弃。太官好不容易从火堆中扒出烧剩下的一点儿大米，给司马衍煮粥勉强度日。

二月初八，苏峻伪造诏书，宣布大赦，只有庾亮兄弟不在被赦之列，自任骠骑领军将军、录尚书事，任命许柳为丹杨尹、加授前将军，马雄为左卫将军，祖涣为骁骑将军。司马羕找苏峻申诉，得以恢复为西阳王、太宰、录尚书事，儿子司马播也官复原职。各部门官员也换成了苏峻的亲属、爪牙，总之朝廷之事都由苏峻一个人说了算。

温峤在武昌听说京师沦陷，号啕痛哭。不久，庾亮前来投奔，并代表庾太后进封温峤为骠骑将军、开府仪同三司。温峤以京师沦陷，主上蒙尘，自己寸功未立为由，坚辞不受。随后两人商量要起兵讨伐苏峻，相互推举对方为盟主。温峤的弟弟温充则主张推举位重兵强的陶侃，温峤于是派督护王愆期前往荆州游说陶侃共赴国难。

陶侃对自己未能入选辅政大臣还耿耿于怀，便答复温峤说："我只是奉命守边的将领，不敢违反规定去做超越自己权限之事。"温峤又写了几次信反复劝说，王愆期也奔波得够呛，陶侃就是不答应。温峤无奈之下只好顺从他的意见，再次派王愆期送信过去，说："仁公就暂且先守着自己的地盘，我先率军东下了。"参军毛宝从外地回来，听说此事后，对温峤说："凡成大事者，一定会联络各方力量精诚团结才能成功。没听说过心存疑虑能成功的，就算有疑虑也不该摆在明面上，怎么能自己制造疑虑呢！必须赶紧追回信使，一定要劝说陶公共同行动。如果追不上前面的信使，就重新改写，再派人送去。"

温峤当即醒悟，又写了一封言辞恳切的书信，终于说服了陶侃。温峤得到陶侃的支持，便发布檄文讨伐苏峻、祖约，宣告二人的罪状。

驻守广陵（今江苏扬州广陵区）的郗鉴接到文告后，派人向温峤献计，提出要在建康东面修筑堡垒，实行坚壁清野，既能防止叛军逃脱，又断绝了叛军的粮食来源。这得到温峤的高度赞同。陶侃却不高兴了，苏峻只是要诛杀庾亮，与他陶侃无关，况且他本人也记恨着庾亮，为了国家利益他可以不计较个人恩怨，可温峤做事欠考虑，既然说让陶侃当盟主，盟主还没到，他却先发号施令。

陶侃不高兴的结果是，命令已经率部先行的督护龚登返回荆州。温峤急了，赶紧再写信过去，说此次行动，成败的关键就全在他陶侃是否参与，吹捧他为“大晋之忠臣，参桓文之功”，同时又晓以利害，说江州一旦落入苏峻、祖约之手，荆州将面临东有苏峻、祖约叛军、北有后赵、西有成汉三面受敌的局面，最后又拿他儿子陶瞻被叛军杀害一事来加以激怒。陶侃老婆龚氏对其他的不管，只哭喊着要老头子为儿子报仇，差点没把腿跑折的王愆期再也忍不住了，说：“那苏峻犹如豺狼，一旦让他得志，仁公也将永无宁日！”这可涉及切身利益了，陶侃才终于下定了决心，遂披挂上船，赶赴寻阳。

同年五月，陶侃率兵到达寻阳与温峤、庾亮会师。对于他的到来，有人欢喜有人愁，当时人们在私下议论，陶侃会不会趁机杀庾亮以谢天下？异常害怕的庾亮得到温峤的指点，主动引咎向陶侃谢罪，陶侃大手一挥，两人冰释前嫌。

苏峻听说温峤、陶侃在西面起兵，采纳参军贾宁的建议，挟持皇帝司马衍坚守石头城，准备打持久战。司马衍被强行带上车时，又哭又闹，整个皇宫更是哭成一片，当时正下大雨，道路泥泞不堪，右卫将军刘超、侍中钟雅等人冒雨徒步紧随着司马衍的车驾。到达石头城后，司马衍被软禁在一间仓库里。这个时候，王导早就跑了，此前，苏峻虽然猖獗，但对王导还算敬重，手下人曾提议他杀尽朝廷大臣，苏峻却以王导德高望重为由，仍然让他官居原职，依旧排在自己前面。可王导听说庾亮他们要打回建康，担心殃及自身，丢下小皇帝，带着两个儿子逃往了城外，而太后庾文君已于三月份，在乱兵肆虐后宫的日子里，担心受辱，忧伤而死，时年 32 岁。

庾亮的二弟庾冰在建康城破，逃到会稽后，得到会稽内史王舒的鼎力相助，温峤向各州郡发出檄文起兵讨逆，王舒把郡里招募的 1 万人马借给庾冰，让他迅速渡过浙江（钱塘江）西进，响应温、陶讨逆联军，吴兴太守虞潭也起兵响应。苏峻得到报告，只得派部将张健率军往东抵御，从而牵制了叛军的部分兵力。

陶侃、温峤和庾亮率军进抵茄子洲（今南京西南）时，车骑将军、徐州刺史郗鉴也率领部众渡过长江，与大军会合。此时，讨逆联军达了6万之众，旌旗连绵700余里，声势大振，兵锋直指石头城。

第一仗由庾亮派督护王彰进击叛军张曜，反被张曜打得大败。庾亮派人将符节送到陶侃处，以示谢罪，陶侃对来人说："古人曾有三败，君侯才两败（建康一败，茄子洲一败），紧急关头，就不必计较了！"庾亮的司马殷融找陶侃辩白："不是我们无能，是庾将军指挥失当，失败与我们无关。"王彰也来面见陶侃，说："这次失败跟庾将军没有关系，是我没有带领士卒打好首仗。"

陶侃叹息说："之前我听说殷融是君子，王彰是小人。一仗下来，就真相大白，真是耳听为虚啊！"

温峤和庾亮打算立刻向石头城发起进攻。陶侃认为叛军强盛，凭借坚城固守，不可强攻，应等待时机，争取以智破敌。监军李根提出在白石（建康北面）修筑壁垒，摆出一副长围久困的架势，吸引敌人来攻。陶侃假装不同意，说："如果筑垒不成，我就追究你的责任。"

李根说："查浦地势较低，又背靠大江，不适合屯兵，只有白石地势险固，可容纳数千人，不利于敌人进攻，是歼敌的好地方。"陶侃笑着称赞他："你真是个天才！"于是，下令连夜抢修，只一个晚上的功夫就建成一座坚固的壁垒。

叛军一觉醒来，见突然冒出一座堡垒，大为吃惊。苏峻于是亲自率领1万人四面围攻，营垒内虽然只有庾亮率领2000人据守，但叛军始终无法攻破。受此启发，陶侃又让郗鉴和后将军郭默率军占据京口（今镇江），又修筑了大业、曲阿、废亭三座壁垒，以吸引叛军来攻，达到分散其兵力的目的。大业壁垒在叛军的围攻中由于缺水，人们靠饮用粪水在坚持，负责守卫该壁垒的郭默竟然偷偷开溜，留下士兵在守卫。

陶侃打算救援大业，长史殷羡认为荆州士兵历来擅长水战，陆战没有优势，一旦营救失败反而令自己陷于被动。他建议陶侃抓住时机，直接攻打石头城，迫使叛军回援，大业之围自然解除。陶侃竖起大拇指，立即部署。

八月二十六日，陶侃率领水军向石头城开进。庾亮、温峤和部将赵胤则率领1万名步兵由白石从陆路进发。苏峻派儿子苏硕和部将匡孝为前锋迎战赵胤，大败赵胤。苏峻于是命人抬出美酒，在战场上犒劳部众，将士们争着向他敬酒。

苏峻在醉眼蒙眬间见赵胤正向白石垒方向败逃，把酒碗一摔，大喊一声："匡孝能破敌人，我难道还不如他吗？"跳上战马向白石垒追去，只有几名卫兵跟从。此时赵胤败兵已经逃入垒里，苏峻骂骂咧咧过了一把嘴瘾后，准备返回，走到一个叫白木陂的地方，却忽然马失前蹄，被陶侃的部将彭世和李千等人投掷长矛，倒于马下，随即被一拥而上的讨逆军将士砍杀，他的卫兵慌忙逃回了石头城。

第三十三章　苏峻之乱虽平，东晋内乱不止

苏峻戏剧性阵亡，令讨逆军欢欣鼓舞，军心大振。然而战斗并没有结束，苏峻的司马任让联合众将领共同拥立苏峻的弟弟苏逸为主帅，闭城自守。

温峤于是设立行台，命令在建康的二千石以下的官员故吏都到行台报到。蛰伏在建康的众官吏纷纷前来报到，温峤又建行庙、立祭坛，祭告皇天后土和东晋皇族祖宗，一时间收拢了不少人心。而叛军这边却是江河日下，此前负责进攻大业的韩晃听说苏峻战死，急忙带兵赶回石头城；另两位进攻曲阿、废亭垒的部将管商和弘徽，则被讨逆军击败，管商向庾亮投降；在东面抗击庾冰的张健也率众退往曲阿（今江苏丹阳市），顺手收编了弘徽的部队，又收容了管商逃散的部众。

咸和四年（329 年）正月，留守在建康台城的左光禄大夫陆晔和弟弟尚书左仆射陆玩一同游说匡术，匡术见大势已去，于是献出所占据的宫城苑城向讨逆军投降。陶侃当即命毛宝和邓岳进驻苑城。而右卫将军刘超和侍中钟雅则与建康令管旆密谋，准备带司马绍逃出石头城投奔讨逆军，但阴谋败露，苏逸于是命任让领兵捉拿钟、刘二人，司马绍抱着二人哭着大喊：“还我侍中、右卫!”任让不加理会，硬掰开他的手，把二人带走。

苏峻的盟友祖约，原本是镇守寿春抵御后赵石勒的，在陶侃、温峤和庾亮联合起兵，发出檄文讨伐苏峻时，他竟置外敌于不顾，命令祖涣、桓抚率主力参加内战。由于大量的军需物资调拨给了参战部队，导致留守寿春的部队粮草匮乏，而祖约又被定性为乱臣贼子，这让寿阳城的将领们感到前途渺茫。不少人暗中纷纷与淮河北岸的后赵政权勾结，配合后赵军攻陷寿春。

咸和三年（328 年）六月，石勒派养子石聪、石堪渡过淮河进攻寿春，由于有内奸里应外合，祖约的部众迅速崩溃，后赵军轻松占领了寿春，祖约逃到了历阳，石聪虏走了寿春 2 万多户人家后，退回了北岸。

随着讨逆联军的节节胜利，也到了与祖约清算的时候了。冠军将军赵胤派部将甘苗于正月中旬进攻历阳，祖约已经众叛亲离，只得带到数百人趁夜投奔了后赵。想当年，他哥哥一心驱逐胡虏，克复中原，如果泉下有知，不知作何感想。祖约前脚一走，他的部将牵腾后脚就打开城门投降。

二月，讨逆军对石头城发起最后一击，建成长史滕含大败苏逸。苏硕则带领几百骁勇将士渡过秦淮河与讨逆军作战，被温峤全歼，苏硕被杀。韩晃等人大为恐慌，决定突围投奔曲阿的张健，可由于石头城的城门太过狭窄，命令一下，不管军人还是家属都争先恐后往城门拥，造成互相拥挤、践踏，死伤上万人。讨逆军活捉苏逸，并将其斩首。滕含的部将曹据抱起小皇帝司马衍就直接来到温峤的船上，群臣见到司马衍，都顿首号泣请罪。温峤下令斩杀投靠苏峻的西阳王司马羕，以及彭城王司马雄、孙崧和司马羕的两个儿子等人。陶侃与任让有些交情，想请求免他一死。司马衍说："他是杀害我侍中、右卫的人，不能饶恕!"

建康的战事结束了，王导又露面了，他让人找到匆忙之中落在家里的节杖，这个节杖还是司马睿当年赐给他的，陶侃不无嘲讽地说："苏武的节杖好像不是这个样子的!"王导羞愧满面，连忙让手下把节杖收了起来。

盘踞在曲阿的叛军残余势力张健心理压力很大，猜忌心日益严重，怀疑弘徽等人对自己怀有贰心，把他们全部清除，然后率领部众经延陵进入吴兴。陶侃命扬烈将军王允之负责三吴的征讨军事。王允之领军迎击张健，大败叛军，俘获男女共 1 万多人。张健与韩晃等往西向故鄣县败逃，被司空郗鉴所派的参军李闳在平陵山击斩，王允之追击韩晃至长塘湖，彻底剿灭了他们。历时 1 年零 4 个月的苏峻、祖约之乱，在陶侃、温峤等人的携手努力下，至此宣告平定。

这场叛乱，给建康城带来了极大的破坏，士民逃散，百业停废，宗庙宫室化为灰烬。面对凋敝残破的景象，有人建议迁都。温峤提出把都城迁到豫章，三吴豪强则请求迁到会稽，众说纷纭，莫衷一是。王导力排众议，说："建康是古之金陵，帝王故里，孙仲谋、刘玄德都说'建康是王者之宅'。古代帝王不因丰俭而迁都，如果能够以农为本，厉行节约，就不必担心凋敝！如果不重视农耕，就算是乐土也会变成废墟。而且北寇常常侵扰，时刻等着钻我们的空子，一旦示弱，逃窜到蛮越之地，敌人就会乘虚而入。目前重中之重是要稳定，只要稳定下来，大家自然会安下心来搞建设，何愁不能再造一座新都城！"一席话有理有据，大家遂不再提迁都之事。

接下来是改年号，大赦天下，奖励平叛有功人员。升陶侃为侍中兼太尉，封长沙郡公，除荆州之外，又让他负责交、广、宁三州的军事；郗鉴为侍中、司空、南昌县公；温峤为骠骑将军、开府仪同三司，加散骑常侍、始安郡公；陆晔晋爵为江陵公；其他有功之人也都封官晋爵。卞壸及其两个儿子卞眕和卞盱、桓彝、刘超、钟雅、羊曼、陶瞻，也都追加赠谥。原苏峻的党羽路永、匡术、贾宁等人在兵败之前，已经弃暗投明，归顺了朝廷，王导打算褒奖他们。温峤反对说："这些人都是苏峻的心腹，苏峻反叛少不了他们的蛊惑，已经罪大恶极。后来虽然有所悔悟，却不足以弥补之前的罪恶。能留下一条性命已经很幸运了，怎么还能给他们封官授奖呢！"王导也就不敢言语了。

捅了大娄子的庾亮，在温峤的旗舰上重新见到司马衍的第一时间就哽咽着泣不成声。司马衍失去了母亲，见到舅舅也是悲喜交加，让他与群臣一起坐到御榻上，以示恩宠。第二天，庾亮用泥土涂抹在脸上，又来磕头谢罪，请求将自己免职，说是要带着家人隐居深山老林。司马衍亲手写下诏书安慰他说："这是社稷的灾难，不是舅舅的责任。"

既然皇帝以书面答复，庾亮也写了一封公开信，既是向皇帝，也是向朝廷作了一番自我批评，更多的是以退为进，让大家不要忘记他与小皇帝的特殊关系，说："祖约、苏峻肆行凶逆之事，由臣引发，即使将臣碎尸万段，也不足以向七庙的神灵谢罪，不足以平息天下人的责难。朝廷还有什么理由再将臣与他人相提并论，臣又有什么脸面跻身于人伦呢！陛下就算要宽宥，也只请求保全臣的头颅就行了，应该将臣遗弃，让臣自生自灭，这对后人也是一种警示。”一来二去，不但司马衍再三加以劝慰，其他大臣也不好说什么了，毕竟庾亮与温峤、陶侃一道共同发起并最终平定了叛乱。于是让他出任都督豫州、扬州之江西、宣城诸军事、豫州刺史，镇守芜湖去了。

作为挽狂澜于既倒的勋臣、为此次平叛立下了丰功伟绩的温峤，其忠君爱国的思想和行动，大家有目共睹，朝廷本来是要留他在朝中辅政的。但温峤认为王导是三朝老臣，在朝中的势力根深蒂固，不愿做第二人选，恳请返回江州。不幸的是，紧张繁忙的平乱工作让温峤累倒了，在返回江州的途中罹患疾病，回到武昌没有几天就去世了，终年42岁。温峤的去世是东晋的重大损失，江州百姓听到温峤去世的消息，无不相对而泣。朝廷下诏追赠温峤为侍中、大将军，谥号“忠武”。

温峤临终前向朝廷推荐自己的军司（军师，晋朝为避司马师讳，改称军司）、刚晋爵为丰城子（爵位分五个等级：公、侯、伯、子、男）的刘胤接替自己。不过，温峤这次真是看错了人，或者说被刘胤蒙蔽了。刘胤是刘邦的庶长子齐悼惠王刘肥的后裔，长得一表人才，又善于交际。八王之乱时，带着母亲到辽东避乱，途经幽州，拜望了幽州刺史王浚，自报家门后，被王浚任命为渤海太守，上报朝廷备案。王浚被石勒杀死后，刘胤辗转来到建康，得到司马睿的任用，担任丞相参军，屡屡升迁，至尚书吏部郎。

王敦权倾朝野时，大肆拉拢人才，扩充自己的势力，让刘胤担任自己的右司马。刘胤不敢公开对抗，到任后天天泡病假，不处理公务，被外放担任豫章太守，刘胤以患脚气病为由推辞。王敦以朝廷诏令强令他在家中接受印绶，刘胤不得已前去就任。

王敦灭亡后，鉴于刘胤的良好表现，被朝廷加封为平南将军、江州刺史温峤的军司，加任散骑常侍。温峤率军东下讨伐苏峻时，留刘胤镇守大本营，这可是一份苦差事，既要防备敌对势力乘虚进犯，又要为前方提供源源不断的粮草供给，刘胤干得非常称职，让温峤十分满意。

可刘胤接替温峤的职务后，却判若两人，整天纵情饮酒作乐，不问政事。当时东晋刚经历了动乱，财政空虚，全靠江州的漕运收入勉力支撑，官员们都领不到工资，刘胤看准商机，从中中饱私囊，与来往的商贩互相勾结，损公肥私，赚得盆满钵满。

郭默是平民出身，以流民帅起家，在平定苏峻叛乱时，虽然当了一回可耻的逃兵，可整体表现还不错。眼下朝廷正是用人之际，遂于咸和四年（329年）十二月征召郭默为右军将军，到京师担任警卫工作。郭默不愿到人事关系复杂的京城工作，找刘胤帮想想办法，说自己只适合在外戍边，不想到京师宿卫。希望刘胤以其封疆大吏的身份，向上头转达自己的意见，刘胤表示爱莫能助：这是你的事情，你自己解决。这令郭默大为不爽。

郭默思量再三，自己没有靠山，不敢抗诏，准备进京赴任。于是请刘胤资助点差旅费，因为他知道刘胤富得流油。刘胤却是铁公鸡一个，任凭郭默费尽口舌，就是一毛不拔，让郭默更加忿恨。

恰逢刘胤的不法行为正遭到有司弹劾，朝廷讨论要将他免职，刘胤也收到了风声，正上书极力为自己申辩。郭默觉得这是个机会，便抢在朝廷之前，声称奉诏惩处腐败分子，带兵冲进刘胤的府邸，把刘胤给杀了，首级送往建康，刘家的钱财及几个漂亮的女儿、小妾则留下自己享用，并住进了刘胤的安乐窝。

王导怕制服不了郭默，就采取一贯的和稀泥手法，默认了郭默的做法，将刘胤悬首示众，任命郭默为西中郎将、江州刺史。已经把总部安置到巴陵（今湖南岳阳）的太尉陶侃听说此事后，拍案而起，明确表示必须对郭默予以严惩，绝不能姑息这种行为，他写信指责王导：“郭默杀死刺史就让他当刺史，如果他杀害了宰相，是不是就让他当宰相？”

王导只得苦笑着命人收起刘胤的首级，给陶侃回信解释说：“郭默占据长江上游的有利地势，又有战船为资本，所以才暂且包涵、忍耐，让他先占着那块地盘，让朝廷有充分的时间进行准备。等足下大军一到，就能迅速将其拿下，这难道不是暂且屈从，待时机而定的策略吗？”陶侃笑着说了一句耐人寻味的话：“这的确是屈从贼人的策略。”

郭默知道陶侃眼里容不下沙子，得到刘胤的财产后，给陶侃送去很多金钱、绸缎和美女，并写信说自己是奉诏行事，事后又得到朝廷的认可云云。陶侃的左右劝他说：“郭默如果没有诏令，应该不敢做这种事。就算要讨伐他，也应该等待朝廷的命令。”陶侃说：“这其中一定有鬼。天子年幼，就算有诏令也并非出自圣意。刘胤是朝廷命官，有天大的罪过，也应该由朝廷处理。郭默恃仗骁勇，为了贪图人家的财产而肆意妄为，这不过是看到国家还没从战乱中恢复过来，想钻法纪松弛的空子而已！”

庾亮听说陶侃要进讨郭默，也想分一杯羹，派军队前往江州。陶侃的威名别说在东晋，就是放眼整个天下也是数得着的。割据辽东的慕容廆对陶侃佩服得五体投地，与陶侃书信不断，在信中盛赞陶侃是“海内之望，唯足下为楚汉轻重者”。郭默在他面前丝毫没有还手之力，因为他们父子是被部将宋侯捆得结结实实送到陶侃面前的。

陶侃不费吹灰之力就灭了郭默。而郭默也不是等闲之辈，他在中原曾多次与石勒交战，石勒的手下都忌惮这员骁将，听说陶侃兵不血刃就拿下郭默，更加敬畏陶侃。在苏峻之乱中战死的陶瞻，事后查明是苏峻手下一个叫冯铁的将领所杀，已经投奔了后赵，被石勒任命为边将。陶侃写信告诉石勒，冯铁就是杀自己儿子的凶手，本来战场上死伤在所难免，可石勒为了讨好陶侃，竟然杀了冯铁。

王导连郭默都不敢惹，就更不敢得罪陶侃了，便以朝廷的名义让陶侃领江州刺史，都督江州军事，部下增设左右长史、司马、从事中郎 4 人，掾属 12 人。

实际上，这是一场争夺江州控制权的政治博弈。王导默认郭默擅自杀害刘胤的行为，是想笼络郭默以对抗陶侃。陶侃指责王导并快速出手，是要把江州控制在自己手中，这样也就控制了整个长江中上游。至此，陶侃共都督荆、江、雍、梁、交、广、益、宁八州，东晋半壁江山都归他管辖，因而他又将总部迁到了武昌。

陶侃位极人臣，又是太尉，威望如日中天，很多人都希望他一声令下讨伐中原。可陶侃保持着清醒的头脑，知道以东晋目前的国力和部队的战斗力，根本不具备打回中原的条件。可要求北伐的呼声很高，身边的将佐也头脑发热，建议他分兵驻守对岸的邾城，建立北伐的桥头堡。为此，陶侃曾率领参谋、将佐们以打猎为名渡过长江，指着邾城跟他们实地讲解说：“邾城隔在江北，孤立无援，派兵驻守也无益于江南，一旦遭到攻击，得不到江南的及时支援，很快就会丢失。我们的长处在于水战，弃船登岸等于以己之短去对抗北方铁骑，等于白白送死，因此长江才是我们的倚靠，也是令敌人望而却步的天险。”

咸和五年（330 年），后赵荆州监军郭敬准备进犯襄阳，先散布假消息，声称后赵要发动大规模进攻，派士兵日夜不停地在河中洗马，那些马洗完一遍又一遍，好像有洗不完的战马似的。守将周抚被吓得弃城逃跑，赵军渡过汉水，把襄阳掳掠一空后退守樊城。

咸和七年（332 年）秋，陶侃派儿子陶斌和南中郎将桓宣进攻樊城，打败了郭敬，又派侄儿陶臻与竟陵太守李阳等攻下新野，收复了襄阳。陶侃让桓宣镇守襄阳。

襄阳为荆州北门，起着阻止后赵沿汉水南下的作用，又是东晋必须经略的一个重要阵地。桓宣不负众望，镇守襄阳卓有成效，他在襄阳 10 多年时间，得到襄阳士民的爱戴。在受到后赵的多次进攻时，桓宣依靠既少且弱的士众抵抗防守，使后赵军队无功而返。当时的军事评论家认为桓宣的才能仅次于祖逖和周访。

陶侃收复襄阳后，朝廷再任命他为大将军，赐予赞拜不名、剑履上殿的殊荣，被陶侃上表坚决辞让。陶侃到晚年时深感物极必反的道理，因此不参与朝政，多次想告老还乡，却被佐吏们苦苦相留。

咸和九年（334）六月十三日，名震中外，为稳定东晋政权，立下赫赫功勋的东晋太尉、大将军、都督荆江雍梁交广益宁八州军事的陶侃，以 76 岁高龄病逝。而在前一年，后赵开国皇帝石勒、盘踞辽东的鲜卑慕容部首领慕容廆已经去世；成汉开国皇帝李雄则紧随陶侃之后，于同月二十五日去世。随着这些叱咤风云的人物退出历史舞台，华夏大地又将迎来新一代政治力量和展开新一轮的角逐。

第三十四章　一年殒落三巨头

陶侃死后，朝廷任命庾亮为都督江、荆、豫、益、梁、雍六州诸军事，兼领江、荆、豫三州刺史，进号征西将军、开府仪同三司、假节，出镇武昌。事实上是接替陶侃执掌长江上游的军政大权。

当初，庾亮听说陶侃向郭默兴师问罪，也跑过来，可陶侃轻松砍了郭默后，便顺利将江州收入囊中。庾亮什么也没捞着，闷闷不乐地返回芜湖，并拒绝了朝廷的任何封赏。陶侃知道他这是在赌气，写信批评他说："赏罚升降，是国家的信义，您何必矫情？难道是为了显示清高，自己做君子，让别人都成了小人？"庾亮心里暗骂老家伙得了便宜还指责别人，可说出来的话却很谦虚，回信说："有元帅指挥，有武将们效命，我哪有什么功劳呢？"

陶侃一死，让一直备感压力山大的庾亮、王导等人长出了一口气。此时的东晋朝廷，皇帝司马衍还年幼不能亲政，王导执政还是老一套，以宽容甚至是纵容来保持一团和气，最典型的案例莫过于郭默案。郭默杀了江州刺史刘胤，就任命他为江州刺史，等到陶侃杀了郭默，陶侃又成了江州刺史，导致他所委任的人大多骄纵不法。曾被温峤说能留条性命都感到万幸的路永、匡术、贾宁等原苏峻心腹，等温峤一死，王导还是任用他们为将领，让人感到担忧和不满。陶侃就曾打算用武力废黜王导，因写信与郗鉴通气时，遭到郗鉴反对而作罢。

庾亮接替陶侃后，也想废黜王导，也同样写信给镇守京口的郗鉴，指出王导的种种过错，最主要的两点是愚弄主上、执政昏聩，以征求郗鉴的意见，郗鉴依然不同意，庾亮也就不敢轻举妄动。郗鉴虽然没有显赫的高位，但他的手下名士充盈，人才济济，他手握的流民帅兵，实力不容小觑，从他参与对抗王敦、平定苏峻来看，他反对谁，谁必灭亡。

公元335年正月初一，年满14岁的司马衍举行成人礼，改元“咸康”，这标志着司马衍已经具备法人资格，可以亲政了。而放眼天下，北方基本被后赵统一，前赵政权早已于东晋咸和四年（329年，前赵太和二年）为后赵所灭，如今后赵的最高权力已经被石虎通过一系列血腥手段夺到了手中，成汉的皇帝则换成了一个叫李期的人。

庾亮见一时动不了王导，未能实现其重返朝廷的野心，便想通过对外用兵，重建根基。如今他调动起部队也少了很多掣肘，因此从咸康五年（公元329年）年初开始，庾亮就着手部署北伐事宜，任命桓宣为都督沔北前锋征讨军事、平北将军、司州刺史、假节，镇守襄阳；任弟弟庾怿为监梁州、雍州诸军事、梁州刺史，镇守魏兴；庾翼为南蛮校尉，代理南郡太守，镇守江陵；自动让出豫州刺史一职，由毛宝担任，以毛宝监扬州之江西诸军事、豫州刺史，与西阳郡（今湖北黄冈）太守樊峻领1万余精兵镇守邾城；任命陶侃的儿子陶称为南中郎将、江夏相，率本部2000人进入沔中（汉水中游）。

陶称到夏口后，带着200名亲兵去见庾亮。庾亮召集官吏将佐接见陶称，当众历数他的罪状，将其斩首。而此时的庾亮并没有“使持节”砍杀节将的权力，此举不过是清除异己，彻底消除陶氏在荆州的势力而已。

随后庾亮又任命武昌太守陈嚣为辅国将军，代替庾怿为梁州刺史，领兵进入关中；而让庾怿率兵掉头东下，改屯半洲（今江西九江市西）。庾亮此番军事调动，既有对外，也有对内的防备，他让庾怿占据半洲后，又让他担任豫州刺史，封西中郎将、监宣城、庐江、历阳、安丰四郡军事、假节，镇芜湖，意在控制京师上游，防备来自王氏势力的威胁。

完成了这一系列部署，庾亮终于出手了。他派参军李松率军西上，攻击成汉的巴郡（今重庆市）、江阳（今四川泸州市），并于当年四月，成功擒获了成汉的荆州刺史李闳、巴郡太守黄植，将他们押送京师。这是庾亮军事生涯中少有的胜利。

庾亮于是向朝廷上书请求率领10万人马进据石城（今湖北钟祥市），做出击后赵、北伐中原的准备。司马衍让群臣论证，朝廷大员除了王导以外，都表示反对，王导长期以来一直致力于维护王氏家族的利益，而家族利益又离不开东晋政权的稳定和安宁，当然不愿意擅开战端。他之所以不反对庾亮北伐，一是不敢直接得罪庾亮，二是看出了庾亮的野心，同时更清楚他的军事能力，根本不是勇冠三军的将才，让他碰个灰头土脸，又借后赵之手削弱他的实力后，再来个秋后算账。

其他大臣可没有王导老谋深算，均提出了反对意见，郗鉴认为物资储备不足，不能进行大规模的军事行动。太常蔡谟从深层次分析认为：后赵势力强盛，石虎也不是庾亮能对付得了的，从石勒起兵，石虎就是冲锋陷阵的武将，百战百胜，如今他所占据的地域，与当年的魏国相当。石勒当初只占据了河北，只是现在的四分之一，祖逖尚且奈何不了，征西将军（庾亮）又怎么会有胜算呢？蔡谟最后总结说：南人驾船，北人骑马，水陆异势，胡人如果想来送死，分分钟可以成全他，但如果我们弃江远进，就是以我之短击彼之长，等于我们送上门让人家收拾。因此，目前只可凭借长江天险防守，等待时机。朝廷最终达成一致，司马衍根据大家的意见，下诏不准移镇，庾亮得不到朝廷的支持，也不敢贸然行动。

就在庾亮雄心勃勃要讨伐后赵，朝中大臣激烈反对之时，咸康五年（339年）七月十八日，东晋政权的奠基人之一、历仕晋元帝、明帝和成帝三朝的政治家、丞相王导不幸病逝，终年64岁。

王导去世前，已经选好了接班人，此人叫何充，是王导夫人曹淑的姐姐的儿子，又是庾亮的妹夫（娶明穆皇后的妹妹为妻），也就是司马衍的姨父，是三方都能接受的人选。何充风韵深沉高雅，以文章德行著称，曾在王敦手下担任主簿。王敦他哥王含在担任庐江太守时，贪污腐化，胡作非为，王敦有一次跟众人评论属官时，为王含贴金："家兄为官，肯定清廉，庐江人士倍加称赞。"何充当场打脸："我何充就是庐江人，所听到的与大将军所言正好相反。"这让王敦哑口无言。旁人都替何充捏了一把汗，何充却泰然自若。

此前，王导就拉上庾亮一起向晋成帝进言说："何充才识度量过人，严谨而公正，有万夫所归的声望，必能掌管朝政，为老臣之助手。老臣辞世之日，愿陛下接受何充为近侍，天下将会安定，社稷也就无忧了。”因此授予何充为吏部尚书，晋封冠军将军，领会稽王师。

王导去世后，成帝征召庾亮担任丞相、录尚书事，庾亮不想让自己的事业半途而废，不肯应召。于是任用何充为护军将军，会稽内史，庾冰任中书监、扬州刺史，两人一同参录尚书事。

庾冰上任后，不分昼夜处理政务，敬重当朝贤士，又提拔后进，因此得到朝野称赞，都认为他是贤相。王导的执政风格是宽容、忍让，极力调剂各方面矛盾，保持和睦共处的局面。庾冰则要依法治国，丹杨尹殷融劝他不可矫枉过正，庾冰说：“凭前丞相那样贤良，尚且承受不了宽宏带来的恶果，何况像我这样的人呢？”中书侍郎范汪精通医术、礼学，又善观天象，提醒庾冰说：“近日天象错乱，足下应该加以防范，最好能拿出应对策略。”庾冰说：“玄奥的天象岂是我应对得了的，我所能做的是尽人事，顺天意。”于是便忘我地投入工作之中去。针对东晋立国之后没有进行过人口普查的情况，庾冰进行了一次人口普查，清查出没有姓名的人口1万多名，编入农户、充实部队。

王导去世不到一个月，已经71岁高龄的太尉郗鉴，也感觉自己撑不下去了，将府中事务交给长史刘遐，上疏请求辞职，并推荐蔡谟为都督、徐州刺史，接替自己，还推荐自己的侄子郗迈为兖州刺史。司马衍于是任命蔡谟为太尉军司，加授侍中。八月初十郗鉴去世，蔡谟即升任征北将军，都督徐、兖、青三州诸军事，徐州刺史，假节。

郗鉴死后，左卫将军陈光可能是受庾亮思想的影响，头脑发热上书请求进攻后赵，目标是寿阳。朝廷很快同意了陈光的请求，蔡谟上疏劝谏说：“寿阳城小但坚固，而且寿阳受到攻击，沿江各城必然赶来救援。如果进攻不能取胜，胡虏的骑兵突然到达，我军将士将不知所措，唯有争船渡河，局面不堪想象。而陈光所统领的都是宫中精兵，不宜顿兵坚城之下，况且用宫中精锐攻击敌人的小城，胜不能给敌人以重创，败则损失惨重。”一番话便制止了陈光的行动。

东线的北伐被劝止了，西线的庾亮没有灰心，认为有庾冰坐镇朝廷，再没什么阻力了。继续向朝廷上书，请求北伐。但是这时，后赵已经开始行动了。庾亮命令毛宝进驻邾城，摆出一副进攻的态势，令石虎十分恼火。

好呀，隔着长江天堑我奈何不了你们，却居然送上门来，我就给点颜色，让你们老老实实待在江南。

咸康五年（公元339年）八月下旬，石虎派夔安为主帅，率领石鉴、石闵、李农、张貉、李菟五位将军，率领5万大军侵犯荆、扬二州，另派2万骑兵进攻邾城。毛宝向庾亮求救，庾亮却认为邾城城池坚固，没有及时派兵增援。

赵军先以7000骑兵渡过汉水，进攻桓宣驻守的襄阳，从三面围城，挖地道逼近城墙。桓宣挑选精勇士兵，出其不意突袭赵军，杀伤数百人并缴获其铠马，成功击退敌人。但其他战场连遭败绩，石闵在沔阴打败晋军，杀死将军蔡怀。夔安、李农攻陷了东晋的沔南基地，石宣部将朱保在白石（今安徽含山市西南）打败晋军，杀死郑豹、谈玄、郝庄、随相、蔡熊等五位将军。紧接着，张貉又攻下邾城，邾城战死者有6000人，毛宝、樊峻突围南逃，被赵军追杀到长江边，仓促中跳进江中溺水而死。夔安乘胜进据胡亭（今湖北安陆市西北），进军江夏，义阳将军黄冲、义阳郡（今河南信阳）太守郑进双双举手投降。

夔安进而包围了石城，竟陵太守李阳率军迎战，打败了赵军，斩首5000多级，狠狠地打击了对方的嚣张气焰。夔安经此一败，才被迫撤退，还乘势劫掠汉水以东，挟持民众7000多户迁徙到幽州、冀州。

还在做着北伐梦、上书请求把总部前移到石城的庾亮，收到前方丧师的战报，犹如晴天霹雳，自己精心谋划的北伐行动还没开始就遭到惨败，颜面尽失啊！于是赶紧上书请罪，请求自贬三级，降为安西将军。

庾亮经此打击而忧愤成疾。期间，庾亮曾问术士戴洋："老天为何眷顾胡虏，而不利于我？"戴洋说："眼下不是担忧贼人，而是担忧您的病。"庾亮讨教救命良方，戴洋说："荆州受兵，江州受灾，只要离开二州，便可没事。"庾亮追问："这样就真能万事大吉？"戴洋回答："虽然晚了点，总比困在此处强。"庾亮终究不肯放弃荆、江二州。

挨到咸康六年（340年）正月初一，庾亮终因医治无效去世，享年52岁。以南郡太守庾翼为都督江、荆、司、雍、梁、益六州诸军事及荆州刺史、假节，接替庾亮镇守武昌。当时庾翼才36岁，很多人怀疑他不能胜任，但他尽心治理，军务和政务都处理得井井有条，几年工夫就见成效，其辖区内官府充实，私人有了积蓄，受到广泛称赞，以至于黄河以南后赵占领区的民众都有了归附之心。

随着王导、郗鉴、庾亮三位重臣相继离世，朝廷以左光禄大夫陆玩为司空，何充迁为尚书令，协助丞相庾冰工作。东晋政权在此后两年，不但度过了一段安稳的时光，而且还呈现出前所未有的欣欣向荣的局面。

然而却有人不珍惜这来之不易的大好局面。我们知道，庾亮至死都不愿放弃荆州和江州，他死后庾冰做出妥协，将江州交还王氏家族，由王允之镇守。庾翼只担任荆州一州刺史，以维护安定团结，这让庾家另一个兄弟极为不爽。咸康八年（342 年）正月，豫州刺史庾怿突然给江州刺史王允之送来一坛酒。王允之警惕性很高，这从他 9 岁时骗过伯父王敦一事便知。王允之先把酒倒了一点喂狗，那狗喝完当场就死了。王允之又恨又怕，又不敢公开得罪庾氏，于是密奏给皇帝司马衍。司马衍气得大发雷霆，说："大舅已经成了天下的大害，小舅又想当害人虫吗！"庾怿知道阴谋败露后，为了保全庾家，悄悄喝毒酒死了，享年 50 岁。

此时的司马衍已经 22 岁，从他对此次事件不同凡响的发声，表明他正在极力恢复自己皇帝的权威。此前他已任命自己的弟弟、骠骑将军司马岳为司徒，任命三叔东海王司马冲（司马睿第三子，过继给司马越为嗣那位）为骠骑将军，试图增强皇室势力。

可老天爷不开眼，刚刚想有点作为的司马衍，到了咸康八年（342 年）五月，却突然感到身体不适。六月初六，病情加重。有人伪造尚书符令，敕令宫门守卫不许让宰相入内，大臣们都大惊失色，紧张的气氛让人透不过气来。庾冰说："这其中一定有鬼。"派人追查，果然有人造假，大家才安定下来。当时司马衍已有司马丕和司马奕两位皇子，只是还在襁褓中，庾冰因为庾氏兄弟掌权已久，怕由司马衍之子继位后，会因与皇帝血缘变疏远而让别人有机可乘，便劝病中的司马衍说："国家外有强敌，应该立年长的君主。"并提议由司马衍的同母弟弟琅琊王司马岳继位，得到司马衍的应允。

何充则持不同意见，说："父子传位，是先王既定的法典，妄加改变，只怕会引起祸乱，所以周武王不传位给圣贤的弟弟周公。如今琅琊王继位，年幼的皇子怎么办？"庾冰不予理会，仍然让朝廷下诏，立司马岳为皇位继承人，让司马奕承袭琅琊王。

两天后，庾冰与中书令何充、武陵王司马晞、会稽王司马昱和尚书令诸葛恢一同被任命为顾命大臣，辅佐司马岳。初八，晋成帝司马衍驾崩，年仅22岁。

初九，时年21岁的司马岳继位，是为晋康帝，大赦天下。命在各地屯兵驻守的文武将领和地方长官，不可擅离职守前来奔丧，封司马丕为琅琊王、司马奕为东海王。按规矩，司马岳居丧期间不能多说话，便把朝政委托给庾冰、何充处理。

安葬了司马衍后，司马岳驾临殿前，召见大臣，庾冰、何充都在座，司马岳对二人说："朕继承大统，是二位爱卿之力。"何充说："陛下即位，是庾冰一人之力。若依愚臣的主张，陛下就不能君临天下了。"这句话有两重意思，一是说没有拥立之功，二是为了避免与庾氏势力发生冲突。很快，何充就被任命为骠骑将军、都督徐州、扬州之晋陵诸军事、领徐州刺史，出镇京口。又征召徐州刺史蔡谟为左光禄大夫、开府仪同三司、兼司徒。

第三十五章　庾氏衰落，桓温登场

晋康帝司马岳意外当上皇帝，一个女人也登上历史政治舞台，她就是此前司马岳的妃子，如今的皇后褚蒜子。褚蒜子出身于官宦世家，褚氏自东汉以来就是名门望族，褚蒜子的祖父褚洽曾任武昌太守，而她从小就天生丽质，优雅大方。晋成帝司马衍听说后，把她选进宫，做了弟弟司马岳的妃子。褚蒜子的父亲褚裒最初被西阳王司马羕征辟为掾属。苏峻之乱时，徐州刺史郗鉴升任司空，任用褚裒为参军。苏峻之乱平定后，褚裒因功被封为都乡亭侯，又迁任司徒从事中郎、给事黄门郎。及至女儿褚蒜子被聘娶为还是琅琊王司马岳的妃子后，褚裒又出任豫章太守。

褚裒成为当朝国丈后，朝廷征召他入朝任侍中、尚书。褚裒跟别的外戚不同，女儿当上皇后，他却诚惶诚恐，对朝中复杂的门阀之争更是感到害怕，死活不肯在内廷任职，苦苦请求到地方任职，朝廷于是改任他为建威将军、江州刺史，镇守半洲。

此前庾氏和王氏家族为了争夺江州，连毒酒都用上了，只不过被毒死的是庾怿本人。对于庾怿的死，如果说作为哥哥庾冰的内心没有点想法，那是鬼话。庾冰拥立司马岳成功、巩固了庾氏家族的地位后，就将目光投向了江州，等待着合适的机会把王允之调到国家更需要的地方去。

不久，机会来了来。王恬是王导的二儿子，打小就喜欢舞枪弄棒，不爱学习，与王氏的家风、门第格格不入，王导见到他哥哥王悦就高兴，见到王恬就满脸怒色。他是王导的儿子，除了他老子，他不用看任何的脸色过日子，因而个性傲诞不羁，不拘礼法。司马衍曾打算让他入朝担任中书令，王导坚决反对。后来，庾亮杀南蛮校尉陶称，王恬才被任命为后将军、魏郡太守，加给事中，镇守石头城。上任不久，王导就去世了，王恬于是辞官回家守丧。

王恬守丧期满后，本来应该官复原职，可如今朝中主政的是庾冰。于是他任命王恬为豫章郡太守，将其打发到偏远的地方，而把豫章太守褚裒召回朝中任侍中、尚书。江州刺史王允之听到消息后大为震惊，上书朝廷请求辞去江州刺史一职，由王恬接任。这当然是撂挑子，要挟组织收回成命的一种手段。

庾冰收到王允之的辞职书后，只接受了前半部分，而有意忽略了后半部分。接受王允之的辞呈，改任王恬为吴郡内史，再授予王允之卫将军，担任会稽郡内史。王允之弄假成真，感觉受到了极大的侮辱，拒不接受任命，不久便悲愤而死，年仅40岁。

王允之死后，江州刺史一职暂时空了出来，而国丈爷褚裒又嚷嚷着不愿留在朝中，庾冰只好暂时让给了他。王允之是王氏家族最后一个掌握地方军政大权的代表人物，随着他的死，琅琊工氏虽然还保持着尊崇的地位，但也只是在朝中混个差事而已，再也没有当初“王与马，共天下”的政治格局了。

晋康帝建元元年，安西将军、荆州刺史庾翼经营荆州也已经有三个年头，成绩斐然。司马光评价庾翼“为人慷慨，喜好功名，不尚浮华”。说明他还是想干点实事，建功立业，名留青史的。而建立功名最快捷、最有效的手段莫过于上阵杀敌，因此，他早年就有北伐的志向。而琅琊内史桓温跟庾翼气味相投，两人结为密友，相约要干一番轰轰烈烈、匡济天下的大事。

桓温，字元子，谯国龙亢（今安徽怀远龙亢镇）人，前宣城内史桓彝的长子。桓彝是东晋的大名士，为“江左八达”之一，跟庾亮、温峤的关系不错。桓温还是婴儿时，得到同样是名士温峤的夸赞，桓彝即为儿子起名为“温”。苏峻之乱时，桓彝领兵与叛军将领韩晃对抗，被围困在泾县。

桓彝拒不投降，固守泾县近一年，泾县县令江播却变节投降了叛军，导致桓彝被俘身亡。

当时才 15 岁的桓温发誓要报杀父之仇，随后他边为父亲守丧，边苦练武艺。3 年守丧期满，苏峻之乱早已平定，韩晃也被政府军斩杀、灭族，江播也恰好在这个节骨眼上死了。桓温放出狠话：“父债子偿！”

江播的儿子江彪与两个弟弟给老爹守丧，怕桓温趁机寻仇，便在丧庐内准备好兵器，以防不测。桓温却装成吊唁的宾客，混入丧庐，出其不意手刃了江彪，两位弟弟吓得撒腿就跑，桓温追上去一刀一个，终于报了大仇。

桓温由此名声大噪，当时的法律是刑不上大夫，桓温的行为非但没有被追究法律责任，反而受到大家的赞许，人们认为他是替父报仇的典范。连皇帝司马衍都对他赞赏有加，让他娶了自己的姐姐、南康公主司马兴男为妻，加拜驸马都尉，并袭父爵为万宁县男。为此，庾翼曾经提醒司马衍说：“桓温很有才干，具有英雄的特质，希望陛下不要用常人的礼遇对待他，也不要像对待寻常驸马那样将他供养起来了事。应当委以大任，让他建立匡时救世、扭转艰难局面的功勋。”

庾翼既已动了北伐的念头，就要考虑到把总部设在哪里的问题。武昌位于长江中游，从战略角度看，它对东南地区起着重要的屏护作用，可如果要西出或者北进用兵，则又过于靠后，这也是为什么庾亮当初非要进屯石头城的原因。为此庾翼把目光盯上了襄阳，而襄阳已经在桓宣手里经营了十余年，于是他上表朝廷任命桓宣为都督司、梁、雍三州以及荆州之南阳、襄阳、新野、南乡四郡军事，梁州刺史。

建元元年（343 年）二月，庾翼派遣使者分赴辽东、凉州，联络表面上还臣服于东晋的燕王慕容皝，凉王张骏，相约三方共同出兵攻击后赵，得到积极响应。可朝中却是一片质疑，只有庾冰与庾翼保持一致，而桓温、谯王司马无忌也明确表态支持庾翼，不过这几个人终究还是一小撮。

到了七月，后赵汝南太守戴开率领数千人前来投降，皇帝司马岳让群臣再论证北伐的可行性，很多人随之转变了想法，从质疑转而支持北伐。庾翼当即命令桓宣进据丹水（今河南南阳市淅川、西峡一带），任命桓温为前锋小督，率军进入临淮（今江苏盱眙），征发所属六州奴仆及车牛驴马运送粮草，百姓对此怨声载道。

庾翼的本意是要移镇襄阳，可他知道朝廷不会同意，于是要了点滑头，上奏谎称移镇安陆。司马岳和朝臣都派使者加以制止，但庾翼依然我行我素，抗命向北挺进，到了夏口后，才终于亮明底牌，提出要镇守襄阳。庾翼当时拥有4万兵众，司马岳无奈之下只好同意他迁镇襄阳，下诏加都督征讨诸军事。

庾翼率军成功进驻襄阳，标志着庾氏把整个大荆州攥在了手里，为下一步不管是北伐还是退而自保提供了游刃有余的条件。因为在这个畸形门阀政治的体制下，要想有一番作为，保证北伐的成功，不但要全力以赴对付外敌，还要防备来自后方的掣肘，甚至是威胁，祖逖就是前车之鉴。因此，庾冰为了支持弟弟北伐，自动请求离开朝廷，去镇守武昌，作为庾翼的后援。当时，朝廷上下都认为庾冰肩负宰相的重任，不宜外出任职，何充特地从京口赶回见司马岳，进言说："庾冰是尊贵的国舅，应做宰相掌管朝政，不宜远出。"可架不住庾冰的多次请求，司马岳于建元元年（公元343年）十月下诏，命庾冰以车骑将军、都督江、荆、宁、益、梁、交、广七州、豫州之四郡军事、兼江州刺史、假节镇武昌，作为庾翼后援。同时征召何充为都督扬、豫、徐州之琅琊诸军事、假节，兼任扬州刺史、录尚书事、辅政；以琅琊内史桓温都督青、徐、兖三州诸军事、兼徐州刺史，褚裒为卫将军、领中书令。

至此，东晋的政局来了一次大变，何充又从地方回到朝廷，主持日常工作，国丈褚裒仅在江州过渡了11个月，驸马桓温终于成了一方大员，庾冰以放弃辅政大臣、扬州刺史的代价，使庾氏完成了对荆州、江州的完全控制，琅琊王氏对朝廷的影响力不再。

何充主持日常工作后，兢兢业业，丝毫不敢懈怠。之前的好友、名士领袖兼清谈大师王濛拉上刘惔（当时清谈的主力干将、晋明帝驸马）、竺法深（琅琊王氏出家为僧，俗名不可考）一同探望何充，但何充只顾低头看文件，不理会他们。王濛说："我今天特地与竺法深来看望你，是希望你能摆脱俗务，把工作暂时放一放，与我们一起清谈，你怎么还在低头看这些东西呢？"何充头也不抬地说："我不看这些东西，你们别说清谈，连存活都成问题。"

何充能身居相位，在于他兼顾了外戚、王氏、庾氏世族三方利益，虽然没有拨乱反正、大刀阔斧改革的能力，但他刚强果敢、度量过人，执掌国政，正气凛然，以国家兴旺为己任。他选拔官员，首先考虑的是否为国家作出过贡献，从不为私利树立亲戚党朋，人们因此都敬重他。此前，庾翼征发江、荆二州全部编入户籍的奴隶去充军，遭到士族、百姓的同声谴责。

何充入主中枢后，为了减轻舆论对庾翼的指责，计划征发扬州的奴隶充军。后因扬州地区在元帝时期已经征发过三吴的奴隶，不宜再征而终止。因而，此时东晋政局保持着基本稳定的状态，朝廷与地方之间相安无事。

在此有利的条件下，坐镇襄阳的庾翼，有哥哥在武昌作为坚强后盾，更加积极地投入到准备北伐的工作中去。他抵达襄阳不久，后赵的樊城守军五六百骑离开驻地，庾翼派冠军将军曹据率军追击，在挠沟北将这支骑兵击溃，赵军死伤近半，缴获战马百匹。随后又建立馆舍，设置典宾参军，收容从荒远地区及敌占区逃亡过来的人员，尽力做好安抚工作，并从中招贤纳士。

建元二年（344 年）七月，庾翼命令桓宣进攻在丹水的后赵将领李罴，反被李罴打得大败。庾翼大怒，贬黜桓宣为建威将军，让他前往襄阳附近的岘山驻守。丹水之败，让桓宣的名望和实力大大降低，而且年老多病。当时镇守江陵的南蛮校尉王愆期年纪比桓宣还要大，以年老多病请求退休。庾翼于是任命桓宣为镇南将军、南郡太守，代替王愆期驻守江陵。

桓宣郁郁不得志，没有前去赴任，不久便在惭愧、气愤中死去。桓宣死后，庾翼任命自己的长子庾方之为义成太守，接管了桓宣的部队，又命征西司马应诞为龙骧将军、襄阳太守；征西参军司马勋任建威将军、梁州刺史，戍守西城（今陕西安康）。

就在庾翼成功逼死桓宣，吞并他的流民帅部队，把襄阳彻底变成自己的前方基地时，年仅 23 岁的晋康帝司马岳也像他的父亲、哥哥一样突然患上重病。司马岳预感大事不妙，征求各方大员对继承人的意见，庾氏想重施故伎，再次以国家多难，宜立长君为由，打算立司马岳的小叔会稽王司马昱为帝；而何充则早有准备，利用在皇帝身边之便，成功说服司马岳立自己年仅两岁的儿子司马聃为继承人。庾氏兄弟因而对何充恨入骨髓。

建元二年（344 年）九月二十六日，晋康帝司马岳驾崩，时年 23 岁。翌日，何充以遗诏奉皇太子司马聃继承皇位，尊皇后褚蒜子为皇太后，并由褚太后临朝摄政。

司马聃由母亲褚太后抱着接受百官朝拜时，还不满两岁。而褚蒜子也不过21岁，皇后的新装没穿上多久，就换成了丧服。她为报答何充，称骠骑将军何充责任重大，恩准他可带100名卫士上殿，又要加授何充为中书监、录尚书事。何充认为既然已经录尚书事，就不方便再监中书了，褚蒜子于是免去其中书监，加授侍中，又赐10名羽林骑兵当保镖。

何充则上书称皇太后父亲褚裒应该总理朝廷，参录尚书事。于是，褚蒜子下诏，任命自己的父亲为侍中、卫将军、录尚书事，持节、原先的都督、刺史职位不变。褚裒深知庾氏兄弟对自己的外孙继位不满，何充如此抬举自己，不过是要利用自己外戚的身份，以抗衡庾氏。他不想卷入他们之间的纷争，便上疏坚持请求出任藩镇之职，称："臣凭着虚名陋才，过分蒙受国恩，屡次忝列不能胜任的职位。无功受宠，实在深感惭愧，臣有什么功勋能承受得起？有什么脸面去担当超出自己能力的重任？"朝廷于是改授其都督徐、兖、青、扬州之晋陵吴国诸军事、卫将军、徐兖二州刺史、假节，坐镇京口，接替了桓温的职务。尚书奏议说："褚裒与太后相见，在朝廷则褚裒执臣子礼节，私下见面则太后尊礼父亲。"太后准奏。

庾氏兄弟在拥立新君问题上吃了败仗，如今在朝廷没有了代言人，他们的权势也必然受到极大影响。对于代行皇帝职权的褚太后来说，庾氏兄弟不支持拥立自己的儿子，就等于站到了自己的对立面，成了异己分子，可姿态还是要做的。父亲就曾教导她对待辅佐大臣要坦诚相待，要遵循先帝任用贤能的做法，谦虚地接受成命，向天下坦露公平之心。因此在安葬了康帝司马岳后，褚蒜子曾下诏征召庾冰入朝辅政。

不过，庾冰已经重病在身，遂辞谢不受。从当时的局势看，庾冰就算没病，也不可能应召。这点，褚太后、何充都心知肚明。到十一月初九，也就是司马岳驾崩一个多月后，庾冰也病逝于武昌，享年49岁。

庾冰一死，庾翼就变得孤立无援，不能再待在几千里外的襄阳了，遂任命儿子庾方之为建武将军，留下镇守襄阳，并让参军毛穆之任建武将军司马，辅佐庾方之。他自己迅速率军南下，还镇夏口，将庾冰的部众收归自己的麾下，接着任命庾怿之子庾统为浔阳太守。

朝廷见庾翼动作如此迅猛，知道他的心思，干脆下诏把庾亮兼任的江州刺史让给他，再兼领豫州刺史。庾翼得到江州后，也作出姿态，辞谢了豫州刺史一职，并表示要移镇乐乡。朝廷下诏不同意，庾翼也就不再坚持。

接下来，庾翼继续修缮兵器军备，大举屯田，积蓄谷物，积极整军备战。至于他意欲何为，是要举兵北进，还是顺流东下，已经成为一个历史谜团，外人永远不得而知了，因为不久他就死了。

晋穆帝永和元年七月初三，庾翼因背疽发作不治身亡，享年41岁。庾翼病危时，上表推荐二儿子庾爰之代理辅国将军、荆州刺史，接替自己；又上表推荐征西司马朱焘为南蛮校尉，率领1000兵马据守巴陵。

庾氏家族掌权20余载，其氏族长辈接二连三的离世，给了朝廷一个绝好的反击机会。起初，朝廷讨论认为庾氏家族长期驻守荆州，应当尊重庾翼的临终遗愿，让庾爰之接替他的职位。何充却说“荆楚是国家的西部门户，人口达百万之众，北面与强大的胡虏相接，西面与汉国为邻，地势险阻，方圆有万里之遥。有得当人选主政，则中原有望平定，如果所用非人，则社稷堪忧虑，这就是陆抗所说的‘存则吴存，亡则吴亡’。怎么能让一个白脸少年担此重任呢！桓温才略过人，文武兼备，经略荆楚的重任，非他莫属。”有人提出担心：“庾爰之肯让给桓温吗？如果他起兵抗命，朝廷丢了面子不说，还会带来意想不到的祸患。”何充说：“桓温足以制服那个小白脸，大家不必多虑。”

丹杨尹刘惔与桓温是连襟，两人同为晋明帝司马绍的驸马，桓温娶姐姐南康公主司马兴男，刘惔娶妹妹庐陵公主司马南弟为妻。刘惔对桓温的才干非常欣赏，但也清楚此人有野心，于是向刚刚应召入朝与何充共同辅政的会稽王司马昱建议，说桓温不是甘做人臣之辈，不能让他占据荆州形胜之地，而且对他的地位、封号也必须加以贬抑。他劝司马昱自任荆州刺史，自己甘愿做他的军司，出镇长江上游，但司马昱不听。刘惔干脆毛遂自荐，请求担任荆州刺史，司马昱还是不点头。

既然何充的提议没有人反对，朝廷于是便升任桓温为安西将军、荆州刺史，持节都督荆、司、雍、益、梁、宁六州诸军事，并领护南蛮校尉，执掌长江上游兵权，担负守西藩的重任。庾爰之果然不敢抗争。朝廷方面看庾氏的后辈成了软柿子，又任命刘惔为监沔中诸军事，兼义成太守，代替庾方之，让二庾下岗回家闲居去了。

庾氏当权的时代宣告结束，接下来将是桓温的时代。此时的何充当然不知道接下来将会发生什么，自我陶醉说：“桓温、褚裒为一方诸侯，殷浩掌管诏令，我可以松口气，不必辛劳了。”当时东晋政坛的格局为：中央有司马昱、何充执政，东面有褚裒坐镇京口，西面有桓温镇守荆州。而被时人看作当代管仲、诸葛亮，并将他出仕与否来预测江东兴亡的陈郡人殷浩，在隐居了 10 年、拒绝了无数次朝廷的征召后，终于肯来出来工作了。

第三十六章 桓温灭汉封公

永和二年（346 年）正月，兢兢业业辅佐幼主的何充，在庾翼死去 5 个月后也去世了，享年 55 岁。朝廷以左光禄大夫蔡谟兼领司徒，与会稽王司马昱一同辅政。不久，朝廷又根据褚裒的推荐，任命前光禄大夫顾和为尚书令、前司徒长史殷浩为扬州刺史。

至此，东晋政局分别由代表皇室的司马昱、代表江东士族的顾和、代表外戚的褚氏和代表新兴门阀的桓氏、殷氏组成，相互之间的力量还保持着均衡的态势，没有形成一家独大的局面，不仅政局基本稳定，而且还完成了权力的交接。

而地处西边的成汉内耗不止，已经走到了崩溃的边缘。成汉政权自西晋元熙元年（306 年，成汉建兴三年）李雄称帝以来，已经走过 40 个年头。李雄在位 30 年，执政以宽厚著称，简省刑律法纪，很有声望。当时海内鼎沸，而蜀地平安无事，各族士民纷纷前来归附，成为人们向往的一方乐土。但再伟大的君王也有终老的一天，玉衡二十四年（334 年，东晋咸和九年），李雄头上生了个大毒疮，他的十几个儿子都捂着鼻子躲得远远的，唯有太子李班日夜在身边服侍，还亲自为他吸吮脓血。

李班是李雄的哥哥李荡之子，李雄以李班性情仁厚孝顺，勤奋好学，成汉的基业又是兄长的功劳为由，力排众议坚持立侄儿李班为太子，太傅李骧当时就断言：“祸乱从此开始了！”

李班即位后，任命堂叔建宁王李寿为录尚书事，辅佐朝政。自己在宫中按礼制为李雄守丧，政事都委托给李寿和司徒何点、尚书令王瑰等人。

李雄的儿子车骑将军李越当时镇守江阳（今四川泸州），因为李班不是父亲李雄的儿子，心怀不满。他借回成都奔丧之机，和弟弟安东将军李期密谋除掉李班。李班的弟弟李玝很警觉，劝李班尽快遣送李越回江阳。李班认为李雄还未下葬，不忍心赶他们走，还对李越等人以诚相待，反怪李玝过于敏感，打发他去镇守涪城。

玉衡二十四年（334 年）十月，李越等人趁李班夜晚哭灵之时，在殡宫杀死了李班。群臣要立李越为帝，李越却认为李期是嫡出，又很有才能，李雄在位时，大臣们就曾提出立李期为太子，李越便发扬风格让位给李期。于是李期即皇帝位，改年号为“玉恒”。他们诛杀李班的弟弟李都，派李寿到涪城追杀李玝，李玝弃城投奔了东晋。

李期即位后，封兄长李越为建宁王，任命为相国、大将军、录尚书事。任用亲信景骞、田褒、许涪等人，把李寿打发到涪城去做梁州刺史。李期认为革命已经成功，变得荒淫无度，与他父亲的路线背道而驰，成汉由此开始走下坡路，体现为政治败坏、法纪紊乱。

李期的哥哥李霸、李保都毫无缘由地死去，有传言说是李期毒死了他们，这引起大臣们的恐惧和不安。李期也对李寿的存在感到不安，时常派人到涪城察看李寿的动静，不久又毒死了他的养弟、安北将军李攸，并商议着准备袭击李寿，打算以焚烧成都市桥为号发兵。

李寿也不是等闲之辈，李期即位后，他无时无刻不在提防着，每当到了朝见的日期，常常托词边疆军情紧急，不能没有人镇守为由，不去朝见。李攸一死，李寿意识到这一天是躲不过去了。

玉恒五年（338 年），李寿伪造了一封妹夫任调的来信，信中说李期要灭了李寿及手下众将，把信交给众将士传看，引起群情激愤。李寿于是以将军李奕为先锋，率 1 万大军从涪城前去攻打成都，打出的旗号是“清君侧”，除掉李期身边的恶人。

李期这边没料到李寿动作如此迅速，根本没有防备。当时李寿的世子李势正在朝中做翊军校尉，父子俩里应外合，儿子打开城门迎接父亲，李

"灭胡平蜀"的志向，自然会格外关注赵、汉的动向，同时也会总结庾亮、庾翼兄弟的教训，采取先易后难的做法。因此，他出任荆州刺史后，决定先从李氏的成汉下手，以建立功勋。

永和二年（346 年，成汉太和三年）冬天，太保李奕见李势大失人心，就想抢班夺权，在晋寿起兵反叛。蜀地男人都痛恨这个杀人夺妻的暴君，很多人自觉加入造反大军，兵众迅速达到好几万人。但是李奕英雄主义思想严重，单身匹马冲击城门，被守卫城门的士兵一箭射死，几万乌合之众迅速土崩瓦解。李奕死后，李寿为了庆祝胜利，改年号为"嘉宁"。

桓温觉得机会来了，准备讨伐成汉，可当他把计划提出来后，全军上下都认为不可行。只有江夏相袁乔表示赞同，他劝桓温说："攻取天下这样的大事，本来就不能按常理出牌，有大气魄者自己心里有数，大胆决策就是了，要想让众人的意见完全统一是不可能的。如今天下的祸患，也就胡、蜀二敌而已，蜀国虽然地势险固，但实力比胡人弱，当然先从他们下手。李势荒淫无道，民众与他离心离德，又自恃有天险，不修战备。可以派 1 万精锐轻装疾进，待他察觉我军的行动，我们已经通过了他赖以为守的天险，一战就能将其擒获。蜀地沃野千里，物产富饶，人口众多，诸葛亮仅以此一州之地就敢跟中原抗衡。而今成汉据长江天险的上游，这是个大隐患，我们攻克蜀地，意义非同小可。大家所担心的无非是我大军西进以后，胡人一定会乘虚而入，这问题又得从两方面分析，胡人听说我们万里远征，必定认为我方有严密的防范措施，定会不敢轻举妄动。即使他南下，我长江沿岸的守军也足以拒敌。"桓温听完袁乔鞭辟入里的分析，既像吃了一颗定心丸，又像打了鸡血，精神百倍。

永和二年（346 年）十一月，桓温向朝廷打了一份报告，请求出征成汉，也不等朝廷批复，便率领征虏将军、益州刺史周抚，南郡刺史、谯王司马无忌逆流西上。他命安西将军范汪留守荆州，负责后方事务，以袁乔为先锋，率领两千精锐先行。

桓温拜表即行，让朝廷忧虑不已，认为他兵力不足，又深入险要偏远的蜀地，担心他会大败。只有刘惔认为桓温一定能够成功，有人问他为什么，刘惔说："这是基于我对桓温的了解，桓温此人喜欢赌博，没有十足的把握，他绝不会下注。我担心的是他攻克蜀地之后，会以此来控制朝廷，达到专权的目的。"

桓温率部溯江西进，一路未遇敌情，顺利通过了三峡天险，于次年二月进抵青衣（今四川名山北）。

李势得知晋军进犯，不敢怠慢，命叔父右卫将领李福、堂兄镇南将军李权、前将军昝坚等人率大军赶赴合水，以抵御晋军。不料还没开战，汉军内部就出了问题，大家的意见是在岷江南岸设下埋伏，以逸待劳痛击晋军。昝坚却坚决反对，最终独自分兵开往江北的犍为（今四川彭山东）迎击晋军。

同年三月，桓温兵至彭模（今四川彭山东南）。有部将建议兵分两路，齐头并进，以分散汉军兵力。袁乔说："我军孤军深入万里之外，胜则建立大功，败则生死难料，必须集中兵力，务求一战而胜。分兵只会令众心不一，万一其中一方失利，则大事去矣。不如全军一起行动，扔掉坛坛罐罐，只带3天的军粮义无反顾地全力进攻，则大事可成。"桓温于是留下周楚、孙盛在彭模看守辎重，自己亲率步兵从山阳出岷江南岸。

李福率军攻击彭模，孙盛等人奋力反击，李福见不能取胜，只好引兵退去。桓温率主力进军成都途中，遇上了李权部，由于汉军一再分兵，李权无法抵挡晋军的攻势，桓温三战三胜，李权全军溃散，逃回了成都。

昝坚率部赶到犍为后，却发现自己判断失误，晋军没走犍为，于是，又掉头从沙头津（今四川新津南）再次渡江返回。当得知晋军已经进攻到成都城外的十里陌时，这支奔跑几天的队伍早已疲惫不堪，见晋军势不可当，不战自溃。在成都近郊的成汉镇军将军李位都则直接率部投降了桓温。

李势困兽犹斗，调集残余部队要与晋军决一死战。双方在成都城东南两公里处的笮桥展开了一场生死搏杀。这场决战异常惨烈，晋军前锋失利，参军龚护阵亡，袁乔在步步退却，汉军的箭矢已经射到了主帅桓温的马前，军心动摇，都萌生了退意，眼看就要崩溃。

桓温也感到惊心，看情势不对，只得下令收兵。在这危急关头，负责击鼓的军官在忙乱中竟击起了总攻的鼓声。神奇的一幕出现了，刚才还准备撒腿逃命的晋军将士，听到这激昂的战鼓声，顿时热血沸腾，瞬间忘记了恐惧，呐喊声四起。袁乔勒转马头，战剑一挥，冲到队伍的最前面，全体将士都不避生死地冲向了迎面而来的汉军……

汉军被彻底震慑住了，胆怯了，纷纷转身逃跑，晋军乘胜追杀到成都城下，放火焚烧了各个城门。城内慌成一团，再也没有了继续抵抗的斗志。

中书监王嘏、散骑常侍常璩等都劝李势做个识时务的俊杰，李势拿不定主意，征询侍中冯孚的意见，冯孚说："从前吴汉征伐蜀地，杀光了公孙氏。如今晋下书说，不赦免李家人，只怕投降也难保性命。"于是，李势当晚就带着昝坚等人趁夜打开东门逃窜，奔晋寿（葭萌关，今四川广元西南）而去。

李势到了晋寿后，觉得逃亡终非长久之计，让散骑常侍王幼给桓温送去投降书，自称"略阳人李势叩头请求死罪"。随后带上棺材，反绑双手来到了桓温的军营门前投降。桓温为他松绑，焚烧了棺材，把他及宗室亲属10多人送回了建康。后李势被封为归义侯，成汉至此灭亡。

桓温平定蜀地，可是大功一件，朝廷拟封他为豫章郡公，尚书左丞荀蕤说："桓温如果再平定了黄河、洛水一带，又用什么赏赐他呢？"于是任命桓温为征西大将军、开府仪同三司，封临贺郡公，谯王司马无忌升任前将军，袁乔为龙骧将军，封湘西伯。

平蜀之战使桓温声名大振，朝廷对他也忌惮三分，担心他日后难以控制。会稽王司马昱认为扬州刺史殷浩素有盛名，朝野对他推崇备至，便推荐让他参与朝政，想以此来制衡桓温。桓温虽心有不满，但深知殷浩没啥能耐，因而并不是特别介意。当时，桓温掌控着八州之地，自行招募军卒、调配资源，逐渐形成半独立状态，已不太把朝廷放在眼里，朝廷自然也指挥不动他这尊大神，只求他承认东晋政府，不闹事就烧高香了。因此，江南还相安无事，君臣名分还在。

桓温功成名就的同时，没忘记享受高质量生活，他进占成都后，纳了李势的妹妹为妾。凯旋时，他把李美眉带回来藏在军营里，他老婆司马兴男知道后，抄起一把菜刀就找了过来。桓温到得禀报后，吓得赶紧开溜，留下不明就里的小妾一个人在房间里对镜梳妆。司马兴男怒气冲冲地来到身后，眼看就要手起刀落之时，小妾本能地回过头，睁着两只水汪汪的大眼睛看着司马兴男。司马兴男一看，哎呀，我的个小乖乖！这小妮子太可人了，把刀"哐当"地丢在地上，一把抱着李美眉说："你这小妖精，我见了都喜欢，何况那老东西呢！"于是把她当成好妹妹。

第三十七章　石虎之死与后赵末日

永和五年（349 年）后赵皇帝石虎病死。后赵从东晋大兴二年（319 年）石勒进据襄国称王立国起算，到石虎去世时已经有 30 个年头。两代人经过东征西讨，基本上统一了北方，统治地区包括冀州、并州、豫州、兖州、青州、司州、雍州、秦州、徐州、凉州及荆州和幽州部分地区。可石勒、石虎都是暴徒，他们以简单残暴的手段建立起来的伟业，最终也被他们的后来人以同样残暴的手段迅速毁掉。

咸和五年（公元 330 年）二月，石勒去王称帝，立世子石弘为太子。任命三儿子石宏为骠骑大将军、都督中外军事、大单于，封秦王；四子石恢为辅国将军，封南阳王。任命侄儿中山公石虎为太尉、尚书令，晋爵位为王；任命石虎的长子石邃为冀州刺史，封齐王；石斌为左卫将军，封太原王；石宣为左将军；石挺为侍中，封梁王。

此前，石虎自以为功高盖世，一厢情愿地以为石勒称帝，定会立自己为太子，如今愿望落空，愤愤不平的他回家跟儿子石邃说："主上自从建都襄国以来，端身拱手，坐享其成，全靠我亲冒矢石，冲锋陷阵。20 多年来，在南方擒获刘岳，在北方赶跑索头，向东平定齐、鲁，向西平定秦、雍，攻克 13 座州郡。成就大赵功业的是我，大单于的称号本该授予我，现在却给了奴婢所生的黄毛小儿，想起来就让人气愤。等主上驾崩后，我决不让他们留一个活口！”

尚书右仆射程遐是石弘的舅舅，他提醒石勒说：“中山王勇猛剽悍，又有谋略。他眼中除了陛下，恐怕没有别人了。其性格凶忍，长期在外掌兵，威震内外，他的儿子都长大了，而且都手握兵权。有陛下在，他自然不敢乱来，只怕太子登基后，制服不了他，应该尽早作出决断，否则将后患无穷。”

石勒却不以为然：“如今天下尚未安定，太子年少，正需要强有力的辅臣。中山王是我的骨肉至亲，功勋卓著，正应委他以伊尹、霍光那样的重任，何至于像你说的那样！恐怕是你担心外戚遭到压制，自己不能独揽大权吧。我也会让你参与辅政的，放心好了。”这弄得程遐哭笑不得，他说：“我完全是出于公心，陛下却认为我是为一己之私。中山王虽然是皇太后抚养大的，可并非陛下的亲骨肉，不可否认有些功劳，可陛下给他们父子的恩宠已足够了，然而他的欲望却没有止境，这样的人如果留着，皇室宗庙只怕要绝祀了。”

中书令徐光也找机会向石勒进言：“中山王凭借陛下的威势，多年来驰骋疆场，所向无敌，天下人都说他的英武仅次于陛下。而他势倾朝野，却见利忘义，就在前几天，他在东宫侍宴，就有轻慢太子之色，不是忠臣该有的样子。我实在担心陛下百年之后，没有人控制得了他。”

石勒默然无语，开始让石弘接触朝政，参与省查、决断尚书的奏事，并让中常侍严震把关，只有征伐断斩方面的大事才呈报石勒。这使石虎的权力受到一定程度的限制，以至于中山王府的门前一度可以罗雀。

东晋咸和八年（333年）六月，石勒卧病不起，石虎趁入侍之机假传诏令，禁止王公大臣入内。临咽气前的石勒已经觉察到了石虎的阴谋，然而他已经无能为力了，只能给石弘、石虎兄弟留下一份苍白无力的遗诏，让他们相互扶持，以司马氏为前车之鉴；希望石虎效法周公、霍光，尽力辅佐石弘，不要给后世留下口实。

石勒一死，石虎即挟持石弘来到前殿，先下令收捕告过自己刁状的程遐和徐光，命儿子石邃带兵入宫防卫。石弘当场就吓瘫了，战战兢兢要把皇位让给石虎。石虎说：“先帝驾崩，太子继位乃天经地义，我岂能乱了礼数！”

石弘哭着一定要把位子让给石虎，石虎火了："你能不能担当大任，天下人自有公论，这是你能决定的吗！"石弘只好乖乖地坐上了皇位。

石弘随后任命石虎为丞相，封魏王、大单于，赐加九锡，划分魏郡等十三郡作为石虎的封国，总领朝廷大小政事。石虎立石邃为魏太子，把其他几个儿子都封为王。石勒原来的文武官员全部靠边站，而石虎的僚佐亲属则全部入朝廷担任要职。

东晋咸和九年（334 年）十一月，度日如年的石弘，在宝座上如坐针毡，见石虎凭借手中的军事实力扫除了所有异己后，意识到矛头很快要指向自己。他便主动带着玉玺、授带来到魏宫，苦苦哀求禅位给石虎。

石虎说："帝王大业，天下自有公论，你何至以急成样呢！"尚书奏请石虎依照古代唐尧、虞舜禅位的程序登基，石虎说："石弘愚昧昏暗，既然不能胜任就应该废黜，谈什么禅让不禅让的。"将石弘废为海阳王，不久，将他与母亲太后程氏、弟弟秦王石宏、南阳王石恢等全数杀掉。

石虎如此血腥、残暴，他的儿子也有样学样，个个都是狠角色。石虎一开始并没有称帝，而是称大赵天王，立郑樱桃为天王后，石邃为天王太子。他让石邃负责审阅处理尚书呈报的事务，除了祭祀郊庙、选任地方官员、征伐、刑杀方面的大事外，其他不必向他奏报。

石邃因为比他爹狠而得到父亲的赞赏。石虎经常挂在嘴边的一句话是："司马氏父子兄弟自相残杀，我才有今天，我怎么可能杀太子石邃呢！"有了这句话，石邃变得无法无天起来。自从总领百官之后，他整天纵情于酒色之中，荒淫无度，有时喝醉了酒，就整夜地在野外游逛，看到有人家就跑进去捣乱。有时又跑到大臣的家中，奸淫他们的妻妾。看到漂亮的宫女，就把她们装扮起来，斩下头颅，洗去血迹，放在盘子里，和身边的人传递观赏。石勒笃信佛教，敬重一个叫佛图澄的天竺和尚，宫中养着大量的和尚和尼姑。石邃看到有姿色的小尼姑，就与她们交欢淫乱，过后又把她们杀了，与牛羊肉拌在一起煮着吃，高兴的时候还把肉赏给左右的人共同品尝，让他们知道人肉的滋味。

石虎沉溺于酒色，整天晕乎乎的，阴晴不定。石邃把自己认为该禀报的事向他呈报时，石虎生气地说："这种小事，也值得禀报，来烦我？"有时听不到石邃的禀报，他又要生气："为什么不禀报？"接着就是一顿责罚，鞭打杖击，1 个月不知要挨多少回。

石邃摸着旧痕未去又添新疤的身躯，忿恨不已。他曾私下对中庶子李颜等人说：“天子的心志难以满足，我想干匈奴冒顿那样的事情，你们敢跟我干吗?”李颜等人吓得伏倒在地，不敢作声。

石邃见报不报事都要挨揍，想干掉老家伙又没人响应，干脆称病不理事了，秘密在东宫组建自己的小朝廷，享受起帝王般的生活。他的弟弟河间公石宣、乐安公石韬都受到石虎的宠爱，石邃对此极为不满。一天，他带着文武官员500多人骑马到李颜的府上喝酒，酒酣耳热之际对众人说：“我想到冀州杀死石宣，有胆敢不从者立刻斩首！”一群人没办法，只好跟着出发，可走了没几里路，大伙一拥而散，石邃醉眼蒙眬，见人都跑光了，胡乱逛了一圈才返回。

石虎以为石邃真的病了，想去看望一下，忽然想起佛图澄曾提醒他：“陛下不宜经常去东宫。”于是他派比较信任的女尚书前往察看，竟然被石邃给杀了。石虎很生气，把李颜等人抓来一问，才知道石邃的所作所为。

石虎于是下令处死李颜等30多名东宫官吏，把石邃囚禁在东宫，过了几天心情好了，又想赦免他，便召石邃进宫朝见。石邃见到石虎既不谢罪，也不吭声，站了一会便扭头离去。石虎勃然大怒，当场就宣布废黜石邃为庶人。到晚上临睡前，石虎余怒未消，感觉不杀了那逆子就睡不着觉，便于当晚下令杀死石邃及他的妃子张氏，连带家眷26人全部被装到一口大棺材里。跟着遭殃的还有东宫200多名大小官员，石邃的母亲郑樱桃则被贬为东海太妃。

石邃死后，石虎改立石宣为天王太子，并吸取教训，让石韬掌握军政大权，以达到分权的目的，让双方相互制约，结果却引发新一轮内讧。

石宣的荒淫残忍程度一点都不输给哥哥石邃。石宣的胡人特征十分明显，眼眶凹陷，东宫管事孙珍得了红眼病，询问侍中崔约有什么特效药可以快速医治。崔约打趣说：“用尿浸泡特别灵。”孙珍就问了：“怎么才能把眼睛浸泡在尿里呢?”崔约回答：“你眼眶深陷，把尿盛上，不就能泡了。”孙珍遭到捉弄非常生气，就把事情告诉了石宣。石宣认为这在嘲笑他，一怒之下把崔约和他儿子一块杀了。

石虎内心更偏爱石韬，虽然立了石宣为太子，可心里总有点后悔。一次，石宣不知怎么惹他不高兴，他脱口就来了一句：“真后悔当初没立石韬为太子！”作为父亲，又是至高无上的皇帝，这句随口而出的话马上带来了极其严重的后果。

石韬因此更加傲慢无所顾忌，石宣则不能容忍石韬的存在了。事情源于石韬在自己的太尉府中修了一座在大殿，而且起名“宣光殿”，光大梁就长达9丈，规格已经超过东宫，属于违制建筑。石宣认为“宣光”是冲他来的，是要他死光光的意思，非常愤怒，命人把工匠杀了，把大梁给截断。石韬再接再厉，下令重修大梁，并且加长到10丈。这摆明了就是跟石宣对着干，石宣更加愤怒，对他的亲信杨坯、牟成、赵生等人说：“这小子如此猖狂，你们要是能杀了他，我将来就把他的封邑都分给你们。这小子一死，老家伙肯定要去奔丧，我就乘机成就大事。”

重赏之下必有勇将，这天晚上，石韬与属下在东明观（皇宫内的游乐场所）开宴会，喝醉了就在观里过夜。石宣让杨坯等人用梯子翻墙入室，残忍地砍掉石韬的手脚、挖掉双眼、再开膛破肚，将其杀死。

石虎闻听最宠爱的儿子惨死的消息，当场昏了过去，醒来后就要去看个究竟，司空李农劝他说：“杀害秦公的凶手还躲在暗处，估计就在附近，陛下不可轻易出动。”石虎觉得这话有理，命令士兵严加戒备，把灵堂设在太武殿举行哀悼。

石宣按计划带着上千名侍卫来到灵堂，见守备森严，只掀开覆盖尸体的被子看了看尸体，呵呵笑了两声，得意地离去。随后他把大将军记室参军郑清、尹武等人抓了起来，企图嫁祸于人。

石宣的举动让石虎起了疑心，他便谎称石宣的母亲杜皇后哀伤过度，生命垂危，召石宣入朝，将他扣了起来。恰好有知情人前来举报，石虎于是下令抓人。杨坯、牟成早已逃之夭夭，只抓到赵生，赵生对犯罪事实供认不讳。石虎愤怒到了极点，下令用铁环穿透石宣下巴，再用铁链锁着关进了猪圈，将饭食倒入木槽里，让石宣像猪狗一样进食。

石虎随后在邺城北门架起柴堆，命石韬生前最亲信的宦官郝稚和刘霸二人充当刽子手，拽着石宣的舌和头发，沿着梯子将他拖上柴堆，然后砍去手脚，挖掉双眼，剖开肚子，再将奄奄一息的他烧成灰烬。

石宣被挫骨扬灰后，他的老婆孩子全部被诛杀，最小的儿子才5岁。石虎非常喜欢这个孙子，想赦免他，可石韬的手下不同意，石虎只得将他抱着行刑。小孙子拉着石虎的衣服大哭大叫直到气绝身亡。曾经洋洋得意自诩“抱子弄孙，享受天伦之乐”的石虎由此郁闷不已。

在接下来的太子人选上，石虎选择了年幼的齐公石世。对此，他召集群臣解释说："我恨不得用 3 斛石灰洗洗自己的肠胃，如果不是内脏太污秽，为什么尽生出些凶恶无比的混账儿子，一长大成人就要杀害自己的父亲！如今石世才 10 岁，等到他 20 岁时，我也老了，起码还能安稳一段时间。"

可上天没让石虎得偿所愿，还没等石世长大，石虎自己却先"老"了。此前他也许已经意识到不能得罪上天，号称"天王"，这不是跟老天爷争王位吗？于是他去掉天王称号，登基称帝。仅过了 4 个月，石虎就在痛苦和失望的煎熬中死去，卒年 54 岁。

石虎一死，后赵的灭亡就开始倒计时了。太子石世的母亲刘氏是前赵皇帝刘曜的小女儿，前赵灭亡时，她被石虎的部将张豺俘获、献给了石虎，张豺因此得以升官。刘氏知恩图报，石虎病危时，吹了枕边风，任命张豺为镇卫大将军，与彭城王石遵、燕王石斌同为辅政大臣。

当时石遵统兵在河内（今河南北部一带），刘氏无能为力，而石斌就在旧都襄国（石虎于建武元年迁都邺城）。于是派使者骗石斌说："主上的病情已经好转，您不必着急赶来。"石斌本来就喜好打猎喝酒，信以为真，便在路上打猎纵酒。刘氏、张豺当即以此假传诏令，称石斌毫无忠孝之心，将他罢官，软禁在家。尔后他们又故伎重施，将石斌处死。

石遵得知石虎去世的确切消息后，迅速赶回邺奔丧，在李城（今河北邯郸附近）与刚刚剿灭高力督梁犊叛乱，得胜归来的姚弋仲、蒲洪和石闵等人相遇。一伙人趁机劝说石遵抢夺皇位，正中石遵下怀。于是石遵在李城起兵，杀奔邺城。

檄文传到邺城，张豺顿时慌了神，急忙调兵勤王。谁知城中有点资格的胡人和羯族士兵都说："彭城王前来奔丧，当出城迎接，不能为张豺守城。"然后纷纷翻越城墙跑了出来。张豺根本无法阻止，连他一手提拔的镇军大将军张离也打开城门迎接石遵。

刘氏找张豺进宫商讨对策，哭着说："先帝的尸骨未寒，就乱成这样，我们孤儿寡母就全指望将军您了。我想给石遵加封显赫的官位，以此安抚住他，行吗？"张豺已经六神无主了，除了点头还能有什么主意？于是刘氏下诏任命石遵为丞相，兼任大司马、大都督、督中外诸军，总管尚书职事，给予他以持黄钺、加九锡等特殊权力和礼遇，并增加十郡作为他的食邑。石遵眼看皇位唾手可得，哪还在乎这些头衔，于是拘捕了前来迎接的张豺，耀武扬威地开进了邺城。

石遵首先拿张豺开刀，灭其三族，以此立威。他以刘太后的名义让石世“禅位”给他，走过一套三让三请的程序后，终于登上帝位。石世母子的价值利用完了，也就被送到他们该去的地方了。

石遵坐上皇位，其他兄弟自然眼红，镇守蓟城的沛王石冲见石遵捷足先登，当即传檄燕、赵大地，南下讨伐石遵。石遵命石闵和李农率领10万精兵迎战，击杀了石冲，活埋其手下士卒3万多人。

此战更使石闵声威大振，石遵没有儿子，从李城出发时，曾对石闵说：“努力吧！事成之后，让你做太子。”但石遵登基后却立了石斌之子石衍为太子，这让石闵极为不满。他利用总揽内外兵权之利，拉拢殿中将士和原东宫的高力1万多人，帮他们申报为殿中员外将军、关外侯，并把宫女赏赐给他们。

石遵对石闵心生忌惮，召集义阳王石鉴、东平王石苞、汝阴王石琨、淮南王石昭等人躲到郑太后的宫里召开会议，密谋除掉石闵。会议一结束，石鉴马上派人把消息通报给了石闵。石闵抢先下手，派将军苏彦、周成率兵冲进石遵的寝宫，活捉了正和宫女们玩弹棋的石遵。石遵死也要问个明白：“是谁造的反？”周成回答：“义阳王应当立为继承人。”石遵叹息道：“我尚且如此，石鉴又能支撑几天？”

石鉴当上皇帝后，为感激石闵，封他为武德王，晋升大将军。任命司空李农为大司马，两人并录尚书事。可石鉴内心也忌惮石闵和李农，不久便指使东平王石苞、中书令李松、殿中将军张才等人想趁夜深人静袭击石、李二人，但未能得手。石鉴非常害怕，假装不知情，杀死石苞、李松和张才等人掩盖真相。

后来，中领军石成、侍中石启、以前的河东太守石晖也想除掉石闵和李农，反被石闵所杀。龙骧将军孙伏都、刘铢等人在石鉴的支持下，率领羯族士卒3000人暗中埋伏在胡人居住区，也想袭杀石闵和李农，又宣告失败。

石闵被彻底激怒了，带领数千人马破门入宫，直杀得胡兵胡将横尸遍地，血流成河。他幽禁了石鉴，发布命令：六夷（古代指东夷、西南夷、西羌、西域、南匈奴、乌桓鲜卑，这里泛指外族）敢拿武器者格杀勿论！

胡人纷纷逃窜，有些胡人见城门拥堵，干脆翻越城墙逃跑。石闵又发出号召说：“与官府同心者留下，不同心者任其各自离开。”命打开城门，一时间方圆百里的汉人纷纷入城，而离城出去的胡羯、匈奴也堵满了城门。石闵明白胡人终不愿为己所用，便颁布了历史上著名的“杀胡令”，凡斩一个胡人首级送到凤阳门的，文官进位三等，武职都任牙门。一天之内，就杀了数万胡人。石闵更是赤膊上阵诛杀胡羯，不论贵贱男女老幼一律诛杀，死者达到20多万，尸体都抛弃城外，任由野狗豺狼吞噬。石闵向驻守各地的部队下达命令，让汉人军官把属下的胡人、羯人统统杀掉，以至于长得鼻子高一点、胡须多一点，有胡人特征者都遭到滥杀。

石闵的祖辈是汉人，姓冉。他的父亲冉良12岁时被石虎收为养子，遂改姓石。时下石闵大杀胡羯后，回头再杀死石鉴，恢复本姓，于东晋永和六年（350年）正月登位称帝，改年号为“永兴”，定国号为“大魏”，史称“冉魏”。后赵虽然还有石祗一支残余力量在襄国撑着，可已经名存实亡，中原大地又陷入一片混乱。

第三十八章　后赵、冉魏灭亡与东晋北伐之争

东晋这边，桓温一听说后赵国大乱就来劲了，马上出兵进驻安陆（今湖北孝感市西北），派遣手下几员大将去经营北方，做北伐的准备。同时，向朝廷打报告，请求对后赵发起大规模进攻，朝廷却不予回应。

其实东晋朝廷内部也并非反对北伐，虽然出现了两种声音，可主战派还是占据着上风。司马昱、褚裒等人就是坚定的主战派，他们不支持桓温北伐，是怕桓温再立下大功，威胁到他们的地位；而以蔡谟、王羲之为代表的另一拨人，则持消极的态度。

早在永和五年（349 年）二月，褚裒已经命令将军王龛试探性北上进攻，俘获了石虎的部将支重。到六月，石遵的扬州刺史王浃举寿春投降，西中郎将陈逵率军入据寿春，这是祖约丢失近 20 年后，寿春这座军事重镇重新回到东晋的手中，东晋将边界推进至淮河。这一意外收获，极大地振奋了人心，坚定了时任徐、兖二州刺史褚裒北伐的决心。

褚裒于是上书请求北伐，并从即日起实施戒严，进入一级战备状态，目标直指泗口（今江苏淮阴）。朝廷商议认为褚裒身为国丈，地位尊贵，又肩负镇守京口的重任，不宜过于深入，应该派遣部分军队出征较为妥当。褚裒上书奏言："此前已派前锋督护王颐之等人直接前往彭城（今江苏徐

州)，后又派督护麋嶷进据下邳，如今应该迅速发兵，以造成强大的声势。”

朝廷于是在七月份授予褚裒征讨大都督，监督徐、兖、青、扬、豫五州诸军事。褚裒率领三万兵众一路北上，直接开赴彭城，前来归附的当地士人百姓日以千计。

东晋朝野都认为光复中原指日可待，只有光禄大夫蔡谟发表了不同意见，说：“胡人灭亡确实值得庆贺，然而我更担心给朝廷带来忧患。”有人问他为什么，蔡谟说：“只有杰出的圣人和英雄才能把握时机拯救黎民于水火，不然就老老实实地掂量一下自己的德行与能力。看眼下北伐之事，根本不是当今之辈能够达成的。其结果只能是步步为营，分兵攻守，这是以劳民伤财来炫耀个人的志向。最后才发现自己力能不济，难以实现心愿。致使国家财力耗尽，这不是给朝廷带来忧患吗!”

事情不幸被蔡谟言中。当时，北方的遗民都渴望摆脱胡人的统治，鲁郡（今山东曲阜）有500多户民众相聚起兵，响应晋军伐赵，派人向褚裒求援，褚裒派部将王龕、李迈率3000精锐前去迎接。然而，看似内乱不已的后赵，恰逢石遵得到暂时喘息的机会，派南讨大都督李农率领2万骑兵南下。双方在代陂（地点不可考）不期而遇，晋军寡不敌众，全军覆没，王龕等人被俘之后，宁死不降，被杀。

褚裒此次出兵，以为是来捡现成的，根本没料到后赵还能反击，头一次领兵作战的他，被敌军的勇猛吓破了胆，慌忙从彭城一直退回到淮河南岸的广陵郡（今江苏淮阴境内）。

寿春城里的陈逵更是如惊弓之鸟，把城内的粮草辎重付之一炬，毁坏了城墙，逃回了原先的驻地。当时黄河以北地区的20多万晋朝遗民已经渡过黄河，指望得到王师的保护，南归东晋。没想到褚裒跑得比兔子还快，一溜烟就回到了淮河以南，致使这些孤立无援的遗民惨遭另一氐族胡人、时为后赵车骑大将军苻洪军队的屠杀，几乎全部丧生在前往江南的途中。

褚裒自知罪孽深重，主动上疏请求贬职处分。朝廷讨论认为，偏师失利，不应该追究主帅，解除了他征讨都督的职务，让他继续镇守京口。这次由朝廷主持的北伐，就以这样的结局收场，褚裒因为能力所限，未能“炫耀个人的志向”而忧愤交加。当他回到京口时，听见到处都是哭声，问身边的人，得到的回答是：“全是代陂之战阵亡者的家属。”这令他更加羞愧自恨，之后不到 1 个月就死了，享年 47 岁。朝廷任命年仅 28 岁的吴国内史荀羡为使持节，监徐、兖二州、扬州之晋陵诸军事，徐州刺史，接替褚裒，镇守京口。

冉闵虽然称帝建国，然而他大肆诛杀胡人的过激行为，将自己陷于孤立的境地，当时涌入中原的胡人非常多，石祗又在襄国以后赵正统的身份继位，占据各州郡的六夷拥兵将领都相继归附了石祗。为了摆脱四面受敌的困境，冉闵于是派使者来到长江北岸，告诉东晋朝廷："胡人祸乱中原，如今已经将其诛灭。如果能够共同讨伐的话，可以派军队前来。"可东晋朝廷不予理会。

在东晋朝臣看来，你冉闵已经蜕变成一个彻头彻尾的胡人，如今又僭越称帝，哪有半点臣服我朝的意思？你跟胡人之争不过是后赵的内讧而已，我们帮你讨伐其他胡人，岂不是"灭一胡，又添一胡"？

因此，冉闵只能独自在中原应付胡人群狼式的攻击了。而石祗称帝后，任命汝阴王石琨为相国，并得到据守各州郡的胡人头领热烈拥护。石祗于是任命姚弋仲为右丞相、亲赵王，以高规格的礼节相待；任命姚弋仲的儿子姚襄为骠骑将军、豫州刺史、新昌公；又任命蒲健为都督河南诸军事、镇南大将军、开府仪同三司、兖州牧、略阳郡公。

姚弋仲却有自己的小九九，他想回到羌人的发源地关中地区谋求发展，这就不可避免地与有着同样打算的氐人领袖蒲洪发生冲突。蒲洪因对后赵给予的待遇不满意，早已暗中派使者向东晋朝廷送去了降表。

既然姚、蒲两家都想抢先一步进入出现权力真空的关中，双方就闷声不响地先在关东干了一仗，结果蒲洪打败了姚襄的进攻，斩杀 3 万多人。

蒲洪进驻长安后，自称大都督、大将军、大单于、三秦王，改姓为苻，还派使者到建康报捷。蒲洪任命南安人雷弱儿为辅国将军，安定人梁楞为前将军，兼任左长史。任命冯翊人鱼遵为后将军，兼任右长史。任命京兆人段陵为左将军，兼任左司马，王堕为右将军，兼任右司马。天水人赵俱、陇西人牛夷、北地人辛牢全都被任命为从事中郎，氐族酋长毛贵则被任命为单于辅相。

原后赵统治区已经呈现武装割据的态势，东晋朝廷继上一年褚裒北伐之后，再次将北伐提上议事日程，依然把桓温排除在外。永和六年（350 年）闰二月，朝廷任命扬州刺史殷浩为中军将军、假节、都督扬豫徐兖青五州诸军事，并授予苻洪为氐王、使持节、征北大将军、都督河北诸军事、冀州刺史、广川郡公，任命苻健为假节、右将军、监河北征讨前锋诸军事，试图利用他们父子的力量，配合殷浩北伐。

另一边，桓温也在上表请求北伐，但依然没有回音。当他得知朝廷让殷浩挂帅北伐后，马上就明白了朝廷的用意，虽然愤怒，却也无可奈何，再加上他对殷浩那点能力十分清楚，因而并不着急，就坐等着殷浩失败的那一天。

几乎在东晋政权就北伐之事勾心斗角的同时，一直盘踞在辽东，多次挫败石虎的进攻，名义上还是东晋燕王、都督河北诸军事、领幽冀并平四州牧的慕容俊终于出动大军南下，并以极小的代价、极短的时间扫平幽州，进占蓟城，为争霸中原抢占了一个有利的位置。不过这时在中原唱主角的还是冉闵和石祗。

东晋永和六年（350 年）四月，石祗派相国石琨带领 10 万兵众南下进攻邺城，反被冉闵打得大败，冉闵连俘获带收编，让自己的兵众达到 30 多万，得胜凯旋时，旌旗钟鼓绵延 100 多里，威势超过石氏鼎盛时期。

冉闵击退了后赵的进攻之后，亲率 10 万步骑围攻襄国。石祗被围困了 100 多天后，精神崩溃到怀疑人生，自动放弃帝号，改称为赵王，派人向慕容俊和姚弋仲求救。

慕容俊派遣将军悦绾率 3 万鲜卑披甲士兵、姚弋仲派儿子姚襄带 3 万 8 千骑兵、石琨也拼凑了 3 万多人马从三个方向赶来援救石祗。冉闵派车骑将军胡睦抵挡姚襄，将军孙威阻击石琨，但都被打败，派出去的部队几乎损失殆尽，胡睦、孙威只身逃了回来。

冉闵不信邪，要亲自去会会各路援军，卫将军王泰劝谏说：“眼下救援襄国的强敌从四方云集，此时出战，只会腹背受敌，不如加固营垒坚守，静观其变。陛下亲临战场，如果一招不慎，我们的宏图伟业就会毁于一旦。”

冉闵本想虚心接受群众意见，另一个特殊的群众说话了：“太白星行经昴宿，胡王当杀，一战而胜，机不可失。”一听就知道这是位“大师”，道号“法饶”。既然大师发话，冉闵就顾不了许多了，捋起衣袖大喊：“我决心已定，有再敢动摇我心者斩！”于是带领部众倾巢出战。姚襄、悦绾和石琨从三面夹击，石祗又从城内杀出，魏军大败。10 余万胡汉将士全部阵亡，冉闵靠躲在襄国城外的行宫，带着10多个亲信趁乱仓皇逃回了邺城。

石祗得胜不饶人，派大将刘显率7万大军尾随而来，反过来要灭了冉魏。冉闵先把“大师”法饶父子大卸八块，再召王泰进宫商讨对策。王泰没有器量，因为意见没被采纳招致惨败而耿耿于怀，推说逃跑时受了内伤拒不进宫。冉闵亲自登门慰问，王泰又说自己伤势严重无法迎驾。冉闵哪受得了这个，咬牙切齿地骂道：“巴奴，我难道还真指望你救命不成？看我先灭了胡人，再回头收拾你！”说着便率领全部兵马出战，打得赵军抱头鼠窜，一直追击到阳平（今河北馆陶县），杀敌3万多。

刘显被追打得丧魂落魄，秘密派人请求投降，表示愿意以石祗的人头来做投名状，冉闵这才撤兵返回邺城。有人很适时地举报王泰召集秦州流民，企图逃往关中，冉闵于是兑现诺言，杀王泰，再灭他三族。

刘显也兑现自己的诺言，于东晋永和七年（351年）四月杀了石祗及其太宰赵鹿等10余人，把石祗的首级送到了邺城，冉闵下令在闹市焚烧了石祗的首级，以此后赵彻底宣告灭亡。

冉闵灭了后赵之后风头很盛，可他为了泄愤诛杀了大将王泰全家后，也给自己的政权带来了严重的后果，其治下的徐州刺史周成、兖州刺史魏统、荆州刺史乐弘、豫州牧张遇等纷纷背叛了他而投降了东晋。更可怕的是冉闵上台后，几乎都处于战争状态，连绵两年的战乱、饥馑和残杀，邺城的各族百姓不得不外逃寻找活路，导致无人从事农耕，已经出现国力衰竭，行将灭亡的兆头。

慕容俊已经牢牢占据了幽州，瞧准冉闵与石祗打得两败俱伤、众叛亲离、国力衰退的机会，命令辅国将军慕容恪和相国封裕率兵南下讨伐冉闵。冉闵决心给燕军以迎头痛击，大将军董闰、车骑将军张温一齐劝道：“鲜卑人南下以后连战连胜，兵锋正盛，我军不如先避其锐气，待其疲怠，再全力出击，定能一举破敌。”

冉闵气呼呼地说道：“我凭手中这支军队出战，定要荡平幽州，斩杀慕容俊。如今遇到一个慕容恪就退避，天下人岂不小看了我！”随即率兵与慕容恪交战。

当时，冉闵手上的军队只有1万人（可见冉闵穷兵黩武到何种程度，立国不到3年，死人无数，失败是注定的），而慕容恪的大军却有数万之众。可开始的时候，两军交战了10个回合，冉闵是十战十胜。但鲜卑骑兵也不是吃干饭的，他们败而复聚，冉闵始终没能给他们以毁灭性的打击，反把自己累得够呛。

慕容恪在失败面前及时总结经验，把燕军分作三部，挑选5000名勇猛又善射的骑兵，将马匹用铁锁连接，排成方阵从正面推进，其余两部从左右出击，形成三面夹击之势。冉闵所骑的战马名叫朱龙，能日行千里。只见他左手持双刃矛，右手执钩戟，顺风迎击，斩杀300多名鲜卑骑兵。当他抬头看到慕容恪的中军大旗时，立刻飞马挺戟直冲过去，眼看将要接近慕容恪的中军时，燕军从两面杀来，魏军三面受敌，终于支撑不住，被燕军骑兵斩杀了7000人。被围在阵中的冉闵跃马冲破重围向东逃跑，燕军紧追不舍，狂奔了20余里，胯下战马因力竭倒地而死，冉闵被燕军生擒，与董闰、张温等一起被送到蓟城。

慕容俊以胜利者的姿态斥责冉闵："你不过是个奴仆下人，怎么能妄称天子？"冉闵反驳道："天下大乱，你们夷狄之族，人面兽心，尚且篡逆称尊。我堂堂一世英雄，为什么不能做帝王呢？"

慕容俊被驳得恼羞成怒，命人狠狠地抽了冉闵300鞭子，押到龙城斩首，告祭祖父慕容廆、父亲慕容皝的庙廷。

后赵、冉魏相继灭亡，鲜卑慕容南下，使得中原局势更加动荡和复杂，其变化之快，已经远远超出东晋士大夫们所料，他们在这场大变局面前显得束手无策，无所作为。早在永和六年（350年）殷浩就被任命为北伐的最高统帅，可一年多过去了，一直没有实质上的军事行动。其实朝廷也有苦衷，当时东晋所据有的疆域，完整的只有扬、荆、江、湘、交、广六州，外加桓温收复的梁、益二州，其他如豫州、徐州只占有部分，除此之外，基本是名义上的，像凉州，虽然始终奉晋朝为正朔，也属于东晋的领土，可相隔千里，根本指望不上。而桓温个人就管辖了8个州，这8个州的人、财、物几乎不让朝廷染指，所以也是有心无力。

桓温可不管这些，眼看良机一点点坐失，到了永和七年（351年）底，他终于忍无可忍，在一纸请求北伐的报告递上去的同时，带上5万荆州水师顺江东下，在武昌驻扎下来。朝廷顿时慌了起来，各种猜测都有，有人说桓温要反了，是冲京师来的；有人说桓温是要抗命北伐；也有人说桓温既不想反，也不是北伐，是以武力向朝廷提出无声的抗议。

司马昱主持召开紧急会议，殷浩主动提出辞职，说：“桓温无非是看我不顺眼，冲我来的，我走还不行吗?”有人则提议动用驺虞幡遣散桓温的部众。王导的侄儿吏部尚书王彬之表示反对说：“殷浩不能在这个时候辞职，如果桓温非要找一个人算账不可，殷浩一走，不是把皇上孤零零推上前台了吗?”转而对殷浩说：“桓温抗表问罪，您首当其冲。事已至此，就算您辞官也躲不过去，不如静观其变。眼下先让相王给他去信好言相劝，令其回师；如果他置若罔闻，就让皇帝下诏；如果他还一意孤行，那就只好用正义之师去制裁。您怎么能先自乱阵脚呢?”

抚军大将军司马高崧完全赞同王彬之的意见，对司马昱说：“确实应该致信桓温，向他阐明利害得失，如果他没有反心，自当率兵返回了。如果他执意要反，就该整理六军人马出征，是忠臣是叛逆由此立判!”

于是由高松执笔替司马昱起草书信说：“寇贼发难，应该平定，这是为国家深谋远虑、夺取天下的宏图大略，而能担此大任者，非您莫属！可兴师动众，必须有雄厚的财力物力作保证，不能认为它容易就掉以轻心。如果您此去北伐，得不到后方的支持，一旦失利，就不光是您一个人的问题，还关乎社稷的安危。这就是我对您近来的举动深表怀疑的原因，其实很多人都跟我一样，说什么的都有，想必足下也有所耳闻。我与足下，虽然任职有内外之分，但目标是一致的，都是安社稷，保家国。首先要考虑国家安宁，然后再图谋向外扩展。这是我要跟您说的心里话，也是对足下的期望，但愿足下能体会我的用心，能听得进去。”

桓温读罢来信，长叹一声：“我只是想为国家尽点力，收失地，雪国耻，没想到这么难啊!”于是他写了一份检讨，率兵返回了荆州。

这事本来完了，可殷浩也想建功立业，于是上疏请求北上许昌、洛阳。穆帝复诏同意，任命安西将军谢尚、北中郎将荀羡为督统，进军驻扎寿春。这时形势又发生了变化，原来冉魏的豫州牧张遇本来已经投降晋朝，可谢尚安抚工作没做好，张遇又转而投靠了前秦（苻健称帝建秦），占据许昌与晋朝为敌，又派他的将领上官恩占据了洛阳。

张遇受到冷落是由于谢尚更喜欢同时投降过来的另一位后赵将领姚襄。这个姚襄身材魁梧，垂臂过膝，多才多艺，又善于笼络人，很对谢尚的脾气。后赵灭亡后，姚弋仲就派使者到东晋请求投降，被朝廷任命为使持节、六夷大都督、督淮北诸军事、车骑大将军、开府仪同三司、大单于、高陵郡公。儿子姚襄则被任命为持节、平北将军、都督并州诸军事、并州刺史、平乡县公，屯戍谯城（今安徽亳州）。姚襄单人匹马渡过淮河，到寿春拜见谢尚，让谢尚大为感动，两人一见如故，由此结下深厚的情谊。

如此一来，殷浩想轻松进据中原的愿望落空，北上就变成了北伐，而第一个必须搞定的敌人就是张遇。永和八年（352 年）二月，殷浩以谢尚为前锋，姚襄为副将，进攻许昌。苻健派丞相东海王苻雄、大将军平昌王苻菁各率 2 万骑兵驰援张遇。晋、秦两军在颍水的诫桥（今河南许昌境内）大战一场，晋军大败，死亡 1 万 5 千人。晋军迅速南逃，秦军在后紧追不舍。谢尚逃回淮南，姚襄扔掉所有军需物资为其断后。殷浩闻知前方失利，跑得更快，早已逃回了寿春。

姚襄投靠东晋只是为了寻找一个立足之地，可一来就当了回炮灰，损兵折将，因此回到谯城后，就在淮河两岸屯田种粮，训练将士，并大肆招揽民众，扩充军队。殷浩认为姚襄这是要搞独立，但又拿不出证据，因为姚襄说了，他是在为北伐作准备。

殷浩只好也玩阴的，派刺客许敬去搞暗杀。许敬刚潜入姚襄的驻地就被俘获，并且供出是受殷浩指派来行刺的。姚襄不敢声张，以免得罪朝廷大员，只处死了许敬，严加防备。

殷浩又执拗地连续派了 10 几个刺客，结果都有去无回，以至于出再高的价钱也没有刺客敢去了。殷浩于是又变换手法，派冉魏降将魏憬率 5000 精骑兵去搞偷袭。姚襄对此早有防范，让魏憬钻进了口袋，除了诛杀魏憬一人外，部众全部收编。

殷浩在军事上弄不死姚襄，又改用政治手段，派同样由后赵归附的龙骧将军刘启驻守谯城，而任命姚襄为梁国内史，将他调往更北面的梁国蠡台（今河南商丘），而且出现了一个很不正常的现象：魏憬的子弟频繁来往于蠡台与寿春之间。姚襄于是派参军权翼去见殷浩，殷浩道貌岸然地对权翼说："我与姚平北同为王臣，休戚与共。然而姚平北总是自行其是，有失辅车相依的道理，这不是我所希望的。"

权翼说："姚将军英姿绝世，之所以拥兵数万远归晋室，是以为朝廷有道，大臣们贤明智慧的缘故。如今大将军轻信谗言，与姚将军有了隔阂。我认为问题的根源在您，而不在姚将军。"

殷浩说："姚平北生性豪放不羁，随意生杀，又纵容小人抢夺我的马匹，这哪是一个属下应有的行为？”

权翼狡辩说：“姚将军归命圣朝，怎么肯滥杀无辜呢！邪恶作乱之徒，国法不容，姚将军是在为民除害啊。”

殷浩说：“那为什么要抢我的马匹？难道我也是你说的邪恶作乱之徒？”

权翼说：“将军您认为姚将军雄勇刚健，难以驾驭，终究要拿他开刀，所以他才夺您的马匹，以用来自卫而已。”

殷浩笑着说：“哪里会到这种地步呢！你去告诉姚襄，我没有害他的意思，让他放心好了。”

姚襄哪里放心得下？他已经看透了东晋朝廷的勾心斗角与军队的软弱无能，萌生了做掉殷浩的念头。

殷浩上次想趁乱出击捞一把失败后，曾暗地里派人劝诱前秦大司马雷弱儿、左仆射梁安，让他们刺杀苻健，许诺把关右地区的官职封给他们。雷弱儿表面上答应了，而且还请求派兵接应。

张遇归顺前秦后，苻雄把他的部众连同陈郡、颍川、许昌、洛阳的百姓五万多户迁到关中，充实前秦的实力。苻健一高兴，就封张遇为司空。让张遇着实高兴了一阵子，可很快他就高兴不起来了。原来张遇有个漂亮的继母被苻健看上，召进宫里封为昭仪。一开始张遇并不介意，反正又不是自己的亲妈。可接下来就不对劲了，苻健霸占人家后妈以后还不留口德，多次当着众人直呼：“张遇我儿！”张遇每听到一次，就多一分怨恨，后来实在咽不下这口气，就想干掉苻健。于是买通了中黄门刘晃，准备干一票，再共同投奔东晋。

永和九年（353 年）七月，一切准备就绪，张遇、刘晃计划夜袭苻健，刘晃作为内应在约定的时间打开宫门。也许是苻健命不该绝，临时派刘晃外出处理事情，刘晃找种种借口都推辞不掉，再拖就要穿帮，就只好去了。当张遇按约定率军到来时，由于没有接应，阴谋败露被杀。当时，在前秦控制的关中地区，孔持在池阳起事，刘珍、夏侯显在户县起事，乔秉在雍县起事，胡阳赤在司竹起事，呼延毒在灞城起事，参加者达数万人，他们都各自派人到征西将军桓温、中军将军殷浩处求援。

张遇事件给苻健提了个醒，加上叛乱四起，于是苻健征召各处兵马回师长安，丞相苻雄、平昌王苻菁分兵一半，带领两万部队返回了长安，驻守洛阳的苻健侄儿、辅国将军苻黄眉也放弃洛阳率军火速西上。

殷浩只知其一，不知其二。他听说苻健的皇宫遇袭，苻黄眉向西逃奔，以为雷弱儿、梁安大功告成。他遂于东晋永和九年（353 年）十月，又拼凑起 7 万大军，实施第二次北伐，目标直指洛阳。令人费解的是，殷浩仍然任命姚襄为此次北伐的前锋。

姚襄既已决心反叛，就在山桑（今安徽蒙城北）埋下伏兵，估计殷浩将要到达时，故意制造士兵哗变，派人向殷浩报告说，自己的部队逃散，请求大军迅速赶来控制局面。殷浩没做多想，命令部队全速前进，当部队行进到山桑时，遭到了伏兵的突然袭击。毫无防备的殷浩大军，一下子被打蒙了，士兵们丢下辎重，狼狈逃回谯城。姚襄俘虏 1 万多人，全部获缴了他们的军需物品，并派他的哥哥姚益镇守山桑。

姚襄又回到了淮南，驻扎在盱眙，招募掳掠流民，人数多达 7 万，分别设置地方长官，开垦农田，鼓励农桑。并且还派使者到建康告殷浩的状，当然也自我检讨了一番。鉴于姚襄与谢尚的特殊关系，朝廷任命谢尚为都督江西、淮南诸军事，豫州刺史，坐镇历阳，以安抚、防备姚襄。

殷浩几年来为北伐之事劳师动众，口号喊得震天响，可两次正式出兵都被打得大败，粮饷武器全都消耗殆尽。桓温借着朝野上下对殷浩的怨愤，上书弹劾殷浩，说他带兵无方，猜忌大将，每次出征都把大批物资丢给敌人，成了敌人最好的运输队长等，最后说："倘若陛下宽宏大量，不忍心诛杀殷浩，也应将他放逐到边远荒芜之地。这样做虽抵消不了殷浩弥天的大罪，但也可以使后人引以为戒。"

迫于强大的压力，同时也对殷浩的能力丧失了信心，朝廷免去殷浩一切官职，流放到东阳郡的信安县（今浙江衢州市衢江区）。从此，朝廷内外的大权集中到了桓温手里。

殷浩年轻时就和桓温齐名，以前也很鄙视当官的，可自从当上官以后就上了瘾。他被罢官后闷闷不乐，常常用手在空中书写"咄咄怪事"四个字。桓温听说后，又想起这个发小的种种好处，说："我儿时与殷浩一同玩骑竹马游戏，殷浩专门拣我丢弃不要的来玩，从那时起我就知道殷浩不如我。"随后让自己的参军郗超给殷浩安排个职务，对郗超说："殷浩人品不错，能说会道，让他做个仆射、尚书令什么的，足以成为朝廷百官的楷模，是朝廷用人不当，才导致如此，误国又误人呀！"

于是郗超安排殷浩做了尚书令，并写信通知殷浩。殷浩高兴得不知如何是好，他立马给桓温写了一封热情洋溢的感谢信。写完装进信封之后，又觉得意犹未尽，他又拿出来反复斟酌词句，直到觉得很满意了，却忘了把信装进信封，结果给桓温寄去个空信封。

桓温心说：我是看在童年的分上，想拉你一把，你竟然不领情，懒得跟我费话，我就当没有你这个发小，从此与殷浩绝交。殷浩发现自己精心修改的感谢信没寄出去后，悔恨交加，竟然一病不起，死于流放地信安。

第三十九章　桓温北伐与收复洛阳

桓温集军政大权于一身后，再也没人能阻止他北伐了。可事隔几年，北方混乱的局势渐渐稳定，北伐的良机已经坐失，桓温所面临的局势已异常严峻。慕容儁已经牢牢占据了原后赵的关东大部分地区，曾经口口声声说奉东晋为正朔的鲜卑人终于露出了真面目，对东晋朝廷派来的使者说："你回去告诉你们的天子，我承担了中原百姓的困苦，受他们的推举，已经称帝了。"苻健已经征服了关中的各个军阀割据势力，并于东晋永和八年（352 年）称帝立国。桓温不打算放弃，虽然晚了点，可并非不可为，因此他还要努一把力。

当时，前燕刚刚灭亡了冉魏，兵势正盛，而前秦由于张遇之乱，关中不少人起兵反秦，而且统治凉州的张祚名义上还是东晋的臣子，可在前秦的背后起牵制作用。因此桓温把北伐的目标对准前秦。

永和十年（354 年）二月，桓温统率 5 万步骑，从江陵出发，分水陆 3 路进攻前秦国都长安。3 路大军中，有两路出自荆州，荆州水军取道襄阳，逆汉水北上，步军则从淅川直指武关（今陕西商洛西南、丹江北岸）；第 3 路由蜀中的建威将军、梁州刺史司马勋率领，出子午谷直趋长安。

桓温厉兵秣马 6 年，部队装备精良，来势十分凶猛。首仗攻打上洛

（今陕西商洛市），生擒前秦荆州刺史郭敬，又攻破了青泥。司马勋夺取了前秦的西部边陲地带，凉州方面张祚也派后赵叛将、秦州刺史王擢攻打前秦西南重镇陈仓（今陕西宝鸡），呼应桓温。

三面夹攻的态势，令前秦的局势岌岌可危。苻健派太子苻苌、丞相苻雄、淮南王苻生、平昌王苻菁、北平王苻硕率领5万大军在峣柳（今陕西蓝田南）抗击晋军。双方在蓝田展开激战，淮南王苻生异常勇猛，单枪匹马冲入晋军阵中来回了冲杀十几次，杀死杀伤众多晋军将士。桓温毫不示弱，亲自督阵，率领晋军力战，秦军大败，损失惨重，太子苻苌也被流矢射中，身负重伤。

桓温的弟弟桓冲也在白鹿原（今陕西灞河附近）击败了苻雄所部。桓温乘胜推进到灞上（今西安市东），直逼长安。秦军被晋军连续击败，士气受挫，苻苌率领败兵退守长安城南，苻健也只带着6000名老弱残兵退入内城坚守，把手中最后的3万精兵交由大司马雷弱儿统率，与苻苌会合，一起抵抗桓温。

关中地区各郡县守令都前来归降，百姓纷纷带着酒肉犒劳晋军，男女老少夹道观赏晋军的军容军姿，不时有遗老流泪感叹："不想到有生之年还能见到王师啊！"

桓温没有趁士气高涨，民众大力支持的有利时机一鼓作气消灭前秦，估计此时的他更多的是在权衡个人的利害得失。客观上，王曜攻破了陈仓，斩杀了前秦扶风内史毛难；而司马勋在子午谷被前秦丞相苻雄打得丢盔弃甲，退守女娲堡。两支偏师一胜一败，不尽如人意，多少也动摇了他取胜的信心。

这时一个叫王猛的中年人来军中拜见桓温，这是个隐士，眼看天下大乱，尽管家贫如洗也刻苦学习，广泛涉猎各种知识，特别用心钻研军事方面的知识。一直隐居在华阴的他听到晋军入关的消息后，穿着唯一的一身麻布短衣就径直求见主帅桓温。

桓温见王猛这身打扮竟敢闯进大营，还指名道姓见他，感到有点好奇，就装出一副不耻下问的样子，让王猛谈谈对时局的看法。王猛在众目睽睽之下，一边捉虱子，一边高谈阔论，旁若无人。这可是魏晋时期那些自诩才高八斗、学富五车的文人墨客的标配动作，一般人学不来。

桓温马上对他刮目相看，脱口问道："我奉天子之命，统率10万精兵讨伐逆贼，为百姓除害，而关中豪杰至今无人前来投效，这是为何呢?”王猛直言不讳地指出：“阁下转战数千里深入北境，长安近在咫尺，而您却不渡过灞水一举拿下，人们都摸不透您的心思，所以不敢前来。”可谓一针见血。桓温的心思是自己恢复关中，只能得个虚名，而地盘却是朝廷的；与其消耗实力，失去与朝廷较量的优势，不如留敌自重。王猛的话让桓温无言以对，过了好半天，桓温才抬起头来慢慢说道：“江东没有能超过阁下这样的人才呀!”于是，当场任命王猛为军谘祭酒。

桓温踌躇不前，给了秦军喘息之机，战局很快变得不利起来。桓温与苻雄再度在白鹿原展开大战，晋军失利，损失了上万人。一度攻占陈仓的王擢得而复失，逃回了凉州。

晋军由于战线过长，后勤补给跟不上，桓温原本打算在关中就地取粮。苻健识破了他的意图，抢先把麦子全部割完，坚壁清野。晋军缺乏粮草，斗志全无，桓温只好下令退兵。临行前，桓温赐给王猛豪车良马，又授予都护的高官，请王猛一起南下，王猛推辞了。桓温于是裹挟关中的3000多户民众一起班师。

关中的反秦势力呼延毒也率领部众1万多人跟随桓温撤退。苻苌等人率军在后面紧追不舍。晋军边打边撤，退到潼关时，又损失了上万人。司马勋也退回了汉中，桓温对前秦的北伐行动，就以先胜后败而告终。

东晋朝廷和桓温本人对此次北伐都不愿作过多评论，既不庆祝胜利，也不承认失败。朝廷只是派出一个慰问小组到襄阳看望了一下从前线归来的桓温，走个程序。这样的结果，桓温自然不是很满意。不过很快他又找到了北伐的机会，河南一带又出现了混战，原来已经归附东晋的冉魏旧将周成占据洛阳后，再次打出反晋的旗号。羌人姚襄自称大单于，占领了许昌之后，又北上与周成争夺洛阳，双方在洛阳激战1个多月未分胜负。

永和十二年（356年），桓温第二次从江陵出发北伐，迅速到达了洛阳城南的伊水。姚襄赶紧撤军，将精兵强隐蔽在伊水以北的纵林中，派使者对桓温说：“将军亲率王师前来，我情愿归顺，请你的军队稍微后退一点，我就会出来迎接将军。”

桓温可不是殷浩，一眼就识破了姚襄的诡计，说：“我这次是来收复中原，修复先帝的陵墓，和阁下没有关系。如果阁下想来拜见，近在咫尺，随时可以过来，何必麻烦使者呢?”他继续进军。

姚襄见桓温不上当，只好摆开阵势顽抗，被桓温打得大败，损失了几千人，带着残兵败将逃到了北邙山，后来又奔往平阳，最后在与前秦的交战中被苻坚所杀，年仅 27 岁。

洛阳城中的周成已经被姚襄围攻得疲惫不堪，见东晋大军到来，只得乖乖打开城门，再次投降。桓温见好就收，没有继续北进，把部队屯驻在过去的太极殿前，紧接着又转移到金墉城，拜谒了先帝皇陵，设置护陵官员。随后推荐镇西将军谢尚都督司州（即洛阳一带）的军事，镇守洛阳，没等谢尚到任，就留下颍川太守毛穆之、督护陈午、河南太守戴施率领 2000 人马驻守洛阳，押着周成，匆匆率领大军返回了荆州。

桓温凭着两次北伐的军事行动，确立了军中一把手的地位，在接下来的时间里，他采取守势让朝廷松了一口气，双方相安无事。然而东晋朝廷在与前燕发生的冲突中的表现，又让桓温对朝廷起了轻视之心。

升平元年（357 年）正月，晋穆帝司马聃已年满 15 岁，这在古代标志一个男人成年了。褚太后下诏还政于司马聃，自己返回后宫颐养天年，遂改元“升平”。而这一年，天下并不“升平”，北方的前燕皇帝慕容儁由于太子慕容晔意外死亡，改立次子慕容暐为皇太子。关中的前秦又换了一位新主人，叫苻坚。

前秦在遭到桓温的打击时，虽然保住了长安，但太子苻苌因身负重伤而死，三子苻生在与晋军的作战中表现勇猛而被苻健立为皇太子。

前秦皇始五年（公元 355 年），苻健去世，苻生即位。苻生在位 3 年，前秦臣民就过了 3 年暗无天日的日子，每天都生活在水深火热之中。苻生的暴虐与兽性，在帝王界堪称前无古人，后无来者。他从小就很无赖，又先天瞎了一只眼睛，爷爷苻洪非常厌恶他。当他还是个孩子时，苻洪戏弄他，问左右说：“我听说盲人只有一只眼睛流泪，是真的吗？”大家齐声附和：“是。”

苻生大怒，抢过侍卫的佩刀在另一只眼睛上刺了一刀，鲜血顿时流了出来，说：“这不是眼泪吗？”

苻洪又惊又怒，用鞭子狠狠地抽他，苻生说：“我生来不怕刀刺，还在乎鞭子？”

苻洪见肉体上摧不垮他，就恐吓说：“你再这样下去，我把你贬为奴隶，一辈子当牛做马！”

苻生反击道："就算像石勒又如何？"

苻洪没辙了，找儿子苻健告状说："苻生这孩子太残暴了，长大后一定会祸害家人，趁早除掉算了！"苻健听了老爷子的话要除掉苻生，弟弟苻雄劝阻说："他还是个孩子，长大后自然会学好的，怎么能说杀就杀了呢！"苻健这才作罢。

苻雄的一句话留下了一个狂魔。苻生即位的当天就改元"寿光"，群臣进谏说："先帝刚晏驾，不应当日改元。"苻生当场就火了，立即将第一个发声的右仆射段纯处斩。此后，他更是一发不可收拾，彻底沦落成一个血腥嗜杀的独眼妖王。他上朝时都会带上弓箭匕首，还将锤、钳、锯、凿等各种工具备置在旁边。只要他认为哪位臣属不听话，或者看不顺眼，就用这刑具伺候，即位不到半年，上至后妃公卿，下至仆隶，已经有 500 多人死于他的淫威之下，被弄残弄伤者更是不计其数。

苻生喜饮酒自不待说，可常常一个人饮又觉得太过无聊。一次他在太极殿召宴群臣，命尚书辛牢为酒监，命群臣极醉方休。辛牢怕大家喝过头失态，劝酒不是很积极。苻生很不高兴："你怎么不劝人喝酒，没见到有人还坐着的吗？"话才说完，已一箭射了过去，辛牢的脖子被射穿，当即倒毙。群臣吓得魂飞魄散，最后都醉得瘫在地上，呕吐物弄得满身满地，污秽不堪。苻生这才满意转身回去睡觉。

苻生日夜狂饮，有时连月不处理政事，而在他酒醉审决朝政时，往往又趁着酒劲滥杀无辜。他忌讳"不足""不具""少""无""缺""伤""残""毁""偏"等字眼，妻妾臣仆若是不小心说漏了嘴，那就只有死路一条。一次，一个太医为苻生的妃子配安胎药，苻生亲自过问人参的质量和用量。太医说："都是上好的人参，有一点就够了。"苻生怒骂："你这是在讥笑我吗？"他命人剜出太医的双眼，然后斩首。这位太医生至死都不知道自己犯了什么滔天大罪。

群臣等待苻生上朝，往往等到太阳下山也见不到他的人影，即便等到了也不会有什么好结果。因此，每当苻生不上朝时，大臣们都互相庆贺，恭喜大家又多活了 1 天。

当时潼关以西，长安以东地区出现了大批虎狼，这些凶猛的野兽不吃六畜，专门吃人。自苻生当上皇帝起，不到 1 年，就有 700 多人葬送于虎狼之口，百姓深以为苦，不敢下地耕种，纷纷跑入城邑。百官奏请苻生勤政禳灾，苻生狞笑着说：“野兽饿了自然要吃人，吃饱了就不再吃，这有什么好担心的。上天这样在惩罚百姓，是因为他们有罪，特地降下那么多虎狼替朕助威！”遇上这么个主，大家都无语了。

苻生的亲舅舅、光禄大夫强平实在看不过去，劝谏苻生要爱民事神。话还未说完，苻生便怒骂道：“别以为自己是国舅，我就不杀你了！”命左右用凿子凿穿强平的头顶，强平顿时脑浆迸裂，死于非命。强太后一气之下，绝食而亡。

苻生清楚自己不会得到好评，就故意在朝堂上问众人：“朕自临天下以来，人们都是怎么说我的，你们应该有所耳闻吧？”有人拍马屁说：“陛下圣明，天下都称颂太平。”苻生怒叱：“你竟敢阿谀，哄朕开心！”命人拖下出去砍了。过了 1 天又问，有人改口了，说：“陛下的刑罚有点过头。”苻生又骂道：“你是在诽谤朕！”又拖出去处斩。前秦臣子都感觉度日如年，在朝的宗室、勋旧、亲戚几乎都与苻生一样，全部成了残疾人，一时人情危骇，以至大家都不敢说话，路上相遇只用眼神打招呼。

前秦出了这么一个残疾又变态的君王，国家命运已经到了生死存亡的关头，有人要在危难时刻显身手了。御史丞梁平老私下对东海王苻坚说：“如今主上残忍暴虐，搞得人心离散。常言说得好，有德者昌，无德者亡。神器业重，不要让政权落到他人之手，希望大王早作打算，行商汤、武王之事，以顺应天意民心。”苻坚深以为然，但畏惧苻生身强力猛，不敢贸然行动，只在暗中加紧谋划。

苻生虽然天天喝酒，一副昏乎乎的样子，可对谁会威胁到自己的皇位还是有数的。前秦寿光三年（357 年）的一天夜里，苻生喷着酒气对侍女说：“阿法兄弟（指苻法、苻坚）也靠不住了，明天就把他们除掉。”这位侍女正是苻坚花大价钱收买的眼线，等苻生熟睡后，她马上把情况报告了苻坚。

苻坚兄弟不得不立即采取行动，当即召集亲兵，分两路朝皇宫开去。苻法带数百名壮士潜入云龙门；苻坚领麾下 300 余人，鼓噪跟进。苻生已经众叛亲离，宿卫军见有人带头造反，不但没有抵抗，反而跟随苻坚杀进了宫里。

苻生醉卧床上，见眼前突然出现一伙手持刀剑的不速之客，醉眼蒙眬中问左右侍从：“这都是些什么人？为何擅自闯了进来？”侍从回答说：

“是叛军。”苻生说：“见了朕何不拜？”

在场的人都忍不住笑了起来，苻坚说：“这是造反，严肃点！”苻生也发火了：“谁再不拜就拖出去斩首！”

苻坚想严肃，可场面太滑稽，只得让手下把醉醺醺的堂弟捆起来。苻生醒来后才知道自己已经成了阶下囚，继续每天在酒中寻乐。苻坚兄弟政变成功后，就谁来当老大的问题做了一番推让，苻坚有意让哥哥苻法来坐皇位，而苻法认为苻坚是嫡出，理应称尊。于是苻坚即位，去帝号，称“大秦天王”，改元“永兴”。随后他派人逼苻生自尽，苻生临死前饮酒数斗，在不省人事之下被勒死，时年 23 岁。

前秦换了领导人，东晋也想换点新气象。升平二年（358 年），司马昱也想效法褚太后，还政于司马聃，可司马聃不同意。也许冥冥中自有天意，司马聃不想走上前台，是觉得自己不是当皇帝的料，只想安安稳稳地过日子。

桓温在永和十二年收复洛阳后，就率主力退回了荆州，敦逼朝廷任命谢尚为都督豫、冀、幽、并州诸军事，让其镇守洛阳，当时谢尚重病在身，不久就死了。朝廷只好任命桓温的司马、谢尚的堂弟谢奕为安西将军，豫州刺史，都督豫、司、冀、并州诸军事，假节，接替了堂兄谢尚的职务。

谢奕与桓温是布衣之交，也是这世界上能治桓温的人，两人感情深厚，虽然做了桓温的司马，可到桓温家里作客，头巾戴得很随便，桓温常说：“你是我的方外司马。”谢奕爱喝酒，经常逼着桓温跟他一起喝，桓温实在受不了，就跑到老婆的房间躲起来，司马兴男倒是乐开了怀，说：“你如果没有一个放荡的司马，我想见你一面都难。”而谢奕一旦找不到桓温，就会跑到桓温的府邸，随便拉个值班的士兵一起喝，洋洋自得地说：“失一老兵，得一老兵。”鉴于此，让谢奕接替谢尚是最合适不过，朝廷放心，桓温也无话可说。然而，谢奕到任 1 年就死了。

司马昱考虑再三，打算让桓温的弟弟桓云出任豫州刺史，并征询尚书左仆射王彪之的意见。王彪之出身于琅琊王氏，是坚定的反桓派，他说：“桓云倒是个人才，他到任后称不称职先不管，只是桓温居长江上流，已经占据了半边天，如果他弟弟又占据西藩重镇豫州，外藩的兵权就全落到桓氏的手里了，这恐怕不符合国家利益。因此必须另找一个政治可靠，忠于朝廷的人选。我认为还是谢家人比较合适，谢奕二弟谢据不在了，该轮到老三谢安了。”

谢安少年时，曾经得到名士王濛和宰相王导的高度评价，在上层社会中享有很高的声誉。可谢安不愿当官，只醉心于带着歌女纵情于山水之间，并且屡屡拒绝朝廷的征召。

司马昱于是任命谢安的弟弟、吴兴太守谢万担任豫州刺史，兼淮南太守，监司、豫、冀、并州诸军事，假节。心想谢万能力不怎么样，你谢安总不会袖手旁观吧。

谢万比他大哥谢奕还要放荡不羁，目中无人，还特别会作秀。在他上任不久后，徐州、兖州刺史荀羡也病倒了，朝廷以郗鉴的二儿子、御史中丞郗昙为荀羡的军司，这是基于郗家在京口的影响力作出的考虑，实际上是让郗昙掌控徐州的军队。

东晋在豫州、徐州方面走马换将之时，前燕已经南侵到黄河沿岸，正在清除异己势力。这就不可避免与东晋发生冲突，升平三年（359 年）九月，东晋朝廷命豫州刺史谢万、徐州刺史郗昙对前燕实施反击。当时谢万的豫州军驻扎在下蔡（今安徽凤台县），郗昙的徐州军在高平（今山东邹城西南）。谢万由涡水、颍水之间进军，去增援洛阳。就在这个节骨眼上，郗昙生病了（比他爹差远了，病得真是时候），于是退回彭城（今徐州）。

西路的谢万听说东路军后撤，以为是吃了败仗，吓得赶紧下令全军撤退。结果，军心大乱，连敌人的影子都没见着就全军溃散，谢万单身匹马逃回了淮南。

东晋朝廷将郗昙降为建武将军，将谢万废为平民。至此，许昌、颍川、谯城（今安徽亳州）、沛县（今安徽濉溪西北）等地相继落入燕军之手，洛阳成为孤岛，岌岌可危。可这时前燕后方也出现了问题，慕容俊病重，挨到次年（360 年）正月就死了，幼主慕容玮即位，前燕内部忙于权力争斗，暂时停止了军事行动。

朝廷用人不当丢失大片领土，让桓温看不下去了。谢万被废，给他带来了一个将豫州控制到手的良机，朝廷迫于他的压力，加授他二弟桓云为司、豫二州诸军事，兼镇蛮校尉，西阳太守，假节。桓云到任后，为了迅速扩充军事实力，在豫州地区大肆征兵、征粮，拉民夫，搞得怨声载道，民愤很大。可慑于桓温的淫威，既没人弹劾他，朝廷也不敢过问。

升平五年（361 年）四月，桓温再任命三弟桓豁为都督沔中七郡（魏兴、新城、上庸、襄阳、义成、竟陵、江夏）军事、建威将军、新野义成二郡太守。并命令桓豁率军北上进取许昌，自己率领大军驻屯南阳，作为声援。桓豁一举击破了前燕大将慕容尘部，重新夺回了许昌，桓豁也因此被晋封为右将军。

第四十章　桓温弄权，简文帝登基

升平五年（361 年）五月，晋穆帝司马聃突然一病不起，驾崩于显阳殿，时年 19 岁。由于司马聃没有子嗣，褚太后下令说琅琊王司马丕是朝廷中兴以来的正统嫡传，没有人比他更适合当皇帝。于是朝廷百官备好皇帝的车驾到琅琊王府迎接司马丕。司马丕继位后，改封东海王司马奕为琅琊王，大赦天下，改次年为隆和元年。

司马丕是晋成帝司马衍的长子，司马衍去世时，就本应由他继位，只是由于当时庾冰从中作梗，他的叔叔司马岳捡了便宜。此时，司马丕刚刚 21 岁，确实是不二人选。当时天下纷争，新兴起的前秦和前燕为争夺中原霸权打得不可开交，东晋朝内忧外患，正需要一个强有力的人主持大局，可司马丕却令人大失所望。

司马丕打小迷恋炼丹长生之术，年纪轻轻就热衷于研究长生之法。司马丕崇信道士，对他们传授的长寿之术入迷，难以自拔。他遵循道家的长生修道之法，不食五谷，而服用药性剧烈的长生丹药。当上皇帝不久就因误食丹药毒发不能理政，褚太后不得不再次临朝辅政。

褚太后重新听政后，与朝中大臣共同谋划，处理桓温权力过大的问题，下诏加封桓温为扬州刺史，并给予其宰相的高位让他入朝主持政事，试图以此来剥夺他的兵权。结果，桓温不但拒绝到建康，反而上疏朝廷请求迁都洛阳，建议将永嘉之乱（307 年）以来迁徙流落到江南的民众全部北迁，以充实黄河以南地区。

桓温的奏疏让朝野上下一片哗然，近半个世纪了，北方移民已经在江南扎下了根基，老一辈人都忘了家乡是什么样，而在南方出生的人根本没有这个概念。况且中原地区一片废墟，处于胡人的铁蹄之下，环境险恶，哪有江南舒适安全？以司马昱为首的朝中大臣都认为桓温的提议不可行，可都畏惧桓温的势力，没有人敢率先提出异议。

散骑常侍兼著作郎孙绰于是勇敢地站了出来，上书提出了反对意见，列举了诸多不宜匆忙迁都的理由。这让桓温很不高兴，他说："这个孙绰，为什么不去实践你的《遂初赋》，而偏要管人家的家国大事呢！"因孙绰只是个很有名气的文人，没有政治背景，桓温也不好拿他怎么着。

桓温不高兴，朝廷就得忌惮三分，商议着要派侍中去跟桓温好好谈谈，劝他收回主张。扬州刺史王述看到了事情的本质，说："不用，桓温不过是虚张声势吓唬朝廷罢了，并不是真想迁都，尽管答应他好了，他自己就不会去。"于是朝廷下诏说："得知你想亲率三军收复中原，光复旧都，如果不是有以身殉国的志向，谁能如此！只是要在废墟上重建都城，需要时间来经营和治理，这就辛苦你来筹划和安排了，相信以你的多谋深算，再加你的劳心劳力，一会有个满意的结局。"桓温收到诏书后，迁都之事果然不了了之。

晋哀帝兴宁二年（364 年）七月，朝廷两次敦促桓温入朝主政，这回桓温倒是上路了，却是带着大军一起来的，司马昱连忙派尚书车灌前来制止。桓温则在赭圻（今安徽繁昌县）驻扎了下来，窥视建康的野心已昭然若揭。

兴宁三年（365 年）二月，在东晋权臣斗心眼的时候，前燕在辅政大臣、太宰慕容恪的带领下，渡过了危机，又回到正常的轨道。于是慕容恪亲率燕军大规模南下，相继拿下了许昌、洛阳，桓温上次北伐收复的失地，再次丧失。

司马昱于是亲赴洌洲（今安徽长江中的小岛）与桓温会面，商讨北伐事宜。你桓温不是要迁都洛阳吗，如今洛阳丢了，你再去打回来呗，省得天天在旁边窥伺建康。他还命桓温移镇姑孰（今安徽当涂），做出征前的准备。

就在司马昱离开建康之时，晋哀帝司马丕因把长生不老药当饭吃，不幸毒发身亡，时年25岁。此前，侍中高崧就多次劝谏司马丕说：“这不是帝王该干的事，陛下这种做法，就像出现日食月食一样，可不是好事。”司马丕已经走火入魔，根本听不进去。

司马丕由于滥吃“仙药”，没有留下子嗣，褚太后下诏说，司马奕德才兼备，又是皇帝的弟弟，应当继承皇位。于是百官到琅琊王府去迎奉司马奕，司马奕于二月二十三日即皇帝位，大赦天下，定次年为太和元年，史称晋废帝（也称海西公）。褚太后继续临朝摄政。

司马奕当上皇帝，意味着桓温已历成、康、穆、哀四帝，再加上晋废帝司马奕，就是五朝元老了。内心发生激烈的斗争是很自然的，他人安坐建康，什么都不干，皇帝一代一代当下去，自己在外奔波劳累，出生入死，到底是为了什么？自己难道就是为他人作嫁衣的命？有时候，桓温躺在床上眼睛空洞地突然对亲信说：“如果一辈子甘于现状，默默无闻，将来岂不被文景（晋景帝司马师、晋文帝司马昭）笑话！”身边的人都知道他有篡位之心，都不敢吭气。有时他半夜醒来，又突然坐起身自言自语：“一个人既然不能流芳百世，就应该遗臭万年。”他曾经过王敦的墓地，对着坟墓长吁短叹。也许正如当初刘惔所说，他就是个赌徒，没有十足的把握不会下注。桓温此时估计信心还是不足，为此他又专门找到能预测人们贵贱的方术大师杜炅，让杜炅测一下自己的官位能达到什么高度。杜炅摇头晃脑说道：“明公的功勋举世无双，当位极人臣。”杜炅认为这已经很了不得了，却发现桓温满脸不高兴。为此，桓温打算再树立威名，增大政治筹码，他在等待机会。

东晋太和二年（367年），前燕辅政大臣、杰出的政治家、军事家慕容恪死了，前秦朝野都认为燕国只剩下些无能之辈，准备讨伐。不料自己的后院先起火，苻生的弟弟晋公苻柳以及赵公苻双联合另外两个皇亲魏公苻廋、燕公苻武，分别在蒲坂（今山西南部）、陕城（今河南陕县一带）和上邽、安定等地起兵谋反。苻坚不得不分兵前往镇压，忙于清理后院。

桓温也觉得这是讨伐前燕的好机会，可出征前他还要跟朝廷提点条件，暗示想享受点特殊待遇。朝廷经过认真“研究”，于太和三年（368年）给他加授比诸侯王还高一级的特殊礼遇。可还有一支力量让桓温感到不放心，当时，驻守京口重镇的北府兵骠勇善战，而统管这支部队的平北将军、领徐、兖二州刺史的郗愔脑子还不开窍，没摆正自己的位置。桓温曾在公开场合说："京口酒可饮，兵可用。"郗愔不知道桓温是在觊觎京口的军队，还以为是称赞他。于是写信给桓温说要与他一同辅助晋室，率领自己的部队北上，修复园陵。

当时郗愔的儿子郗超在桓温的手下任参军，很清楚桓温的心思。见到父亲的来信后，偷偷拆了先看，不由大吃一惊，把父亲的信撕了，自己重新写了一封，信中称自己不是将帅之才，不能胜任军旅重任，而且年老多病，请求找一个悠闲的地方休养，并劝说桓温接掌京口的兵众。这令桓温非常高兴，他立刻调任郗愔为冠军将军、会稽内史，桓温自己兼任徐、兖二州刺史。到此，桓温终于可以放心北伐了。

太和四年（369 年）四月，时年 58 岁的东晋大司马桓温开始了他的第三次北伐，率领步骑 5 万从姑孰出发。桓温首仗派建威将军檀玄攻克了胡陆（湖陵城，位于今山东鱼台县东南），生擒了前燕宁东将军慕容忠。

前燕方面不敢怠慢，任命下邳王慕容厉为征讨大都督，率领步骑兵 2 万迎战晋军于黄墟（今河南开封、兰考一带），这是东晋与前燕军队第一次正面交锋，一仗下来燕军大败，慕容厉只身逃往邺城。前燕高平太守徐翻举郡投降。晋军前锋邓遐、朱序又在林渚（今河南新郑市北）击败燕将傅颜。前燕再派乐安王慕容臧率军抵挡晋军，慕容臧也接连失利。

七月，桓温进驻武阳（今山东莘县东南），前燕兖州刺史孙元是流民出身，见晋军到来，率领他的宗族起兵接应。桓温抵达枋头（今河南浚县西），前燕朝廷大为恐慌，此前，他们已经派散骑常侍李凤到前秦求救，可前秦方面却没有任何消息。燕幽帝慕容暐和太傅慕容评商议着准备放弃国都邺城，逃回龙城（今辽宁朝阳）。紧要关头，吴王慕容垂挺身而出说："别忙，我请求出战，如果我不能取胜，你们再跑也不晚。"慕容暐于是让慕容垂代替慕容臧为南讨大都督，与范阳王慕容德一起率领 5 万步骑抵御桓温。同时，再派散骑常侍乐嵩到长安求救，条件是答应把虎牢关（今河南荥阳西北汜水镇）以西的土地割让给前秦。

苻坚召集群臣商议，大家的意见基本相同："当初桓温一直打到灞上，燕国袖手旁观，如今轮到他们挨打，我们为什么要救？况且燕国又不向我们称臣，又凭什么要救他们！"只有超级谋士王猛不发言。

会后，王猛向苻坚献策：“先出兵与燕国共同击退晋军，然后趁燕军精疲力尽，没有防备之时，再灭了燕国，这叫先救后取；否则，一旦让桓温占据了中原，就会变成大秦的强敌，我们再想染指中原就难了。”苻坚深表赞同，当即命令将军苟池和洛州刺史邓羌领兵两万援救前燕。

燕军并没有如王猛所料与晋军死磕，慕容垂只是在枋头与桓温相持，采取避其锋芒，寻机出击的办法。桓温以前燕降将段思为向导，慕容垂瞧准机会，派将军悉罗腾在与晋军交战中，生擒了段思，接着又斩杀桓温手下大将、后赵旧将李述，晋军士气受挫。

桓温劳师远征，又是深入敌境，是很注意后勤运输问题的，命豫州刺史袁真率部负责打开石门，将黄河水注入睢水，以运送粮草。慕容垂不是等闲之辈，派慕容德率1万5千骑兵抢先一步占领了石门。袁真无法攻克石门，自然也就无法注水，东晋以水路优势输送补给的生命线被掐断。与此同时，前燕豫州刺史李邽自发率领5000地方部队，在晋军的后方到处骚扰、打伏击，又切断了晋军的陆路粮道。

相持到九月，桓温的主力还没与慕容垂正面交战，就粮草告急，无心恋战了。又听说前秦的援兵正在接近。桓温知道再呆下去只有死路一条，下令焚烧了所有的船只，丢弃辎重、铠仗，从陆路撤军。燕军众将都力主追击，慕容垂说：“不急。桓温刚刚撤退，肯定保持高度戒备，必派精锐殿后。此时出击，未必得手，不如先缓一缓。等他庆幸我们没有追击时，必定昼夜兼程，等他的士卒精疲力尽时再出击，一定大获全胜。”慕容垂亲率8000骑兵，缓缓地尾随着晋军。

桓温果然很警觉，撤退途中担心敌人在上游放毒，命令士卒凿井取水，一气走了700里，几天后就改为急行军，星夜兼程南撤。慕容垂说：“可以出击了！”下令快马加鞭，火速追击，并命慕容德率4000精锐骑兵抄小路埋伏在襄邑（今河南睢县）东面的山涧中。

晋军走到襄邑时已是精疲力尽，还没摸清后面到底有多少追兵，前面又遭到伏兵的截击，全军顿时崩溃，随即就变成一场大屠杀。燕军区区8000骑兵，竟然斩杀了3万晋军。

桓温带着不到一半的残兵继续南逃，可才逃到谯城，又遇到恰好赶到该处的前秦援军，晋军再遭重创，最后逃回去的不到1万人。桓温苦心经营的精锐部队至此几乎丧失殆尽，事后他把责任归咎于袁真，奏贬袁真为平民。袁真不服，上书朝廷申诉，指控桓温的种种罪状。

朝廷不敢招惹桓温，维持原判。袁真一怒之下据寿春城发动叛乱，并同时向前秦和前燕求援。桓温则退至山阳（今江苏淮安），朝廷不但不敢追究他的责任，还命侍中罗含带着牛羊美酒到山阳犒劳他，并任命他儿子桓熙为豫州刺史。不久，桓温又移镇广陵（今江苏扬州）。这次出兵让桓温颜面尽失，从此把北伐两个字彻底屏蔽。沉闷了一段时间后，有人站出来为他分忧了。郗超私下跟桓温说："明公身居重任，如果不能效仿伊霍（伊尹和霍光）、行废立之事，就不足以重立威权，震慑天下。"桓温马上心领神会，两人于是关起门窗、落下窗帘，嘀嘀咕咕密谋起来。

郗超考虑到司马奕谨慎小心，又没有什么过错，认为只有利用人们看不见的私密之事进行构陷。因此向桓温献计："我们就说皇上早就患有阳痿，不能生育子嗣，其后宫所生的 3 个儿子，是宠臣相龙、计好、朱灵宝等人代劳，与田美人、孟美人苟合的，并非皇室血统。"

随后，这些话就在民间迅速传播开来，人们对这些谣言根本无法辨别真伪，当时又没有基因鉴定，就算有，那些阴谋家也有 100 种方法应对，可怜的司马奕在强势的权臣面前，就成了代罪羔羊，只有坐以待毙了。

咸安元年（371 年）十一月十三日，桓温一反常态突然来到建康，公然向褚太后提出要废司马奕为东海王，改立丞相司马昱为帝，并将预先写好的诏书呈上。当时，褚太后正在佛堂烧香，内侍报告说："外有紧急奏章。"褚太后出来，倚着门才把奏章看了几行，就说："谣言一起，我就猜到会有这种事！"看到一半时，那些不堪入目的字眼，让她实在看不下去了，命内侍找来一支笔，在奏章上批复："我不幸遇上百般忧患，感念生者与死者，心如刀割。"桓温开始时，还担心褚太后会反对，恐慌到汗流浃背，脸都绿了，等诏书批复下来后，不禁欣喜若狂。两天后，桓温召集百官上朝，宣布废立皇帝之事，百官震惊。桓温见大家恐慌，自己也跟着一脸茫然，不知如何是好。尚书仆射王彪之知道事情已无法挽回，就对桓温说："您要行废立之事，得按规矩来啊！"

于是命人找来《汉书·霍光传》，照本宣科，依据霍光废黜汉昌邑王的过程收回了晋废帝司马奕的御玺绶带，司马奕就成了东晋建立以来第一位，也是唯一一位在位期间被废黜的皇帝。然后由桓温率领文武百官到会稽王府奉迎司马昱。司马昱接受国玺绶带后，即位为帝，史称"晋简文帝”，改年号为“咸安”。

桓温出了宫，临时住在中堂，派兵守卫。他腿脚不方便，朝廷下诏让他乘车入殿。桓温准备了一份说辞，打算向司马昱陈述他废立皇帝的本意。可司马昱每次接见他总是未语泪先流，令桓温战战兢兢，竟然开不了口。

这个司马昱在本书中出场很久了，不过很快他就要退场了。因此让我们重新认识一下这位东晋帝国第 8 任皇帝。司马昱是东晋开国皇帝司马睿的小儿子，自幼聪慧，深得司马睿的宠爱。当时著名的学者，集文学家、训诂学家兼道学术数大师于一身的郭璞只见过这孩子一面，就断言：“将来振兴晋朝的，必是此人。”司马睿愈发高兴，司马昱 2 岁即受封琅琊王，食邑会稽、宣城。8 岁时，又由侄子晋成帝下诏，徙封会稽王，拜散骑常侍。

史载司马昱“清虚寡欲”，只喜欢读书，尤其喜欢钻研玄学，受魏晋之风的影响，与当时的许多名士一样，喜欢清谈，成了一个玄言大家。从永和元年（345 年），褚太后下诏拜司马昱为抚军大将军、录尚书六条事起，司马昱就一直稳坐朝中，成了皇室的一面旗帜，可谓风光无限，可司马昱的人生中曾摊上过一件天大的难事。

原来，司马昱第一任夫人是王述的堂妹，生下长子司马道生及次子司马俞生，另外还有 3 个庶子（司马郁、司马朱生和司马天流）。可 5 个儿子中，有 4 个不是夭折就是病死，长子司马道生由于人格不健全，专做荒唐事而被囚禁至死。

司马道生死后，司马昱王府中的大小老婆就像约好了似的，整整 10 年没一个人为他生下一男半女。“不孝有三，无后为大”，这罪过可就大了。为此，司马昱无数次令人占卜算卦，当时有个叫许迈的道士名气很大，从朝中大臣到普通民众都在传说他已经得道成仙。当司马昱花重金向许道士求助时，许道士深知自己的道行远远没有人们吹嘘得那么玄乎，除了说些“殿下德行厚，福运深，应该是子息兴旺”之类的奉承话外，还建议司马昱辛苦点，采取多纳妾、接触更多女人的办法，拓宽传宗接代的路子。

以司马昱的地位和财富，只要他愿意，女人不成问题，只是辛苦点罢了。可不管他怎么努力，就是不见成效。一晃好几年又过去了，司马昱心里着急啊。经过多方打听，有谋士向司马昱推荐了一位相面大师。据说这位大师的眼睛特别毒，只要女人从他眼前走过，就能看出她能不能生娃，并且是生男生女，一看一个准。

司马昱命令将府里的所有妻妾召集起来，然后依次从大师面前走过，大师看过之后都摇摇头，说这些女人没有一个能生出儿子的。司马昱想起另外有个叫扈谦的算卦师说过："殿下后房里有一女子，当能生育两个富贵男孩，其中一个能兴盛晋室。"

司马昱又将范围扩大，让府中的丫环、奴婢等适龄女性都集中给大师过目，结果还是没有一个被相中。司马昱快要绝望的时候，有下人告知，纺织坊里还有一个被下人们起外号为"昆仑"的纺织女，由于长得又黑又丑，所以没有通知她。

司马昱也是拼了，表示只要能给他生儿子，哪怕再丑也不在乎！下人们口中的"昆仑"名叫李陵容，她一出场，很多人都惊呆了：高高的身材像铁塔似的，全身黝黑、头发卷曲，这形象，在中国古代被称之为"昆仑奴"。

首先吃惊的是大师，他指着李陵容对司马昱说："就是此人，她不但能给你生儿子，还特别旺夫！"司马昱不管她旺夫不旺夫的，为了子嗣大业，他只能将李陵容当成西施、王昭君了。李陵容也很争气，由地位低下、人人取笑的黑丑女人一跃成为王妃后，用事实给大师做了一次活广告：为司马昱生下了司马曜、司马道子和后来的鄱阳公主，两儿一女。司马昱终于扬眉吐气：有后代了，香火得以延续了！

李陵容私下跟贴身丫环说："她怀司马曜时，梦见两条龙枕在膝上，日月落入怀中。"而眼前的事实不由人不信，由于桓温弄权，已经52岁的司马昱竟然鬼使神差地坐上了皇位，那么接下来，他有什么作为呢？

第四十一章　孝武帝上台与淝水之战

桓温把年过半百的司马昱推上皇位，就是看中他不会有作为，因为司马昱已经不再年富力强，早为子孙大计掏空了身子，为桓温下一步篡位提供了时间上的保证。因此，桓温接下来要做的，是要集中精力铲除对自己有威胁的皇室成员及异己势力。

司马昱的异母哥哥武陵王司马晞在咸康八年（342 年）时，就与当时的会稽王司马昱、中书监庾冰、中书令何充、尚书令诸葛恢共同接受晋成帝司马衍的临终遗诏，担任顾命大臣，辅佐朝政。永和八年（352 年）时，升任太宰。司马晞对做文官没有兴趣，就喜好习武练兵。桓温对他非常忌恨，司马昱即位才 3 天，桓温就上表称司马晞出身于皇族，却招纳轻浮小人，窝藏亡命之徒，儿子司马综傲慢残忍，袁真叛逆跟他有关。请求免除司马晞的官职。随后又让自己的弟弟桓秘充当急先锋，逼令新蔡王司马晃自首，称与司马晞、司马综、著作郎殷涓、太宰长史庾倩、散骑常侍庾柔等人意欲谋反。

司马昱当然明白其中委曲，只流泪，不表态。桓温于是下令将人全部逮捕，送交廷尉。过了两天，桓温直接下令诛杀了司马奕的田美人和孟美人以及她们的 3 个孩子。仅隔了 1 天，御史中丞谯王司马恬秉承桓温的旨意，请旨诛杀武陵王司马晞等人。司马昱实在不忍心宗室之间再起杀戮，下诏说："我既悲痛惋惜，又惊恐不安，这种事我连听都不愿意听，何况还要我下令呢！你们再研究研究！"

桓温不得已赤膊上阵，亲自上书威逼，言词异常激烈。司马昱忍无可忍，亲手写下诏令："如果晋王朝还能延续，就请大司马不要再提此事。如果晋王朝气数该绝，就让我退位让贤吧！"桓温见步子迈得太快，把皇帝逼得太急也不好，就不再坚持杀司马皇族，于是改奏请黜废司马晞及他的 3 个儿子，全家迁徙到新安郡（今浙江淳安县）；黜免新蔡王司马晃为庶人，贬到衡阳（今湖南湘潭西南）。司马昱保住了宗族骨肉的性命，桓温也达到了削弱皇室势力的目的。

而殷氏、庾氏就在劫难逃了，桓温下令将他们满门抄斩。桓温在不到 10 天时间里，废立皇帝，剪除皇室宗亲，诛灭两大高门望族，威势显赫至极。侍中谢安见到桓温，远远地就开始叩拜，桓温内心受用，却故作吃惊地问："安石，你这是什么意思？"谢安说："没有君主叩拜于前，而臣子还礼于后的道理，只能如此了。"

连谢安都把桓温当君王叩拜，司马昱就更加感觉到了巨大的压力。实际上，从他即位之日起就深知自己的处境，无时无刻不提心吊胆，因为他是看着桓温一步步走今天的，其野心已昭然若揭，既然他开了废立皇帝的头，就会有第 2 次、第 3 次，只要他想，谁敢保证他不会直接弑君呢？由于心病太重，司马昱入宫没几个月，就憔悴衰老了很多，头发迅速花白，身体很快就撑不住了。

在桓温行废立大事，威逼皇室宗亲，诛杀异己，大发行淫威时，司马昱就战战兢兢地进封桓温为丞相，留京辅政。但桓温不接受，只任命郗超为中书侍郎，坐镇朝中，自己则率军经白石返回姑孰，执掌兵权，继续控制长江上游，遥控朝政。

咸安二年（372 年）七月二十三日，司马昱已病入膏肓，一生做事并不果断的他，以最快的速度册立 11 岁的司马曜为太子。慑于桓温的淫威，一日连发 4 道诏书，催促桓温入朝辅政，但桓温都不加理睬。抱着最后一丝打动桓温的希望，司马昱学刘备白帝城托孤的做法，立下遗诏说："如果我的儿子成器，请你辅佐；如果不才，请你自行取代。"

这份事关东晋前途命运的遗诏，一旦到了桓温的手上，向左向右全在其一念之间。他既可以像诸葛亮那样尽心辅佐幼主，也可以像王莽那样篡位自立，这是其他士族所不愿看到的。出身太原王氏的侍中王坦之更是当着司马昱的面把遗诏撕得粉碎，说：“晋室天下，是宣帝（司马懿）和元帝（司马睿）建立的，陛下怎么能私授于他人呢?”

司马昱见身边还有这样的忠臣，伤心之余，还是感到很欣慰，于是让王坦之重新起草遗诏，改为：“家国大事一概听命于大司马，一如诸葛武侯、王丞相（王导）的旧例，太子要以刘禅敬诸葛武侯为榜样，敬重大司马。”将桓温比作诸葛亮，意味着大权可以有，称帝就是大逆不道，用道德将他牢牢束缚。立完遗诏的当天，司马昱就死了，享年 53 岁，在位仅 8 个月 14 天。

国不可一日无君，群臣中有惧怕桓温的，提议等请示桓温后再作打算。尚书仆射王彪之严厉地说道：“天子驾崩，太子当立，大司马不能、也不会违背礼制！如果当面向他询问，肯定要受到他严厉指责。”临危决断，迅速拥立司马曜为帝，是为孝武帝。

在晋王室命悬一线的关键时刻，各门阀大族联手阻止了桓温篡晋的阴谋，既维护了他们自身的既得利益，也确保了司马曜的顺利即位及东晋王朝的延续。

而这样的结局令桓温怨愤不已，他满以为司马昱临死会禅位给自己，没想到司马昱在最后一刻立了太子，而且连个摄政大臣也没捞着，只是辅政而已。他在给弟弟桓冲的信中发泄：“遗诏只让我依照武侯、王公故事罢了，王、谢在朝中处理政事，总让人愤愤不平。”将矛头指向了王坦之与谢安。

司马曜即位后，为了安抚桓温，谢安、王坦之等人以司马曜的名义下诏称：“内外一切事务均按大司马的意见办。”并由谢安亲自前往姑孰，征召桓温入朝辅政，加仪仗队的羽葆鼓吹，虎贲 60 人，桓温依然推辞，更不肯入朝。

可桓温称帝之心不死，既然不肯禅让，那只能来硬的了。宁康元年（373 年）二月，桓温带领大队兵马，气势汹汹地直奔建康，准备灭了东晋，来个武装夺权。满朝文武都慌了神，不知如何是好。褚太后命谢安与王坦之率领百官到新亭（今江苏江宁县南）迎接，因为大家都知道桓温对此二人恨之入骨，褚太后无疑是让他们去送死，可谓用心歹毒。

王坦之吓得魂飞魄散，谢安却泰然自若，说："晋室的存亡，就取决于此行。"到了新亭，桓温部署重兵守卫，当时有一定地位和声望的官员都惊慌失色。王坦之汗流浃背，连手中的朝板拿颠倒了都不知道。只有谢安从容就座，他坐定以后不冷不热地问桓温："我听说诸侯有道，守在四邻。明公您何须在周围安排这么甲士呢！"桓温不好意思说："我也不得不防啊！"说着他把人全部撤走，与谢安从儿时谈起，东拉西扯了大半天。由于谢安的机智和镇定，桓温终于没有武力夺位，怏怏地返回了姑孰。

桓温回到姑孰又后悔了，他恨自己太过优柔寡断，每到关键时刻总是畏缩不前，在灞上，长安就在咫尺；在枋头，邺城也触手可及，都是因为不敢果断前进而功亏一篑。加上这次兴师动众挺进建康，只要横下心迈进一步，也就成功了，绝对没有王敦的结局。

可桓温终究还是与王敦殊途同归，自己在内心的煎熬、纠结中倒下了。患病期间，他迫不及待地要朝廷给他加九锡之礼，并不断派人催促。谢安、王坦之等人见桓温病重，让著名文学家袁宏起草诏令，完了交给王彪之审阅。王彪之说："你的文笔也太好了，作为文章留存于世还行，可作为公文又太过华丽，不行！"谢安就拿过来修改，尽量拖延，反反复复始终没有定稿。用王彪之的话说："桓温的身体一天不如一天，挺不了多久，九锡之诏，能拖就拖。"拖到七月，桓温就病死了，终年62岁，九锡诏书也就此了事。司马曜继位之初的危机期总算有惊无险地渡过了。

桓温死了，东晋门阀政治的格局还得延续。尚书令王述于太和二年（367年）八月去世后，尚书令一职一直空着，司马昱以丞相身份登基后，以王彪之为尚书仆射，谢安为侍中、吏部尚书、中领军，由于司马昱临终时，桓温曾上书建议由谢安辅政，因此谢安在朝中占据着相当重要的地位。

桓温生前的职务为使持节、侍中、都督中外诸军事、丞相、录尚书事、大司马、扬州牧、平北将军、徐兖二州刺史；桓温三弟桓豁为右将军、都督荆梁雍州军事、领南蛮校尉、荆州刺史、假节，桓温幼弟桓冲为振威将军、监江州、荆州、豫州三州六郡诸军事，南中郎将，假节，江州刺史，领镇蛮护军，西阳、谯郡二郡太守。桓氏实际控制了扬、徐、兖、荆、江、豫六个州（梁、益二州已被秦前夺取），再加上桓温的子侄辈也有很多人担任太守一级的官职。桓温有六个儿子：桓熙、桓济、桓歆、桓祎、桓伟和桓玄，桓熙、桓济因为在与小叔桓冲发生利益冲突被废；桓歆被封为临贺郡公；桓祎患有痴呆症；桓伟后来也做到荆州刺史；5 岁的桓玄继承桓温的事业，袭封为南郡公。桓温二弟桓云已死，儿子桓序为宣城内史。桓温三弟桓豁有 20 多个儿子，记录在案的有宁远将军、南顿太守桓虔，鹰扬将军、竟陵太守桓石秀，谢安的参军桓石民。桓温的四弟桓秘跟侄儿一道被废。桓温幼弟桓冲又有 7 个儿子：桓嗣、桓谦、桓修、桓崇、桓弘、桓羡和桓怡，此时也在军中任职，担任中低级军官。因此，桓温虽然不在了，可桓氏家族还掌握着东晋核心区域的军政大权。

桓温去世后，有人曾劝桓冲清除朝中的谢安和王坦之，只是桓冲没有采纳。这种情况下，谢安急需寻找同盟军，增强自己的实力，因此，他的第一步是请求崇德太后褚蒜子再次临朝称制，摆上桌面的理由是天子年幼，大臣新死，亟须稳定大局。可褚太后只是司马曜的堂嫂，从法礼上说不通。谢安私下对王彪之、王坦之解释说，皇帝的生母李陵容出身低贱，拿不出手，褚太后已辅佐过两朝皇帝，论资格那是杠杠的，而且从政经验丰富，非她莫属。

谢安的第二步是任命桓冲为中军将军，都督扬、豫、江三州诸军事，扬、豫二州刺史，镇守姑熟，将桓温生前管辖的扬州给他；加封桓豁为征西将军，在原都督荆、梁、雍三州诸军事的基础上，又加督交州、广州诸军事；加封桓豁之子、竟陵太守桓石秀为宁远将军、江州刺史，镇守浔阳。故意留下徐州和兖州虚位以待，如果桓氏家族没有提出抗议，再选派非桓氏家族的人就任。一旦桓氏家族态度强硬不肯相让，再从长计议。而事态的发展，就看已经成为桓氏家族实力派代表人物的桓冲的态度了。

桓冲与大哥桓温不是一路人，他忠于晋室，以国家利益为重，为避免出现不必要的冲突，自愿出镇外地。因此，他接任桓温的官职后，一改桓温之前的做法，与朝廷保持紧密联系。此前，桓温对自己辖区内的死刑案件从不上报朝廷，桓冲认为生杀予夺大权是皇上的权力，因此，他到任后凡是死刑案件都要先上报朝廷，得到批准后才执行。这让谢安认为桓冲是个可信赖、能与之共同匡扶晋室的人。王坦之去世后，谢安与桓冲分处中外，使东晋的权力结构达到平衡。由于两人思想境界相同，既维护家族利益，又兼顾国家，东晋由此步入一段难得的安定团结时光，整个社会呈现出一派祥和的气象。

然而，此时的天下局势却不容乐观，在东晋政权从内讧到拨乱反正的几年时间里，前秦苻坚在王猛的辅佐下，迅速消灭了前燕、扫平了整个北方地区。当时没有人怀疑苻坚会成为第二个秦始皇、汉高祖，都相信一个强大统一的时代即将到来。

苻坚自己也是这么认为的，在发动淝水战役之前，大秦帝国的疆域“东极沧海，西并龟兹，南包襄阳，北尽沙漠”。东北、西域各国都派遣使节与其建立外交关系，只有东南一隅的东晋与之对峙。而且前秦已将边界线推进至淮河、汉水，使东晋的版图又回到其建立初期的状态。

面对如此广阔的疆域，苻坚的策略是把氐族众部分迁到各地，让苻氏亲族离开长安镇守全国各重要城市和军事要地，他的爱子长乐公苻丕就负责镇守前燕的国都邺城，形势一片大好，就等着统一天下，分封诸侯了。

遗憾的是，失去了超级辅佐王猛，苻坚的脑子终究不太好使，他把氐人迁徙到各地，固然是增强了前秦在各地区的控制力，可却削弱了氐人在关中祖居地的势力，带来了极大的隐患。可此时的苻坚还没有意识到这一点，已经把消灭东晋的计划提上了议事日程，并且命人在长安修建新的官邸，准备安置司马曜、谢安等东晋君臣了。他说：“平定江东后，让司马曜担任尚书仆射、谢安担任吏部尚书、桓冲担任侍中。这一天很快就会到来！”

早在建元十四年（东晋太元三年，378 年），苻坚就开始对东晋用兵。这一年二月，他派爱子征南将军苻丕率领步骑 7 万，与征虏将军石越、京兆尹慕容垂（因功高震主受猜忌，投奔前秦）以及领军将军苟池等各路人马约 10 万人，会攻襄阳，揭开了进攻东晋的序幕。

襄阳守将是东晋南中郎将、梁州刺史朱序，一开始，他欺负前秦军是旱鸭子，又缺少渡河器具，根本不当回事。等到石越率领 5000 骑兵顺流渡过汉水时，朱序才慌忙固守襄阳中城。石越攻克襄阳外城，并利用缴获来的 100 多艘船只接运余下的秦军，使襄阳遭到团团围困。

当初，朱序的母亲韩老夫人听说秦军要进犯襄阳，亲自登上城墙察看。视察到西北角时，她认为该处不够坚固，于是率领女仆及城里的成年女子 100 多人在城墙里边斜着修筑了一道 20 多丈的城墙。等到秦军攻城，西北角的城墙果然被攻破，将士们转移到新城墙上固守，秦军只得撤退。大家遂称这段城墙为“夫人城”。

苻丕想一口气拿下襄阳，大将苟苌认为秦军占尽优势，不如采取围而不打、阻断晋军粮道和援兵的办法，到时就像抓坠入罗网的鸟似的，轻松取胜。苻丕觉得是个好办法，就与攻下了南阳的慕容垂合军襄阳城下，等着捉鸟。

战事一拖就是小一年，前秦御史中丞李柔上书弹劾说："长乐公苻丕等人拥兵10万，围攻一座小城，每天的耗费以万计，却久攻不下，不如撤军，追究苻丕的责任。"苻坚不愿半途而废，说："苻丕等人空耗钱粮，确实应该问责。只是军队出征那么久，不能无功而返，就宽恕他们一次，让他们用胜利来赎罪。"于是派使者持符节警告苻丕等人，并赐苻丕宝剑一把，说："如果明年春天还拿不下襄阳，你就用这把剑自裁，不必厚着脸皮回来见我了!"

苻丕没办法，只好严令各部猛攻襄阳，我的脑袋保不住，你们就先死在襄阳城下给我看。朱序倒是员猛将，屡屡出战，打得秦军不敢小觑。不料城内出了叛徒，襄阳督护李伯护秘密派儿子前往秦军大营请降，自愿充当内应。

秦军终于攻克襄阳，抓获朱序，将他押送到长安。苻坚杀了卖国投敌的李伯护父子，任命为东晋守节的朱序为度支尚书（财政部长）。

接着，苻坚又派兖州刺史彭超进攻彭城（今江苏徐州），派后将军俱难等人率步骑7万攻打淮阴（今江苏淮阴西南）、盱眙（今属江苏）两地。两军以掎角之势冲击东晋的东路防线。

到第二年（379年）二月，秦军攻陷彭城、淮阴。五月又拿下了盱眙。秦国6万大军进围三阿（今江苏高邮西北），三阿距广陵（今江苏扬州）仅100里，建康震动。

朝廷急忙沿长江重新布防，派谢安的弟弟征虏将军谢石率领水军驻扎在涂中（今安徽滁州）。此时晋军的一支王牌部队，也就是东晋历史上鼎鼎大名的北府兵正在广陵。

早在太元二年（377年），眼看前秦日益强大，为抵御他们入侵，朝廷拟打造一支作风过硬、战斗力强悍的野战部队。谢安推荐自己的侄儿谢玄，朝廷遂任命谢玄为建武将军、兖州刺史，领广陵相、监江北诸军事，镇守广陵。谢玄一到广陵就招兵买马，其时广陵和京口聚居着大量从北方逃避战乱而来的流民，谢玄从中选拔骁勇士卒，再加上附近不少武艺高强、又懂军事的汉人踊跃参加，就此组建起这支部队，并从中提拔彭城人刘牢之为参军，进行严格、封闭式的军事训练，正有待战火的检验。

眼下就到了检验他们的时刻，谢玄于是率领北府兵救援三阿，果然不同凡响。六月，谢玄首败秦军于盱眙，秦军退屯淮阴。北府军将领何谦率水师溯淮水而上，焚毁秦军建造的浮桥，秦将邵保战死，退屯淮北。谢玄与何谦、戴逋、田洛等乘胜追击，再败秦军于君川（今盱眙县北君山之川）。刘牢之则夺取了秦军的辎重及运输船只。这一仗不但解了三阿之围，还乘胜收复了盱眙、淮阴，全歼敌军。秦军主将彭超、俱难仅以身免，只身逃回了长安。苻坚大怒，更加坚定了灭晋统一天下的决心。

建元十九年（东晋太元八年，383 年）八月，苻坚不顾王猛生前的劝告，力排众议，终于发动了淝水之战。

苻坚这次可是下了血本，命令全国每 10 个成年男子就抽 1 人为兵；20 岁以下的富贵人家子弟，凡是有点能耐的都拜为羽林郎；人数不够，又征鲜卑、匈奴、羌等其他胡族补充。命幼弟阳平公苻融率后将军张蚝、京兆尹慕容垂等以 25 万步骑兵作为前锋，自己随后从长安出发，率领步兵 60 余万、骑兵 27 万浩浩荡荡望南而行，大军旗鼓相望，前后千里。

九月，苻坚大军到达项城，而凉州兵才赶到咸阳，巴蜀 7 万水师也才顺流东下，幽州、冀州的军队也抵达了彭城，苻融的先头部队已经抵达颍口。东西万里，水陆并进，如此场面实属世所罕见。

面对前秦的大举进攻，东晋方面任命尚书仆射谢石为征虏将军、征讨大都督，任命徐、兖二州刺史谢玄为前锋，与辅国将军谢琰、西中郎将桓伊等率 8 万兵众抵抗前秦。另派龙骧将军胡彬带领 5000 水军增援寿阳。共分三路兵马北上迎敌。

以区区 8 万人对付百万秦军，建康上下无不震恐，谢安倒是镇定自若。谢玄的北府兵虽然勇猛，但兵力相差如此悬殊，谢玄心里直发毛，出发前特地到谢安家去告别，请示一下这仗该怎么打。谢安轻飘飘一句“朝廷已有安排”就不再言语。谢玄不敢再问，又派好友张玄再去请示。谢安干脆带着张玄和亲朋好友一起游山下棋，并以别墅做赌注。张玄的棋艺高出谢安好几个段位，由于心慌反输给了谢安，谢安对在旁边观棋的外甥羊昙说：“别墅给你啦！”

荆州的桓冲见情势危急，请求派 3000 精兵入卫建康，谢安对派来的将士说：“朝廷这边都安排好了，你们还是回去好好把守西面防线吧！”桓冲毫不掩饰自己此时的心情，对手下将士说："谢公的气度确实叫人钦佩，但不懂得打仗。大军压境，他还有心思搞清谈，兵力少就罢了，又派一些毫无经验的小青年去指挥。看来我们都要当俘虏了。"

前秦方面可不管东晋高层是惊恐还是潇洒，马上展开攻击。当年十月，苻融先于东晋援兵到达寿阳（今安徽寿县），在几乎没有抵抗之下拿下寿阳城，俘虏守将徐元喜、王先等人。与此同时，中途转向西线战场的慕容垂也顺利拿下郧城（今湖北安陆），东晋守将王太丘战死，苻坚命慕容垂驻守郧城待命。增援寿阳的胡彬，在途中得知寿阳失陷后，退守硖石（今安徽凤台西南），以阻击秦军。

苻融一面派兵进围硖石，一面派卫将军梁成率所部 5 万兵马赶赴洛涧（今安徽淮南东），沿淮河布防，阻止东面晋军。谢石、谢玄害怕梁成部，在到达距洛涧 25 里处的地方就停了下来。这导致原本是增援别人的胡彬反倒成了孤军，被苻融大军团团包围，粮食很快耗尽，只好派人向谢石求救。

令胡彬所料未及的是，他这封求救信不但救了自己，还挽救了整个东晋。通信兵被秦军抓获，苻融得知胡彬缺粮后，这个战前曾极力劝止苻坚伐晋，做事一向谨慎的亲王，却突然脑子发热，误判了形势，派人火速赶到项城向苻坚报告："贼寇力量不足，粮草匮乏，已成瓮中之鳖，为防止他们逃窜，请陛下速速前来。"

苻坚喜出望外，生怕时间一长，晋军主力会逃散，增加进剿难度，便把大军留在项城，自己率领 8000 轻装骑赶到寿阳城与苻融汇合。为了保密，苻坚下了一道严令：敢泄露本王到寿阳者斩！

苻坚到寿阳后，派临阵封为尚书的朱序前去劝降。朱序对东晋可是忠心耿耿，不然当初也不会死守襄阳，被俘获后也是"身在曹营，心在汉"。见到谢石等人后，将秦军的情况详细告知谢石，提出："如果坐等秦国百万大军到齐，确实难以跟他们抗衡。唯有趁其各路军队尚未会集，迅速发起进攻，只要能击败其前锋，挫其锐气，则胜负可定。"

谢石开始听说苻坚到了寿阳十分害怕，及至听了朱序的话后，终于横下一条心，准备放手一搏，先击败秦军先头部队，再做下一步打算。

十一月，谢玄派刘牢之的 5000 北府兵突袭洛涧，打了秦军一个猝不及防，阵斩秦军主将梁成、弋阳郡太守王咏。秦军崩溃，争先恐后逃往淮河，被晋军拦截砍杀，死伤惨重。谢石、谢玄水陆齐进，晋军开至淝水东岸，与寿阳的秦军隔水对峙。苻坚与苻融登上寿阳城观望，见晋军布阵严整，向北回望，又见八公山上的草木有动静，对苻融说："那不是劲敌吗，怎么能说晋兵不堪一击呢！"

随后秦军紧邻淝水布阵，晋军无法渡河。一时僵持下来，秦军大部队则不断地从项城赶来，形势对晋军越来越不利。

谢玄于是派使者到寿阳城下战书，说："你孤军深入，却临水布阵，这是持久的策略，不是速战之举。不如你稍稍后撤，腾出块地方，让我军能渡过河来与你决一胜负，这对双方都有利，成败在此一举，省得大家在这干耗着。"

众将领都不同意对方的无理要求，认为我众敌寡，他们没资格谈条件。但苻坚的脑子又进水了，说："不如将计就计，让我军稍微后撤一点，等他们渡河时，来个渡半而歼之，定能一战而胜！"苻融也认为可行，于是同意晋使的要求，挥动令旗，指挥全军后撤。

由于这计谋是最高统帅部临时决定的，处于临战状态的将士们并不知情，撤退令一下，就前军变后军，向北有序撤退。朱序早联络了一批心向东晋的汉人士兵，他们不失时机在阵后大喊："秦军败啦！秦军败啦！"原先还有秩序的秦军顿时阵脚大乱，后撤变成溃散，这支主要由氐、羌、鲜卑等胡人拼凑起来的大军，本来就互不信任，都争先恐后想逃离这本不该他们来的鬼地方。

谢玄、谢琰、桓伊等人率军迅速渡过淝水，向乱糟糟的秦军发起总攻。苻融回马想阻止队伍后退，结果被连人带马冲倒在地，被随后赶来的晋军斩杀。晋军要做的就是追上去充分发挥砍杀的本领了，这一追就追到了青冈（今安徽寿县西北），秦军在溃逃中自相践踏，尸体遍布山野，几十万大军就此灰飞烟灭。一场声势浩大的战役就以近乎玩笑的方式永载史册。

第四十二章　孝武帝死亡，野心家登台

淝水之战以晋军的全面胜利告终，东晋朝野振奋，司马曜不仅逃过了亡国的危机，而且被举国上下寄予了振兴东晋的厚望。平心而论，从太元元年（376年）褚太后下诏归政，司马曜亲自处理朝政后，权力与威慑官员的赏罚政策都出自他的手笔，很像有一番作为的样子。

然而司马曜让所有人都失望了，他对国事根本不关心，从没考虑过自己身为皇帝应该肩负什么责任，他崇尚黄老哲学，什么都不愿做，只想天天过舒坦日子。谢安等人取得巨大成就，名声大振，司马曜不但有功不赏，还担心谢氏功高震主，会像桓温一样专权。可他自己又懒得去操心这些事，就让弟弟琅琊王司马道子去代劳。便于太元八年（383年）九月以司马道子任录尚书六条事，开始与谢安等人分权。

王国宝是已故中书令王坦之的三儿子，谢安的女婿，他的堂妹嫁给司马道子为妃。王国宝虽然是谢安的女婿，但是因为人品不好，行为不端，谢安没有委以重任。王国宝却自恃出身高贵，不肯屈尊接受朝廷安排的职位，于是依附司马道子，从中挑拨离间，拼命诋毁谢安。由于桓冲在淝水战后不久就病逝，使司马道子代表的皇权在向士族门阀的挑战中，得以集中力量对付谢氏，导致谢氏面临空前的危机。

太元十年（385年）四月，有着浓厚名士情结的谢安不愿争权夺利，主动交出手上权力，自请出镇广陵的步丘，建筑新城来避祸，到八月就去世了，享年66岁。朝廷下诏以司马道子为扬州刺史、录尚书事、假节、都督中外诸军事，将原来谢安卫将军府的文武部属全部拨归司马道子。谢安死了，谢玄也不能自安，加上北伐失利，便于太元十二年（387年）上疏朝廷，奉还符节，引咎辞职，1年后就抑郁而终，他所节制的徐、青、兖三州也被司马道子和谯王司马恬两位皇室成员瓜分。谢玄的引退标志着陈郡谢氏的门阀政治落下帷幕，也意味着孝武帝完成了皇权的收回。

司马道子毛病多多，跟他的皇帝哥哥一样喜欢靓妞美酒。兄弟同心协力夺回皇权后，常常一起饮酒高歌，直喝到分不清谁是哥、谁是弟，谁是君、谁是臣。司马道子既为扬州刺史亦录尚书事，权倾天下，又笃信佛教，耗费在这方面的钱财很多。他亲近的人又都是三姑六婆、和尚尼姑，受其宠信之人都趁机玩弄权术，公开收受贿赂，封官加赏既复杂又混乱，刑罚惩戒多数是冤假错案。尚书令陆纳望着皇宫叹息："多好的一个家啊，却要被小孩子给毁了！"

司马道子的行情日渐见涨，很多官员都投到他的门下。司马曜虽然天天喝酒，但也有清醒的时候，心里开始有些不高兴了，可由于母亲皇太妃李陵容从中调解，司马曜起至少表面上还没拿司马道子怎么着。

可树欲静而风不止，侍中王国宝受到司马道子的宠爱后，在朝中极力奔走，联络八座（朝廷的八种高级官员）大臣联名上奏，请求擢升司马道子为丞相、赐黄钺（皇帝诛杀大臣专用的铜斧），并加以特别尊崇的礼节等。护军将军车胤（就是囊萤映雪那位少年）刚正不阿，说："这是周成王尊敬他叔父周公的做法。如今主上在位，与周成王时不同，相王（司马道子）也不可能成为周公！"拒绝在奏章上签名。奏章呈上去后，司马曜勃然大怒，而夸奖车胤有节操。

中书侍郎范宁、徐邈都是正直大臣，时常提出合理化建议修正朝中的政策，并敢当面痛斥奸邪之辈。范宁虽然是王国宝的舅舅，但十分痛恨外甥阿谀谄媚的行径，劝司马曜将其撤职查办。王国宝连忙找死党、能言善辩又有文采的袁悦之帮忙，袁悦之写了一封信，大至意思是说王国宝忠心敬慎，应该值得信赖。再找相好的尼姑妙音转交给为司马曜生下俩儿子的陈淑媛。

司马曜看到信后大为光火，有事不光明正大反映，通过女人搞小动作，这算怎么回事？加上袁悦之又是司马道子集团的重要成员，没少撺掇司马道子独揽朝政。司马曜趁机把袁悦之公开处斩，主相之间的矛盾由此公开化。

太元十四年（389 年）六月、太元十五年（390 年）正月，镇守江陵的荆州刺史桓石民和镇守京口的青、兖二州刺史谯王司马恬相继死去，对长江上下游控制点的争夺就成为主相相持的焦点。

王忱是王国宝的弟弟，也就是司马道子的堂大舅哥。王恭则是王皇后的哥哥，也就是司马曜正儿八经的大舅子。两位虽然都姓王，但一个是琅琊王，一个是太原王，可这不影响他们友好相处，曾经两人好到穿一条裤子都嫌肥。王恭看到主相两派朋党之争日趋激烈，向王忱表达了自己的忧虑，并希望两派能够和好，同心协力奔小康。王忱表示赞同，考虑到自己的意见不会引起司马道子重视，就请说话有分量的袁悦之转达。

袁悦之一直嫉妒王恭与王忱的关系，早想离间他们，于是故意在司马道子面前怒斥王恭“妄生同异，疑误朝野”。王恭觉得自己被出卖了，王忱则是有口难辩，两人的关系由此破裂。

桓石民没有子嗣，他死后，司马道子抢先一步任命王忱为荆州刺史，都督荆、益、宁三州军事，镇守江陵。司马恬一死，司马曜就让王恭担任都督兖、青、冀、幽、并、徐及扬州之晋陵诸军事，前将军，兖、青二州刺史，假节，镇守京口。

太元十七年（392 年）十月，王忱死于荆州刺史任上，激起了司马曜夺回荆州的欲望。司马道子打算以王国宝接替其弟为荆州刺史，司马曜当然不乐意荆州这块肥肉落入司马道子之手，迅速采取行动，绕过司马道子所控制的吏部（人事部），直接以中诏（皇帝亲笔诏令）任命心腹近臣殷仲堪为荆州刺史。与此同时，又擢升太子右卫率郗恢（郗鉴之孙）为建威将军、雍州刺史、假节，代替因老病退休的朱序，镇守襄阳。通过一系列的人事变动，司马曜在相持中已经占了上风。

可是，一生嗜酒如命的司马曜却意外死于酒后的一句玩笑话。太元二十一年（396 年）九月二十日，司马曜又在后宫的清暑殿与最得宠的张贵人喝上了。史称张贵人是千杯不醉，在喝酒这件事情上与司马曜倒是志同道合，虽然只挂着贵人的头衔，可地位等同于皇后（王皇后死后，皇后位置一直空缺），后宫中人人都敬畏她三分。

两人喝到兴头上，司马曜突然对张贵人说："你年近三十，美色大不如前，又没生孩子，按理应该要被废黜了，我喜欢更年轻的。"司马曜酒后胡言乱语也不是头一回，张贵人一开始也没当回事。但司马曜脑子控制不住嘴巴，叫停乐队，当着众宫女嫔妃指着张贵人说："明天就废了你，再找个年轻貌美的佳人陪我喝酒。"张贵人面子上挂不住了，心里异常愤怒，司马曜以前最宠爱的两位美人就是因失宠被打入冷宫的，而烂醉如泥的司马曜丝毫没有察觉自己宠爱的女人已经起了杀心。

当晚，司马曜就在清暑殿留宿。张贵人先拿酒赏赐所有的宦官，等宦官们纷纷醉倒睡去后，召来心腹宫女，趁司马曜醉酒沉睡之际，用被子蒙住司马曜的脸，把睡梦中的司马曜活活闷死。

随后，张贵人用重金收买左右的侍从，谎称司马曜做了个噩梦，受惊吓导致窒息而死。此时皇太子司马德宗愚昧懦弱，司马道子巴不得司马曜早死，这件弑君大案竟然无人过问。

司马曜在位24年，终年36岁，他的最大政绩是恢复了皇权，如果不是死得太窝囊，人们很难想起他这位皇帝。

司马曜死后，由太子司马德宗继位，是为晋安帝。改次年为隆安元年。由于司马曜死得太突然，没有留下遗诏，安置朝中的尚书左仆射、征虏将军、太子詹事王珣及尚书、领军将军、太子少傅王雅等人都失去了依附，大权就落到司马道子和他儿子司马元显的手上。

司马德宗打小就是个聋哑智障儿童，从来没有独立做过一件事，可他像司马衷一样占据着长子的位置，5岁时就被立为皇太子。想当年，司马懿何等奸猾狡诈，他们父子干尽了坏事，没有想到自己的后代出了两位傻皇帝。历史上人们都把"白痴皇帝"的桂冠扣到司马衷的头上，其实司马德宗才是名副其实的白痴皇帝。司马衷虽然傻，可他只是智商不高，最起码他还知道吃喝玩乐，还分得清美丑，不明白的事还懂得问："没有饭吃，为什么不吃肉糜?"而反观司马德宗，这是个愚笨到连话也不会说，路也不会走，甚至连寒暑冷热都不知，吃喝拉撒一概不能自理，离开别人服侍就不能存活的主。

江山交到这样一位皇帝的手上，也就意味着离改朝换代不远了。而司马德宗应该算是历史上最令人放心的傀儡，不管他活多少年都不会改变。

因此司马道子的位置就成了各方争抢的目标。而最先起兵的是镇守京口的王恭和江陵的殷仲堪。

隆安元年（397 年）王国宝由于忌惮与自己矛盾日深的王恭，劝司马道子削减其兵力、减少其军费。王恭也打算领兵入朝诛杀王国宝，他正在操练士兵，筹备军需物资，并且上表声称准备北伐。司马道子心生疑窦，就以此时出兵会影响农事为由，命令王恭停止一切军事行动。

王恭决心已定，当然不会服从，于是派人到广陵联络殷仲堪。殷仲堪虽然是名正言顺的荆州刺史，可在荆州的地盘上真正说了算的人是桓玄，也就是桓温的幼子。桓玄凭借桓氏家族长年治理荆州的威望，在荆州可是说一不二，士民们都畏惧他。太元末年（396 年），朝廷曾让桓玄出任义兴（今江苏宜兴）太守，桓玄到了义兴觉得不如意，竟然炒了朝廷的鱿鱼，弃官跑回其封国南郡（今湖北江陵）。他回到荆州的第一件事是拜见父母官殷仲堪，意在告诉对方：我桓大公子回来了。

当时殷仲堪正抱着小妾午休，而且事先告诉警卫："今天老夫要睡个午觉，天王老子也不许打扰！"受到阻拦的桓玄岂肯善罢甘休，殷仲堪赶紧起来"迎驾"。因此，殷仲堪接到王恭的邀请，自然要征询桓玄的意见，桓玄觉得是笔好买卖，就劝说殷仲堪，推举王恭为盟主，共同兴兵讨伐依附于司马道子的王国宝，殷仲堪于是答应支持王恭。

王恭起兵的檄文送到建康后，司马道子一伙顿时慌了手脚，立刻弃车保帅，把所有罪责往王国宝身上推。司马道子处死了王国宝，又杀了王国宝族弟王绪，再派使者去面见王恭，表达歉意和作了一番自我反省。王恭于是偃旗息鼓，带兵退回京口。

这次起兵，不但让王恭、殷仲堪人气指数大增，连桓玄也跟着获益，被朝廷任命为广州刺史，加建威将军、平越中郎将、假节，无非是想把他调离桓氏盘踞已久的荆州，但桓玄受命后却不赴任，他在静等第二个回合。

一向养尊处优的司马道子显然被吓得不轻，虽然才 33 岁，可也已两鬓泛白，神衰色减，苍老了许多，而他的儿子会稽王世子司马元显刚满 16 岁，英气勃勃。司马元显此时的职务是侍中，他断言王恭、殷仲堪有了第一次就会有第二次，终究是祸患，劝司马道子早做准备。司马道子已是身心俱疲，便任命司马元显为征虏将军，将自己的卫队及徐州的文武官员都配备给他。

司徒府长史王廞是王导的孙子，因母亲去世回吴郡（今江苏苏州）守丧。王恭讨伐王国宝时，任命王廞暂时代理吴郡内史，让他在东面起兵。王廞便让前任内史虞啸父等人到吴兴（今浙江湖州市南）、义兴（今江苏宜兴）一带招兵买马，招到了数万人马。可人刚招上来，王恭那边就完事了，写信通知王廞可以回家继续守丧，人马就地解散。王廞起兵之初就在三吴杀了不少持反对意见者和异己势力，已经骑虎难下。他不但拒不从命，还派儿子王泰带兵前往京口找王恭算账，叫你要我！

王恭只派司马、南彭城内史刘牢之率5000北府兵就轻松斩杀了王泰，进而在曲阿大败王廞、虞啸父等人，王廞只身逃跑下落不明，虞啸父则被生擒送交廷尉治罪。

司马道子经历了王恭、殷仲堪举兵，诛杀了王国宝之后，起用宗室谯王司马尚之、司马休之兄弟为心腹。司马尚之献计，让司马道子多树立心腹作外藩以屏护朝廷。司马道子于是任命王国宝的哥哥王愉为江州刺史，加辅国将军、假节，将豫州刺史庾楷属下的4个郡改由王愉都督，以防备王、殷两人再次闹事。

庾楷本来是站司马道子一边的，可对此变动极为不满，加上他与王国宝是铁哥们，司马道子斩杀王国宝时就窝了一肚子火，于是愤而派儿子庾鸿去劝王恭讨伐司马尚之。

王恭上次起兵尝到了甜头，一听就来了精神，通知殷仲堪、桓玄再次起兵。刘牢之劝谏说："将军您是国舅，相王是皇叔，都享有很高的声望，相王已经杀了自己的宠臣王国宝和王绪，已经给足将军面子了。近来他又没什么大错，要说把庾楷辖下的4郡割让给王愉这事，对您又没有什么损失，为何非要兵戎相见呢！"王恭不听，向刘牢之许诺："事情成功了，就把北府交给你。"遂派刘牢之先去占据竹里（今江苏句容县北）。

王恭的动作之快出乎庾楷的意料，他马上整军跟上。殷仲堪因为去年起兵时表现得不够果断，这回没有半点迟疑就发兵了。桓玄是唯恐天下不乱，要的就是这个机会，好乱中夺权，带上自己不多的人马也出发了。

这次起兵的结果是，刘牢之被司马元显策反，杀了王恭，并取代了王恭的职位；庾楷被朝廷打得大败，落得个无家可归的下场；司马道子分化瓦解殷仲堪、桓玄和殷仲堪所倚重的战将杨佺期，杨佺期被任命为雍州刺史；桓玄为江州刺史，并收编了庾楷的部众；殷仲堪被贬为广州刺史。

桓玄、杨佺期得了便宜，又不得不卖乖，因为自己的兵力不足，老婆子女都捏在殷仲堪手里，所以3人共同上书，请朝廷收回成命，保留殷仲堪的荆州刺史职位。司马道子见好就收，说既往之事，不宜挂怀，恢复众人原职，彼此解甲休兵，内外安宁。

隆安三年（399年），桓玄经过1年的充分准备，给朝廷上书请求扩大自己的辖区，司马元显乐得让桓玄与殷、杨打个两败俱伤，就加封桓玄都督荆州长沙、衡阳、湘东及零陵四郡诸军事，等于放纵桓玄。桓玄心领神会，突然袭击了杨佺期，杨佺期战败被杀。当时坐镇襄阳的殷仲堪听说杨佺期兵败，准备出奔长安投靠后秦，在途中被俘，桓玄扔给他一把大刀。殷仲堪拿起刀往脖子一抹，倒地身亡。

桓玄灭了杨佺期和殷仲堪后，向朝廷提出领荆、江二州刺史。当时朝廷正全力应付五斗米道孙恩叛乱，全都依了他。桓玄趁机在荆州任用心腹，训练兵马。至此，桓玄和刘牢之分别控制了长江中游和下游北岸，东晋朝廷只剩下江东八郡。

孙恩出身琅琊孙氏，曾祖父就是八王之乱时赵王司马伦的谋主孙秀，五斗米道是孙家的传世宝。五斗米道教主之位传到孙恩的叔父孙泰手里时，也不知道是多少代了，总之这是个有野心的家伙，曾隐瞒身份到会稽王司马道子身边当了一名勤杂工。他觉得朝廷不过如此，于是想把五斗米道的事业做强做大，取代东晋的地位，回去纠合了几千徒众就想起事，遭到司马道子的镇压，侄子孙恩逃到了海上。

隆安三年（公元399年），司马元显在三吴大量征兵，引起大规模骚动。孙恩趁机率领徒众从上虞登陆，杀上虞县令，攻克会稽（今浙江绍兴），徒众迅速发展到数万人。三吴八郡都起来响应孙恩，郡县官员跑得慢点的都成了刀下鬼，孙恩就在会稽登坛作法，自号征东将军，凡是加入其组织的人均称为“长生人”，并下令诛杀异己，非“长生人”者连婴孩也不放过，造成大量民众惨死，朝廷不得不调刘牢之的北府兵前去镇压。

孙恩大肆屠杀手无寸铁的百姓时，还牛皮哄哄地对属下说：“天下没大事了，过几天咱们就穿着朝廷的官服到建康去！”听说刘牢之来了，他立即改口说：“就算我只割据浙东，也能做个勾践！”等到刘牢之渡过浙江，向会稽杀来时，他又放低目标，说：“大丈夫能屈能伸，逃走也不是什么丢人的事！”带着部众再次逃到了海岛上。之后孙恩又先后3次率众登陆，给朝廷制造了不少麻烦。

隆安五年（公元401年）三月，孙恩第4次登陆攻打海盐（今浙江海盐县）时，遭遇了一位克星，此人名叫刘裕。刘裕声称自己是汉高祖刘邦的弟弟楚王刘交的后代，不管是真是假，反正到他了这一辈，已经沦落到靠砍柴、种地、打鱼和卖草鞋为生的境地了，斗大的字没认识几个，与整天把“中山靖王之后”挂在嘴边的刘备有得一比。

刘裕参军后，受北府军将领冠军将军孙无终的赏识，提升为司马。刘牢之奉命镇压孙恩时，孙无终向他荐举了刘裕，刘裕由此转入刘牢之的麾下，担任参军。刘牢之率部抵达吴地，派刘裕率几十个人前去侦察叛军的动向。不巧碰上了数千叛军，刘裕率众迎战，随从大多战死，而他却手执长刀，越战越勇。

刘牢之的儿子刘敬宣见刘裕出去很久不回，率数十骑兵前去看个究竟，这一看差点没惊掉下巴，只见刘裕一个人挥舞着大斩刀追着数千人砍。见来了援军，叛军逃得更快，刘裕乘胜追击，一举平定了山阴（今浙江绍兴）。

刘牢之欣赏刘裕是员勇将，让他驻守句章城（今浙江宁波）。句章城矮小，刘裕手下士兵不过数百，可他常常披坚执锐，身先士卒，每战都冲锋在前，力保城池不失。

这次孙恩不敢进攻句章城，改而进攻海盐，刘裕跟踪而来，在海盐城旧址临时筑城。叛军攻城时，刘裕挑选了数百人组成敢死队，手持短兵器赤膊上阵，击鼓呐喊着冲出城去。叛军被北府军的气势所慑，都丢盔弃甲而逃，大帅姚盛被斩。刘裕虽然一击得手，但考虑到敌我力量太过悬殊，便假装弃城逃跑，诱使叛军进城，再寻机歼敌。

六月，孙恩乘胜渡海，突然进军丹徒（今江苏镇江），兵力多达10余万。刘牢之主力还驻扎在山阴（今浙江绍兴市辖区），京师震动。刘裕日夜兼程，几乎与叛军同时抵达丹徒。当时众寡悬殊，加上长途急行军十分疲惫，而丹徒守军又被贼军吓破了胆。数万叛军击鼓呐喊攻打蒜山，蒜山居民都拿起扁担准备自卫。刘裕率部身先士卒，猛打猛冲，叛军大败，跳崖投水者不计其数。

经此一战，刘裕名声大振，朝廷加封他为建武将军、下邳太守，率领水军追到郁洲（今江苏连云港东云台山一带）继续进剿，孙恩南逃。南逃期间刘裕仍然一直跟踪追击，于是在沪渎（古吴淞江）又大败孙恩，俘虏的叛军数以万计。自此之后，叛军由于饥饿、疾病、瘟疫，死了一大半，孙恩于是在浃口再次逃入海中。

孙恩叛乱，消耗了晋廷的兵力，造成建康防卫空虚，这给盘踞长江上游军事重镇荆州，虎视三吴，伺机而动的桓玄以可乘之机。接下来他要出手了，这次他给自己定了个什么目标呢？

第四十三章　刘裕终结大晋朝

刘裕把孙恩赶回大海后，山河日下的东晋政权终于喘过一口气。其实这些年东晋内部相互计算、争权夺利，得益于淝水之战后北方暂时统一的局面随之解体，再次分裂成更多的地方民族政权。鲜卑族的慕容垂、羌族的姚苌等其他贵族重新崛起，纷纷建立新的政权，苻坚本人也在两年后被后秦国主姚苌俘杀，而随着前秦的灭亡，北方各个政权之间几乎是无日不战，无暇顾及南方地区。

而孙恩起义把东晋朝廷拖得精疲力尽，把由朝廷实际控制、原本富庶的三吴地区搞得生灵涂炭，导致朝廷财源枯竭。桓玄正是看到了这一点，想趁机浑水摸鱼。在朝廷全力对付孙恩之时，为加强对荆楚地区的控制，桓玄将防守的重心放到了对付下游的东面，上书请求任命自己的哥哥雍州刺史桓伟为江州刺史，镇守夏口（今武汉）；任命自己的司马刁畅为辅国将军、都督八郡诸军事，驻守襄阳；派部将皇甫敷、冯该率军驻守湓口（今江西九江境内），将沮漳河一带的两千户蛮人迁到长江以南，设立一个武宁郡（今湖北省荆门一带）；又招集流民，设了个绥安郡（今湖北沔阳县）。这一系列举动让人不安，朝廷试着征召广州刺史刁逵、豫章太守郭昶之入朝，桓玄把人扣下不让进京。这是要另立王国，对抗朝廷的节奏啊！

此时东晋朝廷主政的是司马元显。说起司马元显夺权，还有点搞笑，他是趁老爸喝醉酒的时候，让朝廷解除其司徒、扬州刺史职务，由自己取而代之。司马道子酒醒后虽然极为恼怒，但也无可奈何。司马元显加录尚书事后，人们称住在东府的司马道子为东录，称司马元显为西录，不过司马道子贪杯好酒的恶习不改，大小政事也就由司马元显掌握了。

桓玄不臣之心日益凸显，被司马元显引为智囊的张法顺提出建议说："桓玄凭借其家世的名望和资历，吞并了殷仲堪、杨佺期，独霸了荆楚广大地区，而殿下您所能真正控制的地区不过是三吴之地。孙恩祸乱，使三吴一片荒芜，国库空虚、百姓饥馑，桓玄一定会乘机施展手段，达到其不可告人目的。我认为这是目前最值得我们忧虑的事。"司马元显问他有何良策，张法顺认为：桓玄刚刚取得荆州，人心还没有完全归附，他正在忙于安定民心、稳定局势，还来不及考虑别的事情。应该赶在这个时候让刘牢之为前锋，司马元显亲自率军征剿，一举将其消灭。

司马元显这边正商量着，先前无家可归，跑到桓玄那里蹭饭的庾楷，被桓玄任命为武昌太守。庾楷吃饱了肚子后，想起自己先前本在桓玄之上，却反而要他施舍，而且看这势头大有要跟朝廷抗衡的意思。这么一想，心理就不平衡了，于是庾楷偷偷派人前来对司马元显说："桓玄不得人心，部下都不太愿意为他效力，如果这个时候朝廷派军前来征讨，我愿作为内应。"

真是想什么来什么，司马元显当即派张法顺到京口找刘牢之。刘牢之本来是员猛将，却突然扭捏起来，说话含糊其词。张法顺回来跟司马元显说："我看刘牢之的言谈举止，觉得他不可靠，不如把他召到京城来先除掉，否则必会坏了我们的大事。"司马元显心想我正倚赖刘牢之去搞定桓玄呢，把他杀了，这仗你打啊！便没有答应。

司马元显谋定而动，于元兴元年（402年）正月提升自己为骠骑大将军、开府仪同三司、征讨大都督，都督十八州诸军事，加侍中、加黄钺、班剑二十人；加司马道子为侍中、太傅，设置左右长史、司马、从事中郎四人；任命镇北将军刘牢之为前锋都督、征西将军、领江州刺史；以前将军谯王司马尚之为刘牢之后援，以司马尚之的儿子司马文仲为宁远将军、宣城内史。大赦天下，改元"元兴"，下诏宣布了桓玄的一系列罪状，发檄进讨。

司马元显的强硬姿态着实吓了桓玄一跳，此前他已经下令封锁了长江漕运，想从经济上把朝廷困死，又加上孙恩之乱还没有彻底平定，以为司马元显一时无力讨伐他，便一直在荆州等待时机。因此，他的第一反应是死守江陵。

长史卞范之说："明公的雄才大略威震天下，司马元显乳臭未干，刘牢之不得人心，只要兵临京畿，其势必土崩瓦解，不应主动示弱于人。"桓玄这才发布了一道反檄文，历数司马元显父子的罪状，命哥哥桓伟从夏口返回江陵，坐镇后方，自己率兵东下。

司马元显的檄文让桓玄吓了一跳，同样，他见了桓玄的檄文也是胆战心惊。双方狠话已经撂下，怎么着也得比划两下。二月初七，晋安帝在西池给司马元显喝酒壮行，司马元显出来就登上战船，可由于心里直发毛，迟迟没有下令开船。

而桓玄这边虽然出发了，心里也是怕得要命，担心自己以下犯上，人心不服，害怕落得个身败名裂的下场。一直想着打退堂鼓，然而沿路却未见朝廷一兵一卒，当船过浔阳（今江西九江西），扬州就在前面时，胆子才壮起来。

桓玄到达姑孰即命冯该等一鼓作气攻克历阳，俘获了豫州刺史司马尚之。而此时的司马元显还待在那艘设施完备的指挥船上，他指望的前锋都督刘牢之到了建康西南的溧洲（南京西南长江的小岛中），便按兵不动了。

刘牢之是眼睁睁看着历阳失守的，他顾虑消灭桓玄之后，司马元显会容不下自己，因而犹豫不决。桓玄抓住刘牢之的心理，不失时机派刘牢之的族舅何穆前去游说："从古至今，君臣能相互信任的只有燕昭王与乐毅、刘玄德与诸葛孔明，其他的莫不是鸟尽弓藏，兔死狗烹。文种、白起、韩信等人哪个不是英雄霸王之主，还不是落得个灭族的下场？与其如此，不如调转戈矛，保住自己的富贵。"刘牢之于是决定倒戈。他的儿子刘敬宣、外甥何无忌及部将刘裕都劝他不要走这条路，刘牢之不听，理由是："我今天要灭桓玄易如反掌，可接下来又如何对付司马元显呢？"形势发展到这一步，司马元显就只有束手待毙的份了。

刘牢之由政府军前锋变成了叛军的先头部队，他率领北府军冲禁军大喊一声："放下武器！"司马元显的人马霎时间就溃散。司马元显骑马跑回府里，身边只有张法顺一人一骑跟随。司马元显问他爹怎么办，司马道子只能对着他放声大哭，而捉拿他们父子的叛军也紧跟着冲了进来。

桓玄进入建康后，矫诏自命为总百揆，加侍中、都督中外诸军事、丞相、录尚书事、扬州牧，领徐州刺史；又加假黄钺、羽葆鼓吹、班剑二十人。

紧接着就是清算司马元显父子和镇压异己分子了，桓玄命人将司马元显、司马尚之、庾楷等人斩首，流放会稽王司马道子到安成郡，随后将其毒杀。

至于刘牢之，则被安排外出做会稽内史，连京口也不让他回去了。刘牢之长叹："一上来就剥夺我的兵权，大祸要临头了！"于是又想造桓玄的反，召集部众讨论。参军刘袭说："将军早年反王恭，近日反司马元显，现在又要反桓玄。一个人一生反三次，这么没节操，何以立足于天地！"说完起身扬长而去，其他将佐随后也纷纷离他而去。刘牢之颜面尽失，又走投无路，找根绳子上吊了。刘敬宣与宗室司马休之等人逃奔了后秦。

清洗了司马道子一党，又去掉心头大患，桓玄就要践行他爹当年未竟的事业——登基称帝。

元兴二年（403 年）十一月，桓玄让人写好禅让诏书后，拉着司马德宗来到大殿，又让命人捧出玉玺，禅位仪式就此完成。桓玄于是筑坛告天，于十二月三日正式登位称帝，国号为楚，改封司马德宗为平固王，安置到寻阳（今江西九江）。好在司马德宗并不明白这些事，一切都由桓玄操办。

刘牢之上吊自杀后，刘裕暂时投靠了桓玄，由于屡建军功，在北府旧部中有着很高的声望，桓玄也不敢小瞧他，就任命他为中军参军。桓玄的皇后刘氏颇有点相人的本事，曾劝桓玄说："刘裕行止有龙势虎志，看问题不同凡响，终不会久居人下，必须尽早除掉。"桓玄却说："我要荡平中原，非刘裕不可，等平定了关陇，再视情况而定。"与此同时，桓玄为消除隐患，打算解散北府军，处决一批北府军旧将，北府军面临着灭顶之灾。而另一边，刘裕也在暗中搞串联，要利用手中这支劲旅，伺机推翻桓玄。

元兴三年（404 年）二月，刘裕以打猎为名，与刘毅、王懿、孟昶、檀凭之等聚集北府军残余兵将 1700 余人，在京口举义，杀死了桓楚抚军大将军、安成王桓修，举起了反对桓楚的大旗。占领京口后，众人推刘裕为盟主，传檄四方，各地纷起响应。

刘裕进展神速，进攻广陵，杀青州刺史桓弘，随后率兵直扑建康，沿途又杀死前来抵抗的骁将吴甫之、皇甫敷。桓玄已经被刘裕及他的北府军吓得魂不附体，急忙召来一大批方士作法，试图以巫术对抗刘裕。他还问众臣僚："朕会失败吗？"从事中郎曹靖之六神无主地问答："神怒人怨，臣实在害怕！"

桓玄又急又气，命令征讨都督桓谦和侍中、后将军卞范之率兵2万出城御敌。桓谦的军队都害怕北府军，更害怕刘裕，还没开打就胆怯了，很快就被击溃。

桓玄在派桓谦等人抵抗刘裕时，已经打算跑路，并暗中命殷仲文备好了船只。听说桓谦等兵败后，于三月二日匆匆带着儿子桓升、侄子桓浚，在几千亲信的护卫下，从南掖门仓皇出逃。参军胡藩拉住桓玄的马缰绳说："还有八百羽林神射手，他们都是桓家老部下，又是西楚人氏，就这样抛弃他们了吗？"桓玄一言不发，只用马鞭指了指天，意思是说"听天由命吧！"一拍马直奔石头城，乘船西去。

三月初三，刘裕进入石头城，建立临时朝廷，安置百官，并派遣刘毅、何无忌与自己的弟弟刘道规追赶桓玄。尚书王嘏带领百官奉迎乘舆，又派人捉拿桓玄在建康的宗族成员。刘裕本是个粗人，刚经历如此大事，一并交由刘穆之处置，刘穆之也不含糊，决策果断，又无不妥，由此成为刘裕的心腹幕僚。从此，东晋实权牢牢掌握在二刘手里，他们一个主内，一个主外，随时都可以取消司马氏皇帝的名号，但他们没有轻举妄动，因为在那极讲究门第和出身的时代，他们还有很长的路要走，必须建立足够的功勋，打趴所有的对手（哪怕没有对手也要找一个出来）才让人们心服口服。而刘裕的拿手好戏就是能打仗，打胜仗。

三月五日，桓玄的代理司徒王谧因与刘裕是老交情，商议着推举刘裕代理扬州刺史，刘裕坚决推辞。刘裕反过来以王谧为侍中、代理司徒、扬州刺史、录尚书事。王谧投桃报李推举刘裕为使持节、都督扬、徐、兖、豫、青、冀、幽、并八州诸军事、镇军将军，徐州刺史。不久，又奉孝武帝司马曜从兄武陵王司马遵承制总摄百官行事。

五月十七日，桓玄在逃亡途中被何无忌、刘毅及刘道规追赶，双方在峥嵘洲（今武汉新洲区）打了一仗，桓玄焚毁辎重，挟持晋安帝司马德宗乘夜逃回江陵老巢。由于人心离散，桓玄在准备逃往汉中时被益州督护斩杀，时年36岁，首级传回建康示众。司马德宗在江陵复位。不久，桓楚余党桓振又攻陷江陵，直到16个月后（405年三月）晋军才再次收复江陵，驱逐桓氏势力，迎晋安帝回建康，改元“义熙”。

就在这一年，刘裕派使团出访长安，向后秦皇帝姚兴严正提出归还此前趁东晋国内动荡时侵占的南乡、顺阳、新野、舞阴等淮北诸郡。姚兴很识时务，乖乖答应将淮北12郡全部归还了东晋。仅此一项，刘裕获封豫章郡公，食邑万户，获赏绢3万匹。

义熙四年（407年）正月，由于王谧去世，刘裕入朝商议继任人选，又获授侍中、车骑将军、开府仪同三司、扬州刺史、录尚书事、徐兖二州刺史，入掌朝政大权。

义熙五年（409年），新上任的南燕国主慕容超肆意侵犯淮北地区，俘虏阳平太守刘千载、济南太守赵元，驱掠百姓千余家。刘裕亲自率兵发起自卫反击，直捣南燕首都广固（山东益都县），灭南燕，把慕容超及其亲族数千人押回建康审判、斩首。

趁着桓玄作乱之时，攻占广州，割据岭南地区的卢循（孙恩妹夫，孙恩死后接任五斗米道叛军领袖），见刘裕带兵北伐南燕，国内空虚，遂率兵卒10万，战舰数以千计向建康扑来。刘裕亲率精兵赶回建康，不过，由于日夜兼程南返，士卒多有伤病，而且疲惫不堪。建康兵力也不过区区千人，尽管如此，卢循还是被打得一败再败，最终在逃回广州的途中被交州刺史杜慧度砍杀，随后收复广州。

接下来3年，刘裕先后消灭割据江陵的刘毅、割据成都的谯纵、割据襄阳的司马休之等，统一了整个南方地区。

义熙十二年（416年）刘裕率将军王镇恶、檀道济、沈田子等分五路，水陆并进，进攻后秦，沿途击败北魏10万重兵，收复了滑台（滑县）、许昌、洛阳等重镇。次年八月一举攻陷长安，后秦皇帝姚泓率群臣投降，后秦灭亡。

刘裕完成了一系列军事、政治措施，功高至伟，东晋朝也就没有存在的必要了。可当时社会上流传着一则小道消息：“昌明之后有二帝。”“昌明”是孝武帝司马曜的字，也就是说司马曜之后还要经历两代皇帝，东晋才能灭亡。

对于这样的小道消息，信者会被其牵着鼻子走，一步步实现，它就变成谶言，如果不加理睬，它就是一文不值的谣言。但刘裕相信了，为了应验谶语，又想让皇帝换得快一点，刘裕只好让亲信王韶之买通晋安帝身边的工作人员，伺机弑君。

司马德文是傻皇帝的同胞弟弟，他日夜警惕地陪侍在司马德宗身边，就是担心哥哥被坏人所害。可就算是铁人，天天瞪大眼睛，神经高度紧张，也有受不了的时候。终于有一天，司马德文累倒了。就在他出宫养病的某一天，王韶之等人潜入宫里，把晋安帝司马德宗给勒死了，时间是义熙十四年十二月，司马德宗时年 37 岁。随后让司马德文接任皇帝一职，是为晋恭帝，改元“元熙”。

元熙二年（420 年）六月，刘裕已经迫不及待，命令亲信中书黄门侍郎傅亮草拟好禅位诏书，入宫让司马德文誊抄。司马德文欣然接受，说：“桓玄篡位时，晋室已经失去天下了，因为有刘公，才延长了将近 20 年的国祚。今天做这件事，是心甘情愿的。”两天后，司马德文退居到琅琊王府，百官向晋朝最后一位皇帝告别，东晋至此灭亡。